# Inhalt

# Einleitung

Die Geschichte der klassischen Antike umfasst einen Zeitraum von rund 1700 Jahren. Sie beginnt im 9. Jahrhundert v. Chr. mit den ersten erfolgreichen Versuchen der Griechen, auf der Balkanhalbinsel und an den Küsten der Ägäis Fuß zu fassen, und sie endet im 7. Jahrhundert n. Chr. mit dem Zusammenbruch des weltumspannenden römischen Imperiums und dem Aufstieg des islamischen Weltreichs. Die Bühne der antiken Geschichte ist zunächst der Raum des Mittelmeeres. Erst die Kriegszüge Caesars und Augustus' nach Gallien und in die Donauländer führten jenseits der mediterranen Welt zur Eroberung großer kontinentaler Länder. Die dort lebenden Menschen übernahmen die römische Lebensform und hielten auch nach dem Sieg der germanischen Völker über Rom vieles davon fest. Im Süden des Mittelmeerraumes hingegen zerstörte die Expansion arabischer Krieger die seit Alexander bestehende Einheit des Mittelmeerraumes und schuf dort eine neue soziale und religiöse Welt.

Die politische Ordnung der antiken Staaten bestimmten vorrangig gemeindestaatlich organisierte Städte. Ihre Bürger kamen regelmäßig zu gemeinsamer Beratung und Entscheidung über ihre eigenen Angelegenheiten zusammen. Weder die hellenistischen noch die römischen Monarchen haben an dieser Form des Zusammenlebens etwas geändert, obwohl beide beanspruchten, als unbeschränkte Herren über die von ihnen eroberten Territorien zu gebieten. Eine weitere unveränderliche Größe bildete die soziale und wirtschaftliche Ordnung. Die Antike kannte keine umstürzende gesellschaftliche Veränderung, die etwa mit dem tiefen Einschnitt der industriellen Revolution des 19. Jahrhunderts vergleichbar wäre. Die Menschen, die unter den spätantiken Kaisern lebten, hätten die Lebensumstände ihrer fernen Vorfahren im demokratischen Athen des 5. Jahrhunderts v. Chr. unschwer wieder erkennen können. Ausbeutung und Sklaverei erfuhren sie ebenso wie Unterdrückung und Krieg. Frieden bescherten ihnen die Kaiser Roms in den glücklichen Jahrzehnten des 1. und 2. Jahrhunderts n. Chr. Einer ihrer großen, Konstantin, schloss zu Beginn des 4. Jahrhunderts das Bündnis mit den Christen und vollendete die letzte große Leistung der Römer, deren Reich und seine Dauer für sie zeugen: eine Herrschaft, welche die griechische Zivilisation in sich aufnahm und damit für Europa nutzbar machte, ein Regierungssystem, das die Verantwortung des Bürgers für seine Stadt verlangte, und eine besondere Fähigkeit des Lernens, die nach langem Sträuben den Weg wies, den Glauben an einen gekreuzigten Gott als Staatsreligion anzuerkennen.

Der vorliegende Band rückt die Geschichte der antiken Staaten in den großen Zusammenhang der Entstehung Europas. Die tiefen Gegensätze, die die damaligen von den heutigen Gesellschaften trennen, werden dabei ebenso dargestellt wie die politischen und kulturellen Entwicklungen Griechenlands und Roms, welche die spätere Geschichte der Europäer prägten. Denn sie versicherten sich seit dem frühen Mittelalter in Literatur, Kunst, Wissenschaft, Recht und Politik immer neu ihres antiken Erbes und unterscheiden sich nicht zuletzt dadurch von der übrigen Welt. So schließt der Band mit einer Darstellung der Rückgriffe auf die Antike und klärt ihre Bedeutung für die Entstehung der politischen und geistigen Kultur Europas.

# A Die Welt der Griechen

## I. Die griechische Polis als Lebensform

Die Geschichte des antiken Griechenlands wurde geprägt von kleinen Städten, die selten mehr als 1000 Einwohner hatten, aber wie kleine Staaten autonom über ihre innere und äußere Politik entschieden. Wir bezeichnen diese Städte deshalb meist als Stadtstaaten. Die Griechen nannten sie „Poleis" (bzw. „Polis" in der Singularform). In der Polisgemeinschaft entwickelten die Griechen die Formen des Mit- und Gegeneinanders, die wir als Politik bezeichnen. Zudem bildete die Polis den Rahmen für eine Lebensform, die die traditionelle Arbeit auf dem Lande mit dem Leben in der Stadt verband. Und sie stellte das soziale Umfeld bereit für die großen kulturellen und geistigen Leistungen der Griechen, die bis heute als fundamentaler Bestandteil der westlichen Zivilisation gelten.

| | |
|---|---|
| Beginn des 8. Jh. v. Chr. | An der kleinasiatischen Küste und auf den Ägäisinseln entstehen erste ummauerte Siedlungen, die Frühformen der späteren griechischen Stadtstaaten (Poleis). Aus der Umwandlung der phönikischen Schrift in eine griechische Lautschrift entwickelt sich das griechische Alphabet. |
| ca. 750 v. Chr. | Beginn der Großen Kolonisation |
| ca. 730–680 v. Chr. | Homers Epen „Ilias" und „Odyssee" entstehen. |
| ca. 700 v. Chr. | Grundlegende Reform von Staat und Gesellschaft in Sparta |
| Beginn des 7. Jh. v. Chr. | Die Hoplitenphalanx entwickelt sich zum typischen griechischen Kampfverband. |
| 650–500 v. Chr. | Die Poleis beginnen steinerne Tempel zu errichten. In einigen Poleis kommen so genannte Tyrannen an die Macht. |
| ca. 594 v. Chr. | Solon entschuldet den Bauernstand und reformiert die Verfassung Athens. |
| ca. 550 v. Chr. | Die Große Kolonisation geht zu Ende. |
| ca. 545–510 v. Chr. | Peisistratos und seine Söhne herrschen als Tyrannen in Athen. |
| ca. 508 v. Chr. | Kleisthenes setzt umfassende Reformen in Athen durch. |

### 1. Grundlagen der historischen Rekonstruktion

**Die Quellenproblematik: Die literarischen Quellen ...**

Warum und wie sich die Polis im Einzelnen als politische Organisationsform herausgebildet hat, lässt sich heute nicht mehr genau rekonstruieren. Das liegt an der lückenhaften zeitgenössischen Überlieferung. Die ältesten griechischen Schriftquellen sind die beiden großen Epen Homers „Ilias" und „Odyssee" aus dem 8. Jahrhundert v. Chr. Sie erzählen von weit zurückliegenden sagenhaften Ereignissen und großen Helden. Der Dichter hat dabei aber Fakten und Lebensgewohnheiten aus seiner Zeit mit einfließen lassen. Die moderne Forschung konzentriert sich darauf, diese Fakten, Überzeugungen und Verhaltensweisen aus der mythischen Handlung herauszufiltern und für das Verständnis der archaischen Zeit zu nutzen. Wenige Jahrzehnte nach der Aufzeichnung der homerischen Epen verfasste

Hesiod aus Böotien (Mittelgriechenland) ein Lehrgedicht mit bäuerlichen Spruchweisheiten. Es vermittelt uns einen Eindruck vom Leben und von der Mentalität eines Bauern auf einem mittelgroßen Landgut und bietet so ein Gegenbild zur adligen Welt Homers.

Die dritte literarische Quellengruppe bilden ab dem 7. Jahrhundert v. Chr. die Werke der Lyriker. Der besondere Wert ihrer Gedichte besteht in der zeitnahen Authentizität, was allerdings spezifische Interpretationsprobleme aufwirft: Die Gedichte enthalten viele Anspielungen, die wir heute nicht mehr ohne weiteres verstehen; außerdem erwähnen die Dichter die uns wichtig erscheinenden Phänomene häufig nur beiläufig oder „verschlüsselt".

1 Der Dichter Homer. Im Stile der Heroen-Bildnisse wird Homer hier als blinder und gepflegter alter Mann mit kunstvoll gewundener Langhaarfrisur gezeigt. Mit der Blindheit signalisierte man die Weisheit und den Reichtum der inneren Schau des Dichters. Römische Marmorkopie nach einem um 560/550 v. Chr. geschaffenen Bildnis.

Alle übrigen Quellen stammen aus späterer Zeit, als sich die Polis etabliert oder bereits wieder ihre politische Unabhängigkeit verloren hatte. Das ergiebigste Werk ist das des Geschichtsschreibers Herodot über die Zeit der Perserkriege aus der zweiten Hälfte des 5. Jahrhunderts v. Chr. Er hat vieles festgehalten, was bis in seine Zeit mündlich überliefert worden war. Allerdings sind seine Schilderungen sehr anekdotenhaft; man muss deshalb genau prüfen, welcher historische Kern in den Erzählungen steckt.

Von ganz anderer Art ist das im 4. Jahrhundert v. Chr. verfasste Werk „Politik" (Politika) des Philosophen Aristoteles. Die geschichtsphilosophischen Thesen des Verfassers sowie dessen Abneigung gegen die demokratische Verfassung Athens haben jedoch die Darstellung der frühen Zeit stark verzerrt.

Der Universalgelehrte Plutarch aus dem 1. Jahrhundert n. Chr. schließlich hat in seinen Biografien über den athenischen Staatsmann Solon und den legendenhaften Gesetzgeber Lykurg aus Sparta ältere Quellen und Originaldokumente verarbeitet. Da Plutarch diese Dokumente nicht dazu verwendete, einen authentischen Bericht zu verfassen, sondern am Beispiel seiner „Helden" die Bedeutung von Charakter und Moral in der Geschichte beleuchten wollte, ist ihre Auswertung jedoch ebenfalls schwierig.

**... und die Ergebnisse der archäologischen Forschung**

Angesichts dieser heterogenen literarischen Überlieferung und der unterschiedlichen historischen Zuverlässigkeit der Quellen haben die Ergebnisse der archäologischen Forschung große Bedeutung gewonnen. Wichtig sind die auf Inschriften erhaltenen Beschlüsse verschiedener Poleis, darüber hinaus die Reste von Tempel- und Hafenanlagen sowie Begräbnisstätten. Insbesondere geben sie Aufschlüsse über die Entstehung der Poleis, über das Bevölkerungswachstum und über die in der Polisgemeinschaft vorherrschende Lebensweise – historische Größen, die in der literarischen Überlieferung zu kurz kommen.

## 2. Die Entstehung und Ausbreitung der Polis im Mittelmeerraum

**Aristokratische Anfänge**

In der Zeit vom 10. bis zum 9. Jahrhundert v. Chr. wanderten Griechisch sprechende Stämme aus dem Norden in das Gebiet des heutigen Griechenland ein oder zogen weiter ostwärts über die Ägäis bis an die Küsten Kleinasiens. Ihre Anführer beanspruchten nach der Landnahme das größte Stück Ackerland, jedoch gelang es keinem von ihnen, eine Alleinherrschaft zu errichten. Alle Fragen, die den Siedlungsverband betrafen, entschieden die reicheren Grundbesitzer in gemeinsamer Beratung. Mit der Zeit bildeten sie eine Führungsschicht, die wir als Aristokratie oder Adel bezeichnen.

**Herausbildung städtischer Institutionen**

Wie in jeder Agrargesellschaft kam es auch in den frühen Polisgesellschaften häufig zu Streitigkeiten um Grund und Boden. Für deren Schlichtung waren traditionell die Adligen zuständig. Darüber hinaus kümmerten sie sich um die Anlage von Wegen und Versorgungseinrichtungen sowie die Organisation der Verteidigung. Doch bedurften ihre Maßnahmen der Zustimmung der Volksversammlung. Für bestimmte Aufgaben wie etwa die Kriegführung oder den Götterkult schuf man eigene Ämter, deren Besetzung man strikt auf ein Jahr befristete. Damit wollte man verhindern, dass ein Einzelner innerhalb der Polis zu viel Macht gewinnen könnte.

**Drei wichtige öffentliche Orte: Agora …**

Innerhalb der Polis entstanden drei voneinander abgegrenzte öffentliche Räume: Im Zentrum lag der profane Bezirk der Agora als ein freier, von öffentlichen Bauten umgebener Platz, auf dem die Adligen Recht sprachen, das militärische Aufgebot der Polis versammelten und mit den übrigen Bürgern über die Belange der Polis verhandelten.

2 Griechenland – Naturraum und Staatenbildung vom 12. bis zum 5. Jahrhundert v. Chr.

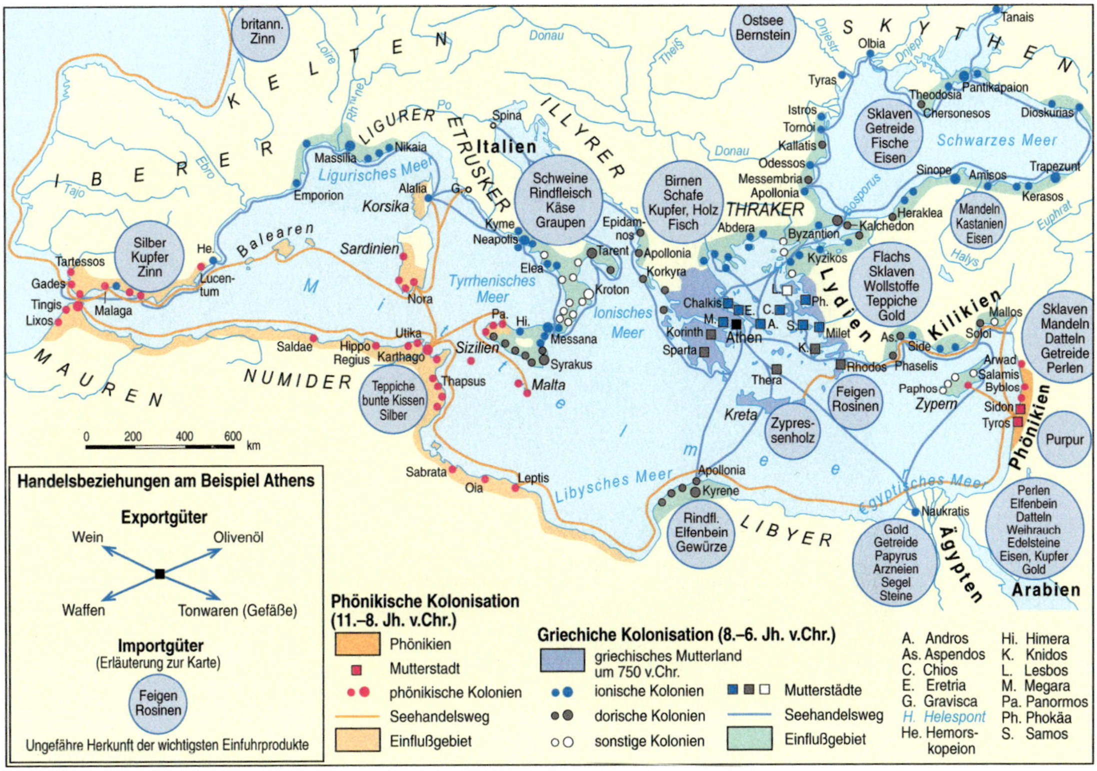


**3** Die griechische Kolonisation 750–550 v. Chr. Die Begriffe „Kolonisation" bzw. „Kolonie" stellen eine spätere Benennung des griechischen Übersiedlungsphänomens mithilfe des lateinischen Wortes „colonia" dar. Die Griechen selbst sprachen von „apoikía", der Umsiedlung nach auswärts.

**...Tempel ...**

Räumlich getrennt davon war der religiöse Bezirk. Seit dem 6. Jahrhundert v. Chr. entstanden steinerne Tempel für die Schutzgötter. Deren Bau war eine Gemeinschaftsarbeit aller Bürger.

**... und Nekropole**

Als dritten öffentlichen Bezirk neben Agora und Tempel grenzte man den Ort der Begräbnisse von dem engeren Siedlungsraum aus. Damit trennte man bewusst die Welt der Lebenden von der jenseitigen der Toten.

**Das griechische Alphabet – eine „Frucht" des Überseehandels**

Dank dem Fernhandel hielten auch fremde Ideen, Erfindungen und Kenntnisse – vornehmlich aus den hoch stehenden Kulturen des Ostens – Einzug in das Leben der Polisbewohner. Besonders folgenreich war der Kontakt mit den phönikischen Händlern. Um 800 v. Chr. übernahmen die Griechen die Schrift der Phöniker und wandelten sie in eine griechische Lautschrift um. Da diese leicht zu erlernen war, entwickelte sie sich nicht zum Sonderwissen einer Elite oder eines professionellen Schreiberstandes, sondern gehörte bald zum Allgemeingut aller Bevölkerungsschichten.

**Die Große Kolonisation**

Ab ca. 750 v. Chr. sammelten sich in vielen Poleis Auswanderer verschiedenster Herkunft, um unter Führung einzelner Adliger in Übersee neue Siedlungsgebiete zu erschließen. Neben der Landnot angesichts wachsender Bevölkerungszahlen

4 Hoplitenphalanx. Schulterfries der so genannten Chigi-Kanne, Mitte des 7. Jahrhunderts v. Chr.

trugen innenpolitische Streitigkeiten, adlige Abenteuerlust und Ruhmessucht sowie die Hoffnung, in der Fremde reich zu werden, zu der Auswanderungswelle bei.

Im Verlauf der so genannten Großen Kolonisation besiedelten die Griechen fast alle Küstengebiete des Mittelmeeres und des Schwarzen Meeres; allein die syrische und afrikanische Küste blieben als von den Phönikern beherrschte Handels- und Siedlungsgebiete weitgehend ausgespart. Viele der Kolonien – so etwa Massilia (Marseille), Syrakus oder Neapolis (Neapel) – entwickelten sich zu blühenden Stadtstaaten, die ihre Mutterstädte an Wohlstand, Größe und Macht überflügelten und noch heute bedeutende Metropolen sind.

**Die Einführung der Hoplitenphalanx**

Waren bereits in der Heimat kriegerische Auseinandersetzungen zwischen den Poleis keine Seltenheit, so kam es im Zuge der Landnahme der griechischen Kolonisten häufig zu blutigen Konflikten mit der Urbevölkerung oder aggressiven Nachbarstämmen. Mit der Zeit bewährte sich dabei eine von den Griechen entwickelte Kampftechnik. Jeder Bürger, der es sich leisten konnte, stattete sich mit einer schweren Rüstung aus. Größere Gruppen dieser als Hopliten bezeichneten Kämpfer bildeten eine geschlossene, zumeist in acht Reihen gestaffelte Kampfformation, die Phalanx. Damit waren sie ihren Feinden militärisch überlegen.

**Politische Folgen der Wehrgemeinschaft**

Fortan gab es im Kampf keine aristokratischen Privilegien mehr. Was zählte, waren gegenseitiges Vertrauen, Tapferkeit und Opferbereitschaft. Das verringerte den sozialen Abstand zwischen Adel und Nichtadel: Diejenigen Bauern, die sich die teure Hoplitenrüstung leisten konnten und mit den Adligen gemeinsam kämpften, forderten nunmehr auch größere politische Mitspracherechte.

**Hellenisches Kulturbewusstsein: Gemeinsame Sprache …**

Der Austausch mit anderen Poleis sowie der Kontakt mit fremden Völkern im Zuge der Kolonisation förderten das Gefühl überregionaler Gemeinsamkeit unter den Griechen. Das stärkste verbindende Element bildete die gemeinsame – durch Dialekte nur wenig differenzierte – Sprache, in der die Epen Homers abgefasst waren. Diese bildeten recht bald eine kulturelle Klammer, die jeden Bürger von Kindheit an begleitete.

**… und Götter**

Hinzu kam eine gemeinsame Religion. Die Griechen verehrten Götter in menschlicher Gestalt und in überschaubarer Zahl. Zwar erhoben die Poleis einzelne Götter zu Schutz- und Stadtgottheiten (wie etwa Athene in Athen), doch konnte jeder Bürger die gleichen Götter in überregionalen religiösen Zentren wie dem Apollonheiligtum von Delphi oder dem Zeusheiligtum von Olympia verehren.

**Panhellenische Spiele**

Die im Abstand von vier Jahren zu Ehren des Zeus abgehaltenen Olympischen Spiele – nach ihnen nahmen die Griechen auch ihre Zeitrechnung vor – waren der eindruckvollste Beweis eines griechischen Verbundenheitsgefühls. Nach außen wurde dieses durch die Bezeichnung „Hellenen“ bekundet, die im 7. Jahrhundert v. Chr. als Sammelbegriff für die Bürger der ansonsten disparaten griechischen Staatenwelt aufkam.

**Adel/Aristrokatie:** Universalhistorische Bezeichnung für eine elitäre Gruppe von Menschen, die sich durch eine lange Ahnenreihe, Reichtum, Bildung, einen bestimmten Verhaltenskodex sowie durch weit gespannte verwandtschaftliche Verbindungen von der übrigen Bevölkerung abgrenzt. Im antiken Griechenland bildeten die Anführer der im 10. Jahrhundert einwandernden Stämme den ältesten Adel, sie nannten sich aristoi, woraus unser Begriff Aristokratie entstanden ist. Sie verfügten über größeren Grundbesitz und strebten im Wettstreit nach körperlicher, kriegerischer und geistiger Tüchtigkeit (areté).

**Kolonien/Kolonisation:** Bezeichnung für die Inbesitznahme neuer Territorien. Man spricht von der griechischen Kolonisation, der Ostkolonisation im späten Mittelalter oder dem Kolonialzeitalter der Neuzeit. Ein besonderes Merkmal der griechischen Kolonisation ist, dass die Kolonien von Anfang an politisch unabhängige Stadtstaaten waren und ausschließlich an der Küste lagen. Dennoch hat die griechische Kolonisation die Kultur der Mittelmeerwelt geprägt und weit in die europäischen Binnenräume ausgestrahlt.

## 5 Frühe Siedlungen

**a)** Im 6. Buch der Odyssee (6, 262–269) wird erzählt, wie Odysseus an die Insel der Phäaken getrieben wird und dort, begleitet von der Königstochter Nausikaa, die Hauptstadt Scheria betritt:

Aber wenn wir die Stadt betreten, den Kranz ihrer hohen/Türme – der schöne Hafen umschließt die Stadt auf zwei Seiten,/schmal ist der Zugang; doppelt geschweifte Schiffe umsäumen/sichernd den Weg; denn für alle und jeden liegt dort ein Standplatz./Weiter den Marktplatz, rund um den schönen Tempel Poseidons,/fest gefügt mit Steinen im Boden, die weither man holte/– dort besorgt man das Zeug und Gerät für die schwarzen Schiffe, Sturmtau und Seil; dort werden die Ruder gesäubert.

Homer: Odyssee und Homerische Hymnen. Übersetzt von Anton Weiher, München 1990. S. 145.

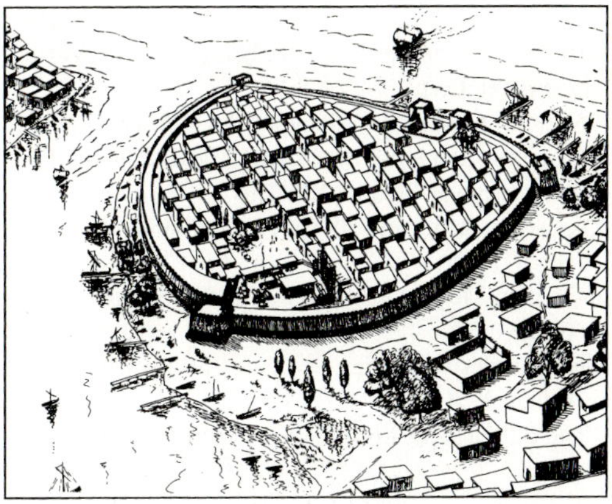

**b)** Smyrna (Izmir) in Kleinasien. Rekonstruktion des Zustands im 8. und 7. Jahrhundert v. Chr.

c) Bei der Ankunft des Odysseus im Land der Kyklopen (Odyssee, 9, 112–115; 125–129) heißt es bei Homer:

Weiter fuhren wir jetzt betrübten Herzens und kamen/hin zum Land der Kyklopen, die halt- und gesetzlos leben./Keiner rührt eine Hand zum Pflanzen und Pflügen; sie stellen/alles anheim den unsterblichen Göttern. Es wächst ja auch alles/ganz ohne Saat und Pflug, der Weizen, die Gerste, die Reben./Die aber spenden den Wein aus riesigen Trauben; das Wachstum/fördert dann mit dem nötigen Regen. Sie haben auch keine/rechtliche Ordnung, beraten auch nicht in offener Versammlung./Darum hausen sie auch auf den Gipfeln des hohen Gebirges/nur in geräumigen Grotten, und jeder einzelne schaltet/dort über Weiber und Kinder, und keiner sorgt für den anderen. [...] Denn die Kyklopen haben nicht Schiffe mit roter Bemalung,/Schiffbaumeister halten sie nicht, dass sie mühevoll Schiffe/schüfen mit trefflichen Borden, die alle Geschäfte besorgen,/kämen von Stadt zu Städten der Menschen, wie ja so häufig/Männer, um sich zu treffen, auf Schiffen die Meere befahren.

Homer: Odyssee und Homerische Hymnen. Übersetzt von Anton Weiher, München 1990. S. 181.

*a) Stellen Sie die frühen Siedlungsformen, die Homer bei den Phäaken (a) und Kyklopen (c) für charakteristisch hält, vergleichend gegenüber.*
*b) Diskutieren Sie, ob in Homers Kennzeichnung der Siedlungsformen bereits Werturteile eingeflossen sind.*
*c) Welche Gesichtspunkte sind in der Wahrnehmung Homers für die positive Entwicklung der Polis grundlegend?*

## 6 Die wirtschaftlichen Grundlagen der frühen Polis

Die Grundlage der Poliswirtschaft war in archaischer Zeit der Bauernhof (oikos) vor den Toren der Stadt. Der Dichter Hesiod (um 700 v. Chr.) besaß einen kleinen Hof in Böotien und gab seinem Bruder in seinem Lehrgedicht "Werke und Tage" Ratschläge für das bäuerliche Leben (Verse 30–39; 388–390; 432–433; 441–444; 582–592):

Wenig Zeit bleibt nämlich zum Zanken und Reden auf der Agora,
wenn nicht daheim ein Vorrat fürs Jahr zum Leben bereit liegt,
Ernteertrag, wie die Erde ihn bringt, Kornfrucht der Demeter. [...]
Wenn das Gestirn der Plejaden, der Atlastöchter, emporsteigt, dann mit dem Ernten beginnen, mit Säen aber, wenn es hinabtaucht. [...]
Das ist die Regel, die gilt für das Saatland, ob nun die einen
nahe dem Meer zuhaus, ob tief in den Schluchten der Berge
weit von der wogenden See entfernt auf fruchtbaren Boden. [...]
Zwei Pflüge stelle dir her [...]; Vorsorge ist besser.
Brichst du den einen entzwei, vor den anderen spannst Du die Rinder. [...]
Mit dem Gespann soll gehen ein vierzigjähriger Jungmann, der ein Rundbrot bekommt. [...]
Der, umsichtig am Werk, wird geradeaus ziehen die Furche. [...]
Zu der Zeit, wenn die Distel nun blüht und die laute Zikade
sitzend im Baum unermüdlich herab gießt klingendes Singen
unter den Flügeln hervor, zur Zeit des ermattenden Sommers,
dann sind am besten die Ziegen genährt, und der Wein ist am reifsten. [...]
Nun soll man endlich wählen den Schatten am Fels und würzige Weine,
Brei vom Rahm und die Milch einer Geiß, deren Zicken entwöhnt sind,
Fleisch vom Rind, das noch nie gekalbt, das im Walde gegrast hat,
und von Erstlingszicken. Dazu trink feurigen Roten.

Hesiod. Vergil. Ovid. Werke und Tage. Vom Landbau. Liebeskunst. Übers. von W. Marg u.a. München 1990. S. 28; 39; 40–41; 46.

*a) Stellen Sie aus der Quelle die bäuerlichen Erzeugnisse und Anbaumethoden zusammen.*
*b) Welches Verhältnis hat Hesiod zu den Institutionen der Polis?*
*c) Charakterisieren Sie die Lebenshaltung, die aus der Quelle spricht.*

## 7 Die Kolonisation

Der Historiker Herodot (ca. 484–425 v. Chr.) schildert, wie es am Ende des 7. Jahrhunderts auf der Insel Thera (a) und rund hundert Jahre später in Sparta (b) zur Aussendung von Kolonistengruppen kam.

**a)** Ein Kolonistenzug aus Thera:

Der König der Insel Thera kam nach Delphi, um im Namen seiner Stadt zu opfern. Einige Bürger reisten mit ihm, darunter Battos, Sohn des Polymnestos. Während nun der König das Orakel befragte, gab die Pythia folgende Antwort: Er solle eine Stadt in Libyen (Afrika) gründen. Er erwiderte darauf: „Ich bin zu alt und müde, mich auf den Weg zu machen. Heiße doch einen der Jüngeren hier die Sache unternehmen." Mit diesen Worten zeigte er auf Battos. Weiter geschah damals nichts, und als sie heimgekehrt waren, ließen sie den Orakelspruch auf sich beruhen, denn sie wussten nicht, wo Libyen liegt, und wagten doch nicht, eine Kolonie ins Ungewisse und Unbekannte auszusenden. (151) Nun aber blieb sieben Jahre lang der Regen in Thera aus, und während dieser Jahre verdorrten alle Bäume auf der Insel mit Ausnahme eines einzigen. Die Theraier befragten das Orakel, und die Pythia erinnerte sie an das Gebot des Gottes, eine Kolonie in Libyen zu gründen. Da sie sich nicht anders zu helfen wussten, schickten sie Boten nach Kreta, um nachzuforschen, ob vielleicht ein Kreter oder ein Fremder, der sich in Kreta aufhielt, einmal nach Libyen gekommen sei. Die Boten zogen auf der Insel umher und kamen endlich auch in die Stadt Itanos . Dort fanden sie einen Purpurfischer namens Korobios, der sagte, er sei einmal von den Stürmen nach Libyen verschlagen worden und sei zu der Insel Platea an der libyschen Küste gelangt. Diesem Mann gaben sie Geld und brachten ihn mit nach Thera, und es fuhren nun zuerst wenige Männer aus, um das libysche Land auszukundschaften. Korobios führte sie nach der Insel Platea, und sie ließen ihn dort zurück mit Nahrungsmitteln für einige Monate und segelten eiligst nach Thera zurück, um die Kunde von jener Insel ihren Landsleuten zu überbringen. […] Die Theraier beschlossen darauf, dass aus allen sieben Gemeinden der Insel immer je einer von zwei Brüdern auswandern solle. Führer und König der Auswanderer sollte Battos sein. So gingen denn je zwei Fünfzigruderer nach Platea ab.

Herodot: Historien. Übersetzt von A. Horneffer. Stuttgart 1971. S. 307 f.

**b)** Ein Kolonisationsunternehmen aus Sparta:

(41) Es dauerte nicht lange, so gebar die zweite Frau den Kleomenes und schenkte der Stadt Sparta einen Thronerben. Aber auch die erste Frau, die bisher unfruchtbar gewesen, wurde um eben dieselbe Zeit schwanger. […] Sie gebar den Dorieus, und sehr bald gebar sie wieder, nämlich den Leonodas, und wieder nach kurzer Zeit den Kleombrotos. […]

(42) Der Erstgeborene, Kleomenes, soll etwas schwachsinnig gewesen sein. Dorieus dagegen war der Erste unter all seinen Altersgenossen und wusste recht wohl, dass der Tüchtigkeit nach die Königswürde ihm zukäme. Als daher Anaxandrides starb und die Lakedaimonier ihren Gesetzen gemäß seinen ältesten Sohn Kleomenes zum König machten, grollte Dorieus und wollte Kleomenes nicht als König über sich dulden. Er bat die Spartiaten um Mannschaften und wanderte aus, fragte aber nicht beim Orakel in Delphi an, welches Land er besiedeln sollte, und erfüllte auch die anderen Auswanderungsgebräuche nicht. Grollend segelte er davon nach Libyen (Nordafrika); den Weg zeigten ihm Leute aus Thera. Als er in Libyen angekommen war, besiedelte er den herrlichsten Platz Libyens, am Fluss Kinypis. Zwei Jahre später aber vertrieben ihn der libyische Stamm der Maker und die Karchedonier, und er kehrte nach der Peloponnes zurück.

(43) Nun riet ihm ein Orakeldeuter, Antichares aus Eleon, aufgrund der Orakelsprüche des Laios, er solle das Land des Herakles in Sizilien kolonisieren. Das ganze Land am Eryx, sagte er, gehöre den Herakliden, denn Herakles habe es besessen. Als Dorieus das hörte, ging er nach Delphi, um dort anzufragen, ob das Land, das er besiedeln wolle, sein Eigen sein würde. Die Pythia antwortete, ja, er werde es erobern. Dorieus fuhr also mit denselben Auswanderern, die er nach Libyen geführt hatte, an Italien vorüber nach Sizilien.

Herodot: Historien. Übersetzt von A. Horneffer. Stuttgart 1971. S. 344 f.

*a) Charakterisieren Sie den Kolonistenzug aus Thera und Sparta und bestimmen Sie die Rolle der Polis sowie des Orakels von Delphi bei der Vorbereitung.*

*b) Manche Forscher vermuten, dass in diesen Geschichten die Interessen der jeweiligen Polis eingeflossen sind. Suchen Sie in den Quellenauszügen nach möglichen Belegen für diese Vermutung.*

### 8 Polisentwicklung und Hoplitenphalanx

a) Der Beginn einer Phalanxschlacht. Der Historiker Thukydides (ca. 460–396 v. Chr.) beschreibt den Beginn und die Bedingungen der Schlacht von Mantineia (418 v. Chr.) zwischen Spartanern und Argivern:

Und nun folgte der Zusammenstoß. Die Argeier [= Argiver] und ihre Verbündeten stürmten heftig und wild vorwärts, die Lakedaimonier [= Spartaner] bewegten sich langsam nach dem Klang zahlreicher Flötenspieler, die unter die Soldaten eingereiht waren. Das hatte nicht religiöse Gründe, sondern geschah um des gleichmäßigen rhythmischen Vormarsches willen, damit die Schlachtreihe nicht auseinander gerissen wurde, was beim Vorrücken großer Heere leicht vorkommt. [...] Aus Furcht drängt jeder Soldat seine ungedeckte Seite so nahe als möglich an den Schild des rechts anschließenden heran und hält den engsten Zusammenschluss für die sicherste Deckung. Den ersten Anstoß dazu gibt der rechte Flügelmann, der das Bestreben hat, dem Gegner jeweils seine eigene Blöße zu entziehen. Ihm folgen in der gleichen Furcht die anderen.

Thukydides: Der Peloponnesische Krieg. Übertragen von A. Horneffer. Essen 1966. S. 447 f.

b) Hoplit. Bronzene Statuette (Höhe 12,8 cm) aus dem Zeusheiligtum in Dodona, um 510 v. Chr.

*Erläutern Sie vor dem Hintergrund der Materialien 4 und 8a) und b) Theorie und Praxis der Hoplitenphalanx.*

## 3. Leben in der Polis

**Die städtischen Institutionen: Rat, Beamte, Volksversammlung**

Gegen Ende des 6. Jahrhunderts v. Chr. verfestigten sich die Institutionen, die von nun an typisch für alle Poleis waren: Die Beratungen des Adelsrates waren festen Regeln unterworfen, die Zahl der Mitglieder war begrenzt und die Mitgliedschaft an ein hohes Eintrittsalter gebunden. Überall gab es Jahresämter für spezielle Aufgaben im Bereich des Kriegswesens, der Religion und der Rechtsprechung. In vielen Poleis bildeten sich Gremien aus Mitgliedern der Bürgerschaft, die sich als Gerichtshöfe etablierten und die Rechtsprechung der Adligen auf bestimmte Bereiche beschränkten. Mit dem Aufstieg der Hoplitenphalanx zog auch die Volksversammlung immer mehr Kompetenzen an sich und entschied in letzter Instanz über alle wichtigen Vorhaben des Adelsrates, insbesondere über Gesetze und auswärtige Beziehungen.

**Frauen**

Strikt ausgeschlossen vom politischen Leben und von politischen Rechten waren die Frauen. Nach griechischem Geschlechterverständnis fehlte ihnen die körperliche Leistungsfähigkeit sowie Tapferkeit der Männer und die Einsicht in die politischen Zusammenhänge. Deswegen kamen die Griechen überhaupt nicht auf den Gedanken, ihre Frauen in politische Entscheidungsprozesse mit einzubeziehen. Bei

9 Eine Familie schreitet zum Opfer. Eine die Opferutensilien tragende Kanephore (Korbträgerin) geht an der Spitze der Prozession; ihr folgen ein Knabe mit dem Opfertier, zwei Jugendliche mit Musikinstrumenten, zwei Frauen mit Zweigen und Opferbinden und als letzter vermutlich der Familienvater. Korinthische Votivtafel aus Holz mit Temperabemalung, um 540 v. Chr.

den Festen und religiösen Feierlichkeiten spielten Frauen allerdings eine wichtige Rolle. Vielleicht wollte die männliche Bürgerschaft auf diese Weise einen gewissen Ausgleich schaffen zur erzwungenen politischen Abstinenz der Frauen.

**Sklaven**

Gänzlich außerhalb der Gemeinschaft der Bürger standen Menschen, die ihre Freiheit verloren hatten. In einigen Gegenden hatten die Griechen die Ureinwohner zu Hörigen gemacht, die für sie die Felder bearbeiten mussten. Auch in den griechischen Kolonien versklavten die Kolonisten bei ihren Vorstößen ins Landesinnere regelmäßig Einheimische. Manche Polis, die so stolz auf ihre freiheitliche Grundordnung war, wurde berühmt für ihren blühenden Sklavenmarkt und scheute sich nicht, die durch Sklavenverkäufe erzielten Zölle und Abgaben zur Verschönerung ihrer Bauten einzusetzen. Viele der politisch aktiven Männer konnten nur deshalb regelmäßig als Ratsmitglied fungieren oder die Volksversammlung besuchen, weil sie die häusliche und landwirtschaftliche Arbeit auf die Frauen und Sklaven abwälzten.

## 10 Die Schlichtung von Rechtsstreitigkeiten

**a)** Homer beschreibt eine Szene innerhalb einer frühen Polis, die auf dem Schild des Helden Achilles abgebildet war:

Das Volk aber war auf dem Markt versammelt. Dort hatte ein Streit/sich erhoben: Zwei Männer stritten um das Wergeld/für einen erschlagenen Mann. Der eine gelobte, dass er alles erstattet habe,/und tat es dem Volk dar, der andere leugnete: Nichts habe er empfangen./Und beide begehrten, beim Schiedsmann einen Entscheid zu erhalten,/und das Volk schrie beiden zu, hüben und drüben als Helfer./Und Herolde hielten das Volk zurück, die Ältesten aber/saßen auf geglätteten Steinen im heiligen Ring./Und hielten die Stäbe (skeptra) von den Herolden, den Luftdurchrufenden, in den Händen;/mit denen sprangen sie dann auf und taten abwechselnd ihren Spruch./In ihrer Mitte aber lagen zwei Pfunde Goldes,/um sie dem zu geben, der unter ihnen das Recht am geradesten spräche.

Homer: Ilias 18,497–508. Zit. bei M. Stahl: Gesellschaft und Staat bei den Griechen: Archaische Zeit. Paderborn u.a. S. 214.

**b)** Rund 200 Jahre später hatte die Polis das Verfahren weiter institutionalisiert. Ein Beschluss der Athener Volksversammlung enthält folgende Vorschriften:

Und wenn einer einen ohne Vorsatz tötet, soll er in die Verbannung gehen. Das Urteil über ihn im Hinblick darauf, ob er an einer Tötung schuld sei, soll verkündet werden von den *basileis* [die zuständigen Beamten]; und die *ephetai* [Gerichtsbeamte, die aus dem Kreis der Adligen gewählt wurden] sollen die Verhandlung führen. Verzeihung kann gewährt werden, wenn Vater oder Brüder oder Söhne [des Ge-

getöteten] am Leben sind, von allen zusammen. Andernfalls soll der eine, der dagegen ist, maßgebend sein. Wenn keiner von diesen Männern am Leben ist, dann kann Verzeihung gewährt werden von den männlichen Angehörigen bis zum Grade des Sohnes des Vetters und des Vetters [des Getöteten], wenn alle Verzeihung geben wollen. Einer, der dagegen ist, soll maßgebend sein. [...] Auf der Agora soll die Anzeige gegen den Täter erstattet werden, und zwar von dem Verwandten des Getöteten bis zum Grade des Sohns des Vetters und des Vetters. Die Verfolgung des Täters soll gemeinsam geschehen durch die Vettern, deren Söhne, die Schwiegersöhne und Schwiegerväter und die Mitglieder der *phratrie* [lokale Gemeinschaft]. [...] Wenn jemand den Täter tötet oder für seinen Tod verantwortlich ist, solange dieser sich von der Agora an der Grenze [...] fernhält, soll er nach denselben Bedingungen behandelt werden wie einer, der einen Athener getötet hat. Die *ephetai* sollen nach einer Verhandlung das Urteil fällen.

M. Stahl: Gesellschaft und Staat bei den Griechen: Archaische Zeit. Paderborn u.a. S. 221.

*a) Bestimmen Sie die Rolle des Volkes und der* basileis *bei der Streitschlichtung in Text a).*
*b) Was hat sich in Text b) gegenüber dem von Text a) geschilderten Verfahren geändert? Erklären Sie dabei insbesondere die Bedeutung des Satzes „Auf der Agora soll die Anzeige gegen den Täter erstattet werden."*

## 4. Ausprägungen städtischer Lebensformen: Athen und Sparta

### 4.1 Athen

**Solon – Retter in der Not?**

Athen lag in einem der größten fruchtbaren Gebiete Griechenlands, der Halbinsel Attika. Anders als die meisten Poleis versuchten hier die Adligen, das Problem der wachsenden Bevölkerung nicht durch überseeische Kolonisation zu lösen, sondern Neuland in Attika zu erschließen.
Trotzdem kam es auch in Athen im 6. Jahrhundert v. Chr. infolge der allgemeinen Agrarkrise zu Spannungen innerhalb der Bevölkerung. Um einen blutigen Bürgerkrieg zu verhindern, bestellte man 594 v. Chr. den allseits geachteten Solon zum Schlichter („Versöhner") mit gesetzgeberischen Vollmachten. Solon erschien den zerstrittenen Gruppen als unparteiisch, da er kein Adliger war und sein Ansehen auf einem Reichtum beruhte, den er durch Handelsgeschäfte erworben hatte.

**Reformen**

Solon setzte umfassende Reformen durch und veröffentlichte sie in schriftlicher Form als Gesetze. Dabei ließ er sich von der Einsicht leiten, dass der innere Friede nur gewahrt werden könnte, wenn die Verbesserung der sozialen und wirtschaftlichen Lage durch eine Stärkung der politischen Verantwortung jedes Bürgers ergänzt würde. Solon versuchte beides für die Zukunft zu sichern, indem er die wirtschaftlich Erfolgreichen stärker an der politischen Führung beteiligte. Zu diesem Zweck teilte er die Bürgerschaft in vier Klassen ein. Als Einteilungskriterium diente ihm die Größe des Bodenbesitzes und der jährliche Ertrag der Felder. Die oberste Klasse bildeten danach die reichsten Großbauern; die nächst Reicheren wurden in die Klasse der Hippeis (Ritter) eingereiht; die Zeugiten bestanden aus den Bauern und Handwerker, die sich eine Hoplitenrüstung leisten konnten; die unterste Klasse wurde von den Theten eingenommen.
Faktisch blieb das adlige Anrecht auf die obersten Ämter erhalten, da nach wie vor die Beamten nur aus der obersten Besitzklasse gewählt werden durften. Doch prinzipiell stand der Zugang zu den Ämtern nun jedem wirtschaftlich erfolgreichen Athener offen, auch wenn er kein Adliger war.

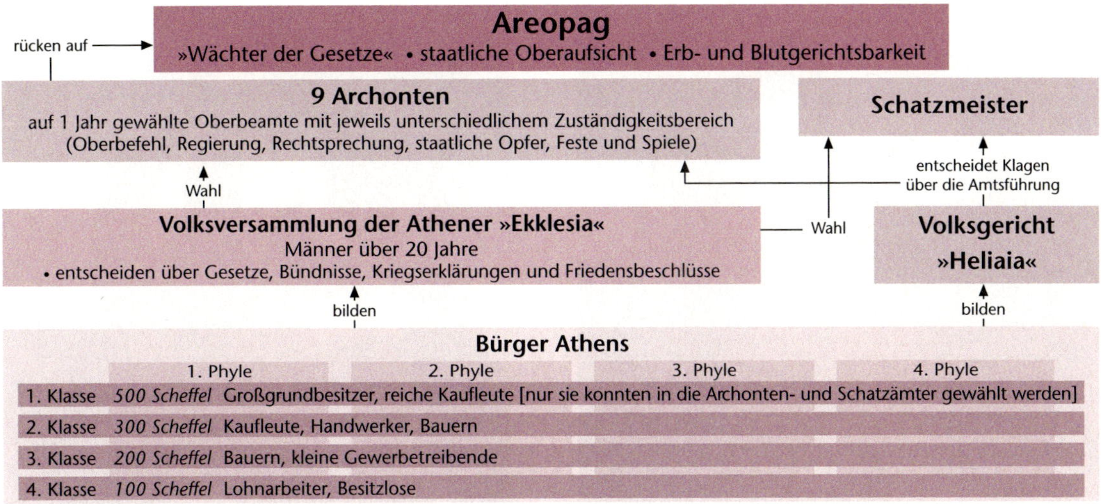


**11** Die Verfassung Solons lief auf eine Timokratie hinaus. Sie basierte auf der Klassifizierung der in alten Stammesverbänden (Phylen) gruppierten (Voll-) Bürger nach ihrer wirtschaftlichen und damit militärischen Leistungsfähigkeit. Zunächst wurde der jährliche landwirtschaftliche Ertrag an Getreide (1 Scheffel = ca. 52 l) zugrunde gelegt, nach Einführung der Münzwährung die jährlichen Geldeinkünfte.

### Die Tyrannis der Peisistratiden

Wahrscheinlich noch zu Lebzeiten Solons konnte sich ein Mann namens Peisistratos zum Tyrannen aufschwingen. Nominell blieb die von Solon geschaffene Ordnung zwar bestehen, Peisistratos besetzte jedoch alle staatlichen Ämter mit seinen Gefolgsleuten. Damit schürten er und seine beiden ihm nachfolgenden Söhne den Unmut der übrigen Adligen, die sich von der Herrschaft ausgeschlossen fühlten. Auf Betreiben der attischen Adelsopposition marschierte 510 v. Chr. ein spartanisches Heer in Attika ein und machte der Tyrannis ein Ende.

### Scheitern der Adelsrestauration

Die Spartaner verfolgten damit auch ihre eigenen Interessen. Denn das unter der Tyrannis wirtschaftlich blühende und außenpolitisch erfolgreiche Athen erschien ihnen als eine Bedrohung. Zudem sympathisierten sie mit dem Plan der Tyrannisgegner, den Umsturz zur Wiederherstellung der alten Adelsherrschaft zu nutzen. In die Quere kamen ihnen dabei jedoch die politischen Ambitionen eines Mannes namens Kleisthenes, der an die Tradition Solons anknüpfte und den Hopliten mehr Einfluss verschaffen wollte. Als die Spartaner daher erneut in Attika einfielen, widersetzte sich die Mehrheit der Bürgerschaft. Sie zwangen die Spartaner und deren Athener Freunde zum Abzug.

### Lokale Selbstverwaltung

Nunmehr begann Kleisthenes mit der Umsetzung eines umfassenden Reformwerks. Das gesamte Gebiet Athens und Attikas wurde aufgeteilt in kleinere lokale Gemeinden (Demen), die jeweils über eine unabhängige Bürgerversammlung verfügten. Diese berieten und entschieden über die lokalen Angelegenheiten und wählten das Gemeindeoberhaupt. Jede der neu gebildeten Gemeinden besaß eigenes Vermögen, veranstaltete eigene Gemeindefeste und versah ihre eigenen Kulte.

12 „Solon" und „Lykurg". Ölgemälde von Merry-Joseph Blondel (1791–1853).
*Erläutern Sie an den Details der Gemälde (Körpersprache u. a.), welche Assoziationen der Maler beim Betrachter der antiken Gesetzgeber auslösen wollte.*

**Der Rat der 500**

Ferner wählten die Gemeindeversammlungen die Kandidaten für den neu von Kleisthenes eingerichteten Rat der 500 (Boulé). Dieser übernahm immer mehr Aufgaben des alten Adelsrates und arbeitete eng mit der Volksversammlung zusammen. Jede Gemeinde stellte im Durchschnitt drei bis vier Ratsherren, die nur einmal amtieren durften. Damit war schon rein rechnerisch garantiert, dass fast jedes Gemeindemitglied einmal in seinem Leben Mitglied des großen Rates werden konnte.

**Die Neugliederung Attikas**

Um die politische Dominanz der auf dem Lande ansässigen adligen Großgrundbesitzer zu beseitigen, teilte Kleisthenes die drei geografischen Einheiten Küste, Binnenland, Stadt in je 10 Bezirke ein und bildetete aus jeweils drei von ihnen – eine aus jeder geografischen Einheit – zehn Verwaltungskörperschaften, die Phylen. Jede Phyle entsandte 50 Vertreter in den Rat der 500. Die gleichmäßige Zusammensetzung jeder Phyle garantierte, dass im neuen Rat jede attische Landschaft gerecht vertreten und die Auswahl der Kandidaten breit gestreut war.
Die Beteiligung aller Bürger an der Politik und die Rolle der Volksversammlung hatten damit eine neue Qualität erreicht. Deshalb wurden schon in der Antike *isegoria* (gleiches Rederecht) und *isonomia* (gleiche Verteilung der politischen Rechte) zu Inbegriffen der neuen Ordnung.

**Tyrannen/Tyrannis:** In der Antike Bezeichnung für eine Herrschaftsform bzw. einen Herrscher, der ohne offizielle Ermächtigung die Macht in einer Polis erringen und seine Stellung durch militärische Gewalt (Leibwache, Söldner, Hopliten) sichern konnte. Dennoch war der Begriff noch nicht mit den negativen Eigenschaften der Neuzeit belegt, weil fast alle Tyrannen den Wohlstand ihrer Städte steigern konnten. Sie scheiterten meist daran, dass es ihnen nicht gelang, ihre Stellung rechtlich abzusichern. Später wurde der Begriff Tyrann auf alle diejenigen ausgeweitet, die sich widerrechtlich der Staatsgewalt bemächtigten (Usurpator) oder eine besonders grausame und ungerechte Alleinherrschaft ausübten.

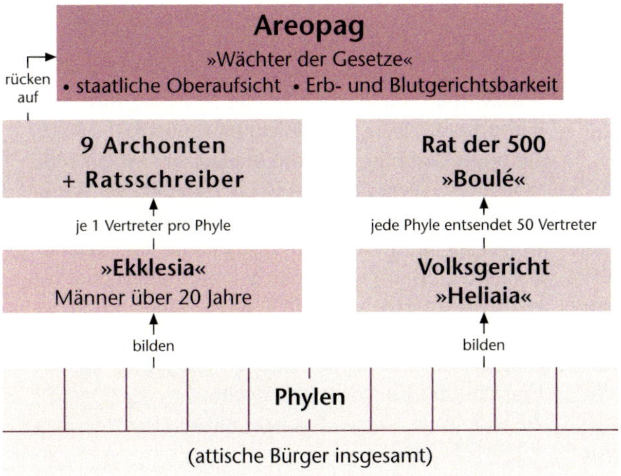


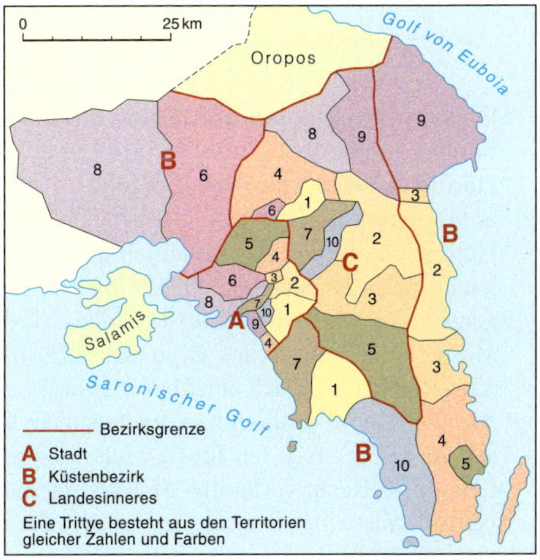


**13** Die politische Neuordnung des Kleisthenes. Dominierten trotz der Solonischen Reformen weiterhin die Interessen der adligen Großgrundbesitzer das politische Leben Athens, so sorgte die Einteilung der Bürgerschaft nach rein territorialen Aspekten für eine größere Interessenvertretung aller Bürgerschichten.

## 14 Ursachen der Krise

Nach aristokratischer Gepflogenheit verfasste Solon (ca. 640–560 v. Chr.) Gedichte (Elegien). In diesen beklagte er auch die Missstände seiner Zeit (Fragment F 3):

Unsere Stadt wird nie nach Rat der unsterblichen Götter/noch mit Willen des Zeus je ins Verderben gestürzt:/Denn als Hüterin hält des Allgewaltigen Tochter,/Pallas Athene, die Hand sorgenden Sinns über sie./Aber die Bürger selbst und ihre verworfenen Führer/bringen die große Stadt, Törichte, selber in Not./Denn die Schändlichen lockt die Gier nach großen Gewinnen/, doch die Verblendeten trifft strafend die Fülle des Leids./Müssen sie sich doch stets übersättigen, nimmer imstande,/sich des zuhandenen Mahls dankbar und heiter zu freun. [...] Und die das Unrecht verführt, machen im Handel sich reich. [...] Weder des Tempels Besitz, noch das Vermögen des Staats/schonen sie, stehlen und rauben, wo immer die Beute sich bietet,/wahren der Dike [Göttin des Rechts] hoch heilige Satzungen nicht./Schweigend weiß die Göttin das Künftige wie das Gewesene,/ und mit der schreitenden Zeit kommt sie und rächt, was geschah./Unentrinnbar vergiftet den Staat die eiternde Wunde:/Traurige Knechtschaft bricht rasch über alle herein./Schon entfachen sie selber den Krieg, die schlummernde Zwietracht,/vielen wird so die Kraft blühenden Lebens verzehrt;/denn das verhetzte Gesindel vernichtet, willkommene Rache/, feindlich zu Rotten vereint die geliebteste Stadt./Solches Verderben geht um im Volke; in Scharen verlassen/die Verarmten das Land, ziehn in die Fremde hinaus,/werden verkauft als Sklaven und schimpflich mit Stricken gebunden.

Zit. nach: Michael Stahl (Bearbeiter): Die griechische Polis. Quellen zur Griechischen Geschichte von 800–400 v. Chr. Paderborn 1989. S. 88.

*a) Nennen Sie die Gründe, die nach Solon die Stadt Athen an den Rand des Bürgerkrieges brachten.*
*b) Wer ist nach Solon für diese Krise verantwortlich?*

## 15 Gegenmaßnahmen Solons

In mehreren Elegien gibt Solon einen Art Tatenbericht der Maßnahmen, mit denen er die Missstände zu beseitigen versuchte.

a) Fragment 24 D, 1-15:

Hätt' ich den Plan, weswegen ich das Volk vereint,/ jemals im Stich gelassen, eh' ich ihn erfüllt? Bezeugen kann es vor dem Richterstuhl der Zeit/die große Mutter aller Götter des Olymps/am besten: unsre schwarze Erde, die ich einst/befreit von Pfändersteinen, dicht in sie gepflockt; so macht ich die lang' Versklavte wieder frei. Ich führte viele teils mit Recht teils ohne Recht/verkaufte Sklaven in die gottgebaute Stadt/Athen zurück und andre, die von Not gedrängt/geflüchtet waren, stets von Land zu Land gejagt,/der attischen, der Muttersprache, schon entwöhnt./Und manchem, der zu Hause hier im schnöden Joch/der Knechtschaft zitterte vorm Übermut der Herrn,/gab ich die Freiheit wieder.

Zit. nach: Michael Stahl (Bearbeiter): Die griechische Polis. Quellen zur Griechischen Geschichte von 800–400 v.Chr. Paderborn 1989. S. 84.

b) Fragment 36:

Nachdrücklich will die Athener ich lehren: Gesetzesmissachtung/bringt nur bitterste Not über das Volk in der Stadt/; freie Gesetzlichkeit (eunomia) schafft gehörige Ordnung in allem,/schlägt in Fesseln sehr schnell alle Verletzer des Rechts,/glättet das Raue, steuert den Übermut, trotzt der Gewalttat,/lässt verdorren den Keim jeder Verblendung und Schuld/ richtet die krummen Urteile gerade, mildert die Folgen/üppigen Hochmuts und setzt sichere Grenzen dem Zwist,/dämpft die Wut des leidigen Streites: Ihr Einfluss beschert den/Menschen auf jedem Gebiet Einsicht und Eintracht und Recht.

Zit. nach: W. O. Murray: Das frühe Griechenland. München 4. Aufl. 1991. S. 236.

c) Fragment 3,30 ff.:

Mir gibt das Herz den Befehl, die Athener so zu belehren:/Gilt kein Gesetz, wird viel Übel dem Staat zuteil./Gilt das Gesetz – es fügt zu schöner Ordnung das Ganze;/die aber Unrecht tun, legt es in Fesseln zugleich.

W. Dahlheim: Die Antike. Griechenland und Rom. Paderborn 5. Aufl. 2001. S. 157.

*a) Strukturieren Sie die Materialien unter den Gesichtspunkten: Ursachen der Krise und Maßnahmen zur Überwindung der Krise.*
*b) Worin besteht nach Solon das Ideal einer guten Ordnung (eunomia)?*

## 16 Der Tyrann Peisistratos und die Bauern

Aristoteles (384–322 v. Chr.) beschreibt in seiner Schrift „Vom Staat der Athener" (16,2–5; 7) die Regierung des Peisistratos (561–527 v. Chr.):

Peisistratos führte die Regierungsgeschäfte [...] in maßvoller Weise und eher mit bürgerlichem Verantwortungsbewusstsein als tyrannisch. Denn im Übrigen war er menschenfreundlich, milde und gegenüber Übeltätern zur Vergebung bereit. Ebenso gab er an Bedürftige Darlehen für Unternehmungen, damit sie sich als Bauern ihren Unterhalt verdienen könnten. Das tat er aus zwei Gründen: damit sie sich nicht in der Stadt aufhielten, sondern über das Land verstreuten, und damit sie, in mäßigem Wohlstand und mit ihren eigenen Angelegenheiten beschäftigt, weder den Wunsch verspürten noch Zeit hätten, sich um das Gemeinwesen zu kümmern. Zugleich gelang es ihm dadurch auch, die Einnahmen zu steigern, da das Land bebaut wurde. Er trieb nämlich von den Ernteerträgen den Zehnten ein. So setzte er die Richter in den Gemeinden ein, bereiste auch selbst oft das Land, führte Aufsicht und bewegte Streitende zum Vergleich, damit sie nicht in die Stadt kämen und ihre Arbeit vernachlässigten. [...] Auch sonst hatte das Volk unter seiner Regierung nicht zu leiden, sondern er tat alles für den Frieden und sorgte für Ruhe. Deshalb ging oft die Rede um, die Tyrannis des Peisistratos sei wie das Goldene Zeitalter unter Kronos.

Zit. nach M. Austin/P. Vidal-Naquet, Gesellschaft und Wirtschaft im alten Griechenland. München 1984. S. 197.

*a) Fassen Sie zusammen, wie Peisistratos den Bauern und der Stadt zu helfen versuchte.*
*b) Erläutern Sie die Absichten, die Peisistratos laut Aristoteles mit seiner „sozialen Politik" verfolgte.*

## 4.2 Sparta

**Kulturloser Militarismus?**

Sparta galt und gilt als Unikum unter den griechischen Poleis: ein Staat der Krieger, der das Leben seiner Bürger eiserner Disziplin und kriegerischen Idealen unterwarf. Dieses Bild ist jedoch vielfach überzeichnet. Denn die meisten antiken Nachrichten über Sparta stammen von außerhalb und gehen zudem auf athenische Autoren zurück, die Sparta als kulturlos diffamierten, um ihre eigene Polis zu glorifizieren.

**Einwanderung in Lakonien und Unterwerfung der Heloten**

Am Anfang der spartanischen Geschichte steht die Einwanderung von (dorischen) Stammesgruppen aus dem Norden in die Peloponnes um 900 v. Chr. Sie ließen sich in der fruchtbaren Ebene des Eurotas nieder und teilten das Land untereinander auf, wobei die beiden Heerführer sowie andere herausragende Familien größere Ackerflächen erhielten. Die Ureinwohner wurden zu Hörigen (Heloten) gemacht und mussten die Felder der reichen Spartaner bewirtschaften, während offenbar eine große Zahl der nichtadligen Vollbürger ihre Felder noch selbst bestellten.

**Spartiaten, Perioken und Heloten**

Der Status des Vollbürgers (= Spartiaten) war an den Besitz eines eigenen Landstückes gebunden und allein Spartiaten durften an den politischen Entscheidungen teilnehmen. Wer seinen Landbesitz verlor, büßte auch seine bürgerlichen Rechte ein. Schlechter gestellt waren diejenigen Spartaner, die nicht im lakonischen Siedlungszentrum, sondern in eigenen Städten an der Küste und in den Randgebieten lebten und als „Umwohner" (Perioken) bezeichnet wurden. Ihnen überließ man die – in den Augen der Spartiaten als minderwertig angesehene – Ausübung von Handwerk und Handel. Von politischer Mitwirkung ausgeschlossen, waren sie zu Tributzahlungen sowie zur Heeresfolge verpflichtet. Völlig rechtlos blieb die Masse der Heloten. Schon während der Eroberungskriege konnten einige Adlige ihren

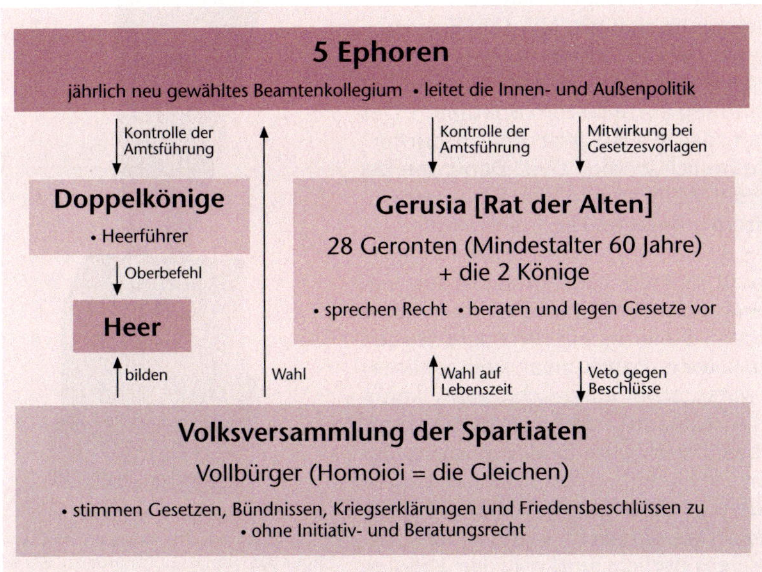


**Spartaner**

- Bürger ohne politische Rechte
- Männer unter 30 Jahren
- Frauen und Kinder

**Perioken**

[»Umwohner«]

- ohne politische Rechte, jedoch persönlich frei
- eigene selbstverwaltete Gemeinden
- betreiben neben der Landwirtschaft Handwerk, Bergbau, Fischfang und Handel
- verpflichtet zur Heeresfolge

**Heloten**

- unterworfene, rechtlose und persönlich unfreie Ureinwohner
- bestellen die Landgüter der Spartiaten und müssen die Hälfte der Erträge abliefern

**17** Der Staatsaufbau Spartas seit ca. dem 6. Jahrhundert v. Chr. – links die politische Gemeinde Sparta, rechts die von politischer Mitsprache ausgeschlossenen Einwohner.

Grundbesitz ausdehnen, während andere Spartiaten infolge von Erbteilung und Verschuldung verarmten. Damit bahnte sich eine ähnliche Krise wie in den anderen Poleis Griechenlands an.

**Die Reformen Lykurgs**

Der legendäre, als historische Persönlichkeit nicht fassbare Gesetzgeber Lykurg rettete um 700 v. Chr. den sozialen Frieden, indem er erneut den rechtlichen Anspruch jedes Spartiaten auf ein einheitlich großes Landstück festschrieb, das nicht mehr verkauft oder sonst wie veräußert werden durfte.
Die Agrarreform wurde durch ein später als *Große Rhetra* (= Übereinkunft, Gesetz) überliefertes schriftliches Regelwerk zu den staatlichen Institutionen ergänzt. Danach standen weiterhin zwei *basileis* – zwei „Könige" in spezifischem Sinne – an der Spitze des Staates, die das Bürgerheer befehligten und die religiösen Kulte leiteten. Die doppelte und auf Lebenszeit geltende Besetzung dieses Amtes war einzigartig unter den griechischen Poleis.

**Militärgesellschaft**

Während in allen anderen Poleis Haus und Hof *(oikos)* des einzelnen Familienverbandes die Grundeinheit des Lebens bildeten, standen im Mittelpunkt der spartanischen Gesellschaft die nach Altersgruppen gegliederten Wehrgemeinschaften der männlichen Bürger. Zur Stärkung der Kampfkraft entwickelten die Spartaner ein staatlich kontrolliertes Erziehungssystem, die *agogé*. Mit sieben Jahren wurden die Jungen ihren Familien entzogen und bis zum 20. Lebensjahr in nach Altersstufen gegliederten Verbänden einem militärischen Drill unterworfen, der ganz auf Abhärtung, körperliche Leistungsfähigkeit, Tapferkeit und unbedingten Gehorsam angelegt war. Die mit 20 Jahren als vollwertige Krieger geltenden Spartaner lebten bis zum 30. Lebensjahr im zentralen Heerlager. Allerdings waren sie gehalten, in dieser Lebensphase zu heiraten. Ehelosigkeit hätte in Sparta automatisch zum (politischen) Ausschluss aus der Bürgergemeinde geführt. Mit dem Erreichen der Altersgrenze von 30 Jahren rückten die Krieger zum abstimmungsberechtigten Mitglied der Volksversammlung auf, also zum Spartiaten. Das Familienleben, das sie ab jetzt führen durften, verlief für sie freilich wenig „zivil". Denn den Tag verbrachten sie weiterhin in der Wehrgemeinschaft mit ihrem ständigen Hoplitentraining.

**Die Frauen im Kriegerstaat**

Im Vergleich zu den üblichen griechischen Verhältnissen nahmen die Spartanerinnen eine selbstständigere Stellung ein. Wie alle Frauen in den griechischen Poleis zwar von jeglicher politischen Mitsprache ausgeschlossen, konnten sie doch – was sonst unüblich war – selbst über Grundbesitz verfügen. Und angesichts der permanenten Abwesenheit der Männer trugen sie häufig allein die Last der Verwaltung des Familienbesitzes. Das staatliche Kriegerideal hatten auch sie verinnerlicht und mit den Heloten sprangen sie ebenso herrisch um wie ihre Männer. Als moralisch verwerflich galt anderen Griechen die in einigen Quellen überlieferte Sitte,

**18** Spartanischer Krieger (Bronzefigur aus dem 6. Jahrhundert v. Chr.). „Furchterweckend vom Haupte flattre der Busch ihm herab!" – so dichtete Tyrtaios über den spartanischen Hopliten.

wonach es verheirateten Spartanerinnen offiziell erlaubt war, Kinder nicht nur vom eigenen Ehemann zu empfangen. Gleichfalls als wenig schicklich erschien anderen Griechen die auf die körperliche Ertüchtigung ausgerichtete Erziehung auch der Mädchen, die gehalten waren, sich in denselben Sportdisziplinen zu üben wie die Jungen.

## 19 Das „Grundgesetz" Spartas

a) Plutarch (ca. 45–125 n. Chr.) berichtet in seiner Biographie des sagenhaften Staatsgründers Lykurg (Kap. 6) über dessen Gesetze, die wahrscheinlich um 700 v. Chr. entstanden sind:

So sehr lag dem Lykurg diese Behörde [der Ältestenrat] am Herzen, dass er über sie ein Orakel aus Delphi einholte, welches man Rhetra [Beschluss] nennt. Es lautet folgendermaßen: Gründend ein Heiligtum des Zeus Syllanios und der Athene Syllania, schaffend Stämme *(phylai)* und einrichtend Dörfer *(obai)*, bestimmend einen Ältestenrat *(gerousia)* von dreißig mit den Anführern, sind von Zeit zu Zeit Versammlungen *(apellai)* [...] abzuhalten und dann vorschlagen und abtreten zu lassen. Entscheidung und Bestätigung soll dem Volk zustehen. [...]

War die Menge versammelt, so war es keinem der anderen gestattet, eine Meinung auszusprechen, sondern nur über den von den Geronten [Mitglieder des Ältestenrates] und von den Königen eingebrachten Antrag zu entscheiden, war das Volk befugt. Als später die Menge durch Streichen und Zusetzen die Anträge verdrehte und verfälschte, fügten die Könige Polydoros und Theopompos folgenden Satz in die Rhetra ein: Wenn aber das Volk eine krumme Entscheidung trifft, sollen die Ältesten und die Fürsten es abtreten lassen, das heißt, den Entscheid nicht annehmen, sondern das Volk [= Volksversammlung] abtreten lassen und auflösen, da es den Antrag entgegen dem Wohl des Staates verdrehe und verändere.

Zit. nach: W. O. Murray: Das frühe Griechenland. München 4. Aufl. 1991. S. 210 f.

b) Eine ergänzende Würdigung gibt der Dichter Tyrtaios (7. Jahrhundert v. Chr.):

Herrschen sollen im Rat die *basileis,* gottbegnadet,
Denen am Herzen die Stadt Sparta, die ewige, liegt,
Herrschen die würdigen Greise, mit ihnen die Bürger des Volkes,
Während das gültige Recht, wie es der Satzung entspricht;
Sollen Geziemendes reden und alles Gerechte erwirken,
Nie unredlichen Rat geben der heimischen Stadt,
Und die Versammlung soll durch den Sieg der Stimmen entscheiden.

Zit. nach: W. Dahlheim: Die Antike. Griechenland und Rom. Paderborn 1994. S. 148.

*a) Erarbeiten Sie unter Einbeziehung des Verfassertextes die Aufgaben der staatlichen Institutionen.*
*b) In der Geschichte Spartas spielen die beiden Könige eine besondere Rolle. Prüfen Sie, ob sich das Aufgabenfeld der spartanischen Könige verändert hat.*

## 20 Die spartanische Erziehung

Plutarch (ca. 45–125 n. Chr.) beschreibt in seiner Lykurg-Biografie (Kapitel 16) die staatliche Erziehung der Kinder und Jugendlichen:

Die Knaben der Spartaner aber gab Lykurg nicht in die Hände von gekauften oder gemieteten Pädagogen, noch durfte jeder seinen Sohn halten und aufziehen, wie er wollte, sondern er nahm selbst alle, sobald sie sieben Jahre alt waren, zu sich und teilte sie in „Horden", in denen sie miteinander aufwuchsen, erzogen und gewöhnt wurden, beim Spiel wie bei ernster Beschäftigung immer beisammen zu sein. Als Führer der „Horde" wählten sie denjenigen, der sich durch Klugheit und Kampfesmut auszeichnete. Auf ihn blickten sie, hörten auf seine Befehle und unterwarfen sich seinen Strafen, so dass die Erziehung wesentlich in der Übung im Gehorsam bestand.

Bei ihren Spielen pflegten die Älteren zuzusehen und öfters Streitigkeiten und Händel unter ihnen zu erregen, um so gründlich zu erproben, wie der Charakter eines jeden Jungen beschaffen war, zu wagen und im Kampf nicht auszureißen. Lesen und Schreiben lernten sie nur so viel, wie sie brauchten; die ganze übrige Erziehung war darauf gerichtet, dass sie pünktlich gehorchen, Strapazen ertragen und im Kampfe siegen lernten. Daher verschärften sie bei fortschreitendem Alter das Training, schoren sie bis auf die Haut und gewöhnten sie, barfuß zu gehen und ihre Übungen in der Regel nackt zu halten. Sobald sie zwölf Jahre alt waren, gingen sie stets in Unterbekleidung, bekamen nur einen Mantel aufs Jahr, waren am ganzen Körper schmutzbedeckt und durften weder baden noch sich salben, bis auf wenige Tage des Jahres, an denen sie solcher Annehmlichkeiten teilhaftig werden durften. Sie schliefen zusammen in Gruppen und Untergruppen auf Streuschütten, die sie selbst zusammentrugen, indem sie die Spitzen des am Eurotas wachsenden Schilfs mit bloßen Händen ohne Messer abbrachen.

[...]

Von Zeit zu Zeit schickten die Oberen die gewandtesten jungen Leute überall aufs Land hinaus, versehen mit Schwertern und den notwendigen Nahrungsmitteln, sonst nichts. Am Tage verstreuten sie sich, hielten sich an schwer auffindbaren Orten verborgen und ruhten aus, bei Nacht gingen sie auf die Straßen und töteten jeden Heloten, dessen sie habhaft wurden. Oft gingen sie über die Felder und erschlugen die stärksten und tüchtigsten von ihnen. [...] Aristoteles sagt aber auch, die Ephoren [Beamte] hätten jedes Mal, sobald sie ihr Amt antraten, den Heloten den Krieg erklärt, damit ihre Ermordung nicht wider göttliches Recht verstoße.

Zit. nach: Geschichte in Quellen. Altertum. Bearbeitet von Walter Arend. München 4. Aufl. 1989. S. 143 f.; 145.

*a) Bestimmen Sie das Verhältnis zwischen den älteren Spartiaten und den Heranwachsenden.*

*b) Versuchen Sie mithilfe des Verfassertextes genauer zu ergründen, welche Ziele die Erziehung außer der militärischen Ertüchtigung noch verfolgt haben könnte.*

## 21 Die spartanischen Männer- und Speisegemeinschaften

Plutarch (ca. 45–125 n. Chr.) beschreibt in seiner Lykurg-Biografie (Kapitel 10) auch die spartanischen Speisegemeinschaften (Syssitien):

Um aber der Üppigkeit noch mehr zu Leibe zu rücken und das Streben nach Reichtum auszurotten, traf er (Lykurg) seine dritte und beste politische Maßnahme: Die Einführung der Syssitien, dass die Bürger also zusammenkommen und miteinander die gemeinsamen, vorgeschriebenen Speisen zu sich nehmen mussten, statt zu Hause zu speisen, gelagert auf üppigen Polstern vor kostbaren Tischen, im Finstern gemästet von den Händen ihrer Kochkünstler wie gefräßige Tiere, sodass sie sich mit dem Charakter zugleich auch den Körper ruinierten. [...] Schon das war etwas Großes, noch bedeutungsvoller aber die Tatsache, dass er [...] den Reichtum wertlos, gleichsam zu einem Nichts machte durch die Gemeinschaft der Mahlzeiten und die Einfachheit der Kost.

Zu den gemeinschaftlichen Mahlen pflegten auch die Knaben zu kommen. Wie in eine Schule der Weisheit wurden sie hingeführt, hörten ernsthafte Gespräche, wurden Zeugen freimütiger Scherze und selbst daran gewöhnt, zu scherzen und ohne Grobheit zu spotten und Spott nicht übel zu nehmen. Denn dies galt für echt lakonisch, Spott zu ertragen.

Zit. nach: Geschichte in Quellen. Altertum. Bearbeitet von Walter Arend. München 4. Aufl. 1989. S. 142 f.

*a) Weshalb sollten die spartanischen Jungen auch lernen „zu spotten und Spott nicht übel zu nehmen"?*

*b) Erklären Sie, weshalb Plutarch die Syssitien als die beste politische Maßnahme Lykurgs lobte. Ziehen Sie dazu auch den Verfassertext über die Besonderheit der Quellen zur griechischen Geschichte heran.*

## 22 Die spartanischen Frauen

a) In seiner Schrift „Politeia" schreibt Aristoteles (384–322 v. Chr.) über die Lage der Frauen in Sparta:

Ferner ist die Zügellosigkeit der Frauen schädlich sowohl mit Rücksicht auf die Absicht der Staatsverfassung als auch mit Rücksicht auf die Glückseligkeit des Staates. Wie nämlich Mann und Frau Teile des Hauses ausmachen, so ist es klar, dass man annehmen muss, dass auch der Staat beinahe in zwei Teile zerfällt, einerseits in die Menge der Männer und andererseits in die der Frauen, so dass man in all den Staatsverfassungen, in denen es um die Lage der Frauen schlecht bestellt ist, von der Hälfte des Staates annehmen muss, dass sie nicht gesetzlich geordnet ist. Und eben das ist bei den Lakedaimoniern eingetreten. Der Gesetzgeber nämlich, der will, dass der Staat in seiner Gesamtheit in der Standhaftigkeit geübt sei, ist offenbar nur bei den Männern so vorgegangen, um die Frauen hat er sich nicht gekümmert. Denn sie leben zügellos im Hinblick auf jede Zügellosigkeit und schwelgerisch. [...] Am Anfang nun scheint die Zügellosigkeit der Frauen die Lakedaimonier ganz folgerichtig getroffen zu haben. Denn weit von der Heimat entfernten sich die Lakedaimonier lange Zeit bei ihren Feldzügen. Als sie dann aber Zeit hatten, boten sie sich zwar dem Gesetzgeber an als Männer, die durch das Feldzugsleben schon vorbereitet waren; doch man sagt, dass Lykurg es zwar unternommen habe, die Frauen unter die Gesetze zu bringen, als sie sich aber dagegen stemmten, habe er wieder davon abgelassen.

Aristoteles: Politik. Schriften zur Staatstheorie. Übers. und hrsg. von Franz F. Schwarz. Stuttgart 1989. S. 137 f.

b) In seiner Biografie des legendären Lykurg (Kap. 14 f.) setzte sich Plutarch (ca. 45–125 n. Chr.) mit Aristoteles auseinander:

Denn es ist nicht so, wie Aristoteles sagt, dass er auch versucht habe, die Frauen zu bessern, es aber habe aufgeben müssen, weil er der Zügellosigkeit und Weiberherrschaft nicht habe Herr werden können wegen der vielen Feldzüge der Männer, während deren diese genötigt waren, den Frauen das Regiment zu überlassen, und sie daher über Gebühr ehrten und sie Herrinnen nannten. Vielmehr hat Lykurg auch den Frauen jede mögliche Sorgfalt zugewendet. Er kräftigte die Körper der Mädchen durch Laufen, Ringen, Diskus- und Speerwerfen, damit die Zeugung der Kinder in kräftigen Körpern erfolge und die Frucht umso besser heranwachse, und damit sie selbst befähigt wären, die Geburten kräftig zu bestehen und leicht und gut gegen die Wehen anzukämpfen. Weichlichkeit, Verzärtelung und alles weibische Wesen verbannte er und gewöhnte die Mädchen daran, ebenso wie die Knaben nackt ihre Aufzüge zu halten und bei gewissen Festen zu tanzen und zu singen, in Gegenwart und vor den Augen der jungen Männer. [...] Die Entblößung der Mädchen hatte nichts Schimpfliches an sich, weil Scham und Lüsternheit dabei fern waren, und sie bewirkte die Gewöhnung an Schlichtheit und das Streben nach körperlicher Wohlbeschaffenheit und gab auch der Frau Sinn und Geschmack für edles Selbstgefühl, dass auch sie nicht minder als der Mann Anteil haben sollte am Streben nach Tapferkeit und Ruhm. [...] Übrigens wirkten diese Bräuche auch als starker Reiz zum Heiraten.

Plutarch: Große Griechen und Römer, Bd. 1. Vita des Lykurgos. Eingel. und übers. von Konrat Ziegler. Zürich/Stuttgart 1954. S. 141–143.

*a) Zu welchen Ergebnissen kommen die beiden Autoren jeweils bei ihrer Einschätzung der Lage der Frauen in Sparta?*
*b) Diskutieren Sie vor dem Hintergrund Ihrer Kenntnis der Geschichte Spartas die Plausibilität der Argumente der beiden Schriftsteller.*

## 23 Mädchenbilder

a) Bronzestatuette eines spartanischen Mädchens (um 530 v. Chr.)

b) Mädchen in Chiton und Peplos (Athen, um 530 v. Chr.), Akropolismuseum, Athen

*Vergleichen Sie die Bekleidung und den Gestus der beiden Bildnisse.*

**Zur Diskussion**

## Der Charakter der griechischen Kolonisation

Wer eigentlich gab die entscheidenden Anstöße zur Auswanderung und schuf die nötigen organisatorischen Voraussetzungen? Waren es privat zusammengestellte Gruppen unter adliger Führung, die sich in der Fremde bei günstiger Gelegenheit ansiedelten, oder hatte von Beginn an die Mutterstadt einen entscheidenden Anteil an der Vorbereitung und Durchführung des Kolonistenzuges?

a) Der deutsche Historiker Michael Stahl (2003):
Besonders in solchen Gemeinden wie Chalkis oder Milet, die über einen längeren Zeitraum hin immer wieder Kolonisten aussandten, war es unabdingbar, über die punktuelle Initiative und das zufällige Leistungsvermögen einzelner Poleis hinauszugehen.

Denn da waren risikoreiche Erkundungsexpeditionen auf die Beine zu stellen, hinter denen die Gemeinde als Ganze stehen musste. [...] Der *basileus* [adliger Führer], der früher mit den aus Eigeninitiative um sich versammelten Gefolgsleuten auf Kaperfahrt ging, konnte das hier anstehende Problem nicht mehr lösen. Und ebenso wenig vermochte der Fleiß im einzelnen *oikos* [Haus und Hof] etwas ausrichten. Das konnte nur eine Aktion der Gemeinde als Ganzer. In der Durchführung ihres Kolonisationsunternehmens, in der gewiss kontroversen Willensbildung und Entscheidungsfindung der Volksversammlung, in dem alle gleichmäßig betreffenden, aber schmerzhaften Auswahlverfahren der Neusiedler, in der gemeinsamen Anstrengung zur Ausrüstung der Schiffe und im zähen Festhalten an dem Unabänderlichen konnten die Theraier sich – vielleicht erstmals – als Glieder eines neuen Ganzen, einer als Einheit handelnden Gemeinde erfahren. Leider berichten die Quellen nichts von neuen Einrichtungen, Ämtern oder geschriebenen Gesetzen. Lediglich die Durchsetzungskraft des kollektiven Handelns lässt auf eine neue Qualität der Volksversammlung schließen. [...] Die Tendenz zu organisatorisch-institutionellen Neuerungen dürfte in den Gemeinden wesentlich ausgeprägter gewesen sein, die wie Chalkis oder Megara eine Vielzahl von Kolonien gegründet haben, ihrerseits aber nur als Ausgangspunkte und Auffangbecken für Kolonisationsunternehmungen dienten. In solchen Siedlungen kamen dann Siedler aus einem weiten Umkreis zusammen. Ein solches Gemisch von Auswanderungswilligen aus vielen Gemeinden warf bei der Auswahl der Siedler und ihrer Verteilung auf bestimmte Kolonisationsprojekte viele Schwierigkeiten auf. Jeder sollte und musste im neuen Land die gleiche Chance bekommen, keiner durfte zu kurz kommen und keiner sich Sonderbedingungen erschleichen. Spannungen mag es da schon im Vorfeld gegeben haben. Um sie zu vermeiden oder beizulegen, bedurfte es entsprechender organisatorischer Vorkehrungen, die wiederum mit den Mitteln der traditionellen Gemeindeordnung nicht zu treffen waren.

Michael Stahl: Gesellschaft und Staat bei den Griechen: Archaische Zeit. Paderborn u.a. 2003. S. 160–161.

b) Der britische Historiker Robin Osborne (1998):

Ich habe argumentiert, dass stattdessen das „Privatunternehmen", von dem man weitgehend und sicherlich zu Recht annimmt, es sei verantwortlich für die Siedlung von Pithekoussai (Ischia) gewesen, auch als verantwortlich für die große Mehrheit der Siedlungen des 8. und 7. Jahrhunderts angesehen werden sollte. Dies konnte gezeigt werden an der Art, wie sie Keramik und Metallarbeiten von einem weiten [...] griechischen und italischen Einzugsgebiet, durch ihre sehr unterschiedlichen Entwürfe [...] und durch die auffallenden Unterbrechungen, die in der Geschichte vieler Siedlungen zu beobachten sind. Der archäologische Befund deutet nicht auf einen einmaligen Besiedlungsakt hin, und die literarische Tradition dürfte miteinander konkurrierende Ansprüche auf die gleiche Siedlung in der Fremde offenbaren. Charismatische Individuen und kühne oder unzufriedenen Gruppen von einzelnen Städten dürften sehr wohl für einen großen Teil der griechischen Siedlungen in der Fremde verantwortlich gewesen sein; die Arbeit, die von ihren Heimatgemeinden geleistet wurde, um sicherzustellen, dass ein guter Platz ausgewählt wurde und die Siedler gut versorgt sind, ist mehr ein Produkt der Einforderung vorteilhafter Kontakte als der Bericht historischer Ereignisse. Nur wenn wir akzeptieren, dass die Siedlungsgründung im Westen das Ergebnis einer Welt war, in der viele ständig sich über die Meere bewegten, wo es einen reichen Wissensfundus über die Küsten des Mittelmeeres gab, ihre Bevölkerung [...], und wo Individuen und kleine Gruppen aus eigenem Gewinnstreben von Zeit zu Zeit zu der Überzeugung gelangten, dass eine mehr oder weniger feste Ansiedlung an fremden Gestaden in ihrem unmittelbaren Interesse war und dass diese Siedlung auch zu halten sei – nur dann werden wir uns befreien von dem Gespenst der Überbevölkerung, der Bodenknappheit und der Vorstellung von staatlicher Handelspolitik. [...] Ein angemessenes Verständnis der archaischen griechischen Geschichte kann nur gelingen, wenn Kapitel über „Kolonisation" aus Büchern über das frühe Griechenland ausgemerzt werden.

Robin Osborne: Early Greek Colonization? The nature of Greek settlement in the West. In: N. Fisher/H. Van Wees (Hrsg.): Archaic Greece: New Approaches and New Evidence. London 1998. S. 268 f. (Übersetzung R. Schulz)

*a) Wie beurteilen die Autoren das Verhältnis zwischen Polis und Auswanderern?*
*b) Wägen Sie die Argumente für und gegen eine staatliche Beteiligung gegeneinander ab.*

## II. Die Perserkriege als hellenischer Gründungsmythos

So weit ihre Erinnerung reichte, waren die Griechen von einer äußeren Bedrohung verschont geblieben. Aber in der zweiten Hälfte des 6. Jahrhunderts v. Chr. erreichten die Vorboten einer expandierenden Großmacht aus dem fernen Osten die Ägäis: 50 Jahre später gingen die Perser zum Angriff über auf das griechische Mutterland. Wer war dieser Gegner und welche Ziele verfolgte er? Stand wirklich das Schicksal Griechenlands auf dem Spiel, ging es um Sein oder Nichtsein der Polis?

| | |
|---|---|
| 550/49 v. Chr. | Kyros II. löst sich von der Oberherrschaft der Meder und begründet das Perserreich. |
| 547/46 v. Chr. | Kyros erobert das Lyderreich des Kroisos. Die kleinasiatischen Griechenstädte geraten unter persische Herrschaft. |
| 500–494 v. Chr. | Milet entfacht einen Aufstand kleinasiatischer Griechenstädte gegen die persische Herrschaft („Ionischer Aufstand"), dem sich Eretria und Athen anschließen. Nach sechs Jahren scheitert der Aufstand. Milet wird zerstört. |
| 490 v. Chr. | Die Athener schlagen bei Marathon eine Invasionsarmee der Perser zurück. |
| 483/82 v. Chr. | Themistokles setzt in Athen den Bau einer großen Kriegsflotte durch. |
| 481 v. Chr. | Griechische Poleis schließen unter Führung Spartas eine Eidgenossenschaft (Symmachie) zur Abwehr der Perser. |
| 480 v. Chr. | 300 Spartaner unter König Leonidas sterben bei der Verteidigung des Thermopylenpasses. Die Perser ziehen nach Attika und erobern Athen. |
| 480 v. Chr. | Die Flotte der Griechen zwingt die Perser bei Salamis zum Abzug. |
| 479 v. Chr. | Die Griechen besiegen die Perser bei Plataiai und Mykale. |
| 472 v. Chr. | In Athen wird Aischylos' Tragödie „Die Perser" aufgeführt. |

### 1. Der Aufstieg der persischen Weltmacht

**Die Gründung des Reiches durch Kyros II.**

559 v. Chr. trat Kyros II. die Nachfolge seines Vaters als Vasallenfürst der Mederkönige an. Die Meder herrschten über ein Reich im iranischen Hochland, das sich im Westen und Süden bis nach Mesopotamien erstreckte. Vier Jahre später meuterten medische Truppen und liefen zu Kyros über. Kyros nahm den König der Meder gefangen, besetzte die Hauptstadt Ekbatana und übernahm selbst die Königswürde. So begann die Dynastie der Achaimeniden.

**Die Eroberungen der Perser bis Kambyses**

Kaum an der Macht, startete Kyros einen stürmischen Eroberungszug. 547 v. Chr. unterwarf er das Lyderreich des Kroisos und die griechischen Poleis in Kleinasien. Nur die Hafenstadt Milet behielt einen Sonderstatus, den sie schon unter den Lyderkönigen besessen hatte; offenbar durfte sie sich selbst verwalten. 539 v. Chr. triumphierte Kyros über das neubabylonische Reich und stieß bis zur Grenze Ägyptens vor. Ein Jahr später starb er bei dem Versuch, sein Reich im Nordosten auszudehnen, doch sein Sohn Kambyses setzte die militärische Expansionspolitik fort. 522 v. Chr. eroberte er mit Unterstützung griechischer Schiffe von der Insel Samos das Pharaonenreich. Die Perser herrschten damit über alle Kulturreiche des Orients.

24 Die Entstehung und Ausbreitung des Perserreiches unter Kyros II., Kambyses und Dareios.

### Herrschaft über ein Weltreich

Ein solches Riesenreich zu erobern war die eine, es zu beherrschen eine andere und nicht minder schwierige Leistung. Die Perser zogen deshalb von Beginn an einheimische Führungsschichten auf ihre Seite und tolerierten lokale Traditionen sowie angestammte Religionen und Kulte. Ihre Toleranz fand jedoch schnell ihre Grenzen, wenn die Untertanen sich weigerten, die absolute Herrschaft des Großkönigs anzuerkennen. Eine günstige Gelegenheit zur Rebellion ergab sich immer dann, wenn der Perserkönig an den Reichsgrenzen Krieg führte oder ein Thronwechsel im persischen Königshaus die Schlagkraft der Zentrale lähmte.

### Der Aufstieg des Dareios

Auch im medisch-persischen Stammland führten Thronintrigen und Machtkämpfe immer wieder zu schweren Spannungen. Aus einer dieser Thronwirren ging nach dem Tod des Kambyses der aus einer Seitenlinie der Achaimeniden stammende Dareios 522 v. Chr. als Sieger hervor. Nach der Sicherung der Herrschaft reformierte Dareios die Reichsstruktur grundlegend. Er teilte das Reich in zwanzig Provinzen, so genannte Satrapien, und unterstellte sie jeweils einem Statthalter, einem Satrapen.

Der Satrap hatte drei Aufgaben: Er zog von den Untertanen jährliche Tribute (in Form von Geld, Edelmetallen oder Naturalien) ein und leitete einen Teil an die Schatzkammern des Großkönigs weiter. Ferner sorgte er durch Rechtsprechung und lokale Inspektionen für Ruhe und Ordnung und er war für die Verteidigung seines Herrschaftsgebietes verantwortlich. 513/12 v. Chr. unterwarf Dareios das

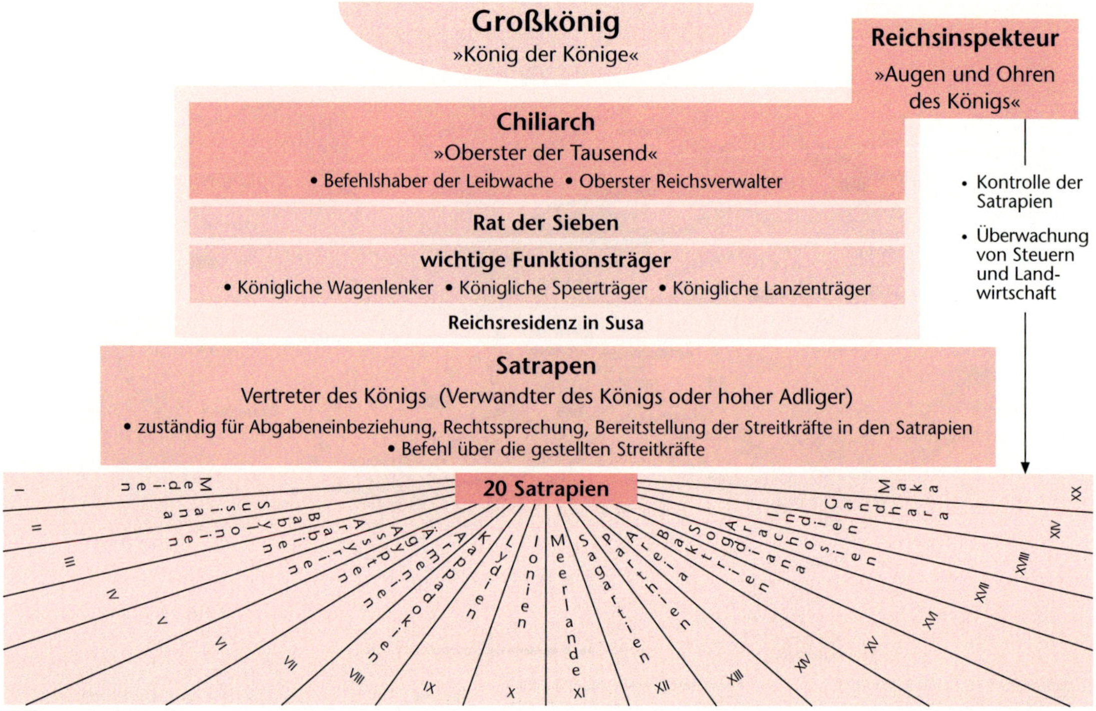


**25** Der von Dareios eingerichtete Verwaltungsaufbau des Perserreiches.

strategisch wichtige Gebiet am Bosporus, errichtete in Thrakien einen ersten Brückenkopf auf europäischem Boden und brachte das Königreich Makedonien in politische Abhängigkeit. Die griechischen Hafenstädte verpflichtete er zum Bau von Schiffen. Sie begleiteten fortan das persische Landheer an der Küste und sicherten die Versorgung über See.

## 26 Die ideologischen Grundlagen und machtpolitischen Ziele der Großkönige

**a)** Tatenbericht des Kyros über seine Eroberung Babylons (539 v. Chr.), Tonzylinderinschrift des Kyros in babylonischer Sprache:

Kyros, König von Ansan [Stadt u. Land östlich von Babylon], dessen Namen sprach er [Marduk] aus, berief ihn zur Herrschaft über das All. [...] Die schwarzhauptigen Menschen, die er seine Hände gewinnen ließ, in Recht und Gerechtigkeit nahm er sich ihrer an. Marduk, der große Herr, der Schützer seiner Menschen, blickte freudig auf seine [Kyros] frommen Taten und sein gerechtes Herz; nach seiner Stadt Babylon zu ziehen, befahl er ihm [...], indem er wie ein Freund und Genosse ihm zur Seite ging. Seine weit ausgebreiteten Truppen, deren Zahl gleich den Wassern des Stroms nicht bekannt ist, zogen waffengerüstet ihm zur Seite. Ohne Kampf und Schlacht ließ er ihn einziehen in Babylon, seiner Stadt. Babylon bewahrte er vor Drangsal. Nabonid, den König, der ihn [Marduk)] nicht verehrte, lieferte er [Marduk] ihm in seine [Kyros] Hände. Die Leute von Babylon allzumal, ganz Sumer und Akkad [...] beugten sich unter ihn, küssten seine Füße, freuten sich seiner Herrschaft, es leuchtete ihr Antlitz. Den Herrn, der durch seine Macht Tote zum Leben gebracht, [...] segneten sie freudig, bewahrten seinen Namen: Ich [bin] Kyros, der König des Alls, der große König, der mächtige König, König von Babylon, König von Sumer und Akkad, König der vier Weltgegenden, Sohn des Kambyses, des großen Königs, Königs der Stadt Ansan, [...] der ewige Spross des Königtums, dessen Dynastie Bel [= „Herr“; Beiname des Marduk] und Nabu [Gott der Weisheit und Schreibkunst, Sohn des

Marduk], lieben, dessen Königtum sie zur Erfreuung ihrer Herzen wünschten.

Zit. nach: Geschichte in Quellen. Bd. 1, Altertum, hrsg. v. Wolfgang Lautemann/Manfred Schlenke. München 1965. S. 104 f.

**b)** Dareios' Triumph über den Magier Gaumata; aus der Felsinschrift von Behistun, einem Tatenbericht des Königs, den Dareios I. mehrmals erweitert in drei Sprachen – Altpersisch, Elamisch, Altbabylonisch – abfassen und in Kopien überall im Reich verbreiten ließ:

Es spricht der König Dareios: Da war ein Mann, ein Magier [Priester], namens Gaumata, der empörte sich von einem Berg namens Arakadrisch aus. [...] Das Volk log er an: „Ich bin Smerdis, des Kyros Sohn, des Kambyses Bruder.“ Darauf wurde das ganze Volk abtrünnig von Kambyses und ging zu jenem über, sowohl Persien als auch Medien und die übrigen Länder. Die Herrschaft ergriff er. [...] Darauf starb Kambyses durch eigene Hand. Es spricht der König Dareios: Diese Herrschaft, die Gaumata, der Magier, dem Kambyses entrissen hatte, diese Herrschaft hatte von alters her unserem Geschlecht gehört. Dann entriss Gaumata, der Magier, dem Kambyses sowohl Persien als auch Medien und die übrigen Länder, brachte [sie] an sich, machte [sie] zu seinem Eigentum; er wurde König. [...] Niemand wagte etwas zu sagen in Bezug auf Gaumata, den Magier, bis ich kam. Da flehte ich zu Ahuramazda [oberster persischer Gott]; Ahuramazda brachte mir Hilfe. [...] Ich tötete mit wenigen Männern jenen Gaumata, den Magier, und die Männer, die seine vornehmsten Anhänger waren. [...] Ahuramazda übertrug mir die Herrschaft. Es spricht der König Dareios: Die Herrschaft, die von unserem Geschlecht genommen war, brachte ich zurück, stellte es [das Geschlecht] an seinen Platz so wie vordem. Ich baute die Tempel auf, die Gaumata, der Magier, zerstört hatte. [...] Ich stellte das Volk an seinen Platz wie vordem, Persien, Medien und die übrigen Länder; ich brachte wieder, was weggeschafft worden war. Nach dem Willen Ahuramazdas tat ich dies.

Zit. nach: Geschichte in Quellen. Bd. 1, Altertum, hrsg. v. Wolfgang Lautemann/Manfred Schlenke. München 1965. S. 105 ff.

**c)** Das Dareios-Relief (3 x 5,5 m) am Felsen von Behistun mit den mehrmals erweiterten Felsinschriften. Das Relief präsentiert als größte Figur auf der linken Seite Dareios mit seinen königlichen Würdenträgern dahinter. Dareios hat seinen linken Fuß auf den am Boden liegenden, die Arme flehentlich erhobenen Gaumata gesetzt und hält in der linken Hand einen Bogen. Die Hände auf dem Rücken gefesselt und durch einen Strick um den Hals aneinander gereiht, stehen die so genannten Lügenkönige – die Adligen, die gegen Dareios' Machtergreifung rebelliert hatten. Bei der neunten gefesselten Figur handelt es sich um eine spätere „Zugabe", den an seiner spitzen Mütze zu erkennenden Skythenkönig Skuncha, der ebenfalls gegen Dareios aufbegehrt hatte und 519 v. Chr. besiegt worden war. Über der Szene schwebt symbolisch der Gott Ahuramazda, der Dareios den Ring der Herrschaft darbietet und zu dem Dareios betend die rechte Hand erhebt.

*a) Geben Sie die Zylinderinschrift in eigenen Worten wieder und beschreiben Sie Ausdrucksweise und Stil, in der sie verfasst ist.*
*b) Erläutern Sie, wie Kyros sich in der Inschrift darstellen lässt und welche Wirkung auf diese Weise beim Leser erzielt werden soll. Wie soll „Herrschaft" legitimiert werden?*
*c) Charakterisieren und erläutern Sie das Bild, das Dareios hier von sich zeichnen lässt.*

## 2. Der „Ionische Aufstand" – eine Erhebung der kleinasiatischen Griechen gegen die persische Herrschaft?

**Aristagoras von Milet und der Beginn des Aufstandes**

Milet bildete das Zentrum der persischen Rüstungen. Von hier aus plante Dareios den Angriff gen Westen über die Inseln der Ägäis. Im Jahr 500 v. Chr. startete eine Flotte von angeblich 200 Schiffen unter dem Kommando des milesischen Tyrannen Aristagoras und des Persers Megabetes zur Eroberung von Naxos. Die Insel lag genau auf halber Strecke zwischen der kleinasiatischen Küste und dem griechischen Festland.
Unerwartet scheiterte jedoch das Unternehmen. Aristagoras fürchtete, Dareios würde ihn aus seiner Herrschaftsstellung in Milet entfernen. Außerdem schadete der Misserfolg seinem Ruf in Milet selbst. Er sah keinen anderen Ausweg, als seinen Mitbürgern die Abschaffung der Tyrannis zu versprechen, und rief zur Rebellion gegen die Perser auf.

**Unterstützung aus Kleinasien und Griechenland?**

Andere Städte schlossen sich diesem Aufruf nur zögerlich an. Aktiv wurden zunächst nur diejenigen, die sich wie Milet mit der Abschaffung der Tyrannis eine Befreiung von der Last des Flottendienstes für die Perser erhofften. Auch das Mutterland hielt sich bedeckt. Nur Athen sandte 20 Kriegsschiffe, Eretria folgte mit fünf Trieren. Es fehlten jedoch größere Verbände schwer bewaffneter Hopliten.

**Erfolg und Rückschlag der Griechen in Sardes**

Die Aufständischen hatten den Überraschungseffekt auf ihrer Seite. Das persische Militär war nicht auf eine Verteidigung, sondern auf eine Offensive in der Ägäis eingestellt. Ungehindert marschierten deshalb die Verbündeten auf Sardes, setzten die Stadt in Brand und belagerten die Burg des Satrapen. Ein Gegenangriff der Belagerten und die Nachricht vom Anrücken eines persischen Entsatzheeres trieben die Belagerer jedoch in die Flucht. Bei Ephesos erlitten sie eine schwere Niederlage. Die Athener waren schon vorher nach Hause gesegelt.

**Gegenschlag der Perser und Niederlage der Aufständischen**

Dareios reagierte nun auf breiter Front. Große Truppenverbände rollten die Positionen der Aufständischen von der Landseite systematisch auf. Gleichzeitig drängte die phönikisch-persische Flotte die Griechen zurück. 494 v. Chr. kam es zur Entscheidungsschlacht, in der bei der Insel Lade 300 Schiffe aufeinander trafen. Fatal wirkte sich jetzt die mangelnde Planung und Koordination der Griechen aus: Sie waren nicht auf einen Seekrieg, sondern auf schnelle Überfälle eingestellt. Viele griechische Schiffe zogen sich nach ersten Gefechten zurück, am Ende siegte die phönikisch-persische Flotte.

27 Persischer Krieger, ins Riesenhafte gesteigert. Rotfiguriger Kelchkrater, 5. Jahrhundert v. Chr.

Die Sieger eroberten Milet, töteten die Einwohner oder verkauften sie in die Sklaverei und machten die Stadt dem Erdboden gleich. Binnen Jahresfrist eroberten die Perser die restlichen Widerstandsnester in der Ägäis. Die unterlegenen Poleis mussten Teile ihrer Jugend als Sklaven für den Großkönig stellen. Dareios schaffte die Tyrannis als Regierungsform ab und ersetzte sie durch Oligarchien.

## 28 Aristagoras in Sparta und Athen

**a)** Herodotos von Halikarnassos, dessen *Historien* unsere wichtigste Quelle für das historische Ereignis der Perserkriege ist. Porträtbüste aus dem 2. Jahrhundert n. Chr., die vermutlich auf ein Original aus dem 5. Jahrhundert v. Chr. zurückgeht.

**b)** Herodot (ca. 484–425 v. Chr.) schildert, wie Aristagoras zunächst in Sparta und anschließend in Athen um mächtige Bundesgenossen wirbt:

Unsere Lage ist furchtbar. Dass die Söhne Ioniens Sklaven, nicht freie Männer sind, ist für uns die tiefste Schmach und der grimmigste Schmerz, ist aber auch für euch, die führende Stadt in Hellas, schmählich und schmerzlich. Damit beschwören wir euch bei den Göttern der Hellenen: Errettet die blutsverwandten Ionier aus der Knechtschaft! Es ist so leicht für euch, das zu tun. Die Barbaren sind schlechte Krieger, aber ihr nehmt als Kriegshelden die oberste Stelle ein. Ihre Kampfesweise ist folgende: Sie haben Bogen und kurze Speere und gehen in Hosen und mit Hüten auf dem Kopf in die Schlacht; so leicht ist es, sie zu besiegen. Dazu sind die Völker drüben in Asien reicher als die anderen, an Gold vor allem, dann an Silber, Erz, bunten Stoffen, Zugtieren und Sklaven. Das alles ist euer, wenn ihr wollt. [...]
[Dann zeigt er auf eine Erdkarte:] Da kommt das Land Kissien, in dem [...] die Hauptstadt Susa liegt, wo der Großkönig wohnt und die Schatzhäuser sind. Wenn ihr diese Stadt erobert, so könnt ihr euch an Reichtum getrost mit Zeus messen. Wozu streitet ihr euch um kleine Gebiete, die nicht einmal reich sind, mit ebenbürtigen Gegnern wie den Messeniern, mit Arkadern und Argeiern, bei denen es weder Geld noch Silber gibt?
[Kleomenes bittet um drei Tage Bedenkzeit:] Als der Tag der Antwort herankam und sie sich am verabredeten Ort trafen, fragte Kleomenes den Aristagoras, wie viele Tagesreisen es von der ionischen Küste zum Perserkönig seien. Aristagoras, der sonst ein kluger Mann war und jenen sehr wohl hätte hintergehen können, ließ sich hier überrumpeln. Statt die Wahrheit zu verschweigen, was er hätte tun müssen, um die Spartiaten nach Asien zu locken, sagte er offen, dass es ein Weg von drei Monaten sei. Da schnitt jener alles, was Aristagoras noch weiter von dem Weg sagen wollte, mit den Worten ab: „Freund aus Milet, verlasse Sparta, noch ehe die Sonne untergeht! Du willst die Lakedaimonier drei Monate weg vom Meere ins Land führen, das ist keine annehmbare Bedingung für sie."
[Danach geht Aristagoras nach Athen:] Aristagoras trat vor dem Volk auf und wiederholte, was er in Sparta gesagt hatte, sprach also von Reichtümern Asiens und von der persischen Kampfesweise, dass die Perser nämlich [...] leicht zu besiegen seien. Er fügte hinzu, dass Milet eine athenische Kolonie sei und dass es ihre Pflicht sei, die Stadt zu retten, wozu sie vollauf die Macht hätten. Alles Denkbare ver-

sprach er und bat so lange, bis er sie überredet hatte. Es ist augenscheinlich leichter, viele zu täuschen als einen: Mit dem einen Kleomenes in Sparta war es ihm nicht gelungen, mit dreißigtausend Athenern gelang es ihm. So beschlossen denn die Athener, zwanzig Schiffe den Ioniern zu schicken. [...] Diese Schiffe wurden verhängnisvoll für die Hellenen und für die Barbaren.

Herodot: Historien. Übersetzt von A. Horneffer. Stuttgart 1971. S. 347–348; 370–371.

*a) Charakterisieren Sie Herodots Darstellung „der Perser" und erklären sie ihren Zweck.*
*b) Mit welcher Strategie wirbt Aristagoras aus der Sicht Herodots um Bundesgenossen für den Feldzug der Griechen gegen die Perser?*

## 29 Der „Ionische Aufstand" – Kampf der Griechen um die Freiheit?

a) Der deutsche Historiker H. Bengtson über die Ziele des Ionischen Aufstandes:

Darüber kann kein Zweifel bestehen: Aristagoras hätte den Aufstand nie und nimmer wagen können, wenn er nicht sicher gewesen wäre, dass die allgemeine Volksstimmung in Ionien seiner Absicht entgegenkam. [...] Was zunächst die Wirtschaft betrifft, so ist nicht zu leugnen, dass der ionische Handel gewisse Einbußen erlitten hatte. [...] Aber die zweifellos ungünstigen Zeichen für den Handel der Ionier genügen nicht zur Erklärung des Aufstandes. Wer sich der Unberechenbarkeiten eines Krieges, und dazu noch mit einer Weltmacht, aussetzt, muss hierfür ein Motiv besitzen, das hoch über allen ökonomischen Erwägungen steht: Es ist die Freiheitsliebe der ionischen Griechen, die hier den Ausschlag gegeben hat. Nur ein Hellene konnte es empfinden, was es bedeutete, wenn die Autonomie der Vaterstadt ständigen Eingriffen der persischen Satrapen ausgesetzt war und wenn anstelle einer freien Bürgerschaft von den Persern eingesetzte und gestützte Tyrannen über das Wohl und Wehe des Gemeinwesens und seiner Bürger entschieden. Ist es nicht bezeichnend, wenn Aristagoras, nachdem er die Tyrannis niedergelegt hatte, in Milet die Isonomie, die Gleichheit der Bürger vor dem Gesetz, verkündete?

Hermann Bengtson: Griechen und Perser. Die Mittelmeerwelt im Altertum. Augsburg 1998. S. 43 f.

b) Der amerikanische Historiker J. Neville mit einer anderen Einschätzung:

Der überwiegende Eindruck, den wir von Herodots Text erhalten, ist, dass der Ionische Aufstand wenig mehr war als eine zufällige Rebellion ohne ein besonderes Maß an Einigkeit und ein gemeinsames Ziel. Es gab in Ionien Unzufriedenheit mit dem persischen Regierungssystem, und einige Ionier schätzten die Freiheit und lehnten die persische Herrschaft ab; dies waren zweifellos Faktoren, die zu den Feindseligkeiten beitrugen. Dennoch müssen wir uns hüten, diese Feindseligkeiten als den „Ionischen Aufstand" zu bezeichnen; denn erstens haben viele ionische Staaten überhaupt nicht am Aufstand teilgenommen und es gab nicht die geringsten Zeichen von Einheit und Solidarität. Zweitens haben nicht-ionische Staaten teilgenommen, die aber ebenfalls nicht den geringsten Willen zur Kooperation zeigten. [...] Alles, was passierte, war, dass sich zwei Abenteurer in zufällige Feindseligkeiten gegen Persien verwickelten, in deren Verlauf einige Poleis, nicht notwendig ionische, sich am Krieg beteiligten oder unabhängig voneinander Frieden schlossen. Es handelte sich um eine der vielen Schwierigkeiten, die die Perser mit den Ioniern hatten, mit dem einen bedeutenden Unterschied, dass in diesem Fall Hilfe aus Griechenland kam. Dieser Kriegsakt trug zweifellos zur der Feindseligkeit der Perser bei, die dann in der persischen Invasion kulminierte; aber es ist falsch, dass Herodot die Rebellion als direkt verantwortlich für die Invasion einschätzte. Die Entscheidung des Dareios war längst gefallen.

J. Neville: Was there an Ionian Revolt? Classical Quarterly 29 (1979). S. 274 f. (Übersetzung Raimund Schulz)

*a) Stellen Sie die Unterschiede beider Positionen heraus und vergleichen Sie diese mit dem Darstellungstext.*
*b) Wie würden Sie selbst den Ionischen Aufstand charakterisieren?*

# 3. Die Abwehr der persischen Invasion in Griechenland

**Landung der Perser bei Marathon**

Zwei Jahre später nahm Dareios seine Eroberungspläne wieder auf. Sein Feldherr Mardonios zwang die Könige von Thrakien und Makedonien erneut zur Anerkennung der persischen Oberhoheit. Weiter drangen die Perser jedoch nicht vor, weil unerwartet die Flotte des Mardonios bei stürmischer See zerschellte.
Bereits 490 v. Chr. nahm eine neue Flotte unter dem Oberbefehlshaber Datis Kurs auf das griechische Festland; sie bestand größtenteils aus Verbänden der kleinasiatischen Griechen. An Bord waren außerdem eretreische und athenische Exilanten. Sie sollten in ihrer Heimat eine propersische Regierung errichten. Datis unterwarf zunächst Naxos und die Kykladen, zerstörte dann Eretria und landete in der Bucht von Marathon.

**Die Schlacht von Marathon**

In Athen hatte der Adlige Miltiades seine Mitbürger in der Volksversammlung dazu gebracht, den Invasoren mit Unterstützung der Spartaner und der gesamten Hoplitenarmee in offener Feldschlacht entgegenzutreten. Wenige Tage nach der Landung der Perser trafen die athenischen Schwerbewaffneten in der Ebene von Marathon ein. Religiöse Feierlichkeiten verhinderten den rechtzeitigen Anmarsch der Spartaner. Nur 800 Hopliten aus Plataiai schlossen sich den Athenern im letzten Augenblick an.
Als die persischen Heerführer beim Anblick des gewaltigen athenischen Aufgebots ihre Truppen zum Abmarsch umgruppierten, griffen die Athener an. Sie siegten auf beiden Flügeln über die ungenügend bewaffneten Hilfstruppen der Perser. Erst als die Gefahr einer Einkreisung auch der übrigen Truppen drohte, ließ Datis zum vollständigen Rückzug blasen. Der Großteil der Truppen gelangte geordnet auf die Schiffe. Noch in der Nacht kehrten die Athener in ihre Stadt zurück und vereitelten so einen persischen Angriff. Erst jetzt zog sich die persische Invasionsflotte nach Kleinasien zurück. Für die Perser war die Schlacht von Marathon militärisch von geringer Bedeutung, doch sie entwickelte eine gefährliche Signalwirkung: Erstmals hatte sich ein griechisches Bürgerheer gegen eine zahlenmäßig überlegene persische Armee behauptet. Auch andere Poleis mochten jetzt auf ähnliche Erfolge hoffen.

**30** Dareios im Kreise seiner Berater. Darstellung aus der sog. Perser-Vase (apulischer Grab-Krater, um 330 v. Chr.)
Am Vorabend der Schlacht von Marathon berät Dareios mit seinen Vertrauten, ob man die Schlacht wagen soll. Ein Ratgeber rechts (auf rundem Podest) plädiert für die Schlacht. Darunter schleppen Untertanen Säcke und Gefäße voller Gold ins Schatzhaus, um den Krieg zu finanzieren.
*Inwieweit wird hier griechische Propaganda deutlich?*

**Der Reichsfeldzug des Xerxes**

Um alle derartigen Hoffnungen im Keime zu ersticken, plante der Großkönig selbst an der Spitze eines Reichsheeres nach Griechenland zu ziehen und die gesamte Halbinsel in Besitz zu nehmen.
Dareios starb, bevor er seinen Plan verwirklichen konnte, doch sein Sohn Xerxes verfolgte die Ziele seines Vaters in den folgenden Jahren mit unvermindertem Einsatz. Er legte große Versorgungsdepots an den Küsten Thrakiens

und Makedoniens an und verstärkte erneut den Flottenbau. Den Griechen blieben die Rüstungen des Xerxes nicht verborgen. Viele Poleis zogen ein sicheres Dasein unter persischer Oberhoheit dem aussichtslos erscheinenden Kampf vor. Anders die Athener: Ihnen stand das Schicksal Milets vor Augen. Schonung erwarteten sie nur bei völliger Unterwerfung. Doch dieser Preis erschien ihnen zu hoch. Die Spartaner sahen dagegen in erster Linie ihre machtpolitische Stellung in Griechenland bedroht. Sie hatten in Kämpfen über viele Generationen hinweg die Vorherrschaft auf der Peloponnes errungen. Eine Unterwerfung unter die Perser würde vermutlich den Verlust ihrer Hegemonie bedeuten.
Doch wie sollte man dem hoch gerüsteten Gegner entgegentreten? Nur zu Lande, wie es die Athener bei Marathon getan hatten, oder zusätzlich mit Seestreitkräften wie seinerzeit die Ionier?

**Flottenbau des Themistokles**

Nur wenige Griechen vertrauten auf einen Seekrieg. Den Athenern blieb jedoch keine andere Wahl. Ihre Stadt war von der Versorgung über See weitaus abhängiger als alle anderen Poleis. Außerdem fühlten sie sich von den Kriegsschiffen der perserfreundlichen Insel Ägina bedroht.
Der Adlige Themistokles brachte seine Mitbürger schließlich dazu, eine große Kriegsflotte zu bauen: Binnen weniger Jahre liefen fast 200 Einheiten des modernsten Typs der Trieren (Dreiruderer) vom Stapel, am Piräus wurde ein kompletter Kriegshafen aus dem Boden gestampft.

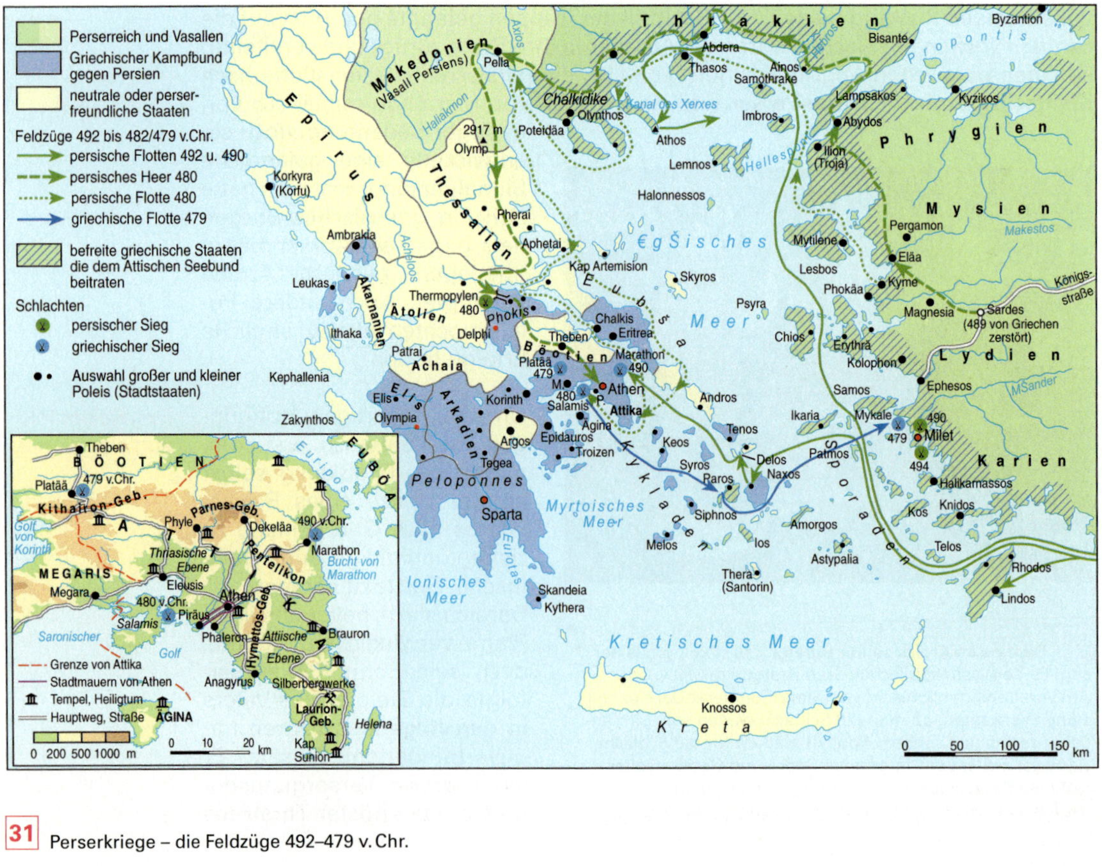


**31** Perserkriege – die Feldzüge 492–479 v. Chr.

**Eidgenossenschaft und Niederlage bei den Thermopylen**

481 v. Chr. schworen die abwehrbereiten Poleis, gemeinsam gegen die Perser zu kämpfen und alle perserfreundlichen Poleis zu bestrafen. Die Spartaner erhielten den Oberbefehl. 480 v. Chr. verschanzten sich 300 Spartiaten unter ihrem König Leonidas mit 1000 Phokern am Engpass der Thermopylen. Drei Tage hielten sie der persischen Übermacht stand, dann umgingen persische Abteilungen die Abwehrstellung, trieben die Phoker in die Flucht und töteten die Spartaner bis auf den letzten Mann.

**Evakuierung Athens – Besetzung und Zerstörung der Stadt durch die Perser**

Auf die Nachricht von der Niederlage des Leonidas zogen sich die griechischen Schiffe in den Saronischen Golf zurück. Themistokles setzte nun alles auf eine Karte. Die Athener evakuierten Frauen und Kinder auf die nahe liegenden Inseln und räumten ihre Stadt. Die Männer besetzten die Ruderbänke ihrer Kriegsschiffe und bezogen mit den verbündeten Einheiten in der Meerenge von Salamis Stellung. Die Truppen der Perser rückten währenddessen kampflos in die entblößte Stadt ein und zerstörten die Tempel auf der Akropolis.

**Die Seeschlacht bei Salamis**

Ende September segelten die ersten persischen Schiffe in den Sund von Salamis, um die Griechen zum Entscheidungskampf zu stellen. Die Schiffe der Griechen warteten am südlichen Ufer auf den günstigsten Augenblick zum Angriff. Als ein Großteil der persischen Flotte in den Sund eingelaufen war, stießen sie in deren Flanke. Die Perser konnten sich kaum formieren und gerieten in die Defensive. Nach zwölfstündigem Kampf hatten die Griechen rund 40 Einheiten verloren, die Perser einige mehr. Obwohl keineswegs vernichtend geschlagen, befahl Xerxes den Rückzug, ließ die dezimierte Flotte nach Kleinasien segeln und die Landarmee in Thessalien überwintern.

**Sieg der Griechen bei Plataiai …**

Im folgenden Frühjahr besetzte der persische Feldherr Mardonios erneut Athen und trieb die Athener abermals auf ihre Schiffe. Doch diesmal ließen sich die Perser nicht auf einen Seekampf ein. So marschierten die griechischen Verbündeten nach Norden und formierten sich bei Plataiai zur Landschlacht. Unmittelbar vor deren Beginn verließ überraschend der Satrap Artabazos mit seinen Truppen das persische Heerlager. Doch Mardonios konnte nicht mehr zurück. Nach hartem Kampf verlor er Schlacht und Leben.

32 Mann gegen Mann – Grieche und Perser im Schwertkampf. Rotfigurige attische Schale, 5. Jahrhundert v. Chr.

**… und bei Mykale**

Fast gleichzeitig zerstörte die griechische Flotte an der kleinasiatischen Küste das persische Schiffslager bei Mykale. Jetzt erhoben sich die kleinasiatischen Griechen und vertrieben die persischen Stadtbesatzungen. 478 v. Chr. eroberten Truppen der griechischen Kampfgemeinschaft unter dem Spartaner Pausanias Byzanz und befreiten die zypriotischen Griechen.

**Die Griechen gehen in die Offensive**

Ein Jahr später gingen die Athener vollends in die Offensive. Eine Flotte unter Kimon besiegte am Eurymedon erneut ein großes persisches Aufgebot. Danach flauten die Kämpfe ab. Beide Seiten verständigten sich schließlich auf den Status quo: Kein persisches Kriegsschiff durfte fortan über Karien hinausfahren und die Athener unterließen Angriffe auf die syrischen und ägyptischen Küsten.

**Mythos:** (griech.: „Rede", „Gedanke", „Fabel", „Legende") Der Mythos war eine für die Griechen typische Form der Welterklärung. Mythische Erzählungen handelten von Göttern und Helden der Vergangenheit und ihren übernatürlichen Kräften. Erst seit dem 6. Jahrhundert v. Chr. suchten die Griechen verstärkt nach natürlichen Erklärungen der Weltphänomene, doch behielten sie den Mythos als eine phantasievolle Form der Weltdeutung bei. Im Laufe der Zeit hat sich der Begriff „Mythos" jedoch von seinen griechischen Ursprüngen gelöst. Er wurde zunehmend auf Ereignisse übertragen, denen man eine besondere Ausstrahlungskraft zumaß: Ähnlich wie der Abwehrkampf gegen die Perser als „Gründungsmythos" für das hellenische Selbstbewusstsein fungierte, spielten Kriege gegen fremde Eroberer und Herrscher im 19. Jahrhundert bei der Nationalstaatsbildung in Europa eine wichtige Rolle. Während des Freiheitskampfes der Griechen gegen die Türken 1822–1829 knüpfte man sogar an die Perserkriege an.

## 33 Die „Re-Konstruktion" von Geschichte: Das Beispiel Salamis

**a)** Der attische Dramatiker Aischylos (525/24 bis 456/55 v. Chr.), selbst Mitkämpfer gegen die Perser bei Marathon und Salamis, brachte 472 v. Chr. in seinem Drama „Die Perser" den griechischen Seesieg bei Salamis auf die Bühne. Ein Bote berichtet der Atossa, der Mutter des persischen Königs Xerxes:

Der Zahl nach hätten sicherlich die Perser […]/siegen müssen; standen doch den Griechen/nur 300 Schiffe zur Verfügung./Dazu, gesondert, ein Geschwader noch von zehn./Doch Xerxes führte, wie ich weiß, ein Aufgebot/von 1000 Schiffen, außerdem 207/besonders schnelle. […] Der rechte Flügel zog als erster, wohl geordnet/in Reih und Glied, voran, nach ihm entfaltete/das Gros der Flotte sich, ganz nahe ließ sich hören/der laute Ruf: „Ihr Söhne Griechenlands, wohlan/, befreit das Vaterland, befreit Weib und Kind,/die Tempel auch der Götter eurer Väter und/ die Ahnengräber; heute steht alles auf dem Spiel!"/ Nun dröhnte auch von uns Geschrei in Perserzunge/ dagegen, und es blieb nicht länger Zeit zum Zögern./ Schiff kehrte gegen Schiff zum Rammen gleich den Schnabel/aus Erz. Ein Grieche führte da den ersten Stoß,/zerschmetterte einem Phöniker das Heck./ Dann lenkten alle ihre Schiffe auf den Feind./Zunächst hielt stand der Riesenschwall der Perserflotte./Doch da im engen Sund der Schiffe große Zahl/sich drängte, keiner auch den anderen helfen konnte, sie selbst sogar sich stießen mit den erzenen Schnäbeln,/zerbrachen sie einander das Ruderwerk./ Die Griechen führten ihre Stöße sehr geschickt/von allen Seiten, und es kenterten die Schiffe;/bald war des Meeres Fläche nicht mehr zu erblicken/von Trümmern und vor blutbedeckten Menschenleibern./Die Küsten und die Klippen schwemmten voll mit Leichen./In wirrer Flucht versuchte rudernd zu entkommen/ein jedes Schiff der Perserflotte. Doch die Griechen, wie gegen Thunfisch oder andre Netzesbeute/, mit Rudersplittern oder Trümmerstücken, schlugen/und spießten, und Geheul und Wehgeschrei erscholl/zusammen auf den Meereswogen, bis das Auge/der schwarzen Nacht das Bild mit Düsternis umhüllte.

Aischylos. Werke in einem Band. Hrsg. von Dietrich Ebener. Berlin/Weimar 1987. S. 13–16.

**b)** Herodot (ca. 484–425 v. Chr.) über die Seeschlacht bei Salamis:

[Vor der der Schlacht bei Salamis; Themistokles versucht den Oberkommandierenden Eurybiades zu einer schnellen Schlacht zu überreden:] „Folge mir und liefere hier die Seeschlacht, führe nicht, wie die anderen wollen, die Flotte zum Isthmos! Denn halte doch nur beides gegeneinander! Am Isthmos musst du auf offenem Meer kämpfen, was für uns ganz ungünstig ist, da wir schwerfälligere Schiffe haben und an Zahl geringer sind." […]

[Fazit der Schlacht bei Salamis:] Die meisten feindlichen Schiffe wurden bei Salamis zerstört, teils von den Athenern, teils von den Aigineten. Denn die Hellenen kämpften mit großer Geschicklichkeit und hielten sich in Reih und Glied; die Barbaren hielten keine Ordnung und verfuhren dabei ohne jede Überlegung. Da konnte der Ausgang der Schlacht kein anderer sein. Dabei waren und zeigten sich die Barbaren an diesem Tag weit tapferer als bei Euböa. Jeder tat sein Bestes und fürchtete sich vor Xerxes.

Herodot: Historien. Übersetzt von A. Horneffer Stuttgart 1971. S. 531 f.; 546; 556.

*a) Arbeiten Sie die Gründe heraus, die Aischylos und Herodot für die Niederlage der Perser nennen.*

*b) Worin unterscheidet sich die Analyse des Aischylos von der Herodots?*

## 34 Die gewaltige Übermacht der Perser – eine Erfindung der Griechen?

**a)** Der deutsche Historiker Eduard Meyer zu den Zahlenangaben der antiken Autoren:

Die persische Flotte bei Salamis war nach Aischylos 1000 Schiffe stark, darunter (oder dazu?) 207 Schnellruderer. Die populäre Tradition hat an der runden Zahl von 1000 festgehalten. Dagegen hat Herodot die Stelle so gedeutet, dass die Gesamtzahl 1207 betragen habe. Er lässt aber Xerxes' Flotte beim Auszug so stark sein, dass man deutlich sieht, wie wertlos derartige Listen sind. Da die Flotte nach seinem eigenen Bericht durch Stürme und Kämpfe beim Artemision über die Hälfte ihres Bestandes verliert, ist er, um bei Salamis auf die überlieferte Zahl zu kommen, zu der ungeheuerlichen Annahme gezwungen, der Verlust sei durch den Zuzug aus Griechenland wieder ausgeglichen, im Widerspruch zu seiner wiederholten Angabe, dass die persische Flotte durch die Verluste der griechischen ziemlich gleich geworden sei. In Wirklichkeit kann die persische Flotte bei Salamis nicht viel stärker als die griechische gewesen sein; denn wäre sie damals noch imstande gewesen, gleichzeitig die griechische Flotte mit überlegener Macht in Schach zu halten und ein starkes Detachement [eine für besondere Aufgaben abkommandierte Truppenabteilung] nach dem Peloponnes zu entsenden, so wäre es niemals zu einer Seeschlacht gekommen.

Eduard Meyer: Geschichte des Altertums. Bd. 6, hrsg. von E. Stier. 9. Aufl. o. O. 1952–1958. S. 353 f.

**b)** Der amerikanische Historiker J. M. Balcer zu Herodots Angaben:

Herodot war erpicht darauf, seinen Zuhörern und späteren Lesern die gewaltige Größe von Xerxes' Streitmacht vor Augen zu führen, er bezifferte die Gesamtstärke der Soldaten auf 237 610 und dazu aus Europa noch einmal auf 240 000 Seeleute und 300 000 Soldaten. [...] Mehrere moderne Gelehrte haben den Standpunkt vertreten, Herodots Zahlen seien maßlos übertrieben, um das „Großereignis" der westlichen Geschichte zu glorifizieren. [...] Man kann Berechnungen über die von den Persern und ihren Tieren benötigten Mengen an Getreide und Wasser sowie von Viehfutter anstellen. Wenn man Herodots Zahlen zugrunde legt, dann hätte die persische Intendantur täglich Vorräte lagern müssen in einem Umfang, der unmöglich zu beschaffen war, weder aus dem griechischen Besatzungsgebiet noch per Schiff aus dem Mutterland. Wenn man davon ausgeht, dass jeder Soldat täglich etwa mindestens 1½ kg Getreide zur Deckung seines Kalorienbedarfs benötigte und dazu mindestens 2 Liter Wasser, jedes Tier mindestens 5 kg Korn, 5 kg Stroh sowie 8 Liter Wasser täglich, dann müssten bei einer reduzierten Truppenstärke von 210 000 nebst 75 000 Reit- und Packpferden für den Feldzug von Sardes nach Athen über einen Zeitraum von 170 Tagen [...] 117 300 Tonnen Getreide, 63 750 Tonnen Viehfutter und 453 033 000 Liter bzw. 599 250 Tonnen Wasser pro Tag herangeschafft worden sein. Eine solche Menge konnten die persischen Esel- und Kamelkolonnen unmöglich transportieren, geschweige denn für die von Herodot genannte Zahl von 5 283 220 Menschen.

J. M. Balcer: The Persian conquest of the Greeks 545–450 B.C. Konstanz 1995. S. 238. (Übersetzung Raimund Schulz)

*a) Kennzeichnen Sie die Argumente, mit denen die Historiker die Zahlenangaben Herodots relativieren.*

*b) Setzen Sie sich mit den Argumenten auseinander.*

## 35 Die Perserkriege als Teil der griechischen Erinnerungskultur – Der Mythos der großen Schlachten

a) Der athenische Sieg in der Schlacht von Marathon. Rekonstruktion eines verschollenen Gemäldes des Polygnot nach antiken Beschreibungen, das um 460 v. Chr. in der wegen ihrer Malerei als „bunte Halle" bezeichneten „stoa poikile" auf der Agora in Athen installiert wurde.

**b) Der antike Reiseschriftsteller Pausanias (ca. 115–180 n. Chr.) beschreibt die Grabmäler der Marathonkämpfer:**

Es gibt einen Demos Marathon, der gleich weit von der Stadt Athen entfernt ist wie von Karystos auf Euböa. Hier landeten die Barbaren, wurden in der Schlacht besiegt und verloren bei der Abfahrt auch einige Schiffe. In der Ebene befindet sich ein Grab der Athener, und darauf stehen Stelen mit den Namen aller Gefallenen nach ihren Phylen, ferner ein anderes Grabmal der Plataier aus Böotien und eines für die Sklaven; denn damals kämpften zuerst auch Sklaven mit. Und dann ist da das besondere Grab des Miltiades […], dessen Tod später fiel, nachdem er bei Paros gescheitert war. Hier wird man jede Nacht Pferde wiehern und Männer kämpfen hören. Das aber geradezu sehen zu wollen, ist für niemand günstig. […] Wem es aber unbeabsichtigt zustößt, der zieht sich den Zorn der Dämonen nicht zu. Die Marathonier verehren nun diese, die in der Schlacht fielen, die sie Heroen nennen, und Marathon […] und Herakles, wobei sie behaupten, sie seien die ersten Griechen, die Herakles als Gott anerkannt hätten. Es geschah aber auch, wie sie erzählen, dass ein Mann bei der Schlacht dabei war, nach Aussehen und Tracht wie ein Bauer. Dieser tötete viele Barbaren mit dem Pflug und war nachher verschwunden. Und als die Athener anfragten, gab ihnen der Gott kein anderes Orakel darüber, sondern befahl ihnen nur, Echethlaios als Heros zu verehren. Auch ein Siegesmal aus Marmor ist dort errichtet. Die Athener behaupten, sie hätten auch die Perser begraben, da es in jedem Falle Pflicht sei, einen menschlichen Leichnam zu begraben, doch konnte ich kein Grab finden. Es war weder ein Grabhügel noch sonst ein Mal zu sehen, sondern sie trugen sie zu einer Vertiefung und warfen sie nur so hinein.

Pausanias: Beschreibung Griechenlands. Bd. 1, 32, 3–6. Übers. und hg. v. Ernst Meyer. 2. Aufl. München 1975. S. 90 f.

**c) Ein Gedicht auf die Sieger von Marathon. Epigramm auf einer Stele in der Athener Agora:**

Dieser Männer Tugend gebiert unsterblichen Ruhm für alle Zeiten./Was immer für Erfolge die Götter uns mögen wieder verschaffen./Denn sie bewahrten – ob zu Lande oder auf geschwind segelnden Schiffen – das ganze griechische Volk vor eines Tages drohender Sklaverei. […]/

Unbezwingbarer Mut barg die Brust/dieser Männer, als sie/vor den Toren gegen die feindliche Streitmacht sich stellten/und dem persischen Heer das Panier des Sieges entwanden,/als es grausam sich anschickte zu brandschatzen/die meerumschlungene glanzvolle Stadt.

Übersetzung nach: J. M. Balcer, The Persian Conquest of the Greeks 545–450 BC, Konstanz 1995, S. 33. (Übersetzung R. Schulz)

*Arbeiten Sie die Textelemente heraus, die auf eine Mythisierung der Marathon-Schlacht verweisen.*

## 36 Die Schlacht bei den Thermopylen und der Leonidasmythos

a) Was für die Athener die Schlacht von Marathon war, bedeutete für die Spartaner der Kampf des Leonidas bei den Thermopylen, mit dem Unterschied, dass Leonidas eine vernichtende Niederlage erlitt. Herodot (ca. 484–425 v. Chr.) deutet an, wie die Spartaner mit dem Problem umgingen (Historien 7,220):

Man erzählt, dass Leonidas selbst die fremden Truppen weggeschickt habe, um sie vor dem Tod zu bewahren. Ihm selber und seinen Spartiaten zieme es nicht, den Platz aufzugeben, zu dessen Verteidigung sie ausgesandt worden waren. Diesen Bericht halte ich selbst entschieden für richtig: Leonidas merkte, dass die Bundesgenossen nur ungern [...] die Gefahren teilen wollten, darum ließ er sie abziehen. Er selbst aber fand es unehrenhaft davonzugehen. Harrte er aus, so war ihm hoher Ruhm gewiss, und Spartas Blüte war dadurch noch nicht vernichtet. Denn es war den Spartiaten schon zu Beginn des Krieges, als sie das Orakel befragten, von der Pythia geweissagt worden, entweder werde Lakedaimon [Sparta] von den Barbaren zerstört werden oder ihr König würde fallen. [...] Hieran, so glaube ich, hat Leonidas gedacht, und weil die Spartiaten allein den Ruhm haben sollten, hat er die Bundesgenossen weggeschickt. Das glaube ich eher, als dass Streitigkeiten entstanden und die Bundesgenossen ohne Ordnung abgezogen seien.

Herodot, Historien. Übersetzt von A. Horneffer. Stuttgart 1971. S. 518.

b) Der griechische Dichter Simonides (ca. 556/553–468/465 v. Chr.) verfasste (vermutlich im Auftrage Spartas) Gedichte auf die gefallenen Spartaner:

Wanderer, kommst du nach Sparta, verkünde dort, du habest uns hier liegen sehen, wie das Gesetz es befahl.

Zit. nach: Oswyn Murray: Das frühe Griechenland, 4. Aufl. München 1991, S. 359.

Drei Millionen Feinde bekämpften an dieser Stelle/
Viermal tausend Mann Peloponnesisches Volk.

Herodot: Historien 7,227. Übersetzt von A. Horneffer. Stuttgart 1971. S. 520.

c) Ein Hymnus auf den Staatshelden. In der Mitte des 5. Jahrhunderts v. Chr. wurde der Leichnam des Leonidas in ein Grab in Sparta überführt und mit einem jährlichen Fest als Held verehrt. Bei diesem Fest wurde folgender Hymnus rezitiert:

Berühmt ist das Schicksal und schön die Bestimmung derjenigen, die bei den Thermopylen starben. Als Grab haben sie einen Altar, für die Trauer haben sie das Gedenken, für den Jammer Lob. Einen solchen Begräbnisritus wird weder Rost noch die allmächtige Zeit vergessen machen. Dieser heilige Platz edler Männer hat den Ruhm von ganz Hellas für seine Hausgötter gewonnen. Auch Leonidas, der König von Sparta, ist Zeuge, der eine große Zierde von Mut und ewigen Ruhm hinterlassen hat.

Übersetzung nach: E. N. Tigerstedt: The Legend of Sparta in Classical Antiquity, Vol. 1. Stockholm 1965. (Übersetzung R. Schulz)

d) „Leonidas an den Thermopylen". Ölgemälde (395 x 531 cm) von Jacques-Louis David, 1814. Links oben in dem Gemälde schlägt ein Soldat mit dem Schwertgriff die in Wirklichkeit erst im Nachhinein verfassten und von Friedrich Schiller in die berühmte deutsche Version gebrachten Gedenkverse für die spartanischen Kämpfer an den Thermopylen in den Fels.

*a) Erläutern Sie die Gründe, die nach Herodot Leonidas veranlasst haben, bis zum Tod gegen die Perser zu kämpfen. Prüfen Sie die Stichhaltigkeit der Argumente.*
*b) Erklären Sie die Bedeutung, die die Verehrung der Thermopylenkämpfer für das spartanische Selbstbild hatte.*
*c) Skizzieren Sie vor dem Hintergrund der Detailinformationen des Gemäldes das Griechenbild des Malers Jacques-Louis David.*

## 4. „Wie war der Sieg möglich?“

**Die Suche nach Erklärungen und einsetzende Mythisierung**

Für viele Griechen hatte ihr militärischer Erfolg etwas Wundersames. Wie war es gelungen, die bislang so erfolgreichen Truppen des persischen Weltreiches zurückzuschlagen? Jede Generation suchte und fand ihre Antworten, und je größer der zeitliche Abstand zu den Ereignissen wurde, desto strahlender erschienen die Siege: In Athen, Sparta und anderen Städten schossen Prachtbauten, Grabmäler und Ehrenhallen als patriotische Monumente zur Erinnerung an die Perserkämpfer aus dem Boden. Es entstand ein Mythos der griechischen Selbstbehauptung, der sogar die alten Legenden von den Kämpfen der trojanischen Helden in den Schatten stellte. In Athen wurde der Stolz auf die Siege in den Perserkriegen offizieller Bestandteil der Staatsideologie.

**„Die Perser“ des Aischylos**

Acht Jahre nach der Schlacht von Salamis brachte der Dichter Aischylos, der selbst als Soldat am Abwehrkampf gegen die Perser teilgenommen hatte, seine Tragödie „Die Perser“ auf die Bühne. Das Stück schildert die Schlacht bei Salamis aus der Sicht der geschlagenen Perser. Nach den Worten, die Aischylos Dareios in den Mund legt, geht ihre Niederlage auf die Hybris (Selbstüberhebung) des Xerxes zurück. In blinder Eroberungssucht habe dieser die von den Göttern gesetzten natürlichen Grenzen zwischen Asien und Europa verletzt und sich damit über die göttliche Weltordnung hinweggesetzt. Für diesen Frevel sei er bestraft worden.

**Griechische Freiheit gegen persische Despotie?**

Aischylos lieferte in seiner Tragödie noch einen zweiten Erklärungsansatz, den viele spätere griechische Schriftsteller aufgegriffen und der auch von der Geschichtsschreibung bis heute als plausibel angesehen wird. Danach standen die Griechen vor der existenziellen Alternative, bedingungslos ihre Freiheit zu verteidigen oder

37 „Die Seeschlacht bei Salamis 480 v. Chr.“ Ölgemälde von Wilhelm Kaulbach, 1862/64. Nach der Schilderung bei Herodot („Historien“ VIII, 40-97) kontrastiert das Gemälde den persischen König Xerxes (links oben) mit den attischen Schlachtenlenkern Themistokles und Aristides in der rechten Bildhälfte.

unter das persische Sklavenjoch zu geraten. Freiheit meinte zweierlei, nämlich Freiheit gegenüber dem äußeren Feind und Freiheit des Bürgers vor innenpolitischer Bevormundung.
Mochte Aischylos bei seiner literarischen Verarbeitung der Perserkriege noch mit Einfühlungsvermögen und Ausgewogenheit zu Werke gegangen sein – die späteren literarischen Zeugnisse lesen sich wie Dokumente eines stereotypen Feindbildes. Eine zentrale Rolle spielte dabei die Diffamierung der Perser als „Barbaren".

**Barbar:** (griech.: etwa „rau, unverständlich redend"). Die Griechen bezeichneten ursprünglich wertfrei alle Menschen, die nicht ihre Sprache sprachen, als Barbaren. Der Begriff deutete lautmalerisch auf deren unverständliches Gemurmel hin, ähnlich wie das deutsche „Plappern"; erst im Zuge der Kolonisation und besonders nach den Perserkriegen nahm er deutlich negative Elemente an. Diese Entwicklung erreichte ihren Höhepunkt im 4. Jahrhundert v. Chr., als die Diffamierung der Perser als Barbaren die machtpolitische Schwäche der Griechen kompensieren sollte: Barbaren waren nun einerseits „sklavisch" und „weich", andererseits „unzivilisiert", „grausam" und „tierisch" und mussten deshalb bekämpft werden. Die negative Besetzung des Barbarenbegriffes überdauerte die Antike und erlebt bis heute in verschiedenen Schattierungen (Unzivilisiertheit, Grausamkeit) und zu unterschiedlichen Anlässen immer wieder Aktualisierungen. (Siehe auch unten S. 200)

## 38 Die Deutung des Sieges durch die Griechen

**a)** Aischylos lässt in den „Persern" den Geist des Dareios die Niederlage seines Sohnes Xerxes deuten (Verse 740 ff.):

*Dareios:* [...] Hat mein Sohn doch unbesonnen dies vollbracht in Jugendtrotz,
Dass den Hellespont, den heiligen, knechtgleich er durch Ketten zu
Bändigen hofft, in Strömen, ihn den Bosporus, des Gottes Strom;
Dass des Meeressunds Lauf er störte und, mit Fesseln erzgeschweißt
ihn umwindend, die gewaltige Straße schuf gewalt'gem Heer!
Er – ein Mensch – die Götter alle glaubt' er voller Unverstand,
Selbst Poseidon zu beherrschen. Hielt nicht Krankheit die Vernunft
Meines Sohnes umstrickt. [...]
*Chorführer:* Was folgt aus allem, Fürst Dareios? Wohin zielt
dein Wort? Wie können wir nach dem, was vorgefallen,
als Volk der Perser immer noch am besten fahren?
Dareios: Indem ihr nicht zu Felde gegen Hellas zieht,
auch dann nicht, wenn das Mederheer noch stärker wäre!
Ist doch die Erde selbst verbündet mit den Griechen.
*Chorführer:* Wie meinst du das? Worin zeigt sie sich als verbündet?
*Dareios:* Sie schlägt die allzu große Menschenzahl mit Hunger.
[...] Xerxes lässt nur in eitler Hoffnung
dort eine ausgewählte Heeresmacht zurück.
Sie lagert, wo der Asopos mit seinem Nass
die Fluren tränkt, Böotiens getreuer Nährer;
dort harrt ihrer schwerstes Leid, der rechte Lohn
für ihren Frevel und die Missachtung der Götter:
In Hellas eingedrungen, scheuten sie sich nicht
vor Raub von Götterbildern und vor Tempelbrand;
Altäre schwanden, Statuen der Götter stürzten
kopfüber, ganz und gar zersplitternd, von den Sockeln.
So leiden sie [die Perser] denn, ihrer bösen Tat entsprechend,
und müssen ferner leiden; ihrer Qualen Grund
ist nicht erreicht, sie sinken ihm entgegen noch.
So furchtbar wird die Sühnegabe sein an Blut,
die Dorerlanzen bei Plataiai bringen sollen;
und Leichenhaufen werden, noch im dritten Glied,
den Menschenaugen ohne Zunge Kunde geben,
dass Sterbliche den Übermut nicht frönen dürfen.

Aischylos: Werke in einem Band. Übertragen von Dietrich Ebener. 2. Aufl. Berlin/Weimar 1987. S. 27 f.

b) Atossa und der Geist des Dareios. Szenenbild aus der „Perser“-Aufführung der Freien Volksbühne Berlin, 1991.

*a) Arbeiten Sie die Gründe heraus, die Aischylos für die Niederlage der Perser angibt.*
*b) Erläutern Sie die realen Erfahrungen, die hinter seinen Erklärungen stehen.*

## 39 Die „unbesiegbaren“ Spartaner

Der spartanische Emigrant Demaratos klärt Dareios über die Eigenart der Spartaner auf (Herodot: *Historien* 7,103; 104):

König! […], wisse, dass in Hellas von jeher Armut wohnt, dann aber Tatkraft eingeführt worden ist, herbeigeholt von der Weisheit und strengen Gesetzen. Und mithilfe der Tatkraft erwehrt sich Hellas der Armut und der Tyrannei. Alle Hellenenstämme lobe ich, […], aber nicht von allen gilt, was ich dir sagen will, sondern nur von den Lakedaimoniern. Erstens werden die Lakedaimonier nie dein Anerbieten annehmen, das Hellas in Sklaverei bringen will; zweitens werden sie dir im Kampf entgegentreten, auch wenn alle anderen Hellenen zu dir übergehen. Was ihre Zahl betrifft, so frage nicht, ob sie auch stark genug sind. Sie werden kämpfen, gleich viel, ob tausend Mann ausziehen oder weniger oder mehr. […] Im Einzelkampf halten sie sich so wacker wie jedes andere Volk, aber im Massenkampf sind sie allen Völkern überlegen. Wenn sie auch frei sind, sind sie doch nicht ganz frei. Ihr Herr ist das Gesetz, das fürchten sie weit mehr als dein Volk dich; sie gehorchen seinem Befehl, und sein Befehl ist immer derselbe: keiner Heeresmacht je zu weichen, sondern fest in der Schlachtreihe zu stehen und zu siegen oder zu sterben.

Herodot: Historien. Übersetzt von A. Horneffer. Stuttgart 1971. S. 471 u. 473.

*a) Rekonstruieren Sie das Bild, das Herodot unausgesprochen von den Persern vermittelt.*
*b) Vergleichen Sie die Zeilen 13–16 mit den Versen des Simonides (M 36b). Wie ist der unbedingte Gehorsam gegenüber dem Gesetz aus heutiger Sicht zu beurteilen?*

## Zur Diskussion

# Was wäre geschehen, wenn die Perser gesiegt hätten?

Lange Zeit als unwissenschaftlich abgetan, gewinnt das hypothetische Durchspielen einer historischen Alternative in jüngster Zeit im Rahmen der so genannten virtuellen oder kontrafaktischen Geschichte auch innerhalb der Fachwissenschaft wieder an Bedeutung. Im Idealfalle gewinnt die Erklärung der realen Entwicklung durch die Konstruktion ihrer Alternative an Objektivität, Klarheit und Prägnanz.

**a) Der deutsche Althistoriker Fritz Taeger (1935):**
Oft ist die Frage aufgeworfen, was geschehen wäre, wenn Hellas 480 von Persien unterworfen worden wäre. Man hat wohl auf das Schicksal der kleinasiatischen Griechen verwiesen, deren kulturelles und wirtschaftliches Leben das milde persische Regiment nicht gebrochen hat. Hätte nicht auch das mutterländische Griechentum unter ihm ein glückliches Dasein führen können, friedlicher und blühender vielleicht als jetzt [nach den Perserkriegen], wo es von ständigen Kämpfen heimgesucht wurde? Hätte es nicht auch seine Kultur frei entfalten können, auch wenn Persien, seiner gewohnten Politik getreu, gewiss den Einfluss Delphois mit allen Mitteln gefordert hätte? Ich glaube nicht, dass wir die Frage so einfach beantworten dürfen. Die Struktur des hellenischen Raumes war durch die Polis bestimmt. Die Polis aber war nur in der Freiheit imstande, ihre besten Kräfte zu entwickeln. Gerade das Schicksal der kleinasiatischen Griechen beweist es, deren wirtschaftliche Blüte keine gleichwertigen kulturellen Leistungen mehr gezeitigt hat und deren Schöpfungen, von einer einer einsamen Gestalt abgesehen [gemeint ist offenbar Herodot], nichts mehr mit dem Ethos und der stolzen Kraft des Mutterlandes gemein haben. Diese Freiheit wurde zunächst durch den Sieg gerettet. Höher aber noch sind die Kräfte zu werten, die erst durch das Erleben dieser großen Zeit ausgelöst wurden. Sie hat alle Keime drängenden Lebens zu neuer Entfaltung gebracht, das schon in der spätarchaischen Periode die Fesseln archaischer Bindung zu sprengen suchte. Sie hat das Wesen eines ganzen Volkes umgestaltet, hat es zu seiner weltgeschichtlichen Bestimmung empor geführt.

Fritz Taeger: Das Altertum. Geschichte und Gestalt der Mittelmeerwelt. 5. Aufl. Stuttgart 1953. S. 269.

**b) Der deutsche Althistoriker Alfred Heuß (1961):**
Neben diesen Händlern waren es vor allem Söldner. Die Perser waren keine Hunnen, auch keine Assyrer, und nichts lag ihnen ferner, als die Kultur und Gesittung ihrer Untertanen niederzutrampeln und ihre Zivilisation auszulöschen. Deshalb kann auch gar kein Zweifel sein, dass es bei einer griechischen Niederlage mit Griechenland und seiner Gesittung nicht zu Ende gewesen wäre. Eine persische Oberherrschaft war mit der Möglichkeit einer binnengriechischen Geschichte durchaus verträglich, und etwa den griechischen „Geist" willentlich in Fesseln zu schlagen, stand keineswegs im persischen Programm. Schließlich haben die großen ionischen Philosophen zu einem erheblichen Teil als persische Untertanen gelebt. Die Alternative von Sein und Nichtsein ist also gewiss falsch, und sie wird noch falscher angesichts der Wahrscheinlichkeit, dass die persische Herrschaft sich auf die Dauer in der griechischen Randzone nicht hätte halten können. Es ist anderswo ja ähnlich gewesen, und selbst ein Land wie Ägypten, das dem persischen Herrschaftszentrum räumlich näher lag und materiell ein viel größeres Gewicht besaß, hat während der Geschichte des persischen Weltreiches für längere Zeit seine Unabhängigkeit wiedergewinnen können. […] Freilich ist es, wie immer bei solchen hypothetischen Erwägungen, viel leichter, ein negatives Urteil zu fällen und zu sagen, was nicht gewesen wäre, als den positiven Verlauf der Geschichte unter einer fiktiven Bedingung sich auszumalen. […] Da gibt es ein kaum zu leugnendes Kausalverhältnis zwischen den Ereignissen von 490/80 und der Größe Athens. Wenn die Griechen damals unterlegen wären, hätte Athen gewiss nicht aufgehört zu existieren, aber bestimmt wäre auch nicht das Athen des 5. Jahrhunderts zustande gekommen, und alle wesentlichen Bedingungen für seine damals begründete zentrale Stellung innerhalb des Griechentums wären entfallen.

Alfred Heuß: Hellas. In: Griechenland – Die hellenistische Welt. Propyläen Weltgeschichte, hrsg. von Golo Mann und A. Heuß, Bd. III,1. Frankfurt/M. u. a. 1976. S. 240 f.

*Vergleichen Sie das jeweilige Perser- und Griechenbild, das die Autoren ihren Erklärungen zugrunde legen.*

# III. Die attische Demokratie

Die Athener nannten ihre Staatsform „demokratia": „Herrschaft des Volkes". Noch heute berufen sich fast alle Demokratien auf sie als ihre gemeinsame „Mutter". Ist eine solche Verbindung aber wirklich gerechtfertigt? Wie und warum ist es gerade in Athen und nirgendwo sonst zur Demokratie gekommen? Gab es hier Voraussetzungen, die anderswo fehlten?

| | |
|---|---|
| 508 v. Chr. | Kleisthenes begründet die Isonomie in Athen. |
| 488/87 v. Chr. | Das von Kleisthenes eingerichtete „Scherbengericht" wird vom Rat der 500 auf die Volksversammlung übertragen. |
| 487 v. Chr. | Die Archonten (die höchsten Beamten) werden durch Los bestimmt. |
| 478/77 v. Chr. | Die Athener gründen den Ersten Attischen Seebund. |
| 462/61 v. Chr. | Ephialtes überträgt zentrale politische Befugnisse des Adelsrates (Areopag) auf die Volksversammlung und Volksgerichte. |
| Nach 462 v. Chr. | Perikles führt die Besoldung der Richter ein (Diäten). Auch die Besitzlosen können als Geschworene tätig werden. |
| Nach 458/7 v. Chr. | Die Zeugiten und die Theten erhalten Zugang zu den obersten Beamtenstellen (Archontat). |
| 451/50 v. Chr. | Perikles beschränkt das Bürgerrecht auf die Kinder athenischer Eltern. |
| 431 v. Chr. | Beginn des Peloponnesischen Krieges |
| 415–413 v. Chr. | Der Versuch der Athener, Syrakus zu erobern, scheitert. |
| 404 v. Chr. | Athen kapituliert und erhält ein oligarchisches Regiment. |
| 403 v. Chr. | Die Demokratie wird wieder hergestellt und gegen Umsturzversuche gesichert. |
| 386 v. Chr. | Der Perserkönig diktiert den Griechen Friedensbedingungen („Königsfriede"). |
| 338 v. Chr. | Philipp II. von Makedonien besiegt eine griechische Armee unter Führung Athens und Thebens bei Chaironeia. |
| 322 v. Chr. | Ein makedonischer General hebt die Demokratie in Athen auf. |

## 1. Außenpolitische Erfolge und innenpolitische Konkurrenzkämpfe – Die Entwicklung zur Demokratie im 5. Jahrhundert v. Chr.

**Rekonstruktions- und Quellenprobleme**

Die attische Demokratie war das Ergebnis einer langen und keineswegs gradlinigen Entwicklung. Die entscheidenden Faktoren und Marksteine dieser Entwicklung zu benennen, fällt den Historikern bis heute schwer.
Die Schwierigkeiten resultieren aus der Quellenlage. Es gibt für die Zeit nach den Perserkriegen bis zur Mitte des 5. Jahrhunderts außer den Tragödien und einigen Inschriften keine zeitgenössischen Quellen. Erst die seit den 430er Jahren v. Chr. schreibenden Historiker Herodot und Thukydides liefern rückblickend einige Hinweise. Umfangreichere Informationen stammen vom Ende des 5. und aus dem 4. Jahrhundert v. Chr. Neben zahlreichen politischen Reden sowie einigen Dialogen des Philosophen Platon besitzen – wie bereits oben (s. S. 7) erwähnt – die staatstheoretischen Schriften des Aristoteles eine besondere Bedeutung sowie die Biografien aus der Feder des kaiserzeitlichen Schriftstellers Plutarch, darunter vor allem die neun zu athenischen Staatsmännern.

Sämtliche Quellen zur Geschichte und Entwicklung der Demokratie sind mit größter Vorsicht zu interpretieren. Es gibt dabei selten „eindeutige" oder gar „beweisbare" Erklärungen – ein Unsicherheitsfaktor haftet allen Rekonstruktionen an, auch wenn sie häufig als „Wahrheiten" präsentiert wurden.

**Die Folgen der Perserkriege: Die Aktivierung des Scherbengerichtes ...**

Der Abwehrkrieg gegen die Perser trieb die Entwicklung der von Kleisthenes geschaffenen Verfassung (s. o. S. 17 f.) weiter voran. Um sie gegen aristokratische Intrigen und Umsturzversuche abzusichern, übernahm 487 v. Chr. die Volksversammlung die Durchführung des von Kleisthenes eingerichteten Scherbengerichts (= Ostrakismos, von ostraka = Scherben). Fortan stimmte das Volk zweimal im Jahr darüber ab, ob ein Ostrakismos stattfinden sollte. Wenn mindestens 6000 Bürger anwesend waren, musste derjenige, dessen Namen am häufigsten auf den Scherben geschrieben war, für 10 Jahre in die Verbannung gehen; sein Vermögen und Grundbesitz blieben allerdings unangetastet.

**... und die Losung der höchsten Beamten (Archonten)**

Noch im gleichen Jahr führte man für die Besetzung der höchsten Beamtenposten (Archonten) anstelle der Wahl die Auslosung aus einer Gruppe vorher gewählter Personen ein. Das Losverfahren stärkte indirekt die Position derjenigen Beamten, die nach wie vor von der Volksversammlung gewählt wurden, also besonders – seit 501 v. Chr. – die Feldherrn (Strategen).

**Die Gründung des Seebundes**

478 v. Chr. nutzten Themistokles und Aristeides – ein Adliger aus altem Geschlecht – den Rückzug Spartas vom Kampfgeschehen und gründeten eine gegen Persien gerichtete Militärallianz mit zahlreichen griechischen Städten des Ägäisraumes. Die Bündner verpflichteten sich, für die gemeinsame Flotte Schiffe oder Geld beizusteuern. Die Bevollmächtigten der Bündnismitglieder versammelten sich auf der Insel Delos in einem Bundesrat. Hier befand sich auch die Bundeskasse, die erst später nach Athen verlegt wurde.

**Kimons außenpolitische Erfolge**

Auf Betreiben Spartas schickte die Volksversammlung Themistokles, der viele Neider hatte, durch Ostrakismos in die Verbannung. Da Aristeides wenig später starb, war bald ein Adliger namens Kimon der neue starke Mann in Athen. Er stärkte die Stellung des Areopags in der Außenpolitik und setzte sich vehement für eine außenpolitische Partnerschaft mit Sparta gegen Persien ein. Unter seiner Führung

**40** Um die Darstellung der Stimmenauszählung bei einem Ostrakismos könnte es ich bei dieser Szene auf einer attisch-rotfigurigen Kylix handeln, ca. 470 v. Chr. Der bärtige Mann mit dem Schreibstift notiert auf einem Schreibtäfelchen die Namen auf den Tonscherben, die von rechts und links zur Auszählung herangetragen werden.

errang die Flotte des Seebundes einen Sieg nach dem anderen. 466 v. Chr. gelang es Kimon an der Mündung des Eurymedon (Südtürkei) die persischen See- und Landstreitkräfte vernichtend zu schlagen.

**Die Entmachtung Kimons ...**

Als 465 v. Chr. ein überraschender Aufstand der messenischen Heloten Sparta in Bedrängnis brachte, riefen die spartanischen Behörden in ihrer Verzweiflung die ehemaligen Bundesgenossen des Perserkrieges und damit auch Athen zu Hilfe. Kimon folgte dem Hilferuf mit 6000 Hopliten, wurde aber nach kurzen Kämpfen von den misstrauischen Spartanern wieder nach Hause geschickt – ein politisches Fiasko erster Ordnung.

**... und die Reformen des Ephialtes**

Zwei junge Politiker namens Ephialtes und Perikles nutzten die Situation kaltblütig. Sie vertraten nun ganz offen die Meinung, die Athener müssten ihre Macht in Griechenland wenn nötig auch auf Kosten Spartas ausdehnen. Ihre neue außenpolitische Zielsetzung fand besonders unter den Theten begeisterte Zustimmung. Mit ihren Stimmen gelang es Ephialtes, dem Areopag die Kontrollrechte über die Gesetzgebung und die Beamten zu entziehen und auf die Volksversammlung und die neu eingerichteten Volksgerichte zu übertragen.

**Der Begriff „demokratia"**

In der innenpolitisch aufgewühlten Zeit fiel wohl zum ersten Mal das Schlagwort „demokratia" („Herrschaft des Volkes") als Kampfbegriff. Gemeint war hiermit das politische Gewicht des besitzlosen Volkes, der Theten: Während in anderen Poleis aktive politische Rechte an den Besitz von Grund und Boden gebunden waren, besaßen in Athen die Ärmeren in der Volksversammlung und in den Gerichtshöfen – zumindest formell – beträchtliche Kontroll- und Einflussmöglichkeiten.

**Theten und Demagogen**

Allerdings gingen die entscheidenden politischen Initiativen nach wie vor von adligen Politikern wie Ephialtes und Perikles aus, die in der Kooperation mit den Besitzlosen eine Chance für ihre politische Karriere und einen Vorteil im Kampf gegen ihre Konkurrenten erkannten. Man nannte diese Politiker nicht ohne Grund Demagogen, „Führer des Volkes".

**Demokratie unter Perikles – Volksherrschaft oder Herrschaft des ersten Adligen?**

Perikles wurde denn auch mit Unterstützung breiter Wählerschichten mehrmals zum Feldherrn (Strategen) gewählt und baute im Gegenzug die Rechte der einfachen Bürger weiter aus: 457 v. Chr. erhielten die Zeugiten und wenig später die Theten Zugang zu den höchsten Beamtenstellen, 451 v. Chr. wurde ein staatliches Entgelt (Diäten) für die Richtertätigkeit eingeführt. Diese Veränderungen markierten den endgültigen Durchbruch zur Demokratie.

41 Büste des Perikles, röm. Kopie des Originals von Kresilas aus dem 5. Jahrhundert v. Chr. Bei diesem Bildnis geht die Person des Perikles ganz in der typisierten Darstellung des von ihm zwischen 443 und 429 v. Chr. permanent versehenen Amtes als Stratege auf.

**Demagoge:** (griech.: „Führer des Volkes"). Bezeichnung für einen führenden Politiker in der Zeit der athenischen Demokratie, der seine Machtstellung auf sein Redetalent und seinen großen Einfluss beim Volk gründete, beständig Anträge in der Volksversammlung stellte und das Volk in seinem Sinne beeinflusste. Als erster Demagoge gilt Perikles. Die Demagogen stammten anfangs aus dem wohlhabenden Adel, später auch aus der Schicht der neureichen Gewerbetreibenden (bekanntestes Beispiel: Kleon). In dieser Zeit erhielt der Begriff Demagoge auch die negative Bedeutung „Volksverführer". Im Deutschland der Restauration (1815–1848) wurde der Begriff für Anhänger liberaler und nationaler Ideen verwendet. Seitdem gilt ein Demagoge als ein gegen die bestehende Ordnung agitierender Aufwiegler.

## 42 Maritimer Machtaufstieg und Entwicklung zur Demokratie

Der Schriftsteller Plutarch (ca. 45–125 n. Chr.) gibt im 7. Kapitel seiner Biografie des Athener Staatsmannes Aristeides seine Deutung des Scherbengerichtes und schildert anschließend dessen Ablauf:

Dem Aristeides geschah es, dass er, der zuerst beliebt gewesen war, später wegen seines Beinamens (der „Gerechte") Gegenstand der Missgunst wurde, hauptsächlich durch die Schuld des Themistokles, der unter der Menge das Gerede verbreitete, Aristeides habe dadurch, dass er alles richte und entscheide, die Gerichtshöfe aufgehoben und so unvermerkt eine Alleinherrschaft ohne Leibwachen für sich errichtet; doch nahm auch schon das Volk, stolz geworden durch den Sieg [bei Salamis] und gewillt, alle Ehre für sich in Anspruch zu nehmen, an dem Beinamen Anstoß, der ihn über die Menge erhob. So kamen sie von allen Seiten in der Stadt zusammen und verbannten Aristeides durch das Scherbengericht, indem sie ihrem Neid auf seinen Ruhm den Namen der Furcht vor tyrannischer Herrschaft beilegten. Denn nicht Strafe für ein Verbrechen war diese Form des Bannes, sondern man nannte ihn beschönigend Demütigung und Beschneidung des Stolzes und drückender Gewalt, während er tatsächlich eine gemäßigte Form der Befriedigung des Neides war, sofern er nicht auf Vernichtung, sondern nur auf Entfernung des Missliebigen, gegen den der Hass sich richtete, für zehn Jahre hinauslief. […]

Der Hergang war in Kürze folgender. Jeder Bürger nahm einen Scherben, schrieb darauf den Namen des Mannes, den er verbannen wollte, und brachte ihn an einen Ort auf dem Markt (agora), der rings mit Schranken umschlossen war. Die Beamten zählten zuerst die gesamten abgelieferten Scherben durch; denn wenn die Abstimmenden weniger als 6000 waren, dann war das Verfahren ungültig; dann ordneten sie die Scherben nach den Namen und verbannten den von der Mehrzahl Aufgeschriebenen auf zehn Jahre, doch so, dass er im Genusse seines Vermögens blieb. Während nun damals die Scherben beschrieben wurden, soll ein ganz schlichter Bauer, der nicht schreiben konnte, seinen Scherben dem Aristeides als einem ersten besten hingereicht und ihn gebeten haben, Aristeides draufzuschreiben, und als dieser ihn verwundert fragte, ob Aristeides ihm etwas zuleide getan habe, geantwortet haben: „Nein, ich kenne den Mann gar nicht, aber ich ärgere mich, wenn ich immer von dem ‚Gerechten' höre." Als er das hörte, habe Aristeides kein Wort erwidert, sondern nur den Namen auf die Scherbe geschrieben und sie ihm zurückgegeben. Als er dann die Stadt verließ, hob er die Hände zum Himmel und betete um das Gegenteil von dem, was einst Achilleus erfleht hatte, nämlich die Athener möchten nicht in eine Lage kommen, die das Volk nötige, des Aristeides zu gedenken.

Plutarch: Große Griechen und Römer. Bd. 1, eingel. und übers. von Konrat Ziegler. Zürich/Stuttgart 1954. S. 293–294.

*a) Erläutern Sie die Vorteile und Risiken des Scherbengerichtes unter dem Gesichtspunkt politischer Gerechtigkeit.*
*b) Plutarch war wie die meisten antiken Intellektuellen kein Freund der athenischen Demokratie. Zeigen Sie auf, wo im Text seine Voreingenommenheit spürbar wird.*
*c) Man hat das Scherbengericht mit dem parlamentarischen Misstrauensvotum verglichen. Wie denken Sie darüber?*

## 43 Der Entschluss zum Flottenbau und die Entwicklung zur Demokratie

a) Auszug aus dem 4. und 19. Kapitel der Themistokles-Biografie des Plutarch (ca. 45 bis 125 n. Chr.):

Von nun an führte Themistokles seine Vaterstadt Schritt für Schritt dem Meer zu. Er ließ sich dabei von der Überzeugung leiten, dass das Landheer nicht einmal den Grenznachbarn gewachsen sei, während Athen mit seiner Seemacht die Barbaren in Schach halten und die Herrschaft über Griechenland erringen könnte. So machte er, wie Platon sagt, aus standfesten Hopliten Matrosen und Seeleute, was ihm den Vorwurf eintrug, er habe seinen Mitbürgern Schild und Speer aus der Hand genommen und das Athenervolk an die Ruderbank gefesselt. [...] Ob er mit seinem Vorgehen gegen den Sinn und Wortlaut der Verfassung verstieß, muss einer genaueren Untersuchung vorbehalten bleiben; dass aber das Meer den Griechen die Rettung brachte, dass jene Trieren Athen aus Schutt und Asche wieder aufrichteten, dafür ist Xerxes der beste Zeuge. [...] Themistokles hat aber nicht, wie Aristophanes in einer seiner Komödien sagt, den Piräus in die Stadt eingeknetet, er hat vielmehr die Stadt an den Hafen, das Land ans Meer geknüpft. Er stärkte dadurch auch den Einfluss des Volkes gegenüber der Aristokratie und pflanzte ihm ein stolzes Selbstgefühl ein, da nun Matrosen, Rudermeister und Steuerleute die Macht in die Hände bekamen. Aus diesem Grund haben in späterer Zeit die dreißig Tyrannen die Rednerbühne auf der Pnyx, welche so angebracht war, dass die Redner aufs Meer hinaussahen, dem Lande zugedreht. Denn sie waren überzeugt, dass die Demokratie aus der Herrschaft zur See hervorgegangen sei und dass sich ein Volk von Ackerbauern viel leichter mit dem oligarchischen Regiment abfinden werde.

Plutarch: Große Griechen und Römer. Bd. 1, eingel. und übers. von Konrat Ziegler. Zürich/Stuttgart 1954. S. 368 f.; 388.

b) Nachbau einer Triere. Mit der 1987 von US-amerikanischen Geldgebern finanzierten Rekonstruktion für die griechische Marine konnte die nach literarischer Überlieferung von antiken Trieren erzielte Geschwindigkeit nicht erreicht werden.

*a) Diskutieren Sie die Auffassung Plutarchs, es gebe einen Zusammenhang zwischen Flottenrüstung und Entwicklung zur Demokratie.*
*b) Erklären Sie den Gegensatz zwischen (antiker) Demokratie und „oligarchischem Regiment", auf den Plutarch mit dem letzten Satz anspielt.*

## 44 Der Hegemoniewechsel des Jahres 478 v. Chr.

**a)** Schon in den antiken Quellen besteht keine Einigkeit darüber, ob die Athener oder die kleinasiatischen Griechen die Zurückdrängung Spartas betrieben. Der Historiker Thukydides (ca. 460–396 v. Chr.) äußerte sich dazu wie folgt:

Schon während dieser Führung *(hegemonia)* aber verdross die Hellenen [das] gewaltsame Wesen [des spartanischen Heerführers Pausanias], vor allem die Ionier und die jüngst vom Großkönig [b]efreiten [Poleis]. Sie gingen zu den Athenern und baten sie, ihre Führer zu werden, wegen ihrer gleichen Abstammung, und die Eigenmächtigkeiten des Pausanias nicht zu dulden. Die Athener gingen darauf ein und strengten sich an, ihm nichts durchzulassen und alles so einzurichten, wie es ihnen am besten dienlich schiene. Inzwischen aber riefen die Spartaner Pausanias heim zur Untersuchung – sie hatten allerlei erfahren; denn viel Unrecht wurde ihm zur Last gelegt von den Hellenen, die nach Sparta kamen; und in seinem Gebaren sah er offenbar einem Tyrannen ähnlicher als einem Feldherrn. Seine Abberufung traf in die gleiche Zeit, da die Verbündeten, von ihm abgestoßen, zu den Athenern übergingen außer den Soldaten vom Peloponnes. Als er nach Sparta kam, wurde er wegen einzelner Vergehen [...] schuldig befunden, vom Hauptverbrechen aber freigesprochen; er war nämlich angeklagt vor allem der Verbindung mit Persien. [...] Immerhin schickten sie ihn nicht mehr als Befehlshaber aus, sondern Dorkis und ein paar andere mit einem nicht sehr starken Heer; diesen überließen die Verbündeten die Führung nicht mehr, und als sie das merkten, fuhren sie wieder ab, und andere schickten die Spartaner später nicht mehr hin, aus Sorge, die Fremde verdürbe ihnen ihre Leute, wie sie es ja auch an Pausanias erlebt hatten, und weil sie den Persischen Krieg satt hatten und Athen als Vormacht stark genug glaubten, mit dem sie ja im Augenblick gut standen. Auf diese Weise bekamen die Athener die Führung mit Zustimmung der Verbündeten.

Thukydides: Geschichte des Peloponnesischen Krieges. Bd. 1, hrsg. u. eingel. v. Georg Peter Landmann. München 1973. S. 80 f.

**b)** Zum gleichen Sachverhalt äußerte sich später Plutarch (ca. 45–125 n. Chr.):

Als [Aristeides] [...] beobachtete, dass Pausanias und die anderen Befehlshaber der Spartiaten bei den Bundesgenossen wegen ihrer Schroffheit verhasst waren, verkehrte er selber mild und gütig mit ihnen, sorgte auch dafür, dass Kimon sich im Felde freundlich und zugänglich zeigte, und entzog so unmerklich, nicht durch Waffen, Schiffe und Rosse, sondern durch Sanftmut und kluge Politik, den Lakedaimoniern die führende Stellung *(hegemonia)*. Waren die Athener nämlich schon durch die Gerechtigkeit des Aristeides und durch die Milde Kimons bei den Griechen beliebt, so wurde die Zuneigung zu ihnen noch verstärkt durch die Habsucht und Härte des Pausanias. Denn er begegnete den Führern der Bundesgenossen stets zornig und herrisch. [...] Als hierüber Aristeides einmal sich beklagen und ihm Vorhaltungen machen wollte, zog Pausanias die Stirn in Falten, sagte, er habe keine Zeit, und hörte ihn gar nicht an. Daher traten die Führer der Griechen zu Land und zur See, besonders die Chier, Samier und Lesbier, an Aristeides heran und suchten ihn zu bereden, den Oberbefehl zu übernehmen und die Bundesgenossen an sich zu ziehen, die schon lange von den Spartiaten loszukommen und sich stattdessen den Athenern anzuschließen wünschten. Als er ihnen antwortete, er erkenne wohl die Notwendigkeit und die Berechtigung dessen, was sie sagten; um sich aber darauf verlassen zu können, bedürfe es einer Tat, die es der Menge unmöglich mache, wieder umzuschwenken, so verschworen sich der Samier Uliades und der Chier Antagoras miteinander und liefen bei Byzantion gegen die voranfahrende Triere des Pausanias von beiden Seiten an. Als er bei diesem Anblick aufsprang und zornig drohte, er würde den Männern sehr bald zeigen, dass sie nicht sein Schiff, sondern ihr eigenes Vaterland angegriffen hätten, erwiderten sie ihm, er solle nur abziehen und dem Glück dankbar sein, dass sie ihm bei Plataiai beigestanden haben. [...] Endlich fielen sie ab und gingen zu den Athenern über. Hier zeigte sich nun die Gesinnung Spartas in bewunderungswürdiger Weise. Als sie nämlich bemerkten, dass ihre Feldherren durch die Größe ihrer Machtfülle verdorben wurden, verzichteten sie freiwillig auf den Oberbefehl und entsandten keine Führer mehr für den Krieg.

Plutarch: Von großen Griechen und Römern. Fünf Doppelbiographien, übers. v. Konrat Ziegler und Walter Wuhrmann. München 1991. S. 244 f.

*a) Arbeiten Sie die unterschiedlichen Akzente heraus, die Thukydides und Plutarch bei ihrer Darstellung des Hegemoniewechsels setzen.*
*b) Erörtern Sie die Reaktion der spartanischen Behörden auf das Verhalten des Pausanias und den Stimmungsumschwung im griechischen Lager.*

## 45 Seeherrschaft und politischer Aufstieg der Besitzlosen?

**a)** Eine anonyme Schrift (sog. Pseudo-Xenophon) aus dem letzten Drittel des 5. Jahrhunderts v. Chr. über das Recht der Volksmenge auf politische Teilhabe:

Was die Staatsform der Athener anbelangt, kann ich freilich nicht billigen, dass sie gerade für diese Art der Staatsform sich entschieden haben; denn hiermit haben sie sich zugleich dafür entschieden, dass es die gemeinen Leute besser haben als die Edlen. [...] Dass sie aber, nachdem sie das nun einmal beschlossen haben, zweckmäßig ihre Staatsform sich zu erhalten und alles andere sich einzurichten wissen, worin sie nach Ansicht der übrigen Griechen Fehler begehen, das will ich jetzt beweisen. Zunächst muss ich es aussprechen, dass mit Recht die Armen und das Volk berechtigt sind, den Vorzug vor den Vornehmen und den Reichen zu haben, und zwar deshalb, weil nur das Volk es ist, das die Schiffe antreibt und dadurch der Stadt ihre Machtstellung verschafft; die Steuerleute, Rudervögte, die Unterführer, die Vorderdeckwarte und die Schiffszimmerleute, alle diese nur sind es, die der Stadt ihre Machtstellung verschaffen, wenigstens viel eher als die Hopliten und die Vornehmen und überhaupt die Edlen. Unter diesen Umständen scheint es nur gerecht, dass allen bei der jetzt üblichen Bestellung – sei es durch Los oder durch Abstimmung – die Ämter offen stehen und dass es jedem von den Bürgern, wer da will, freisteht, öffentlich zu reden.

Zit. nach: W. Lautemann und M. Schlenke (Hrsg.): Geschichte in Quellen, Bd. 1: Altertum, bearbeitet von Walter Arend. München 4. Auflage 1989. S. 232.

**b)** Platon (427–347 v. Chr.) lässt in seinem Werk „Gesetze" *(nomoi)* einen Athener mit einem Kreter die Folgen von Seekrieg und Seemacht diskutieren (707a–d):

*Der Athener:* Sonach erkannte auch er [Odysseus] es für schlecht, wenn den an der Küste im Kampfe begriffenen Schwergerüsteten Kriegsschiffe zur Seite stehen; selbst Löwen würden bei solchen Argwöhnungen gewohnt werden, die Flucht vor Hirschen zu ergreifen. Außerdem erkennen die durch ihre Flotte Mächtigen zugleich auch nicht dem schönsten Teil ihrer Streitmacht für ihre Rettung Ehrenbezeugungen zu; denn obwohl die Rettung durch die Steuerkunst, Schiffsmannschaft und Ruderfertigkeit und durch verschiedenartige und nicht besonders wackere Männer geschieht, könnte mit Recht wohl niemand den Einzelnen Ehrenbezeigungen zuteilen. Wie könnte aber wohl eine Staatsverfassung die richtige sein, in der das nicht geschieht?

*Kreter:* Das ist fast unmöglich. Dennoch, Gastfreund, behaupten wir Kreter, dass die Seeschlacht der Hellenen gegen die Barbaren bei Salamis Hellas rettete.

*Athener:* Auch die meisten der Hellenen und Barbaren sagen dasselbe. Wir aber, Freund, ich und Megillos da, behaupten, von den beiden Landschlachten bei Marathon und Plataiai habe die eine die Rettung der Hellenen begonnen, die andere sie vollendet, und diese haben die Hellenen tapferer gemacht, die andern nicht. [...] Aber indem jetzt unser Augenmerk auf die Vorzüglichkeit der Staatsverfassung gerichtet ist, ziehen wir sowohl des Landes natürliche Beschaffenheit als auch die Anordnung der Gesetze in Betracht, da wir, nicht gleich der Menge, bloß die Rettung und das Fortbestehen als das Ehrenvollste für die Menschen erachten, sondern dass sie zu möglichst guten werden und das bleiben, solange sie leben.

Platon: Sämtliche Werke. Bd. 6, hrsg. von Walter F. Otto et al. Hamburg 1959. S. 87 ff.

*a) Charakterisieren Sie die politischen Positionen der beiden Autoren.*
*b) Welche soziale Schicht der Athener Bürgerschaft repräsentiert der „Athener" Platons und welche Verfassungsform dürfte er favorisieren?*
*c) Formulieren Sie eine Gegenrede auf die Argumentation Platons.*

## 2. Institutionen, Praxis und Ideale der Demokratie

**Die Volksversammlung**

Nach Auffassung der Quellen des 4. Jahrhunderts v. Chr. stand die Volksversammlung im Zentrum des demokratischen Systems: Sie tagte regelmäßig auf der Pnyx, einem halbkreisförmigen Platz. Er bot bis zu 6000 Menschen Raum und war meist gut gefüllt. Alle männlichen Bürger über 18 durften teilnehmen, sich als Redner melden, Anträge oder Fragen stellen und abstimmen. Hier wurden alle großen politischen Reden gehalten und die wichtigen Fragen des Staates entschieden. Im Vordergrund stand zumeist die auswärtige Politik, insbesondere die Angelegenheiten des Seebundes und der Flotte, Kriegserklärungen und Friedensschlüsse sowie die Sicherung der für die Bevölkerung lebenswichtigen Kornzufuhr über See.

**Der Rat der 500**

Vor jeder Versammlung sichtete ein geschäftsführender Ausschuss des Rates der 500 (die „Prytanen") die anstehenden Fragen und fasste sie zu einem vorläufigen Beschluss (= „probuleuma") zusammen. Die Ratsmitglieder wurden im Losverfahren aus den über 30-jährigen Bürgern bestimmt. Der Vorsitzende des Rates leitete auch die Volksversammlung und legte ihr den Vorbeschluss der Prytanen – häufig in Form einer einfachen Frage – vor. Daneben übernahm der Rat vielfältige andere Aufgaben: Er empfing Gesandtschaften, ratifizierte außenpolitische Verträge und beaufsichtigte das gesamte Finanz- und Marinewesen.
Damit der Rat kein zu großes Eigengewicht entwickelte, wechselte sein Vorsitz täglich. Ferner besetzte man den geschäftsführenden Ausschuss alle 36 Tage neu durch Los. Außerdem hatten die Teilnehmer der Volksversammlung das Recht, jeden Vorbeschluss des Rates abzuändern oder einen neuen Antrag einzubringen.

46 Modell der Pnyx. Im 4. Jahrhundert v. Chr. wurde dieser zentrale Ort des Politikgeschehens in Athen mehrmals erweitert.

**Beamte, die durch Los ...**

Seit der Mitte des 5. Jahrhunderts v. Chr. gab es eine große Zahl von Beamten, die die Beschlüsse der Volksversammlung oder die Anweisungen des Rates umsetzten. Auch sie wurden ausgelost, amtierten nie länger als ein Jahr und mussten nach Ablauf ihrer Amtszeit dem Rat ausführlich Rechenschaft ablegen. Ferner konnte sich ein Kandidat nur einmal für das gleiche Amt bewerben. Der politische Einfluss der Beamten war deshalb sehr gering.

**... und durch Wahl bestellt wurden**

Eine Ausnahme bildeten die 10 Feldherrnposten (Strategen) und die hohen Finanzämter. Sie setzten Erfahrung und Fachkenntnisse voraus und wurden deshalb von der Volksversammlung besetzt. Damit ergab sich ein schwieriges Problem für die Demokratie: Denn einerseits musste sie den Feldherren für deren Kriegführung weitgehend freie Hand lassen, andererseits war es wichtig, einen Machtmissbrauch zu verhindern. Deshalb überprüften der Rat und die Volksversammlung die Tätigkeit der Feldherren nach dem Ablauf ihrer Amtszeit genau und leiteten – wenn nötig – gerichtliche Verfahren ein.

**Das Gerichtswesen**

Wie in allen griechischen Städten gab es auch in Athen keine Berufsrichter oder ausgebildete Juristen. Stattdessen wurden jährlich 6000 Laienrichter über ein kompliziertes Lossystem aus der Mitte des Volkes bestellt: Zugelassen war jeder Bürger ab dem dreißigsten Lebensjahr. Nach der Einführung der Richterdiäten bewarben sich vornehmlich Kleinbauern, Handwerker, Arbeits- und Besitzlose und ältere Athener, die keiner geregelten Arbeit nachgingen. Ihre Verteilung auf die einzelnen Gerichte erfolgte täglich durch das Los. Je nach Delikt saßen einem Prozess zwischen 200 und 1500 Richter vor. Grundlage ihrer Entscheidung bildeten die von den Parteien vorgetragenen Argumente, die von ihnen zitierten Gesetze und die Zeugenaussagen. Niemals griffen die Richter in die Verhandlung ein. Sie durften sich nicht einmal vor ihrem Urteilsschluss beraten oder fachliche Hilfen in Anspruch nehmen.

**Das Ideal: Die politische Aktivität und Gleichheit *aller* Bürger**

Um die Mitte des 5. Jahrhundert v. Chr. gab es in Athen ungefähr 30 000 männliche Bürger, ca. 6000 besuchten im Durchschnitt die mehr als vierzigmal im Jahr tagenden Volksversammlungen, und ebenso viele fungierten als Richter für die 200 Gerichtstage des Jahres. Damit nahm mehr als ein Fünftel der männlichen Bürgerschaft über die Hälfte des Jahres am politischen Leben direkt teil – ein in der Geschichte nirgendwo mehr erreichtes Ausmaß politischer Aktivität. Da jedes Jahr die Beamtenschaft ausgewechselt wurde, konnte jeder Athener damit rechnen, mehrere Male Beamter zu werden, zweimal in den Rat gelost zu werden sowie mindestens einmal als Vorsitzender von Rat und Volksversammlung für einen Tag die Leitung des Staatswesens in den Händen zu halten. Das Volk, der „Demos", regierte sich selbst.

**Die Wirklichkeit: Autorität und der Sachverstand der Adligen**

In der Praxis waren es jedoch die reichen Adligen oder ihre Freunde, die alle komplizierten Sachfragen so weit vorberieten und klärten, dass die Volksversammlung häufig nur noch zuzustimmen brauchte. Die Adligen waren wirtschaftlich abgesichert und – durch den Einsatz von Pächtern auf ihren Gütern – abkömmlich; sie besaßen die notwendige rednerische Schulung, politische Erfahrung sowie das Selbstbewusstsein, um vor Tausenden von Menschen zu sprechen und einen Standpunkt zu vertreten. Deshalb bestimmte auch in der Volksversammlung nur ein kleiner Kreis von kaum mehr als 20 adligen Politikern die Diskussionen. Da zudem die Adligen die wichtigen Feldherrnposten besetzten, strahlten sie eine große Autorität aus, die sich allerdings in der Konkurrenz untereinander und vor dem Volk stets neu bewähren musste.

**Leiturgien**

Die adligen Politiker erwarben die Zustimmung des Volkes nicht zuletzt mit einem vergleichsweise hohen Maß öffentlicher Wohltaten: Jeder wohlhabende Adlige musste regelmäßig Beiträge zur Ausrüstung der Kriegsschiffe sowie zur Gestaltung der Feste entrichten und sonstige öffentliche Aufgaben übernehmen. Man nannte diese Leistungen Leiturgien. Die Leiturgien sowie die Einnahmen aus dem Seebund ermöglichten die Zahlung der Richterdiäten und erlaubten es den Athenern, sich den Luxus einer stets einsatzbereiten Flotte zu leisten.

47 Die Parfümverkäuferin. Der Verkauf von Parfüm – wie er auf diesem um 460 v. Chr entstandenen Vasenbild zwischen einer Händlerin und einer Sklavin abgewickelt wird – war eines der Hauptbetätigungsfelder, auf dem Frauen beruflich aktiv werden konnten. Im großen, umsatzträchtigen Stil war das Geschäft mit Duftstoffen allerdings allein männlichen Händlern vorbehalten.

**Die Stellung der Frauen**

Volksherrschaft bedeutete stets nur die politische Partizipation der Männer. Ihre Frauen waren von jeder politischen Beteiligung ausgeschlossen. Auch in allen Rechtsfragen mussten sie sich von einem Vormund vertreten lassen, dem Vater, dem älteren Bruder und nach der Heirat vom Ehemann. Weiterhin blieben die Frauen – anders als später in Rom – den Gastmählern der höheren Gesellschaft fern; der Gastherr bestellte stattdessen Schauspielerinnen und Prostituierte (Hetären).

Dennoch haben die Frauen weitaus intensiver am Leben der Stadt teilgenommen, als man lange annahm. Die strenge Arbeitsteilung zwischen den Geschlechtern brachte es zwar mit sich, dass sich die Frauen um das Haus und die Erziehung der Kinder kümmerten, während die Männer Politik und Handel trieben oder in den Krieg zogen. Doch vielfach und zumal auf dem Lande vermischten sich die Arbeitswelten der Geschlechter. Und die Gestaltung der öffentlichen Feste war vornehmlich Sache der Frauen.

## 48 Der ideale Bürger

a) Der Historiker Thukydides (ca. 460–396 v. Chr.) gibt in seiner „Geschichte des Peloponnesischen Krieges" (II. Buch, 37 ff.) eine fingierte Rede des Perikles für die im Krieg gefallenen Athener wieder:

Die Verfassung, die wir haben, richtet sich nach keinen fremden Gesetzen; viel eher sind wir für sonst jemand ein Vorbild als von anderen abhängig. Mit Namen heißt sie, weil der Staat nicht auf wenige Bürger, sondern auf eine größere Mehrheit gestellt ist, Volksherrschaft [„Demokratia"]. Es haben aber nach dem Gesetze in dem, was den Einzelnen angeht, alle gleichen Teil, und der Geltung nach hat im öffentlichen Wesen den Vorzug, wer sich irgendwie Ansehen erworben hat, nicht nach irgendeiner Zugehörigkeit, sondern nach seinem Verdienst; und ebenso wird keiner aus Armut, wenn er für die Stadt etwas leisten könnte, durch die Unscheinbarkeit seines Namens verhindert. Sondern frei leben wir miteinander im Staat und im gegenseitigen Geltenlassen des alltäglichen Treibens. [...] Bei so viel Nachsicht im Umgang von Mensch zu Mensch erlauben wir uns doch im Staat keine Rechtsverletzung im Gehorsam gegen die jährlichen Beamten und gegen die Gesetze. [...] Unsere Stadt verwehren wir keinem, und durch keine Fremdenvertreibungen [zu denen es von Zeit zu Zeit in Sparta kam] missgönnen wir jemandem eine Kenntnis oder einen Anblick, der einem Feind vielleicht nützen könnte. [...]

Wir vereinigen in uns die Sorge um unser Haus zugleich und um unsre Stadt, und den verschiedenen Tätigkeiten zugewandt, ist doch auch in staatlichen Dingen keiner ohne Urteil. Denn einzig bei uns heißt einer, der daran keinen Anteil nimmt, nicht ein stiller Bürger, sondern ein schlechter, und nur wir entscheiden in den Staatsgeschäften selber oder denken sie doch richtig durch. Denn wir sehen nicht im Wort eine Gefahr fürs Tun, wohl aber darin, sich nicht durch Reden zuerst zu belehren, ehe man zur Tat schreitet. [...] Zusammenfassend sage ich, dass unsere Stadt insgesamt die Schule von Hellas sei.

Thukydides: Geschichte des Peloponnesischen Krieges. Bd. 1, hrsg. u. eingel. v. Georg Peter Landmann. München 1973. S. 140 ff.

b) Sterbender Krieger. Marmorplastik vom Ostgiebel des Alphaia-Tempels auf Ägina, um 490 v. Chr. Staatliche Antikensammlung und Glyphothek, München

*a) Erläutern Sie die Auffassungen des Perikles von einem guten bzw. einem schlechten Staatsbürger.*
*b) Was bedeutet für Perikles Freiheit?*
*c) Erörtern Sie das Verhältnis von Individuum und Polis nach der Vorstellung des Perikles.*
*d) Setzen Sie sich mit der Auffassung auseinander, die Gefallenenrede des Perikles sei keine Beschreibung, viel eher eine Idealisierung der Wirklichkeit.*

## 49 Die Ideale der Demokratie aus der Sicht des Philosophen

Aristoteles (384–322 v. Chr.) beschreibt im 6. Buch seiner „Politik" die Grundsätze der Demokratie:

Grundlage der demokratischen Staatsform ist die Freiheit; man pflegt nämlich zu behaupten, dass die Menschen nur in dieser Staatsform an der Freiheit teilhaben, und erklärt, dass danach jede Demokratie strebe. Zur Freiheit aber gehört erstens, dass man abwechselnd regiert und regiert wird. Denn die demokratische Gerechtigkeit besteht darin, dass man nicht der Würde, sondern der Zahl nach die Gleichheit walten lässt; wo diese Gleichheit herrscht, da muss das Gültige und das Gerechte sein. Man sagt nämlich, es sei gerecht, dass jeder Bürger das Gleiche habe. So sind in den Demokratien die Armen mächtiger als die Reichen. Denn sie sind zahlreicher, und maßgebend ist die Meinung der Mehrzahl. Dies ist also das eine Zeichen der Freiheit, das alle Demokratien als Wesenszug dieser Verfassungsform angeben. Ein anderes ist es, dass man leben kann, wie man will. Sie sagen, eben dies sei das Werk der Freiheit, denn nicht zu leben, wie man wolle, sei charakteristisch für Sklaven. Dies ist also die zweite Eigenschaft der Demokratie. Von da her kommt denn, dass man sich nicht regieren lässt, am besten von überhaupt niemandem, oder dann nur abwechslungsweise.

Aristoteles: Politik. Übers. u. hrsg. v. Olof Gigon. München 1973. S. 203 f.

*a) Fassen Sie mit eigenen Worten zusammen, was nach Aristoteles „Gleichheit" und „Freiheit" in der Demokratie bedeuten. Bestimmen Sie die Kriterien, die für ihn maßgebend sind.*

*b) „Denn sie (die Armen) sind zahlreicher, und maßgebend ist die Meinung der Mehrzahl" Setzen Sie sich aus der Perspektive eines Aristokraten mit der Auffassung des Aristoteles auseinander.*

*c) Vergleichen Sie die These, man könne in der Demokratie leben „wie man will", mit den Aussagen des Perikles über den idealen Bürger (M 48).*

## 50 Wie gewinnt und lenkt man das Volk?

**a)** Plutarch (ca. 45–125 n. Chr.) beschreibt im 12. Kapitel seiner Biografie über den Athener Staatsmann Kimon dessen Auftreten in der Öffentlichkeit:

Nachdem Kimon nunmehr Mittel für seine Feldzüge reichlich zur Verfügung hatte, wandte er die Gewinne, der er rühmlich von den Feinden erzielt hatte, noch rühmlicher zugunsten seiner Mitbürger an. Er ließ nämlich die Einfriedungen von seinen Gütern entfernen, damit sowohl die Fremden wie die bedürftigen Mitbürger die Freiheit hätten, ungescheut von den Früchten zu nehmen, und bei sich zu Hause ließ er alltäglich ein zwar einfaches, aber für viele ausreichendes Mahl bereiten, zu dem jeder Arme, der es wollte, hereinkommen und so seinen Unterhalt haben konnte, ohne zu arbeiten, um so allein für die öffentlichen Geschäfte frei zu sein. [...] Ihn selbst begleiteten stets befreundete junge Leute in guter Kleidung, und jeder von ihnen musste, wenn dem Kimon ein dürftig gekleideter älterer Bürger begegnete, die Kleider mit ihm tauschen; und das erschien den Leuten sehr großzügig. Dieselben jungen Leute trugen auch reichlich Geld bei sich und traten auf dem Markt an ehrbare Arme heran und legten ihnen schweigend Geld in die Hände. [...] Wer das als demagogisches Bemühen um die Gunst der Masse verdächtigte, wurde durch die sonstige Richtung und Haltung des Mannes widerlegt, die durchaus aristokratisch und spartanisch war, wie er denn dem Themistokles, als er die Gewalt des Volkes über das rechte Maß hinaus erweitern wollte, im Bunde mit Aristeides entgegentrat und später mit Ephialtes, als dieser die Macht des Areopags beschränkte, in Streit geriet. Und während er alle anderen, ausgenommen nur Aristeides und Ephialtes, sich auf Kosten des Staates bereichern sah, zeigte er sich in seiner politischen Tätigkeit unantastbar und unbestechlich als ein Mann, der bis zu seinem Ende alles, was er tat und redete, rein und uneigennützig tat.

Plutarch: Große Griechen und Römer. Bd. 2, eingel. u. übers. von Konrat Ziegler. Zürich/Stuttgart 1955. S. 19 ff.

**b)** Über die Versuche des Perikles, sein Ansehen in der Athener Öffentlichkeit in Konkurrenz zu Kimon zu steigern, berichtet Plutarch (ca. 45 bis 125 n. Chr.):

Am Anfang musste Perikles [...] gegen das große Ansehen Kimons ankämpfen. Er suchte darum das Volk auf seine Seite zu ziehen. Allein Kimon verfügte über ungleich größere Mittel und Reichtümer, mit deren Hilfe er die Armen für sich gewann. [...] Auf diese Weise stach er Perikles in der Gunst des Volkes aus, bis dieser auf den Ausweg verfiel, öffentliche Gelder zu verteilen. [...] Es ging nicht lange,

und das Volk war durch Schauspielgelder, Richtersold und anderweitige Vergütungen und Geschenke bestochen, so dass er es gegen den Rat auf dem Areopag verwenden konnte. [...]
Von diesem Augenblick an war er [...] nicht mehr so schnell bereit, sich dem Willen der Masse zu fügen und ihren Launen nachzugeben wie ein Schiff im Winde, sondern wandte sich von der schwächlichen, in manchen Stücken gar zu nachgiebigen Art der Volksführung ab wie von einer allzu weichen und zärtlichen Melodie und zog die Saiten an zu einem aristokratischen und königlichem Regiment. Und da er in seiner Politik mit unbeugsamer Festigkeit dem Wohl des Staates diente, vermochte er das Volk zumeist ohne Widerstand durch die überzeugende und belehrende Kraft seines Wortes zu lenken. Zuzeiten bekam er allerdings auch den Zorn der Masse zu spüren; dann zog er die Zügel an und scheute sich nicht, sie zu dem zu zwingen, was Not tat. [...] Denn es konnte ja nicht anders sein, als dass in einem Volk, dem solche Macht in die Hände gegeben war, die verschiedensten Leidenschaften ausbrachen, und Perikles allein war imstande, in jedem Falle die richtige Art der Behandlung zu finden. Er brauchte dazu vor allem die Furcht und die Hoffnung, die für ihn das Steuerruder waren, wenn es galt, den trotzigen Übermut des Volkes zu dämpfen oder es in seiner Niedergeschlagenheit aufzurichten und zu trösten. Dadurch erbrachte er den Beweis, dass die Redekunst, wie Platon sagt, Seelenführung ist und dass ihre vornehmste Aufgabe darin besteht, auf die Gemütszustände und Leidenschaften einzuwirken. [...]. Perikles' Überlegenheit gründete sich aber nicht nur auf der Gewalt seiner Rede, sondern ebenso, wie Thukydides sagt, auf dem Ansehen und dem Vertrauen, das er sich durch seine Lebensführung erwarb. Es sahen ja alle mit eigenen Augen, wie sehr er Bestechlichkeit und Habsucht verabscheute.

Plutarch: Große Griechen und Römer. Bd. 2, eingel. u. übers. von Konrat Ziegler. Zürich/Stuttgart 1954. S. 127 ff.

c) In seiner „Geschichte des Peloponnesischen Krieges" charakterisierte Thukydides das Wesen und die Wirkung des Perikles:

Perikles verdankte seinen Einfluss seinem tatsächlichen Ansehen und seiner geistigen Bedeutung, war dabei jeder Bestechung durchaus unzugänglich und konnte daher die Menge in aller Freiheit in Zucht halten; so war er nicht der von ihr Geführte, sondern führte sie vielmehr selbst, weil er eben seinen Einfluss nicht mit verwerflichen Mitteln geltend machte. Er redete den Athenern nicht nach dem Mund, sondern konnte aufgrund der Achtung, die er genoss, ihnen sogar schroff und zornig entgegentreten. Wenn er z.B. sah, dass sie zur Unzeit übermütig und gar zu unternehmungslustig waren, redete er ihnen so ernstlich ins Gewissen, dass sie Furcht bekamen, und wenn er sie grundlos ängstlich sah, richtete er sie auf und machte ihnen Mut. So bildete er sie mit seiner Rede so, dass sie ängstlich wurden, und aus unbegründeter Furcht hob er sie wiederum auf und machte ihnen Mut. So bildete sich unter ihm ein Zustand heraus, der nur dem Namen nach eine Demokratie, in Wirklichkeit die Herrschaft des ersten Mannes war.

Thukydides: Der Peloponnesische Krieg. Übertr. v. A. Horneffer. Essen 1993. S. 165.

*a) Kennzeichnen Sie das Verhalten des Kimon gegenüber dem Volk. Bedenken Sie dabei, dass Kimon zu den angesehensten Aristokraten der Stadt gehörte.*
*b) Prüfen Sie, ob sich das in der Öffentlichkeit praktizierte Politikverständnis des Staatsmannes Kimon mit den Idealen der Demokratie vereinbaren lässt.*
*c) Charakterisieren Sie das Verhältnis des Perikles zum Volk.*
*d) Wie brachte Perikles das Volk auf seine Seite? Vergleichen Sie seine Methoden mit denen des Kimon.*

## 51 Sachverstand, Rat und Reichtum in der Demokratie

a) In seiner „Geschichte des Peloponnesischen Krieges" lässt Thukydides den syrakusanischen Politiker Athenágoras vor dem versammelten Volk folgende Ausführungen über die Demokratie machen:

Man sagt wohl, eine Demokratie sei weder vernünftig noch billig; wer das Geld habe, solle am besten auch das Regiment haben. Ich dagegen behaupte erstens, dass man unter Volk doch die Gesamtheit, unter Oligarchie aber nur die Herrschaft eines Teils versteht, zweitens dass die Reichen zwar ausgezeichnete Wächter des Geldes sind, dass aber die besten Ratgeber die Vernünftigen und die besten Beurteiler nach deren Anhörung die Volksmassen sind. So findet in der Demokratie eine gerechte Verteilung unter die Volksteile und das Volksganze statt. Eine Oligarchie dagegen beteiligt die Menge zwar an den Gefahren, von dem Gewinn aber nimmt sie nicht bloß den größeren Teil, sondern das Ganze für sich selber und behält es.

Thukydides: Der Peloponnesische Krieg. Übertrag. v. A. Horneffer, Essen 1993. S. 502.

**b)** Platon (427–347 v. Chr.) lässt im „Protagoras" (319 b–d) seinen Lehrer Sokrates (470–399 v. Chr.) das Verhältnis der Demokratie zu Ratgebern mit Sachverstand erläutern:

Ich halte nämlich, wie auch wohl alle Hellenen tun, die Athener für weise, und nun sehe ich, wenn wir in der Gemeinde versammelt sind und es soll im Bauwesen der Stadt etwas geschehen, so holen sie die Baumeister zur Beratung über die Gebäude; wenn im Schiffswesen, dann die Schiffbauer, und in allen anderen Dingen ebenso, welche sie für lehrbar und lernbar halten. Will sich aber ein anderer unterfangen, ihnen Rat zu geben, von dem sie glauben, dass er kein Fachmann in dieser Sache ist, sei er auch noch so schön und reich und vornehm: So nehmen sie ihn doch nicht an, sondern lachen ihn aus und betreiben Lärm, bis er entweder heruntergelärmt von selbst wieder abtritt oder die Gerichtsdiener ihn herunterziehen oder herausschaffen auf Geheiß der Prytanen [die geschäftsführenden Vorsitzenden von Rat und Volksversammlung]. Und in allem, wovon sie glauben, dass es auf Kunst (techné) beruhe, verfahren sie so. Wenn aber über Verwaltung der Stadt zu ratschlagen ist, so steht jeder auf und erteilt ihnen seinen Rat: Zimmermann, Schmied, Schuster, Krämer, Schiffsherr, Reiche, Arme, Vornehme, Geringe, einer wie der andere, und niemand macht einem Vorwürfe darüber, wie im vorigen Fall, dass er, ohne dies irgendwie gelernt zu haben oder seinen Meister darin aufzeigen zu können, sich nun doch unterfangen wolle Rat zu geben.

Platon: Sämtliche Werke. Bd. 1, hrsg. v. Walter F. Otto et al. Hamburg 1957. S. 60 f.

*a) Klären Sie, welche Rolle nach Athenágoras bzw. Thukydides jeweils die Reichen und das Volk bei der Entscheidung von Sachfragen spielten.*
*b) Vergleichen Sie damit die Auffassung des Sokrates und arbeiten Sie heraus, wann die Athener sich nach Aussage Platons des Sachverstandes von Fachleuten bedienten und wann nicht.*
*c) Erarbeiten Sie vor dem Hintergrund der Materialien a) und b) die Grundproblematik, die von Platon bzw. Thukydides angesprochen wird.*

## 3. Machtpolitische und wirtschaftliche Grundlagen der Demokratie – Die Athener und ihr Seebund

**Außenpolitische Erfolge als Voraussetzung innerer Stabilität**

Eine wesentliche Voraussetzung für die Akzeptanz der Führungsrolle der Adligen und die Stabilität der demokratischen Institutionen war der außenpolitische und militärische Erfolg Athens. Die Siege der Flotte und der Stolz auf den beispiellosen maritimen Machtgewinn lenkten innenpolitische Spannungen nach außen; sie waren der Kitt, der Adel und Volk zusammenhielt.

**Athens Stellung im Seebund ...**

Im Attisch-Delischen Seebund besaßen von Beginn an die Athener die politische und militärische Führung (Hegemonie). Sie stellten die meisten Schiffe, ihre Feldherren kommandierten die Flotte, und in der Regel bestimmten die Athener auch das Operationsziel der Expeditionen. Sie bezeichneten deshalb die Gesamtheit des Bündnissystems offiziell als „Die Athener und ihre Bundesgenossen".

**... und die Wiedereingliederung rebellischer Bündner**

Nach dem Sieg am Eurymedon sahen jedoch viele Bündner den Zweck des Bündnisses erfüllt und weigerten sich, weiter Schiffe oder Geld zu liefern. Einige wollten sogar ganz aus dem Bündnis austreten. Athen reagierte mit aller Härte und zwang mehrere Poleis mit Waffengewalt zum Einlenken. Die Rebellen mussten ihre Stadtmauern niederreißen, durften keine Kriegsschiffe mehr unterhalten und hatten hohe Tribute zu entrichten.

Athen gewann auf diese Weise immer mehr die Oberhand innerhalb des Bundes – bereits in der Mitte des 5. Jahrhunderts v. Chr. gab es von den rd. 150 Bünd-

52 Urkunde des Staatsvertrages zwischen Samos und Athen, 405 v. Chr. So gleichberechtigt, wie es der Handschlag zwischen Athene (= Athen) und Hera (= Samos) suggeriert, ging es zwischen Athen und Samos nicht zu. Die Samier erhielten mit dieser Urkunde zwar das athenische Bürgerrecht für ihre „Treue" im Krieg, waren von Athener Seite dazu aber zuvor massiv gezwungen worden. Marmorrelief, Akropolismuseum, Athen

nern nur noch drei mit eigenen (kleinen) Flotten. Aus einer ursprünglich freiwilligen Vereinigung selbstständiger Bündner wurde eine Herrschaft Athens.

**Der Ausbau der Kontrollen über den Seebund**

Um den Einzug der Tribute besser zu überwachen, bereisten regelmäßig Athener Beamte die Bundesstädte. Einheimische Kontaktleute unterrichteten sie über Unruhen und Aufstandsversuche. Schwere Fälle von Verrat kamen vor die Athener Gerichte. Garnisonen und Bürgerkolonien verstärkten die Kontrollen. Auch wirtschaftlich setzten die Athener immer mehr ihren Willen durch. In der Mitte des Jahrhunderts war die attische Drachme als Standardwährung des Bundes anerkannt.

**Alle Athener profitieren vom Seebund**

Tatsächlich profitierten alle gesellschaftlichen Schichten Athens vom Aufblühen des Handels im Piräus, der Flottenrüstung und der Vorherrschaft Athens im Seebund. Die Theten fanden sicheren Verdienst im Hafen oder auf der Flotte; einige siedelten sich als Bauern in den Militärkolonien an. Die rd. 7000 attischen Kleinbauern fanden im Piräus neue Abnehmer für überschüssige Agrarprodukte wie Wein oder Oliven. Und schließlich erzielten auch die Adligen nicht unbeträchtliche Gewinne, indem sie Schiffsdarlehen vergaben oder sich durch Mittelsmänner am lukrativen Getreidehandel beteiligten.

**Steuereinnahmen und die Rolle der Metoiken**

Auch die Staatsfinanzen profitierten von den Zöllen, die auf alle im Piräus gehandelten Waren erhoben wurden; selbst die Prostituierten zahlten Steuern. Steuern entrichteten ferner die auswärtigen Handwerker und Händler, die sich als Metoiken (= Mitbewohner) im Piräus und in Athen niederließen. Ihre Zahl belief sich mit ihren Familien auf bis zu 40000. Sie sind in vielerlei Hinsicht mit den Gastarbeitern moderner Staaten vergleichbar, durften aber kein Eigentum an Grund und Boden erwerben und mussten sich vor Gericht von einem Athener vertreten lassen. Da aber ansonsten ihre beruflichen Tätigkeiten keinerlei Beschränkungen unterlagen, haben sie entscheidend zum wirtschaftlichen Aufschwung und zum Wohlstand Athens beigetragen.

**Sklaven**

Eine weitere Stütze der Demokratie bildeten die Sklaven. Sie kamen aus den entfernteren Küstengebieten der Ägäis und des Schwarzen Meeres und waren im städtischen Leben Athens überall zu finden. Ihre Zahl belief sich auf 80000–

53 Herstellung von Bronzestatuen in einer Gießerei; attische rotfigurige Vase, frühes 5. Jahrhundert v. Chr. Antikensammlung, Staatliche Museen zu Berlin.
Vor allem in Manufakturen, die einen wichtigen Wirtschaftsfaktor in Athen bildeten, wurden Sklaven in größerem Umfang eingesetzt.

120 000, es gab also rund dreimal so viele Sklaven wie männliche Bürger in Athen! Der hohe Anteil der Sklaven verschaffte den Bürgern die nötige Muße, um sich der Politik zuzuwenden. Sklaven dienten als Hausgehilfen, arbeiteten in den Werkstätten, halfen in den Markthallen oder als Dockarbeiter und schufteten in den Silberminen von Laureion. Den Minenarbeitern ging es sehr schlecht, während Haussklaven oder Handwerksgehilfen einigermaßen gut leben konnten.

**Autonomie:** Autonomie ist ein Begriff, der sich im Griechenland des 5. Jahrhunderts v. Chr. entwickelte. Er bedeutet das Recht und die Fähigkeit einer Polis, frei über ihre inneren Angelegenheiten zu bestimmen. Vielfach haben die Mitglieder des Seebundes beklagt, dass die Athener ihre Autonomie z. B. durch die Entsendung von Beamten oder die Einrichtung von Garnisonen verletzten. Die Gegner Athens wie Sparta oder Korinth haben diese Anschuldigungen aufgenommen und das Recht auf Autonomie zu einem politischen Schlagwort erhoben, das fortan in der gesamten Antike immer wieder benutzt wurde, um sich gegen eine fremde Herrschaft zu wehren. Später bezeichnete der Begriff die Selbstverwaltung von Gemeinden oder Körperschaften innerhalb eines Staates.

## 54 Ausbau der Herrschaft Athens über den Seebund

a) Thukydides über die Hintergründe und Auswirkungen der dominierenden Stellung Athens im Seebund:

Die Gründe, die die Städte zum Abfall trieben, waren verschieden; der Hauptgrund war, dass sie mit dem Tribut und den Schiffen in Rückstand blieben oder überhaupt jede Leistung verweigerten. Die Athener trieben nämlich die Abgaben streng ein und machten sich durch ihre Zwangsmaßnahmen verhasst bei Menschen, die weder gewohnt noch willens waren, sich zu plagen. Auch sonst führten die Athener die Herrschaft nicht mehr so zur Zufriedenheit der Bundesgenossen wie anfangs. Sie behandelten sie bei Kriegszügen nicht als ihresgleichen, und zugleich wurde es ihnen immer leichter, die Abgefallenen wieder unter ihre Botmäßigkeit zu bringen. Daran waren aber die Bundesgenossen selbst schuld. Weil die meisten an den Feldzügen nicht teilnehmen mochten, um nicht fern von der Heimat weilen zu müssen, verpflichteten sie sich zur Zahlung von

Geldbeiträgen, die dem Wert der vertraglich festgelegten Schiffslieferungen entsprachen; so wurde die Flotte der Athener durch die Beiträge der Bundesgenossen immer größer, und diese waren, wenn sie sich auflehnen wollten, ungerüstet und ohne Erfahrung in der Kriegführung.

Thukydides: Der Peloponnesische Krieg. Übertr. v. A. Horneffer. Essen 1993. S. 74 f.

**b)** Ähnliches erzählt Plutarch (ca. 45–125 n. Chr.) in seiner Kimon-Biografie:

Als danach die Bundesgenossen zwar die Geldbeiträge leisteten, aber nicht Männer und Schiffe stellten [...], sondern der Feldzüge endlich müde waren und vom Krieg nichts mehr wissen wollten, ihr Land zu bestellen und in Ruhe zu leben wünschten, [...] da suchten die anderen Feldherrn der Athener sie durch Zwang zur Erfüllung ihrer Verpflichtung anzuhalten, indem sie die Säumigen vor Gericht zogen und bestraften, womit sie aber nur Missstimmung und Erbitterung gegen die Herrschaft Athens erzeugten. Kimon hingegen schlug den umgekehrten Weg ein. Er brauchte gegen keinen Griechen Gewalt, sondern ließ sich von denen, die keinen Kriegsdienst leisten wollten, Geld und leere Schiffe geben und erlaubte ihnen, von der Ruhe geködert, sich mit den häuslichen Geschäften abzugeben und dank ihrer Bequemlichkeit und ihrem Unverstand aus tüchtigen Kriegern unkriegerische Bauern und Geschäftsleute zu werden. Die Athener ließ er abwechselnd in großer Zahl die Schiffe besteigen und härtete sie in den Feldzügen ab, und so machte er sie in kurzer Zeit mithilfe der Gelder und Ablösungssummen der Bundesgenossen zu Herren derer, die das Geld gaben. Denn da die Athener ständig zur See waren, die Waffen nicht aus der Hand legten und ihren Unterhalt und ihre Übung aus der Entwöhnung der Bundesgenossen vom Krieg bezogen, so gewöhnten sich diese, sie zu fürchten und ihnen zu schmeicheln, und merkten nicht, dass sie aus Bundesgenossen zu tributpflichtigen Untertanen und Knechten geworden waren.

Plutarch: Große Griechen und Römer. Bd. 2, eingel. u. übers. von Konrat Ziegler. Zürich/Stuttgart 1955. S. 21 f.

*a) Das Verhalten der Bundesgenossen sei für die dominierende Rolle der Athener wesentlich mitverantwortlich. Setzen Sie sich mit den Argumenten des Historikers Thukydides auseinander.*

*b) Organisieren Sie ein Streitgespräch zwischen Atenern und Bundesgenossen über die Ursachen des Aufstiegs der Polis Athen.*

## 55 Die Behandlung abgefallener Bundesgenossen

Nach der Wiedereingliederung abtrünniger Bundesgenossen wurde das Verhältnis zu Athen durch ein Dekret der athenischen Volksversammlung geregelt. Für Chalkis (auf Euböa) ist ein solches Dekret fast vollständig erhalten geblieben:

Nach folgendem Wortlaut sollen den Eid schwören von den Athenern der Rat und die Richter: „Nicht werde ich vertreiben die Chalkidier aus Chalkis noch die Stadt zerstören, werde über keine Person die Atimie [Verlust der bürgerlichen Rechte] verhängen noch sie mit Verbannung bestrafen, werde sie weder ergreifen noch töten noch ihr Vermögen einziehen lassen ohne Verurteilung, die nicht mit Mitwirkung des Volkes der Athener ergangen ist. Auch werde ich keine Abstimmung ohne Vorankündigung veranlassen, weder gegen die Gesamtheit noch gegen irgendeine Einzelperson, und wenn eine Gesandtschaft eingetroffen ist, werde ich sie führen vor den Rat und vor das Volk binnen zehn Tagen, wenn ich Prytane [Mitglied des vorsitzenden Ratsausschusses] bin, nach Kräften. Dies werde ich unverbrüchlich den Chalkidiern gegenüber einhalten, wenn sie Folge leisten dem Volk der Athener."

Nach folgendem Wortlaut sollen die Chalkidier schwören: „Nicht abfallen werde ich vom Volk der Athener, mit keinen Mitteln und keinerlei Machenschaften noch mit irgendeiner List, weder in Wort noch in Tat und werde dem, der abfällt, nicht Folge leisten. Und wenn jemand auf Abfall hinarbeitet, werde ich ihn den Athenern anzeigen. Und den Tribut werde ich zahlen den Athenern [...] und werde Bündner sein, nach Kräften der beste und pflichtbewussteste, und werde dem Volk der Athener zu Hilfe kommen und Beistand leisten, wenn jemand Unrecht zufügt dem Volk der Athener, und werde Folge leisten dem Volk der Athener." [...]

[Der Athener Bürger Antikles stellte den Antrag:] [...] was die Stellung von Geiseln [durch die Chalkidier] betrifft, soll man den Chalkidiern Bescheid geben, dass für jetzt die Athener es für gut befinden, es

in der Weise zu belassen, wie durch Beschluss geregelt ist, dass sie aber, wenn es angebracht erscheint, nach Beratung ein Übereinkommen treffen. [...] in der Weise, wie es den Interessen der Athener und Chalkidier zu entsprechen scheint. [...]
[Der Athener Bürger Archestratos stellte den Antrag:] In allen Punkten Übereinstimmung mit Antikles, doch sollen die Strafen in Rechenschaftsverfahren nach Amtsablauf [eines Beamten] der eigenen Entscheidung der Chalkidier in Chalkis anheim gestellt sein so wie in Athen den Athenern, mit Ausnahme von Verbannung, Todesstrafe und Atimie; in diesen Fällen soll es die Möglichkeit der Berufung geben nach Athen an die Heliaia [Volksgericht]. [...] Für den Schatz Euboias sollen die Strategen (Feldherrn) Sorge tragen nach besten Kräften, damit es für die Athener so gut wie möglich steht.

Historische Griechische Inschriften in Übersetzung. Hrsg. v. K. Brodersen, W. Günther, H. H. Schmitt. Bd. 1: Die archaische und klassische Zeit. Darmstadt 1992. S. 55–57.

*a) Erarbeiten Sie die jeweiligen Rechte und Pflichten der Bündnispartner.*
*b) Prüfen Sie, ob das Dekret für beide Seiten als ein tragfähiger Kompromiss angesehen werden kann.*

## 4. Die Demokratie feiert und präsentiert sich: Feste und Bauten Athens

**Panathenäen und Dionysien**

Die Athener feierten – so eine oligarchische Schrift über den Staat der Athener – so viele Feste wie keine andere Polis. Bei diesen Festen handelte es sich um „religiöse" Feste der athenischen Kultgemeinschaft zu Ehren der Götter. Das größte Fest galt der Stadtgöttin Athena. Es wurde alle vier Jahre als „Große Panathenäen" begangen. Im Zentrum stand eine große Prozession. Sie führte vom Dipylon-Tor am Kerameikos durch die Stadtmitte auf die Akropolis und endete vor dem Altar des alten Athene-Tempels. Hier opferte man vier Rinder und vier Schafe und übergab der Statue der Athena feierlich ein neues Gewand, das junge Athenerinnen neun Monate lang gewebt hatten. Im Rahmen der Panathenäen fanden athletische Wettspiele, Pferde- und Wagenrennen sowie ein Schönheitswettbewerb für Männer statt. Perikles förderte Musikveranstaltungen und Dichterlesungen in einer eigens errichteten Festhalle.

56 Römische Kopie des von Phidias aus Gold und Elfenbein gefertigten Standbildes der Athene, Akropolismuseum, Athen. Auf der rechten Handfläche der Schutzherrin Athens erhebt sich in figürlicher Darstellung die Siegesgöttin Nike.

Das glanzvollste Fest nach den Panathenäen waren die städtischen Dionysien zu Ehren des Gottes Dionysos. Besondere Bedeutung erlangten die Dionysien durch ihre glanzvollen Theateraufführungen, zu denen auch zahlreiche Gäste des Auslandes und des Seebundes erwartet wurden.

57 Modell der Akropolis, Royal Ontario Museum, Toronto. Die von den Persern zerstörte Akropolis, der heilige Bezirk der Athene, stand im Zentrum der von Perikles veranlassten Bautätigkeit. Vorne rechts befindet sich der Tempel der Siegesgöttin Nike, links daneben führt der Prozessionsweg durch die Propyläen, die Eingangstorhalle zum dahinter liegenden zentralen Areal. Oben rechts erhebt sich der Parthenon, der Tempel der Stadtgöttin Athene, am linken Rand der Anlage steht das Erechtheion, der Tempel des attischen Gottes Erechteus.

**Funktion der Feste innerhalb der Demokratie**

Auffälligerweise begann der Ausbau der Feste unmittelbar nach dem Abbruch des Offensivkrieges gegen Persien (448 v. Chr.) und einem dreißigjährigem Friedensschluss mit Sparta (446 v. Chr.). Vielleicht waren die von allen Bürgerschichten begangenen Feste eine geeignete Form, um den Zusammenhalt der Polis zu stärken. Auf der anderen Seite ließen die Feste mit ihren musischen oder athletischen Wettbewerben den Adligen genügend Raum, ihre Bildung, ihren Reichtum und ihren Lebensstil ins rechte Licht zu rücken.

**Bauprogramme der perikleischen Zeit**

Am Ende der 450er Jahre v. Chr. beschloss die Volksversammlung ein großes Bauprogramm. Auf der Agora entstanden neue Heiligtümer sowie öffentliche Bauten für die Gerichtshöfe und den Rat der 500. Hinzu traten Neubauten in der ganzen Stadt, Säulenhallen, Sportanlagen und Getreidespeicher sowie neue Schiffshäuser am Piräus.

## 58 Die Feste und die Bundesgenossen

Der Redner Isokrates (436–338 v. Chr.) äußert sich Mitte des 4. Jahrhunderts zum Verhalten der Athener bei den Dionysien:

Mit solcher Perfektion nämlich fanden sie Wege, wodurch sich Menschen am meisten verhasst machen können, dass sie beschlossen, den Gewinn aus den Abgaben der Bundesgenossen Talent für Talent aufzuteilen und dieses Geld während der Dionysien auf der Orchestra aufzustellen, wenn das Theater voll war. Sie taten nicht nur dies, sondern stellten auch noch die Kinder der Gefallenen im Theater vor. Damit zeigten sie den Bundesgenossen einerseits den Wert ihres Vermögens, das von angeworbenen Leuten ins Theater gebracht wurde, den anderen Griechen aber zeigten sie die große Zahl an Waisen und das Unglück, das durch solches Machtstreben hervorgerufen wird. So handelten sie und priesen die Polis glücklich, und ebenso taten dies viele unvernünftige Menschen, ohne an die zukünftigen Folgen zu denken, voll Bewunderung und Lob für einen Reichtum, der sich auf ungerechtem Wege in der Polis eingefunden hatte und rechtmäßig erworbene Güter schnell aufzehren sollte.

Isokrates: Sämtliche Werke. Bd. 1, hrsg. v. Chr. Ley-Hutton u. K. Brodersen. Stuttgart 1993, S. 165 f.

*a) Welche Ziele verfolgten die Athener mit dem Brauch, der während der Dionysien praktiziert wurde?*
*b) Diskutieren Sie, ob sich Isokrates mit dieser Praxis identifiziert oder sich eher von ihr distanziert.*

## 59 Die Bauten der Demokratie aus der Sicht der Athener

**a)** Der attische Redner und Politiker Demosthenes (384/3–322 v. Chr.) als Ankläger im Gerichtsverfahren gegen den Athener Androtion, 355 v. Chr.:

[Androtion] hat also nicht begriffen, dass nie das Volk [von Athen] nach Besitz von Schätzen strebte, sondern ihm Besitz von Ruhm und Ehre über alles ging. Dafür spricht, dass es in jener Zeit, als es an Reichtum allen Griechen überlegen war, all seine Schätze für seinen Ehrgeiz hergab und selbst aus eigenen Mitteln Opfer brachte und vor keiner Gefahr zurückwich, um sich Ehre zu erwerben. Daher die Fülle der Errungenschaften, die teils in der Erinnerung an jene Taten immer lebendig sind, teils in den prachtvollen Gedenkstätten, die deshalb errichtet wurden, uns noch vor Augen stehen: die Propyläen dort drüben, der Parthenon, die Wandelhallen, die Hafenanlagen. […] Denn jene Denkmale errichteten sie nicht dadurch, dass sie ihren Feinden den Gefallen taten, die Steuern doppelt einzutreiben, noch dadurch, dass sie zur Leitung des Staates sich solcher Ratgeber, wie du einer bist, bedienten; nein dadurch machten sie sich unsterblich, dass sie ihre Feinde besiegten und gemäß den Gebeten jedes recht denkenden Mannes den Geist der Eintracht in der Stadt erhielten und ihren unsterblichen Ruhm als ein Vermächtnis hinterließen.

Demosthenes: Ausgewählte Reden. Berlin 1875. S. 26 f.

**b)** In seiner „Geschichte des Peloponnesischen Krieges" vergleicht Thukydides (460–396 v. Chr.) Sparta und Athen hinsichtlich ihrer Architektur:

Man setze den Fall, die Stadt Lakedaimon [Sparta] verödete und nur die Tempel und Stadtfundamente blieben stehen; so würde, glaube ich, in ferner Zukunft kein Mensch für möglich halten, dass die Stadt so mächtig gewesen sei, wie die Nachrichten von ihr behaupten. Und doch gehören der Stadt zwei Fünftel der Peloponnes, und über das ganze und die zahlreichen sonstigen Bundesgenossen hat sie die Führung; aber weil sie nicht eng zusammengebaut ist, nicht reiche Tempel und Bauwerke hat, sondern nach alter hellenischer Art dorfmäßig angelegt ist, macht sie keinen stattlichen Eindruck. Wenn Athen dagegen jenem Schicksal verfiele, würde man es nach seinem äußeren Anblick für doppelt so mächtig halten als es ist, weil der Anblick der Stadt so großartig ist.

Thukydides: Der Peloponnesische Krieg. Übertr. von A. Horneffer, Essen 1993 S. 9 f.

*a) Arbeiten Sie aus beiden Quellen heraus, welche Bedeutung die Bauten für die Athener gehabt haben könnten.*
*b) Worin sehen die beiden Autoren die Beweggründe für die umfangreiche Bautätigkeit der Athener?*

## 60 Streit über die Finanzen

In seiner Biografie des Perikles schildert Plutarch innenpolitische Auseinandersetzungen über die Finanzierung der Bauten:

Was aber Athen am meisten zum Schmuck und zur Zierde gereichte, was den anderen Völkern die größte Bewunderung abnötigte und heute allein noch dafür Zeugnis ablegt, dass Griechenlands einstiges Glück, dass der Ruhm seiner früheren Größe nicht leeres Gerede sei, das waren seine prachtvollen Tempel und öffentlichen Bauten. Und doch stieß keine von Perikles' Staatshandlungen auf so viel Kritik wie seine Bautätigkeit, ihretwegen musste er in der Volksversammlung die schärfsten Vorwürfe seiner Gegner über sich ergehen lassen. „Schimpf und Schande", schrieen sie, „ist über das Volk gekommen, da es die Bundesgelder, das Gemeingut aller Griechen, aus Delos nach Athen geholt hat. […] Griechenland steht unter dem Eindruck, es werde in frevelhafter Weise beschimpft und offen tyrannisiert, da es sehen muss, wie wir mit den Geldern, die es notgedrungen für den Krieg zusammengesteuert hat, unsere Stadt vergolden und mit kostbaren Steinen, mit Bildern und Tempeln von Tausend Talenten behängen wie ein eitles Weib."

Perikles machte demgegenüber dem Volk klar, dass Athen den Bundesgenossen für seine Gelder keine Rechenschaft schuldig sei, da es den Krieg für sie führe und sie vor den Persern beschütze. „Die Bundesgenossen stellen uns kein einziges Pferd, kein Schiff, keine Soldaten zur Verfügung, sie geben uns nichts als ihr Geld. Das Geld aber gehört nicht denen, die es zahlen, sondern denen, die es bekommen, sofern sie für den erhaltenen Betrag die vereinbarte Gegenleistung erstatten. Da nun unsere Stadt mit Kriegsbedarf hinreichend versehen ist, müssen wir den Überfluss auf Werke lenken, die uns nach ihrer Vollendung unsterblichen Ruhm, während ihres Entstehens allgemeinen Wohlstand versprechen. So wird es Arbeit in Fülle geben, die mannigfachen Bedürfnisse werden jedes Handwerk beleben, jeder Hand Beschäftigung bringen, fast die ganze Stadt wird ihren Verdienst finden, indem sie sich durch ihre eigene Leistung schmückt und zugleich ernährt."

Plutarch: Von großen Griechen und Römern. Übers. v. Konrat Ziegler und Walter Wuhrmann. München (dtv) 1991. S. 309 f.

*a) Wie erklären Sie sich die Kritik an Perikles' Bauvorhaben?*
*b) Bilden Sie sich ein eigenes Urteil zur Funktion und zum Wert öffentlicher Repräsentationsbauten.*

## 5. Die aggressive Demokratie: Athen im Peloponnesischen Krieg

**Die maritime Machtpolitik der Athener**

Seit der Mitte des 5. Jahrhunderts v. Chr. konzentrierte sich die Athener Außenpolitik auf Betreiben des Perikles auf die Stärkung der Stellung innerhalb des Seebundes und den Ausbau der Hegemonie in der Ägäis sowie die Kontrolle der Getreidehandelsrouten. Jeder Versuch einer fremden Macht, die Athener Machtstellung oder die Flotte selbst zu bedrohen, wurde als Angriff auf die Existenzgrundlage der Stadt begriffen. Umgekehrt rechtfertigten nur militärische Erfolge und reiche Beute den Unterhalt der kostspieligen Flotte.

**Der Konflikt mit Korinth**

Traditionell fühlte sich besonders die Handelsstadt Korinth von den athenischen Flottenexpeditionen bedroht, denn auch sie war auf freie Seehandelsverbindungen besonders nach Unteritalien und Sizilien angewiesen. In der Mitte der 430er Jahre

**61** Die Machtblöcke des Peloponnesischen Krieges

v. Chr. beschlossen die Korinther anlässlich eines Konfliktes mit ihrer ehemaligen Kolonie Kerkyra (Korfu, vor der westgriechischen Küste) ein großes Flottenprogramm, kauften Bauholz aus Makedonien und warben Ruderer sowie Handwerker aus dem Bereich des attischen Seebundes an.
Auf Perikles' Drängen hin nahmen die Athener den Fehdehandschuh auf. Sie vereinbarten ein Defensivbündnis mit Kerkyra, belagerten Korinths Kolonie Potidaia in der Nordägäis und schlossen die mit Korinth verbündeten Megarer von allen Märkten des Seebundes aus, um den Ausbau der korinthischen Flotte zu verhindern.
Empört wandten sich die Korinther, Megarer und andere Poleis an Sparta und drangen auf einen Kriegsbeschluss des Peloponnesischen Bundes gegen Athen. Nach einigem Zögern sagte die spartanische Führung zu und forderte die Athener ultimativ auf, alle Maßnahmen gegen Korinth, Megara und Potideia zurückzunehmen. Die Athener Volksversammlung lehnte ab. Damit war der Krieg da.

**Strategien der Athener**

Athen setzte auf Anraten des Perikles auf die Überlegenheit seiner Flotte. Sie sollte die Bevölkerung versorgen und den Gegner durch überraschende Landungsunternehmungen auf der Peloponnes zermürben. Zu Lande wollte man eine Entscheidungsschlacht gegen die spartanischen Hopliten unbedingt vermeiden: Deshalb sollten sich die Einwohner Attikas und Athens bei einem Angriff des Gegners hinter die Festungsmauern Athens zurückziehen und ausharren, bis der Gegner wieder abzog.

**Athen behauptet sich …**

Die Strategie des Perikles verlangte von den Athenern große Opfer und Nervenstärke – immerhin mussten sie schon im ersten Kriegsjahr ohnmächtig mit ansehen, wie die Spartaner ihre Felder verwüsteten. Ihr Vertrauen wurde zusätzlich auf eine harte Probe gestellt, als sich eine Epidemie in der Stadt ausbreitete und etwa ein Drittel der Bevölkerung hinraffte – unter den Toten war auch Perikles.

**… bis zum Frieden des Nikias**

Dennoch haben weder die Epidemie noch die Angriffe der Spartaner die Kampfbereitschaft der Athener gemindert. Nach wechselvollem Kampf konnten sie ihre Gegner 421 v. Chr. zu einem Friedenschluss bewegen, der immerhin die Vorherrschaft Athens in der Ägäis und im Seebund bestätigte (Friede des Nikias). Die Korinther und Megarer waren hierüber so verärgert, dass sie aus dem Peloponnesischen Bund austraten.

**Alkibiades und die sizilische Expedition**

Aber auch in Athen erhoben sich schon bald wieder einflussreiche Stimmen, die auf eine Machterweiterung der Stadt im westlichen Mittelmeer drängten. Die größte Chance für einen umfassenden Schlag bot sich im Jahre 415 v. Chr., als die sizilische Stadt Segesta die Athener um militärische Hilfe gegen Syrakus bat. Syrakus war die mächtigste Polis einer Insel, die zu den getreidereichsten Gebieten des Mittelmeerraums gehörte. Und sie war eine ehemalige Kolonie Korinths und damit ein potenzieller Gegner der Athener.

62 Bildnis des Alkibiades, den schon seine Zeitgenossen als ebenso unkonventionellen wie skrupellosen Abenteurer empfanden.

In der Volksversammlung setzte ein ehrgeiziger Adliger namens Alkibiades die Entsendung einer der größten Flotten durch, die jemals aus der Ägäis gen Westen segelte. Die Expedition stand jedoch von Beginn an unter keinem guten Stern. Alkibiades musste den Oberfehl niederlegen, weil ihm – zu Recht oder Unrecht – ein religiöser Frevel zur Last gelegt wurde. Er floh nach Sparta und verriet die athenischen Kriegspläne. So endete die Sizilienexpedition nach zwei Jahren Stellungskrieg und der Entsendung einer spartanisch-korinthischen Entsatzarmee in der Katastrophe. Von den über 30000 Ruderern und Soldaten kamen lediglich 5000 in die Heimat zurück. Die übrigen waren gefallen, in die Sklaverei verkauft oder in den Steinbrüchen von Syrakus zu Tode geschunden.

**Das Eingreifen Persiens und die Niederlage Athens ...**

Den entscheidenden Umschwung bewirkte nicht die sizilische Expedition – wie Thukydides meinte –, sondern eine altbekannte Großmacht aus dem Osten. Persien sah nach der Schwächung der Athener seine Chance gekommen, die kleinasiatischen Griechenstädte wiederzugewinnen. Um die Athener endgültig in die Knie zu zwingen, verschaffte der Satrap Tissaphernes den Spartanern die notwendigen Gelder zum Bau einer Kriegsflotte. Mit der neuen Flotte besiegte der spartanische Admiral die Athener bei Aigospotamoi am Hellespont und gewann die Kontrolle über die Getreidehandelsrouten. Als die Spartaner die Stadt im Jahre 404 v. Chr. auch noch vom Lande aus von der Versorgung abschnitten, kapitulierte Athen. Die Athener mussten ihren Bund auflösen, die Mauern schleifen und der Einrichtung eines oligarchischen Regiments sowie einer spartanischen Besatzung zustimmen.

**... aber kein Ende des Peloponnesischen Krieges**

In der Folgezeit verspielten jedoch die Spartaner ihre Sympathien bei den Griechen, weil sie anstelle der versprochenen Freiheit und Autonomie in vielen Poleis der Ägäis Militärbesatzungen und oligarchische Regime installierten. Währenddessen erholte sich Athen dank seiner stabilen Wirtschaft und der Wiederbelebung des Piräushandels. Kaum ein halbes Jahr nach der Kapitulation war auch die Demokratie wiederhergestellt. In den 390er Jahren v. Chr. fühlten sich die Athener wieder stark genug, um gemeinsam mit den alten Kontrahenten Korinth und Theben gegen Sparta zu Felde zu ziehen.

**Der späte Triumph Persiens**

Persien tat alles, um die aufflammenden Kämpfe durch Geldzahlungen an die jeweils schwächere Seite am Leben zu halten. 386 v. Chr. waren die Griechen am Ende ihrer Kräfte. Durch seinen Satrapen in Sardes diktierte der Perserkönig den Vertreter der Kriegsparteien ein Friedensstatut, das Persien die Herrschaft über die kleinasiatischen Städte zusprach und den Griechen jede künftige Großmachtbildung untersagte.

**Der Aufstieg Makedoniens**

Eine zusätzliche Bedrohung erwuchs den Athenern durch den Aufstieg Makedoniens unter König Philipp II. Er griff seit den 360er Jahren v. Chr. die wichtigsten Kolonien Athens in der Nordägäis an und führte einen erfolgreichen Kaperkrieg gegen die Getreideflotten aus dem Schwarzmeergebiet. 338 v. Chr. unterlag eine griechische Koalitionsarmee unter Führung Athens und Thebens den Berufssoldaten Philipps bei Chaironeia.

## 63 Die Vorgeschichte des Peloponnesischen Krieges

Ursachen des Kriegsausbruches aus der Sicht des Thukydides:

Den Anfang machte die Lösung des dreißigjährigen Vertrages, den die Athener und die Peloponnesier nach der Eroberung von Euböa geschlossen hatten. Warum sie ihn lösten, welches die Ursachen und welches die Streitpunkte waren, will ich jetzt zuerst erzählen, damit niemand mehr fragt, wie denn ein solcher Krieg in Hellas entstehen konnte. Der eigentliche, wenn auch nie offen ausgesprochene Grund war meines Erachtens das Hochkommen Athens, das den Lakedaimoniern [Spartanern] Furcht einflößte und sie in den Krieg trieb. Die offen anerkannten Gründe jedoch, die die Lösung des Vertrages und den Ausbruch des Krieges veranlassten, waren auf dieser und auf jener Seite folgende. [Es folgen die Ereignisse um Kerkyra, Potidaia und Megara].

Thukydides: Der Peloponnesische Krieg. Übertr. v. A. Horneffer, Essen 1993. S. 20.

*a) Gliedern Sie die Ausführungen des Geschichtsschreibers Thukydides unter den Gesichtspunkten Ursachen und Anlass des Kriegsausbruchs.*

*b) Erarbeiten Sie weitere Gründe für den Kriegsausbruch. Ziehen Sie dazu den Verfassertext heran.*

## 64 Athen, die „unruhige" Großmacht

Aus der von Thukydides (460–396 v. Chr.) gestalteten Rede korinthischer Gesandter vor der spartanischen Volksversammlung:

Die Athener sind die ewigen Neuerer, rasch im Planen und in der Ausführung dessen, was sie erkannt haben; ihr aber begnügt euch, das Bestehende zu wahren, keine neuen Pläne zu schmieden und bei eurem Handeln nicht einmal das Notwendigste zu erreichen. Ferner sind sie wagemutig, wider alle Vernunft draufgängerisch, auch in Gefahren voller Zuversicht. [...] Sie sind tatkräftig, ihr seid Zauderer, sie schweifen in die Ferne, ihr hockt zu Hause. Sie glauben nämlich, in der Ferne etwas zu gewinnen, ihr, durch ein Unternehmen auch das Bestehende zu gefährden. Ihr Leben ist ihnen, wenn es um das Vaterland geht, gleichgültig und fremd, die Vernunft ist, wenn sie für das Vaterland arbeiten, ihre trauteste Freundin. Wenn sie einen Plan gefasst, aber nicht durchgeführt haben, meinen sie, etwas verloren zu haben, was schon ihr eigen war; haben sie aber erfolgreich gehandelt, glauben sie wenig getan zu haben im Vergleich zu dem, was die Zukunft noch bringen werde; misslingt ihnen etwas, so ersetzen sie den Schaden durch die Hoffnung auf anderes. Sie sind das einzige Volk, bei dem Haben und Erhoffen dessen, worauf ihr Sinn sich richtet, eins ist, so schnell führen sie aus, was sie beschlossen haben. Und um das alles mühen sie sich von der Wiege bis zum Grabe unter Sorgen und Gefahren, und genießen fast gar nichts von dem, was sie haben, weil sie immer nur arbeiten und keine Festfreude kennen als ihre Pflicht zu tun; denn rastlose Ruhe ist in ihren Augen ein größeres Unglück als mühselige Tätigkeit. Daher wäre es nicht ganz unrichtig, wenn man die Athener zusammenfassend mit dem Satz kennzeichnete: Sie sind dazu da, keine Ruhe zu halten und auch den anderen Menschen keine Ruhe zu lassen.

Thukydides: Geschichte des Peloponnesischen Krieges. Band 1, hrsg. u. übers. von Georg Peter Landmann. München (dtv) 1973. S. 64.

*a) Konkretisieren Sie die Aussagen der Korinther.*

*b) Die Korinther wollten die Spartaner zu einem Kriegsbeschluss bewegen. Arbeiten Sie die Mittel heraus, mit denen Thukydides ihren Thesen Wirkung verleiht.*

## 65 Macht und Recht – Athener Gesandte in Melos

Im Jahre 416 v. Chr. forderte eine Athener Gesandtschaft von der Insel Melos die Unterwerfung, obwohl sich diese nichts hatte zu Schulden kommen lassen:

Wir allerdings gedenken unsrerseits nicht mit schönen Worten – etwa als Besieger der Perser seien wir zur Herrschaft berechtigt oder wir müssten erlittenes Unrecht jetzt vergelten – endlose und unglaubhafte Reden euch vorzutragen, noch dürft ihr meinen uns zu überreden, wenn ihr sagt, Abkömmlinge Spartas, hättet ihr doch keine Heeresfolge geleistet oder ihr hättet uns nichts zuleide getan; sondern das Mögliche sucht zu erreichen nach unser beider wahren Gedanken, da ihr so gut wisst wie wir, dass im menschlichen Verhältnis Recht gilt bei Gleichheit der Kräfte, doch das Mögliche der Überlegene durchsetzt, der Schwache hinnimmt.

Thukydides: Geschichte des Peloponnesischen Krieges. Band 2, hrsg. u. übers. von Georg Peter Landmann. München (dtv) 1973. S. 432 f.

*Kennzeichnen Sie das Verhältnis von Recht und Macht nach Auffassung der Athener. Sind Ihnen aus der Geschichte vergleichbare Auffassungen bekannt?*

## 66 Die große sizilische Expedition

a) Plutarch (ca. 45–125 n. Chr.) zur Rolle des Alkibiades bei der Entscheidung der athenischen Volksversammlung für ein Eingreifen in Sizilien:

Auf Sizilien hatten die Athener schon zu Lebzeiten des Perikles ein Auge geworfen, und als er tot war, taten sie die ersten Schritte und schickten denen, die von den Syrakusern bedrängt wurden, jeweils die so genannte Unterstützung und Bundeshilfe, womit sie die Brücken für eine größere kriegerische Unternehmung schlugen. Aber derjenige, der diese ihre Liebe erst recht entzündete und sie überredete, nicht stückweise und im Kleinen, sondern mit einer großen Flotte ans Werk zu gehen und die Insel zu unterwerfen, war Alkibiades, indem er dem Volk große Hoffnungen vor Augen stellte und selbst dabei nach noch Höherem strebte. Denn nur für die erste Station des Feldzuges, gemessen an dem, was er im Sinn hatte, sah er Sizilien an, nicht wie die anderen für das eigentliche Ziel. Nikias suchte das Volk von dem Unternehmen abzubringen, weil es eine schwere Aufgabe sei, Syrakus zu nehmen; Alkibiades hingegen, der von Karthago und Libyen träumte und, wenn er die erst hätte, alsbald auch Italien und die Peloponnes zu schlucken gedachte, betrachtete Sizilien beinahe schon nur für den Waffenplatz und Aufmarschraum für den Krieg. Die jungen Leute, die sich an Hoffnungen berauschten, hatte er gleich auf seiner Seite, und sie hörten dann den älteren Leuten zu, die viel Merkwürdiges von dem Kriegsschauplatz zu erzählen wussten, sodass viele in den Ringschulen und auf den Ruderbänken saßen und den Umriss der Insel, und wie Libyen und Karthago dazu gelegen seien, in den Sand zeichneten.

Plutarch: Von großen Griechen und Römern. Übers. von Konrat Ziegler und Walter Wuhrmann. München (dtv) 1991. S. 449 f.

b) Thukydides beschreibt die Stimmung in der Athener Bürgerschaft:

[…] und alle wurden gleicherweise von der Begierde erfasst, zu fahren: Die Alten rechneten mit der Unterwerfung derer, gegen die sie ausfuhren, oder wenigstens mit der Unerschütterlichkeit einer so großen Macht; die Jüngeren hatten Sehnsucht, die Fremde zu schauen und kennen zu lernen, in guter Zuversicht, ihr Leben zu erhalten. Der große Haufe und der einfache Soldat aber dachten für den Augenblick an das Geld und für die Zukunft an den Machtgewinn, der auf ewige Zeiten Löhnung verhieß. So kam es denn, dass bei dem Übereifer der Mehrzahl derjenige, der etwa nicht einverstanden war, aus Furcht, infolge seiner Gegenstimme für einen schlechten Bürger gehalten zu werden, den Mund hielt.

Thukydides: Der Peloponnesische Krieg. Übertr. v. A. Horneffer. Essen 1993. S. 489.

*a) Analysieren Sie vor dem Hintergrund der Materialien a) und b) die Motivgemengelage in Athen vor Beginn der sizilischen Expedition.*

*b) Prüfen Sie unter Heranziehung anderer Informationen zu Alkibiades (Internet), ob die Einschätzung des athenischen Staatsmannes durch Plutarch bestätigt oder revidiert werden muss.*

Zur Diskussion

# Antike und moderne Demokratie

Ist es gerechtfertigt, in der attischen Demokratie den Ursprung der modernen Demokratie zu sehen? Wo lassen sich Gemeinsamkeiten erkennen, wo liegen die entscheidenden Unterschiede? Konnte das Vorbild der antiken Demokratie angesichts des großen zeitlichen Abstands zur Neuzeit überhaupt moderne Entwicklungen beeinflussen?

a) Der deutsche Historiker Fritz Gschnitzer, 1986:
Die griechische Demokratie war eine kurzlebige Schöpfung; […] auf die Nachwelt hat sie nur auf literarischem Wege gewirkt, als Idee und Vorbild, nicht durch das Weiterleben politischer oder gesellschaftlicher Institutionen. Es fehlt also die echte historische Kontinuität. […] Wie steht es mit der typologischen Verwandtschaft, wieweit sind sich antike und moderne Demokratie in ihren Erscheinungsformen und in den zugrunde liegenden Strukturen ähnlich? […] Die Griechen selbst sahen ihre Demokratie […] als etwas typisch Griechisches an. Sie dachten nicht daran, in der Demokratie die einzige, die wahre politische Lebensform für alle Menschen zu sehen. […] Daher fehlt der griechischen Demokratie die für unsere heutige Demokratie so charakteristische Überzeugung von der eigenen Vorbildlichkeit und Endgültigkeit. […]

Ein zweiter bedeutender Unterschied […] liegt in der Größe des Staates. Vergleicht man sie miteinander, dann sind unsere heutigen demokratischen Staaten Riesen, die demokratischen Staaten der alten griechischen Welt Zwerge. […] Was bedeutet diese […] Kleinheit der griechischen Staaten für […] die Fremdartigkeit griechischer Demokratie? Zunächst einmal, dass alle Verhältnisse klein, bescheiden und überschaubar waren; den griechischen Staaten fehlte z.B. die Bürokratie. Dann, dass alle Bürger gesellschaftlich, vielfach geradezu persönlich aufs engste miteinander verbunden waren. […] Daraus ergibt sich ein in unseren heutigen Demokratien undenkbares Maß an Solidarität aller Bürger (im günstigen Fall), aber auch an ganz persönlicher Zerstrittenheit und Verfilzung (im weniger günstigen Fall); das Phänomen der fast ständigen *staseis* [inneren Unruhen] gerade in den kleineren Staaten ist von hier aus zu verstehen. Die Kleinheit der griechischen Staaten bedeutet schließlich auch, dass es Politik in unserem heutigen Sinne eigentlich gar nicht gibt. Für uns Heutige ist Politik etwas ziemlich Abstraktes und Lebensfernes. […]

Man pflegt die antike Demokratie als „unmittelbare“ Demokratie der heutigen „repräsentativen“ Demokratie gegenüberzustellen und meint damit, dass in jener die Bürgerschaft (als Volksversammlung) tatsächlich regiert, in dieser das Volk nur alle paar Jahre einmal das Parlament oder auch etwa den Präsidenten wählt und dadurch indirekt die großen Linien der Politik […] bestimmt. […] Insbesondere hat das moderne Wählervolk eben doch viel weniger zu sagen als die antike Volksversammlung. Es kommt dazu, dass heute im Allgemeinen nur alle vier bis fünf Jahre gewählt wird, im Altertum wechseln die Magistrate (Beamten) alle Jahre. […] Für uns merkwürdig, wirklich fremdartig, ist die große Bedeutung des Loses bei der Besetzung der Ämter und anderer öffentlicher Funktionen; dadurch wird zwar der Wählerwille ausgeschaltet, zugleich aber erhöhen sich die Chancen des kleinen Mannes, zu Amt und Würden zu kommen, beträchtlich, und es wird ferner zum Ausdruck gebracht, dass der Inhaber des Losamtes nur ein beliebiges, zufälliges, gewissermaßen unpersönliches Ausführungs- und Repräsentationsorgan der Bürgerschaft ist. […] [Die führenden Politiker] stammen fast ausnahmslos aus wohlhabenden, oft alten (also vornehmen) Familien; Emporkömmlinge sind viel seltener als bei uns. […] Erst recht versteht sich, dass die führenden Politiker selbst in jedem Fall über ein stattliches Vermögen und Einkommen verfügten. […] Aus all dem folgt, dass die Häupter der Demokratie in der Regel nicht einfache, auf demokratischem Weg an die Spitze gelangte Bürger waren […], sondern Männer, die ihre überragende Stellung in der Demokratie ganz oder zum großen Teil der Tatsache verdankten, dass ihnen wesentliche Qualifikationen (Vermögen, ein großer Name, Beziehungen, besondere Erfahrungen und Fähigkeiten) entweder schon von der Wiege her mitgegeben bzw. in Aussicht gestellt waren oder dass sie sie doch im Laufe ihres Lebens auf die eine oder andere Weise auch außerhalb ihres demokratischen Gemeinwesens erworben hatten. Diese Männer standen gewissermaßen nur mit einem Bein in der Demokratie, mit dem anderen in einer andersartigen, teils höfisch-feudalen, teils aristokratisch-oligarchischen Welt.

Fritz Gschnitzer: Von der Fremdartigkeit Griechischer Demokratie. In: K. H. Kinzl (Hrsg.): Demokratia. Der Weg zur Demokratie bei den Griechen, Darmstadt 1995. S. 412–429.

**b)** Der deutsche Historiker Michael Stahl (1994):

Das beliebte Größenargument ist zwar als Rahmenbedingung durchaus in Rechnung zu stellen. Aus der in der Tat sehr unterschiedlichen Größe der jeweiligen Gemeinschaften ist jedoch eine strukturelle Differenz zwischen antiker und moderner Demokratie nicht notwendig abzuleiten. Schon innerhalb der bürgerschaftlich verfassten griechischen Gemeinden gab es enorme Größenunterschiede. Und in der Gegenwart bieten sich [...] auch in einer nach Millionen zählenden Bürgerschaft durchaus direkte Partizipationsmöglichkeiten. Weiterhin darf aus der Tatsache, dass zwischen antiker und moderner Demokratie kein kontinuierlicher und unmittelbarer Traditionszusammenhang besteht, nicht gefolgert werden, dass das eine mit dem anderen grundsätzlich nichts gemein habe; wiederkehrende Rezeptionsvorgänge werden dabei außer Acht gelassen. [...]

Ausschlaggebend dafür, dass die politische Mitsprache breiter Bürgerschichten der Athener in ihrem Gemeinwesen tatsächlich möglich wurde, war so die Chance, die jeder Bürger besaß, in einer Vielzahl bürgerlicher Teilöffentlichkeiten an der politischen Willensbildung mitwirken zu können. Die politische Tätigkeit der Bürger kam keineswegs nur in der Teilnahme an der Volksversammlung zum Tragen. Mindestens ebenso wichtig war die Zugehörigkeit des einzelnen Bürgers zu einer abgestuften Reihe in sich verschachtelter und einander ergänzender Unterabteilungen der Bürgerschaft auf genossenschaftlicher Grundlage. [...] Diese Bürgergenossenschaften waren nicht zuletzt so etwas wie Schulen der Demokratie, in denen die Jüngeren von den Älteren lernten und die Spielregeln politischen Handelns wie selbstverständlich eingeübt werden konnten. [...] Gemessen an den sinnreichen Vorkehrungen, die in Athen die Bürgergemeinde zu einem mit intensivem Leben erfüllten Körper werden ließen, erscheint die Organisation der politischen Teilhabe heute im Wesentlichen auf die mehr oder weniger häufige Stimmabgabe bei der Wahl und damit auf ein sehr einfaches Beziehungsverhältnis reduziert. [...] Dabei waren sich nicht wenige der geistigen Urheber und Gründungsväter der modernen Demokratie über die Notwendigkeit derartiger Einrichtungen durchaus im Klaren. Es ist dabei an die im Einzelnen gewiss verschiedenen, im Kern der Sache jedoch allesamt der Antike verpflichteten Idee etwa von Jean Jacques Rousseau ebenso wie die von Thomas Jefferson erinnert. So sind z. B. für Jefferson kleine Bürgereinheiten, die *ward republics* [Gemeinderepubliken], die Grundlage und Keimzelle des von ihm konzipierten demokratischen Systems. [...] Die letztlich auf die athenische Demokratie zurückgehende Forderung Jeffersons, dass die Bürger permanent in politisches Handeln involviert sein müssen und dass dies nur gelingen kann, wenn sie die Regierung über sich selbst in einem überschaubaren Rahmen auch praktizieren, ist in der amerikanischen Demokratie zwar durch das System der verfassungsgemäßen *checks and balances* überlagert und damit die Bedeutung von Volkssouveränität und bürgerlicher Tugend als Voraussetzung für die Freiheit relativiert worden. Dennoch ist die Forderung nach direkter Partizipation nie völlig aufgegeben worden und erfährt schon seit einiger Zeit im sog. Communitarian Movement eine nachhaltige Wiederbelebung. [...] Das politische Bewusstsein, das sich [...] in breiten Schichten der Bürgerschaft entwickelt hat, bildet das Arcanum [Geheimnis] der demokratischen Bürgerstaatlichkeit. Ihre seit Kleisthenes bestehenden Einrichtungen hätten auf Dauer weder funktionieren noch mit Leben erfüllt sein können, wenn in ihnen [...] nicht zu jeder Zeit das Ethos des Bürgers wirksam gewesen wäre. In der Idee der athenischen Demokratie wie in der gelebten Wirklichkeit gehören institutionelle Vorkehrungen und prozedurale Regelungen sowie eine ihnen korrespondierende Mentalität untrennbar zusammen. [...] Bürgertugend wurde damit zu einer bestimmenden Größe seines moralischen Codex. [...] Die demokratische Ethik stellt schließlich und endlich nicht gerade geringe Anforderungen an das moralische Vermögen des Einzelnen. Es bedarf daher permanenter Anstrengungen, sie zu pflegen, ins Bewusstsein zu rufen und an die nachwachsende Generation weiterzugeben. [...] Diese großartigen Manifestationen einer politischen Kultur oder besser: einer Kultur des Politischen verkörpern allesamt Archetypen, die durch die gesamte europäische Geschichte hindurch bis heute ihre Gültigkeit nicht verloren haben.

Michael Stahl: Antike und moderne Demokratie: Probleme und Zukunftsperspektiven der westlichen Demokratien im Spiegel des griechischen Bürgerstaates.In: W. Eder, K.-J. Hölkeskamp (Hrsg.): Volk und Verfassung im vorhellenistischen Griechenland. Stuttgart 1997. S. 37–43.

*a) Fassen Sie die Argumente zusammen, die nach Gschnitzer für die Andersartigkeit der antiken gegenüber der modernen Demokratie sprechen, und ordnen Sie diese Argumente übergeordneten Kategorien zu.*

*b) Vergleichen Sie diese Argumente mit den Erklärungen Stahls. Was macht für Stahl das Besondere der Demokratie aus?*

*c) Diskutieren Sie selbst die Frage, welche Elemente der antiken Demokratie noch heute in den westlichen Demokratien zur Geltung kommen.*

# IV. Die griechische Kultur der klassischen und hellenistischen Zeit

Griechische Kultur begegnet uns auf Schritt und Tritt: In Begriffen wie Philosophie und Geografie oder in Vorstellungen wie ideal, tragisch oder historisch; in Geschichten und Figuren wie den Irrfahrten des Odysseus, den Kämpfen um Troja und dem Schicksal des Ödipus. Und in Gegenständen: „Antike" Säulen und Giebel zieren viele öffentliche Gebäude. Warum finden wir so viele Elemente der Kultur der längst vergangenen griechischen Antike so fest verankert in der modernen Welt? Inwieweit stehen noch heute unsere Vorstellungen den antiken Auffassungen nahe?

| | |
|---|---|
| 8. Jh. v. Chr. | Homers Epen *Ilias* und *Odyssee* entstehen. |
| 7. Jh. v. Chr. | Griechische Bildhauer schaffen erstmals menschliche Figuren in natürlicher Größe.<br>In Kleinasien, auf dem Festland (Olympia, Korinth) und im Westen (Paestum) beginnt man damit, steinerne Tempel zu errichten. |
| 584 v. Chr. | Thales von Milet berechnet eine Sonnenfinsternis voraus. |
| ca. 600–480 v. Chr. | Philosophen aus Kleinasien und Unteritalien suchen die Grundbausteine der Welt und fragen nach Möglichkeiten menschlicher Erkenntnis. |
| ab ca. 500 v. Chr. | Professionelle „Weisheitslehrer" (Sophisten) vermitteln Techniken zur Verbesserung politischer und rednerischer Fertigkeiten und hinterfragen Menschen, Gesellschaft und Politik. |
| 466–457 v. Chr. | In Olympia entsteht der Zeustempel. |
| 447–432 v. Chr. | Die Athener errichten auf der Akropolis den Parthenontempel. |
| ca. 480–406 v. Chr. | Die drei großen attischen Tragödiendichter Aischylos, Sophokles und Euripides prägen das griechische Theater. |
| um 432 v. Chr. | Sophokles bringt seine Tragödie *König Ödipus* auf die Bühne. |
| 445–382 v. Chr. | Aristophanes wird zum Begründer der (älteren) Komödie. |
| ca. 415 v. Chr. | Herodot veröffentlicht in Athen seine *Historiai*. |
| 399 v. Chr. | Der attische Philosoph Sokrates wird zum Tode verurteilt. |
| nach 404 v. Chr. | Thukydides verfasst seine Darstellung des Peloponnesischen Krieges. |
| 387 v. Chr. | Platon gründet in Athen die Akademie. |
| 384–322 v. Chr. | Aristoteles, der vielseitigste antike Philosoph |
| ca. 310 v. Chr. | In Athen etabliert sich die Philosophie der Stoa. |
| ca. 300 v. Chr. | Epikur gründet seine Schule, den „Garten", in Athen. |

## 1. Plastik und Bildende Kunst

**Ein Bild von einem Mann – in zweifacher Ausfertigung**

1972 entdeckte ein Hobbytaucher vor der italienischen Küste bei Riace (Reggio di Calabria) zwei überlebensgroße Bronzestatuen. Sie zeigen naturgetreu nachgebildete nackte Männer. Als man sie ein Jahr später in den Museen von Florenz und Rom der Welt präsentierte, kamen mehr als zwei Millionen Besucher. Bis heute ziehen die Statuen Massen von Touristen und Kunstliebhaber aus aller Welt an.

Ein schlanker, muskulöser Körper mit breiten Schultern und „Waschbrettbauch", wie er bei den Bronzestatuen von Riace in Erscheinung tritt – das sind männliche Schönheitsideale, mit denen auch Broschüren moderner Fitnessstudios werben. Tatsächlich verehrten die Griechen den jugendlichen, durchtrainierten Körper mindestens genauso wie wir, aber doch auf andere Weise. Kein anderes Volk hat sich so um die naturgetreue Darstellung des „perfekten" menschlichen Körpers bemüht; doch steht hinter der körperlichen Vollkommenheit offenkundig nicht die Absicht, zu protzen oder mit billigen „Muskeleffekten" zu beeindrucken. Die ursprünglich bunt bemalten griechischen Plastiken scheinen in sich selbst zu ruhen, sie repräsentieren ein bestimmtes Lebensideal.

**67** Die beiden Krieger von Riace. Bronzeplastiken, um 450 v. Chr.

**Adlige Werte als gesellschaftliche Leistungsideale**

Der griechische Kunstgeschmack orientierte sich an den Wertvorstellungen des Adels. Ein Adliger war nach eigener Auffassung „gut", weil er sich gegenüber den Nichtadligen durch herausragende Leistungen, Reichtum und durch sein Streben nach Tüchtigkeit (*arete*) auszeichnete. Diesen Qualitäten entsprach – so meinten die Griechen – seine äußere Gestalt, während umgekehrt das äußere Bild innere Eigenschaften widerspiegelte: Der Adlige war schön, er war nicht durch tägliche Feldarbeit gebeugt, sondern ging auf Jagd, zog in den Krieg und betrieb Sport. Immer musste er dabei im Wettkampf (*agon*) um die besten Leistungen (*aristie*) erfolgreicher sein als seine Konkurrenten.

**Das Streben nach naturgetreuen Formen und dem idealen Moment**

Als die Griechen im Zuge der Perserkriege die politische Freiheit als Grundlage ihres Selbstverständnisses entdeckten und sich in Athen die direkte Demokratie durchsetzte, gewannen die Statuen immer mehr an Lebendigkeit. In diese Zeit gehören auch die Statuen von Riace. Viele sehen in den Bronzeplastiken von Riace eine Darstellung von mythischen Helden oder Göttern. Schon die Zeitgenossen empfanden Haltung und Ausdruck dieser Statuen als zeitlos schön. Sie gewannen etwas Normsetzendes und Mustergültiges. Seit dem 15. Jahrhundert hat sich für solche vorbildlichen Kunstwerke aus griechischer Zeit die Bezeichnung „klassisch" eingebürgert.

## 68 Das Ideal des Mannes in der archaischen Zeit

**a)** In Homers *Odyssee* (18. Gesang, Verse 66ff.) zeigt der Held vor dem Kampf mit den Freiern seinen durchtrainierten Körper:

Doch Odysseus gürtete sich mit seinen Lumpen um die
Lenden und ließ seine Schenkel sehen, die schönen,
großen, und sichtbar wurden seine breiten Schultern und
die Brust und die starken Arme. Doch Athene trat zu
ihm heran und ließ die Glieder dem Hirten der Männer
schwellen, und die Freier wunderten sich gewaltig.

Homer: Odyssee und Homerische Hymnen. Übers. v. Anton Weiher. München 1990. S. 337.

**b)** In Homers *Ilias* (6. Gesang, Verse 441 bis 446) begründet der trojanische Held Hektor gegenüber seiner Frau Andromache, warum er gegen ihren Willen in den Kampf ziehen will, der ihm den sicheren Tod bringen wird:

Ja, an all das denke auch ich, Frau. Aber zu furchtbar
Schäme ich mich vor den Troern und schleppgewandeten Troerfrauen,
Wollte ich mich wie ein schlechter Mann vom Kampfe fern halten.
Auch heißt es mich nicht mein Mut, da ich lernte, immer ein Edler
Zu sein und unter den vordersten Troern zu kämpfen,
Zu wahren des Vaters großen Ruhm und meinen eigenen.

Homer: Ilias. Neue Übertragung v. Wolfgang Schadewaldt. Frankfurt/M. 1975. S. 108.

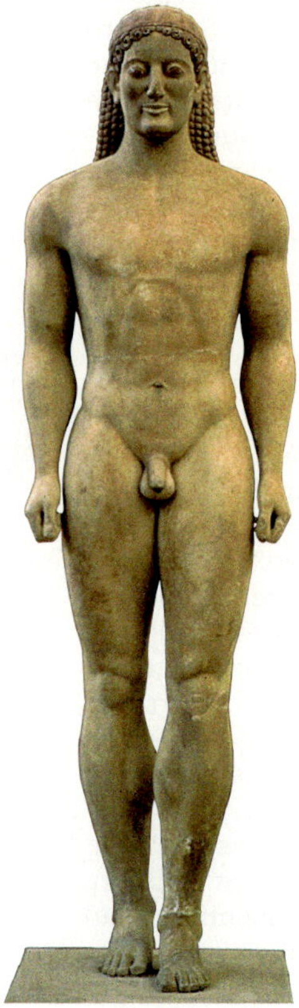

**c)** Ein Kuros. Als Kuros bezeichnete man die freistehende Staue eines jungen Mannes in der Archaik. In der Basis dieser Marmorstatue aus Attika (um 540/530 v. Chr.) war folgendes Sinngedicht eingraviert: „Bleib stehen und trauere am Grab des toten Kroisos. Als er in vorderster Front kämpfte, vernichtete ihn der schreckliche Kriegsgott Ares." Archäologisches Nationalmuseum, Athen.

*a) Vergleichen Sie die körperlichen Merkmale, auf die Homer bei seiner „Enttarnung" des Odysseus Wert legt, mit dem in der Plastik des Kuros herausgestellten Bild eines männlichen Körpers.*

*b) Welcher Zusammenhang besteht zwischen den von Homer und in der Statue betonten körperlichen Merkmalen, der Aussage des Sinngedichts und Hektors Begründung für seine Kampfbereitschaft?*

## 69 Kunst als Repräsentation eines „demokratischen" Menschenbildes?

**a)** Seit einiger Zeit suchen Gelehrte nach den gesellschaftlich-politischen Hintergründen für die „klassische" Darstellungsweise. Der Kunsthistoriker W. Schindler vertritt folgende Ansicht:

Entscheidend ist die rhythmische Vereinheitlichung dieser gegenläufigen Bewegungen und der einzelnen Körperteile als Träger dieser Bewegungen. Bemerkenswert ist weiterhin die Gleichgewichtigkeit dieser gegeneinander gerichteten Bewegungen und damit die Gleichrangigkeit der gegen- und miteinander in Aktion befindlichen Körperteile. Darin besteht das Wesen der Ponderation [Ausgewogenheit], […] in dem Harmonie und Abgeschlossenheit des klassischen Menschenbildes zum Ausdruck gelangen. […] Die Organisation des klassischen Menschenbildes, wie es im Doryphoros vor uns steht, kann im engsten Zusammenhang mit der staatsbürgerlichen Funktion der Politen in der Phase der radikalen Demokratisierung begriffen werden. […] Die Einheit von innerem Bau und Außenwirkung begreifen wir am Doryphoros als einen ebenso funktionellen wie repräsentativen Ausdruck des demokratischen Organisationsprinzips. Dieses läuft […] auf die Mobilisierung aller Politen zur Teilnahme am Staat hinaus. Jeder Inhaber des Bürgerrechts war funktionierendes und zugleich das Staatsganze repräsentierendes Mitglied der Gemeinschaft. […] Wenn so der Durchbruch zur radikalen Demokratie erzielt wurde, so war das ein epochemachendes Ereignis, das auch in der künstlerischen Bewältigung des Menschenbildes zur Durchsetzung der reifeklassischen Gestaltungsmittel führte, wie es der Doryphoros bezeugt.

W. Schindler: Der Doryphoros des Polyklet. Gesellschaftliche Funktion und Bedeutung. In: R. Müller (Hrsg.): Der Mensch als Maß der Dinge. Studien zum griechischen Menschenbild in der Zeit der Blüte und Krise der Polis. Berlin (Ost) 1976. S. 225–230.

**b)** Einen anderen Akzent setzt der Kunsthistoriker B. Fehr:

Es ergibt sich folgende Idealvorstellung: Hohe Bereitschaft zur Anstrengung, aber auch eine ebenso ausgeprägte Neigung und Befähigung zu einem glücklichen, genussreichen Dasein; starker, weitreichender Unternehmungsgeist, der sich mit sorgfältig überlegter Systematik und Ausgewogenheit bei allen Aktivitäten verbindet. […] Wir wollen nun versuchen, die zur Entstehungszeit des Doryphoros herrschenden Verhaltensideale mit diesem Ergebnis zu vergleichen. Die politische Lage war damals gekennzeichnet durch eine Verschärfung des Gegensatzes zwischen Athen und Sparta. […] Dieser Streit wurde auch auf propagandistischem Gebiet ausgetragen. Die athenische Partei auf der einen, die spartanische Seite auf der anderen Seite nahm dabei jeweils für sich selbst bestimmte positive Eigenschaften in Anspruch. […] Die Spartaner legten größten Wert auf die Fähigkeit, Mühen und Strapazen aller Art ertragen zu können. […] Die Athener sind ebenfalls fähig, Anstrengungen und Gefahren auf sich zu nehmen, sie machen sich aber das Leben nicht durch unausgesetztes Härtetraining sauer, sondern gönnen sich auch vielfältige Erholung. Die Spartaner huldigten dem Ideal […] des bedächtigen, nicht überstürzten Handelns im innen- und außenpolitischen Bereich. Die Athener wiederum hielten sich etwas zugute auf ihren Tatendrang, ihren Wagemut und ihre Entschlusskraft. […] Die Athener wollten nicht nur als besonders intelligent gelten, sie sind darüber hinaus auch stolz auf ihre Neigung zu den Wissenschaften. […] Das aus der Bewegungsanalyse des Doryphoros erschlossene Verhaltensideal entspricht in allen wesentlichen Zügen der athenischen bzw. der demokratischen Position im Streit um die Verhaltensideale. Anstrengungsbereitschaft, Hinwendung zu den Glücksgütern des Lebens, intensiver Tatendrang, der sich aber in geordneten Bahnen und im Rahmen einer wohl überlegten Systematik verwirklicht, schließlich auch die Tendenz zur „Wissenschaftlichkeit“ – das sind die gemeinsamen Merkmale.

B. Fehr, Bewegungsweisen und Verhaltensideale. Physiognomische Deutungsmöglichkeiten der Bewegungsdarstellung an griechischen Statuen des 5. und 4. Jhs. v.Chr., Bad Bramstedt 1979, S. 33–35.

**c)** Der Speerträger (Doryphoros) des Polyklet gilt als Inbegriff der klassisch-griechischen Bildkunst. Antike Marmorkopie des verlorenen Originals.

*a) Fassen Sie die Aussagen der Kunsthistoriker über das im Speerträger verwirklichte Menschenbild zusammen und zeigen sie die unterschiedlichen Gewichtungen auf.*
*b) Worin besteht jeweils der Zusammenhang zwischen der dargestellten körperlichen Bewegung und dem politisch-gesellschaftlichen Verhaltensideal?*
*c) Diskutieren Sie die Plausibilität dieses (postulierten) Zusammenhanges.*

## 70 Ein Meisterwerk der hellenistischen Kunst

Die Laokoon-Gruppe. Nach dem Mythos wurde der trojanische Priester Laokoon von Apollon wegen seines Ungehorsams bestraft, indem zwei riesige Schlangen aus dem Meer Laokoon und seine beiden Söhne töteten. Diese Szene wurde im 2. Jahrhundert v. Chr. von drei rhodischen Bildhauern dargestellt. Eine römische Kopie befindet sich heute in den Vatikanischen Museen.

*Beschreiben Sie, wie die Künstler Schmerz und Entsetzen der Personen dargestellt haben. Inwieweit unterscheidet sich eine solche Darstellung von den Prinzipien der „klassischen" Plastiken?*

## 2. Architektur und Baukunst

**Der Tempel – Gotteshaus mit „profanem" Mehrzweck**

Häufig fühlten sich die Bürger einer Polis gegenüber einer Gottheit besonders verpflichtet – wie etwa die Athener gegenüber der Göttin Athene – und bezeugten ihre Ehrfurcht durch den Bau eines Tempels. Die Griechen betrachteten einen solchen Tempel als Wohnsitz eines Gottes oder einer Göttin. Bilder oder Statuen innerhalb des Tempels symbolisierten die Anwesenheit der Gottheit. Und mit der göttlichen Präsenz war, wie die Griechen glaubten, auch eine göttliche Schutzfunktion für die jeweilige Polis verbunden.
Die griechischen Tempel dienten nicht als Versammlungs- oder Gebetsräume für die Gläubigen wie die christlichen Kirchen, muslimischen Moscheen oder jüdischen Synagogen. Gemeinsame Gebete, religiöse Feste und Opferhandlungen spielten sich grundsätzlich im Freien an einem Altar vor der Ostseite des Tempels ab. Darüber hinaus nutzte man den Tempel für profane Zwecke, etwa als Bank oder öffentliche Schatzkammer – denn kaum ein Dieb traute sich in das Haus eines Gottes einzubrechen.

**Grelle Bemalung und Verzierung**

Die Tempel schimmerten keineswegs so marmor-weiß, wie uns die heutigen Überreste glauben machen. Vielmehr waren sie wie die Statuen – das ergibt sich aus Farbresten – zumindest teilweise mit leuchtenden Farben bemalt und mit Marmor und Gold verziert. Denn wenn sich die Bürger zu einem Tempelbau entschlossen, dann sollte er den Tempel der Nachbarpolis an Glanz übertreffen.

**Der Beginn der monumentalen Tempelarchitektur**

In der frühen Zeit unterschied sich der Tempel als Haus einer Gottheit kaum von den Häusern wohlhabender Adliger. Er war ein kleiner rechteckiger Bau mit einem einfachen Vordach. Um die Wände vor der Witterung zu schützen, verlängerte man die Dächer an den Seiten weit über die Wände hinaus und stützte sie durch Pfeiler aus Holz. Im 7. Jahrhundert v. Chr. errichteten die reichen Poleis an Stelle der hölzernen Stützpfeiler monumentale Steinsäulen und vergrößerten den Umfang des gesamten Baukörpers. In einem viereckigen Kernbau (Cella) auf erhöhtem Fundament befanden sich die Weihegeschenke und das Bild der Gottheit.

**Die Kanonisierung und Idealisierung der „klassischen" Form**

Im späten 6. Jahrhundert v. Chr. bildete sich eine als ideal empfundene Proportion heraus. Vorbild war der menschliche Körper: Wie die Statuen der klassischen Zeit ein ideales Verhältnis zwischen Ruhe und Bewegung zeigen, so bewirkten die Architekten durch „technische Tricks" einen harmonisch wirkenden Ausgleich zwischen „schweren" tragenden Bauelementen aus Stein und der „leichten" hölzernen Dachkonstruktion.

### 71 Ideale Architektur

a) Der römische Architekt Vitruv (1. Jahrhundert v. Chr.) über den idealen Tempelbau:

Die Formgebung der Tempel beruht auf Symmetrie, an deren Gesetze sich die Architekten peinlichst genau halten müssen. Dies aber wird durch die Proportion erzeugt, die die Griechen Analogia nennen. Proportion liegt vor, wenn den Gliedern am ganzen Bau und dem Gesamtbau ein berechneter Teil als gemeinsames Grundmaß zugrunde gelegt ist. Aus ihr ergibt sich ein System der Symmetrien. Denn kein Tempel kann ohne Symmetrie und Proportion eine vernünftige Formgebung haben, wenn seine Glieder nicht in einem bestimmten Verhältnis zueinander stehen, wie die Glieder eines wohlgeformten Menschen.

Vitruv: Zehn Bücher über Architektur. Übers. u. mit Anmerkungen versehen v. C. Fensterbusch. 5. Aufl. Darmstadt 1991. S. 137.

b) Tempel des Zeus in Olympia. Rekonstruktionszeichnung der Vorderseite.

*a) Zeigen Sie anhand der Rekonstruktion, inwieweit das von Vitruv beschriebene Ideal verwirklicht wurde.*
*b) Vergleichen Sie das Ideal der Architektur mit der klassischen Plastik.*

## 72 Moderne Adaptionen eines Meisterwerkes

a) Die Zeusstatue des Phidias. Farbiger Holzschnitt von Ferdinand Knab, 1886. Die Zeusstatue des Phidias im Tempel von Olympia galt in der Antike als eines der sieben Weltwunder. Sie wurde in der Neuzeit häufig nachgeahmt.

b) Napoleon auf dem Thron. Ölgemälde (260 x 163 cm) von Jean Auguste Dominique Ingres, Paris 1806. Musée de l' Armee, Paris.

c) George Washington. Marmorplastik von Horatio Greenough, 1840.

d) Abraham Lincoln. Marmorplastik (Höhe: 5,80 m) von Daniel Chester French.

*Stellen Sie fest, welche antiken Elemente von den neuzeitlichen Künstlern beibehalten, welche verändert wurden.*

## 73 Die Entwicklung der Stile des griechischen Tempel- und Säulenbaus

a) Vitruv (1. Jahrhundert v. Chr.) gibt eine historisch zwar nicht ganz korrekte, aber anschauliche Anweisung für die Verwendung der drei klassischen Stile der griechischen Tempel- und Säulenformen:

Der Minerva, dem Mars und dem Herkules werden dorische Tempel errichtet werden, denn es ist angemessen, dass diesen Göttern wegen ihres mannhaften Wesens Tempel ohne Schmuck gebaut werden. Für Venus, Flora, Proserpina und die Quellennymphen werden Tempel, die im korinthischen Stil errichtet sind, die passenden Eigenschaften zu haben scheinen, weil für diese Götter wegen ihres zarten Wesens Tempel, die etwas schlank, mit Blumen, Blättern und Schnecken (Voluten) geschmückt sind, die richtige Angemessenheit in erhöhtem Maße zum Ausdruck zu bringen scheinen. Wenn für Juno, Diana und Bacchus und die übrigen Götter, die ganz ähnlich sind, Tempel in ionischem Stil errichtet werden, wird ihre Mittelstellung berücksichtigt sein, weil sich die diesen Tempeln eigentümliche Einrichtung von der Herbheit des dorischen Stils (einerseits) und der Zierlichkeit des korinthischen Stils (andererseits) fern hält.

Vitruv: Zehn Bücher über Architektur. Übers. u. mit Anmerkungen versehen v. C. Fensterbusch. 5. Aufl. Darmstadt 1991. S. 41.

**b)** Die drei Stile griechischer Tempel- und Säulenformen

*Vergleichen Sie Vitruvs Beschreibung mit den abgebildeten (Ideal-) Rekonstruktionen und versuchen Sie den Text den jeweiligen Säulentypen zuzuordnen.*

## 3. Theater – Tragödie und Komödie

**Theater und religiöses Fest**

Aufführungen von Theaterstücken fanden in Griechenland nur zu bestimmten religiösen Festen statt, aber dann wartete auf die Besucher ein wahrer Aufführungsmarathon. Seit 450 v. Chr. sahen die Athener an den *städtischen Dionysien* zu Ehren des Gottes Dionysos von morgens früh bis abends fünf Komödien und am dritten bis fünften Tag je drei Tragödien. Bis zu 14000 Zuschauer strömten in das Dionysostheater am Südhang der Akropolis. Der Eintritt war frei.
Jedes Stück musste sich in einem Wettbewerb durchsetzen. Reiche Mitbürger finanzierten die Vorbereitung und engagierten die Mitglieder des Chores. Eine Bürgerjury entschied, welche Stücke zur Aufführung gelangen sollten.
Die Dichter verfassten für jedes Fest neue Tragödien, und der Staat ließ sie nur einmal aufführen. So entstanden allein im 5. Jahrhundert v. Chr. über 1000 Stücke. Fast ein Drittel davon schrieben Aischylos (ca. 525–455 v. Chr.), Sophokles (497 bis 405 v. Chr.) und Euripides (ca. 485–406 v. Chr.). Nur wenige ihrer Tragödien sind erhalten geblieben.

**Tragödie**

Tragödie nannte man ursprünglich einen volkstümlichen Chorgesang zu Ehren des Gottes Dionysos. Die klassische Tragödie verband den Chorgesang mit einer von Schauspielern dargestellten Handlung. „Handlung" heißt im Griechischen „Drama". Während die Schauspieler auf einer Bühne auftraten, tanzte und sang der Chor auf einem kreisförmigen Platz (Orchestra) davor. Alle Akteure redeten oder sangen in Versen.
Nur Männer traten als Schauspieler auf und übernahmen auch die Frauenrollen. Sie alle trugen farbig bemalte Masken, die entweder bestimmte Stimmungen wie Zorn, Wut oder Trauer oder Charaktere und Altersgruppen erkennen ließen.

Personen und Handlung der Tragödie entstammen – mit wenigen Ausnahmen – nicht der damaligen realen Gegenwart, sondern der mythischen Vergangenheit.

**Der Mensch in schwierigen Konfliktsituationen**

Fast immer steigert der Dichter die Handlung auf einen dramatischen Höhepunkt zu, auf dem der Hauptheld selbstverschuldet, doch ohne es zu ahnen, aus größtem Glück in tiefes Unglück stürzt. Gebannt verfolgen die Zuschauer, wie der Held oder die Heldin mit ihrer neuen Situation zurecht kommen, bis das Eingreifen eines Gottes oder menschliche Einsicht zu einem (meist) versöhnlichen Ende führen.

**„Sozialhygienische" Funktionen der Tragödie?**

In den Tragödien wird die Ordnung der Welt und der Polis für eine bestimmte Zeit außer Kraft gesetzt. In diesem Augenblick lernt der Zuschauer die dunklen Seiten des menschlichen Wesens kennen. Er wird sich bewusst, wie abhängig sein Glück von dem Wohlwollen der Götter und der Harmonie der Gemeinschaft ist, und sensibel für alle Gefahren, die der Polis drohen, wenn ein Einzelner das rechte Maß überschreitet und die Gemeinschaft unfähig zum Kompromiss wird.

**Inhalt und Funktion der Komödie**

Während die Tragödie an die Unsicherheit des Lebens sowie der Polisordnung erinnert, legt die Komödie aktuelle Missstände offen. Deshalb spielt sie auch in der je gegenwärtigen Welt. Fast alle erhaltenen Stücke der klassischen Zeit stammen von dem Athener Aristophanes. Sie spielen häufig mit einer verkehrten oder aus den Fugen geratenen Welt. Das eine Mal besuchen Frauen ohne Wissen ihrer Männer die Volksversammlung, ein anderes Mal verwandeln sich zwei Athener in Vögel und gründen aus Ärger über ihre Heimatstadt ein Wolkenkuckucksheim. Solche Konstruktionen haben viel zur „Durchleuchtung" und Kritik gesellschaftlicher Zustände beigetragen.

74 Aischylos (ca. 525–455 v. Chr.)

75 Sophokles (497–405 v. Chr.)

76 Euripides (ca. 485–406 v. Chr.)

## 77 Der Zorn der großen Zauberin

a) Eine der großen Frauengestalten der Tragödie ist die Zauberin Medea aus Kolchis (am Schwarzen Meer), die aus Liebe zu dem griechischen Helden Jason ihre Heimat verließ. Nach Heirat und Geburt zweier Kinder verliebt sich Jason jedoch in eine Jüngere, die Tochter des einheimischen Königs. Dieser verweist Medea außer Landes. Zutiefst verletzt und von Rachegelüsten getrieben, will Medea ihre Kinder töten, wird auf dem Höhepunkt der Handlung (Verse 1041 ff.) jedoch von Selbstzweifeln an der Richtigkeit dieses Entschlusses geplagt:

Weh, was beginn ich? Herz und Mut entschwinden mir,
Da ich, o Fraun, der Kinder heitres Auge sah.
Ich kann es nicht! Mein früherer Entschluss fahr hin –:
Ich führe meine Kinder aus dem Lande fort.
Was soll ich, dass ihr Vater um ihr schlimmes Los
Sich härme, doppelt bittres Leid mir selbst antun?
Nein, nimmermehr! Fahrt hin, Entschlüsse, fahret hin:
Was aber tu ich? Soll man mich verlachen, dass
Ich meine Widersacher ungestraft entließ?
Es muss gewagt sein! Ach, wie bin ich feige doch,
Den weichen Worten Raum zu leihn in meiner Brust!
Geht, Kinder, geht ins Haus hinein! Wem's nicht geziemt,
Dem Opfer beizuwohnen, der entferne sich:
Nicht durch ein feig Erbarmen schänd ich meine Hand.
Ach, ach!
Nein, nein, o Seele, wage dies Verwegne nicht!
O lass die Kinder, schone sie, Unselige!
Mit dir im Banne lebend, sind sie Wonne dir.
Nein, bei den Rachegeistern dort in Hades' Nacht!
Nie soll es geschehen, dass ich meine Kinder selbst
Den Widersachern überlasse zum Gespött!
Das ist beschlossen, das steht fest unwandelbar.
Schon auf dem Haupte ruht der Kranz, in meinem Kleid
Stirbt schon die königliche Braut, ich weiß gewiss.
So geh ich nun den jammervollsten Weg dahin,
Und diese send ich einen jammervollern noch.
Noch einen Gruß den Söhnen! Reicht, o Kinder, reicht
Der Mutter eure Rechte, sie zu küssen, dar.
O liebe Hände, lieber Mund, liebreizende
Gestalt, o meiner Kinder edles Angesicht!
Ja, werdet glücklich, aber dort! Der Erde Glück
Nahm euch der Vater. Liebliche Umarmung, ach,
Du süßer Hauch des Atems, weicher Wangen Rot!
Geht, geht, o Kinder: Ich vermag nicht länger mehr
Euch anzublicken, ich erliege meinem Leid.
Wohl fühl ich, welchen Gräuel ich vollbringen will,
Doch stärker als mein Denken ist die Leidenschaft,
Die stets den Sterblichen die größten Übel bringt.

Euripides: Sämtliche Tragödien. Band II. Nach der Übers. v. J. J. Donner bearb. v. Richard Kannicht. Stuttgart 1984. S. 221 f.

b) „Medea". Ölgemälde (76 x 165 cm) von Eugène Delacroix, 1862. Musée du Louvre, Paris.

c) Der in Wien geborene Dichter Franz Grillparzer verfasste 1821 im Rahmen seiner Trilogie „Das goldene Vließ" ebenfalls eine Version der „Medea". Anders als bei Euripides wollen die Kinder der Medea hier (4. Aufzug, Verse 1731 ff.) lieber bei ihrem Vater und dessen Braut bleiben – eine zusätzliche Demütigung:

*Medea:* So kniet ich, so lag ich,/So streckt ich die

Hände aus,/Aus nach den Kindern und bat/Und flehte: Eines nur,/Ein einziges von meinen Kindern –/Gestorben wär ich, musst ich das zweite missen! –/Aber auch das eine nicht! – keines kam./ Flüchtend bargen sie sich im Schoß der Feindin./*Er* aber lachte drob und *sie*!/
[…] Nennt ihr das Vergeltung, Götter? Liebend folgt ich, das Weib dem Mann;/Starb mein Vater, hab *ich* ihn getötet?/Fiel mein Bruder, fiel er durch *mich*? […]
[Die Dienerin) *Gora:* Schilt nicht die Kinder, sie sind gut!/
*Medea:* Gut? Und flohen die Mutter?/Gut? Sie sind Jasons Kinder!/Ihm gleich an Gestalt, an Sinn,/Ihm gleich an meinem Hass./ Hätt ich sie hier, ihr Dasein in meiner Hand,/Und ein Druck vermöchte zu vernichten/All, was sie sind und waren, was sie werden sein,/Sieh her! – Jetzt wären sie nicht mehr.
*Gora:* O, weh der Mutter, die die Kinder hasst!
*Medea:* Und was ist's auch mehr? Was mehr?/Bleiben sie hier beim Vater zurück,/Beim treulosen, schändlichen Vater,/Welches ist ihr Los?/Stiefgeschwister kommen,/Höhnen sie, spotten ihrer/Und ihrer Mutter,/Der Wilden aus Kolchis./Sie aber entweder dienen als Sklaven,/Oder der Ingrimm, am Herzen nagend,/Macht sie arg, sich selbst ein Gräul,/Denn wenn das Unglück dem Verbrechen folgt, /Folgt öfter das Verbrechen noch dem Unglück./[…] Denk ich des Unrechts, das ich erlitt,/Des Frevels, den man an mir verübt,/So erglüht in Rache mein Herz,/und das Entsetzlichste ist mir das Nächste –/Die Kinder liebt er, sieht er doch sein Ich,/Seinen Abgott, sein eignes Selbst/Zurückgespiegelt in ihren Zügen./Er soll sie nicht haben, soll nicht!/*Ich* aber will sie nicht, die Verhassten! […]
Sieh! Bei den hohen Göttern! Hätt er/Die Kinder *beide* mir gegeben – Nein!/ Könnt ich sie *nehmen*, gäb er sie mir auch,/Könnt ich sie lieben, wie ich sie jetzt hasse,/Wär etwas in der weiten Welt geblieben, / das er mir nicht vergiftet, nicht zerstört:/Vielleicht, dass ich jetzt ginge, meine Rache/Den Göttern lassend; aber so nicht, nun nicht!/Man hat mich bös genannt, ich war es nicht:/Allein ich fühle, dass man's werden kann./Entsetzliches gestaltet sich in mir,/Ich schaudre – doch ich freu mich auch darob.

Franz Grillparzer: Werke in einem Band. Gütersloh 1982. S. 349 bis 352.

*a) Beschreiben Sie den inneren Konflikt, durch den Medea gepeinigt wird. Welche Kräfte und Instinkte kämpfen miteinander?*
*b) Worum drehen sich bei Grillparzer die Gedanken der Medea? Inwieweit unterscheidet sich Grillparzers „Medea" von der des Euripides?*
*c) Fassen Sie mit eigenen Worten zusammen, was bei Euripides im Gegensatz zu Grillparzer ein wesentliches Element der Tragödie ist.*

## 78 Der Mensch als Krone der Schöpfung

Sophokles (497–405 v. Chr.) lässt in der Tragödie *Antigone* (Verse 332–365) den Chor folgende Verse über die Leistungen des Menschen verkünden:

Vieles ist ungeheuer, nichts
ungeheurer als der Mensch.
Das durchfährt auch die fahle Flut
in des reißendes Südsturms Not;
das gleitet zwischen den Wogen,
die rings sich türmen! Erde selbst,
die allerhehrste Gottheit,
ewig und nimmer ermüdend, er schwächt sie noch,
wenn seine Pflüge von Jahre zu Jahre, wenn
seine Rosse sie zerwühlen.
Völker der Vögel, froh gesinnt,
fängt in Garnen er, rafft hinweg
auch des wilden Getiers Geschlecht,
ja, die Brut der salzigen See
in eng geflochtenen Netzen,
der klug bedachte Mann, besiegt
mit List und Kunst das freie,
bergbesteigende Wild und umschirrt mit dem
Joche den mähnigen Nacken der Rosse und
auch des unbeugsamen Bergstiers.
Und Rede und, rasch wie der Wind,
das Denken erlernt' er, den Trieb,
die Staaten zu ordnen, und auch der Fröste
Unwohnlichkeit im Gefild
und Regensturms Pfeile fliehn:
Allbewandert, in nichts unbewandert schreitet er
ins Künft'ge; vorm Tod allein
sinnt er niemals Zuflucht aus;
doch für heilloser Krankheit Pein
fand er Hilfe.

Sophokles: Tragödien. Übers. v. Wilhelm Willige, überarb. von Karl Bayer. München 1990. S. 134 f.

*a) Deuten Sie das Wort „ungeheuer" (Z. 1) in den Chorversen des Sophokles.*
*b) Charakterisieren Sie das Menschenbild, das hinter den Versen des Sophokles steht. Vergleichen Sie es mit dem des Euripides, wie es in der* Medea *(Text 77a) zum Ausdruck kommt.*

## 79 Die Besonderheit und die Gefährlichkeit der tragischen Dichtung

**a)** Aristoteles (384–322 v. Chr) in seiner *Poetik*:

Die Komödie ist [...] Nachahmung von schlechteren Menschen, aber nicht in Hinblick auf jede Art von Schlechtigkeit, sondern nur insoweit, als das Lächerliche am Hässlichen teilhat. Das Lächerliche ist nämlich ein mit Hässlichkeit verbundener Fehler, der indes keinen Schmerz und kein Verderben verursacht, wie ja auch die lächerliche Maske hässlich und verzerrt ist, jedoch ohne den Ausdruck von Schmerz. [...]

Die Tragödie ist Nachahmung einer guten und in sich geschlossenen Handlung von bestimmter Größe, in anziehend geformter Sprache, wobei diese formenden Mittel in den einzelnen Abschnitten je verschieden angewandt werden – Nachahmung von Handelnden und nicht durch Bericht, die Jammer und Schaudern hervorruft und hierdurch eine Reinigung von derartigen Erregungszuständen bewirkt. [...]

Aus dem Gesagten ergibt sich auch, dass es nicht Aufgabe des Dichters ist, mitzuteilen, was wirklich geschehen ist, sondern vielmehr, was geschehen könnte, d. h. das nach den Regeln der Wahrscheinlichkeit oder Notwendigkeit Mögliche. Denn der Geschichtsschreiber oder Dichter unterscheiden sich nicht dadurch voneinander, dass sich der eine in Versen und der andere in Prosa mitteilt [...]; sie unterscheiden sich vielmehr dadurch, dass der eine das wirklich Geschehene mitteilt, der andere, was geschehen könnte. Daher ist Dichtung etwas Philosophischeres und Ernsthafteres als Geschichtsschreibung; denn die Dichtung teilt mehr das Allgemeine, die Geschichtsschreibung hingegen das Besondere mit. Das Allgemeine besteht darin, dass ein Mensch von bestimmter Beschaffenheit nach der Wahrscheinlichkeit oder Notwendigkeit bestimmte Dinge sagt oder tut. [...]

Bei der Tragödie halten sich die Dichter an den Namen von Personen, die wirklich gelebt haben. Der Grund ist, dass das Mögliche auch glaubwürdig ist; nun glauben wir von dem, was nicht wirklich geschehen ist, nicht ohne weiteres, dass es möglich sei, während im Falle des wirklich Geschehenen offenkundig ist, dass es möglich ist – es wäre ja nicht geschehen, wenn es unmöglich wäre. [...] Demzufolge muss man nicht unbedingt bestrebt sein, sich an die überlieferten Stoffe, auf denen die Tragödie beruht, zu halten. Ein solches Bestreben wäre ja auch lächerlich, da das Bekannte nur wenigen bekannt ist und gleichwohl allen Vergnügen bereitet.

Aristoteles: Poetik. Griechisch und Deutsch, übers. u. hrsg. v. Manfred Fuhrmann. Stuttgart 1984. S. 17; 19; 29 f.

**b)** Platon schuf in seiner *Politeia* einen Idealstaat, in der die Schicht der „Wächter" für die Verteidigung und die Überwachung der inneren Ordnung zuständig ist:

Wir wollen also, fuhr ich fort, auch ja nicht das glauben oder erzählen lassen, dass Theseus, des Poseidon Sohn, und Peirithoos, des Zeus Sohn, dergestalt auf frevelhaften Raub ausgegangen sind, noch dass irgendein anderer Göttersohn und Heros es über sich gebracht habe, Ruchloses und Frevelhaftes auszuüben, dergleichen man ihnen jetzt anlügt; sondern wir wollen die Dichter noch nötigen zu erklären, entweder dass solches nicht dieser Männer Taten oder dass sie selbst nicht Söhne der Götter sind, beides zusammen aber nicht zu sagen noch darauf auszugehen, unsere Jugend zu überreden, dass die Götter Unheil erzeugen und dass Heroen um nichts besser sind als Menschen. [...]

Ich ahne, sagte er, du willst überlegen, ob wir die Tragödie und Komödie in unseren Staat aufnehmen sollen oder nicht. [...] Dieses also, o Adeimantos, betrachte, ob unsere Wehrmänner darstellend sein sollen oder nicht. [...]

Wenn wir also unsere erste Rede aufrecht erhalten wollen, dass die Wehrmänner uns von allen Geschäften entbunden nichts anderes schaffen sollen, als nur die Freiheit des Staates recht vollkommen, und nichts betreiben, was nicht hierzu beiträgt: So dürfen sie eben nichts anderes verrichten oder nachahmend darstellen; wenn aber darstellen, dann mögen sie nur, was dahin gehört, gleich von Kindheit an nachahmen, tapfere Männer, besonnene, fromme, edelmütige und anderes der Art. [...] Wir werden also nicht erlauben, dass die, von denen wir sagen, dass wir uns ihrer annehmen und dass sie tüchtige Männer werden sollen, ein Weib darstellen, da sie doch Männer sind, mag es nun eine Junge sein oder eine Alte, die auf ihren

Mann schimpft oder die mit den Göttern eifert und gegen sie großtut, weil sie sich einbildet, glückselig zu sein, oder die sich in Unglück oder Trauer und Jammer befindet; eine Kranke aber gar oder Verliebte oder Gebärende noch viel weniger. […]. Auch wohl nicht schlechte Männer, wie ja folgt, feigherzige und die das Gegenteil ausüben von dem vorher Beschriebenen, einander beleidigend oder verspottend und beschimpfend im Rausch oder auch nüchtern. […] Ich denke aber, auch Wahnsinnigen muss man sie nicht gewöhnen sich ähnlich zu machen in Reden und Taten. Denn kennen muss man freilich wahnsinnige ebenso wie böse Männer und Frauen, dichten aber oder darstellen nichts von ihnen.

Platon: Sämtliche Werke. Band III. In der Übersetz. v. Friedrich Schleiermacher hrsg. v. Walter F. Otto et al. Hamburg 1970. S. 121; 124 f.; 127 f.

*a) Bestimmen Sie die Rolle, die bei Aristoteles und Platon die „Nachahmung" spielt.*
*b) Weshalb hält Platon „unzensierte" Dichtung für gefährlich?*
*c) Nennen Sie aus der neueren Geschichte Beispiele für Literaturverbote und vergleichen Sie deren Motive mit denen Platons.*

## 4. Die Philosophie

**Thales und die Sonnenfinsternis**

585 v. Chr. sagte ein Mann namens Thales (625–547 v. Chr.) in Milet eine Sonnenfinsternis auf den Tag genau voraus. Für die Griechen war er der erste Philosoph: Denn er erklärte ein außergewöhnliches natürliches Phänomen nicht mithilfe des Mythos oder der Götterwelt, sondern durch die Beobachtung der Natur und den Einsatz seines Verstandes. Von babylonischen Priestern wusste er, dass ungefähr alle 90 Jahre eine Sonnenfinsternis auftrat, und so brauchte er nur nachzurechnen, um das Phänomen vorherzubestimmen.

**Einflüsse aus dem Osten**

Der griechische Begriff „philosophia" meint die Liebe zur Weisheit. Ein Weiser gibt sich nicht mit alltäglichen und traditionellen Lehren zufrieden, er sucht nach tiefer gehenden Erklärungen. Ausgangspunkt allen Philosophierens ist – so meinte der große Gelehrte Aristoteles – das Staunen über die Welt und ihre Veränderungen. Nicht von ungefähr entstand die Philosophie in der Endphase der Kolonisation in den Hafenstädten Kleinasiens. Hier trafen sich die Weisheitsliteratur und die Weltentstehungsmythen des Ostens mit der Neugier der griechischen Seefahrer.

**Suche nach einer Weltformel**

Die frühen Philosophen wollten Ordnung in das Chaos der Natur bringen; man nennt sie deshalb auch Naturphilosophen. Ihre Überlegungen waren zwar spekulativ – genaue Messungen und chemische Analysen kannte man nicht –, doch basierten sie auf sorgfältigen Beobachtungen und plausiblen Schlussfolgerungen. Die Welt sei – so waren sich die frühen Philosophen einig – wie der Mensch eine komplexe Einheit. Hinter ihren Veränderungen stecke ein *Urstoff* oder ein *Urprinzip*. Thales sah den Urstoff im Wasser, sein Schüler Anaximander (ca. 610–546 v. Chr.) vermutete eine göttlichen Substanz, das „Unendliche". Dessen Schüler Anaximenes (ca. 585–526 v. Chr.) meinte dagegen, aus der Luft gingen durch Verdichtung Feuer, Wasser und Erde als Bauelemente aller Dinge hervor.

**Was ist das Sein und wie kann man es erkennen?**

Die Naturphilosophen befreiten sich bei der Beobachtung der Natur zunehmend von den phantasiereichen Erklärungen des Mythos. Konnte der Mensch aber seiner Beobachtungsgabe trauen? Nach Ansicht des Parmenides (ca. 515 bis 445 v. Chr.) aus Elea (Unteritalien) täuschen uns die Sinne, wenn wir die Welt sehen, hören und riechen. Um die wahre Welt zu erkennen, muss der Mensch die Augen schließen und sich allein auf seine Vernunft und das logische Denken verlassen: Dieses Vertrauen auf die Erkenntniskraft der Vernunft nennen wir *Rationalismus*.

80 Sokrates (ca. 470–399 v. Chr.)

81 Platon (427–347 v. Chr.)

82 Aristoteles (384–322 v. Chr.)

**Die Atomlehre Demokrits**

Fortan gab es zwei Grundauffassungen. Die eine beharrte auf der Realität der mit den Sinnen wahrzunehmenden Welt und ihrer Veränderungen, die andere meinte, es gäbe nur eine mit dem Verstand zu erschließende Welt. Demokrit (ca. 460 bis 380 v. Chr.) vermittelte zwischen beiden Positionen. Nach seiner Meinung waren alle natürlichen Dinge aus einer Vielzahl von kleinsten Teilen zusammengesetzt. Er nannte sie Atome. Sie sind „un-teilbar" („a-tomos"), befinden sich in einer ständigen Bewegung zueinander und bewirken so ohne äußere Kräfte die Veränderung der Welt.

**Die Sophisten**

Neue Perspektiven eröffneten sich nach den Perserkriegen: Nicht mehr die Erkenntnis der Welt – „Der Mensch selbst ist das Maß aller Dinge" war das Motto einer Gruppe von „Weisheitslehrern", so genannten Sophisten. Weisheit bedeutete für sie praktische Weisheit: kluges Argumentieren (Dialektik), überzeugendes Reden (Rhetorik) und erfolgreiche Menschenführung – Fertigkeiten, die im demokratischen Athen besonders gefragt waren.

**Das „philosophische" Leben des Sokrates**

Sokrates (ca. 470–399 v. Chr.) wollte sich damit nicht zufrieden geben. „Ich weiß, dass ich nichts weiß", lautete einer seiner berühmtesten Aussprüche. Damit meinte er: Meine Mitbürger mögen in praktischen Fähigkeiten beschlagener sein und sich für weise halten, doch in Wirklichkeit haben sie nur oberflächliches Wissen, aber keine tiefer gehenden Einsichten; im Gegensatz zu ihnen bin ich mir dessen bewusst; damit besitze ich einen entscheidenden Wissensvorsprung und gestalte mein Leben frei von den Scheinlehren der Sophisten. Grundlage eines solchen „glücklichen" Lebens war nach Sokrates das Wissen über das, was gut, schön und gerecht ist.

**Platon und die Welt der Ideen**

Gelten die Einsichten des Sokrates aber auch für die Welt insgesamt? Platon (427–347 v. Chr.), sein bedeutendster Schüler, glaubte wie Parmenides, die mit unseren Sinnen wahrzunehmende Welt sei eine unvollkommene Scheinwelt: Denn in der Natur gibt es keine vollkommene Kugel, keinen vollkommenen Kreis und auch nicht das vollkommen Schöne oder Gerechte. Dennoch hat der Mensch eine Vorstellung vom Runden, Kugelförmigen, Schönen und Gerechten. Platon nennt diese Vorstellungen „Ideen". Sie sind „Urbilder" der realen Dinge und befinden sich in einer Welt außerhalb der Scheinwelt – einer Welt der absoluten Wahrheit. Die menschliche Seele hat vor der Geburt die Ideen geschaut, sie aber mit dem Übergang in den Körper vergessen. Nun sehnt sie sich nach der Welt der Ideen zurück. Platon nennt diese Sehnsucht „Eros" („Liebe"); wir verstehen heute unter „platonischer Liebe" eine geistige Leidenschaft, eine „Begeisterung" für das Schöne oder das Gerechte.

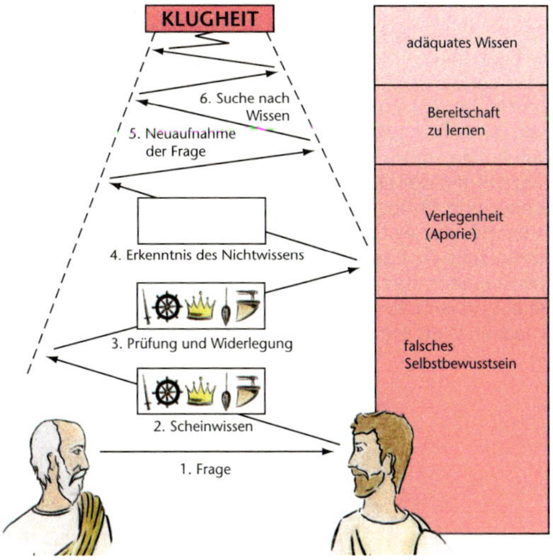


**83** Der Gesprächsablauf im sokratischen Dialog. *Erklären Sie mithilfe des Verfassertextes das Schema und spielen Sie einen solchen Dialog selbst z. B. mit der Frage nach dem „Gerechten" oder dem „Schönen" durch.*

## Aristoteles und die Rückkehr zur realen Welt

Anders als Platon meinte dessen berühmtester Schüler Aristoteles (384 bis 322 v. Chr.), nur die reale Welt hinterlasse ihre Spuren in unseren Ideen und Gedanken. Um das Urprinzip der Welt zu verstehen, müsse man deshalb all ihre Bestandteile – von den Steinen, über die Pflanzen und Tiere bis zu den menschlichen Einrichtungen – studieren, ordnen und erklären. Sein Fazit jahrzehntelanger Forschungen: Alle natürlichen Dinge sind geformte Materie. Die Formung bewirke ein „erster Beweger", Aristoteles nennt ihn Gott. Der Mensch besitzt als einziges Lebewesen Vernunft und ist deshalb die höchste Form des Lebens, doch muss er stets an sich arbeiten und seine Möglichkeiten voll auszuschöpfen, um in der Gemeinschaft glücklich zu werden.

## Die neue Suche nach dem individuellen Glück

Der athenische Philosoph Epikur (341–271 v. Chr.) meinte, ein Glückszustand setze immer dann ein, wenn der Mensch seine stärksten natürlichen Bedürfnisse befriedigt hat, wenn er Durst durch Trinken löscht, Hunger durch Essen und den Geschlechtstrieb durch körperliche Vereinigung. Der Weise kontrolliert jedoch seine Triebe und gelangt so zu innerer Seelenruhe (Apathie). Glücklich ist der Mensch, wenn er diesen Zustand der „Abwesenheit von Leidenschaften" zu erreichen vermag.

## Die Stoa

Auch die Stoiker sahen in der Seelenruhe den einzig möglichen Zustand vollkommenen Glücks. Doch anders als Epikur glaubten sie, bereits das Streben nach natürlicher und materieller Befriedigung sei der Beginn individuellen Unglücks. Glücklich wird der Mensch erst, wenn er Abstand und Gelassenheit bewahrt gegenüber allen äußeren Reizen, Schicksalsschlägen, Schmerzen und Krankheiten. Noch heute spricht man von stoischer Ruhe, wenn sich ein Mensch völlig gefasst in außergewöhnlichen Situationen verhält. Mit Seelenruhe und Apathie meinten die Stoiker aber auch: Zufriedenheit mit sich und der Umwelt – „mit sich selbst ins Reine kommen", würden wir heute sagen.

**Rationalismus:** Als Rationalismus bezeichnet man alle philosophischen Richtungen, die mit Hilfe der Vernunft (Ratio) anstelle von Glaubenssätzen oder Mythen die Welt und den Menschen erklären. Als Begründer des Rationalismus können die griechischen Philosophen des 6. und 5. Jahrhunderts v. Chr. gelten, weil sie mithilfe der Vernunft Erklärungen für den Wandel und die Natur gaben. Parmenides schloss sogar alle äußeren Erfahrungen aus. Mit dem Ende der Antike verlor die rationalistische Weltsicht an Einfluss. Die große Zeit des Rationalismus begann mit der europäischen Aufklärung im 17. und 18. Jahrhundert, als sich Gelehrte, Schriftsteller und Philosophen aus der Vorherrschaft des theologischen Denkens und der alleinigen Autorität der Antike lösten. Philosophen wie Descartes, Spinoza und Locke vertraten die optimistische Auffassung, dass der menschlichen Erkenntniskraft keine Grenzen gesetzt seien und sie über kurz oder lang alle Rätsel der Welt erklären könne. Diese Form des Rationalismus ist ein typisch abendländisch-europäisches Phänomen, dem man heute besonders in der islamischen Welt mit großem Misstrauen begegnet.

## 84 Staatliche Gesetze – „Trick" der Mächtigen oder nützliche Orientierung der Menschen?

**a)** Die Frage nach der Rolle menschlicher Gesetze wurde seit dem Aufkommen der Sophisten heftig diskutiert und hat die abendländische Geistesgeschichte tief geprägt. Xenophon (ca. 430–355 v. Chr.) berichtet in seinen *Erinnerungen an Sokrates* (1, 2, 44–46) über ein Gespräch zwischen Perikles und seinem Neffen Alkibiades:

„Gewalt jedoch und Gesetzlosigkeit, was ist das, Perikles? Nicht wahr, wenn der Stärkere den Schwächeren nicht überzeugt hat, sondern ihn vielmehr mit Gewalt zwingt, das zu tun, was er für gut hält?" – „Das scheint mir so zu sein", habe Perikles geäußert. – „Soweit demnach ein Tyrann die Bürger nicht überzeugt hat und ihnen zwangsweise Vorschriften macht für sein Tun, ist das Gesetzlosigkeit?" – „So scheint es mir zu sein", habe Perikles geantwortet; „denn ich nehme es zurück, dass das Gesetz ist, was ein Tyrann vorschreibt, ohne überzeugt zu haben." – „Was aber die Wenigen vorschreiben, ohne das Volk überzeugt zu haben, sondern weil sie eben die Herrschaft ausüben, sollen wir das Gesetz nennen oder nicht?" – „Alles", so habe Perikles entgegnet, „was jemand einen anderen zu tun zwingt, ohne ihn überzeugt zu haben [...], scheint mir mehr Gewalt als Gesetz zu sein." – „Und was das gesamte Volk, wenn es die Begüterten beherrscht, vorschreibt, ohne überzeugt zu haben, sollte das denn mehr Gewalt oder Gesetz sein?" – „Gar sehr, Alkibiades", habe Perikles geantwortet.

Xenophon: Erinnerungen an Sokrates. Hrsg. v. P. Jaerisch. Wiesbaden o. J. S. 639-640.

**b)** Der Epikureer Hermarchos (ca. 274–220 v. Chr.) über den Nutzen der Gesetze:

Ursprünglich wurde nämlich unter all den Gesetzen, die [...] heute noch fortbestehen und natürlicherweise überliefert werden, keins mit Gewalt erlassen, sondern nur dadurch, dass die Benutzer selbst dem Gesetz zustimmten. Denn was die Männer, die solche Bestimmungen im Volk einführten, von der Masse unterschied, war die Klugheit ihrer Seele, nicht die Kraft ihres Körpers und totalitäre Gewalt. Bei denen, deren vorherige Wahrnehmung davon unvernünftig und häufig vergesslich war, etablierten sie ein Nützlichkeitskalkül und beeindruckten die anderen mit der Größe der Strafe. Auch heute hält diese allein die durchschnittlichen Menschen ab und hindert sie daran, gegen öffentliche oder private Interessen zu handeln. Aber wenn alle in gleicher Weise das Nützliche zu beobachten und im Sinn zu behalten vermöchten, dann hätte es keinen weiteren Bedarf an Gesetzen gegeben, sondern sie würden aus eigener Wahl sich vor dem in Acht nehmen, was verboten ist, und das tun, was vorgeschrieben ist. Denn die Beobachtung dessen, was nützlich und was schädlich ist, reicht aus, um die Vermeidung des einen und die Wahl des anderen herbeizuführen. Die Androhung von Strafe richtet sich gegen die, die es versäumen, das Nützliche im Auge zu behalten. Indem sie über ihnen hängt, zwingt sie sie nämlich, die Antriebe zu beherrschen, die sie zu unzuträglichen Handlungen verleiten würden, und hilft mit Gewalt, sie zu zwingen, das zu tun, was sie sollen.

A. A. Long/D. N. Sedley: Die hellenistischen Philosophen. Texte und Kommentare. Übers. v. K. Hülser. Stuttgart/Weimar 2000. S. 149 f.

*a) Versuchen Sie Alkibiades' Auffassung in eine Definition zu kleiden.*
*b) Wodurch unterscheidet sich das Gesetzesverständnis der beiden Texte? Welcher Position stimmen Sie zu?*

## 85 Leben in Platons Idealstaat

Platon entwarf in der *Politeia* einen Idealstaat – ein Gegenbild des Athens seiner Zeit. An der Spitze steht der Philosoph und Staatslenker, dann folgen die Wächter und Krieger und die letzte Gruppe bilden die Erwerbstätigen. Jeder Gruppe entspricht eine spezifische Seelenkraft: „Erkennen" (Philosoph), „Mut" (Wächter) und „Begehren" (Erwerbsstand). Die Darstellung des Kriegerstandes hat bis heute heftige Diskussionen hervorgerufen:

Also einer auserlesenen Übung [...] werden unsere kriegerischen Kämpfer bedürfen, da sie ja wie Hunde wachsam sein müssen und möglichst scharf sehen und hören und weil sie sich im Felde vielerlei Abwechslungen des Getränkes und der Speisen und so auch der Hitze und Kälte müssen gefallen lassen. [...]

Sind sie nun zusammen, so sollen sie zusehen, wo es am vorteilhaftesten ist, in der Stadt das Lager aufzuschlagen, um von da aus sowohl die drinnen am besten im Zaum zu halten, wenn etwa einer den Gesetzen nicht gehorchen wollte, als auch die von außen abwehren, wenn etwa ein Feind wie ein Wolf die Herde anfallen wollte. [...] Sieh also zu [...], dass keiner irgendein Vermögen besitze, [...] ferner dass keiner irgend solche Wohnung oder Vorratskammer habe, [...] dass sie aber das Notwendige, dessen besonnene und tapfere Männer, die im Krieg kämpfen sollen, bedürfen, in bestimmter Ordnung von den andern Bürgern als Lohn für ihren Schutz in solchem Maß empfangen, dass ihnen weder etwas übrig bleibe auf das nächste Jahr noch sie auch Mangel haben, indem sie nämlich, gemeinsame Speisungen besuchend, wie im Felde Stehende zusammenleben. [...] Ihnen allein von allen in der Stadt sei es verboten, mit Gold und Silber zu schaffen zu haben und es zu berühren und auch unter demselben Dach damit zu sein oder es an der Kleidung zu haben. [...]

[Folgende Einrichtung soll aber auch bestehen:] Dass diese Frauen alle allen diesen Männern gemeinsam seien, keine aber irgendeinem eigentümlich beiwohne, und so auch die Kinder gemeinsam, so dass weder ein Vater sein Kind kenne, noch auch ein Kind seinen Vater. [...]

Jeder Trefflichste sollte der Trefflichsten am meisten beiwohnen, die Schlechtesten aber den ebensolchen umgekehrt; und die Sprösslinge jener sollten aufgezogen werden, dieser aber nicht, wenn uns die Herde recht edel bleiben soll; und dies alles muss völlig unbekannt bleiben, außer den Oberen selbst, wenn die Gesamtheit der Wächter so weit wie möglich durch keine Zwietracht gestört werden soll. [...] Also werden gewisse Feste gesetzlich eingeführt werden, an welchen wir die neuen Ehegenossen beiderlei Geschlechts zusammenführen werden. [...]

Die jedes Mal geborenen Kinder nehmen die dazu bestellten Obrigkeiten an sich. [...] Die der guten [...] tragen sie in das Säugehaus zu Wärterinnen, die in einem besonderen Teil der Stadt wohnen, die der schlechteren aber, und wenn eines von den anderen verstümmelt geboren ist, werden sie [...] in einem unzugänglichen und unbekannten Ort verbergen. [...] Diese werden also auch für die Nahrung sorgen, indem sie die Mütter, wenn sie von Milch strotzen, in das Säugehaus führen, so jedoch, dass sie auf alle erdenkliche Weise verhüten, dass irgendeine das Ihrige erkenne. [...]. Richtig erscheint mir, dass die Frau mit dem 20. Jahr bis zum vierzigsten dem Staat gebäre, der Mann aber die Zeit der größten Stärke im Laufen hinter sich hat und von da an dem Staat erzeuge bis zum 55. Lebensjahr.

Platon: Sämtliche Werke. Band III. In der Übersetz. v. Friedrich Schleiermacher hrsg. v. Walter F. Otto et al. Hamburg 1970. S. 136; 146 f.; 179; 181 f.

*a) Welche Art von Staat schwebt Platon vor? Prüfen Sie, ob in Platons Idealstaat die Rechte des Individuums gewährleistet sind.*
*b) Kennen Sie Beispiele aus der Geschichte, die an Platons Staatsmodell erinnern?*
*c) Entwerfen Sie eine Kritik an Platon aus der Sicht eines athenischen Demokraten.*

## 5. Geschichtsschreibung

**Die Bedeutung der homerischen Epen**

Während die Naturphilosophen den gesamten Kosmos untersuchten, interessierten sich die Geschichtsschreiber für konkrete menschliche Ereignisse. Anders als im Orient und in Ägypten gab es jedoch in Griechenland keine staatlichen Archive oder offizielle Tatenberichte von Herrschern. Die griechischen Adelsfamilien beriefen sich stattdessen auf die gemeinsame mythische Vergangenheit, wie sie die großen Epen *Ilias* und *Odyssee* erzählten. Deren Themen „Krieg" (*Ilias*) und „fremde Völker und Länder" (*Odyssee*) blieben für die Geschichtsschreibung verbindlich.

**Herodot**

Als das persische Weltreich mit den Griechen in Konflikt geriet, reichten jedoch die Götter- und Heldengeschichten als Erklärung nicht mehr aus – Homer kannte die Perser gar nicht. Besonders die Athener wollten wissen, wie es zu dem Krieg gegen die Perser gekommen war. Herodot aus Halikarnassos hielt seit 430 v. Chr. in Athen darüber Vorträge. Nach seiner Auffassung waren die Perserkriege das Ergebnis einer langen Kette früherer Konflikte zwischen Griechen und den Völkern des Ostens.
Um die Handlungen der Menschen besser verstehen zu können, bereiste Herodot viele Länder, befragte Zeugen und suchte nach Aufzeichnungen. Das entscheidende Erklärungsmuster für Kriege, Schicksalsschläge und Veränderungen blieb bei allen wundersamen Details seiner Geschichten der Neid der Götter auf die allzu Mächtigen, die das rechte Maß überschreiten und die Ordnung der Dinge durcheinander bringen.

**Thukydides**

86 Thukydides. Porträtsäule, römische Kopie eines Originals aus dem 5. Jahrhundert v. Chr.

Dennoch befriedigten seine Antworten nicht alle Athener: Sorgen wirklich die Götter für die Wiederherstellung der Ordnung oder tun es nicht vielmehr die Menschen selbst? Antworten auf diese Fragen suchte rund 30 Jahre nach Herodot der Athener Thukydides. Er war ein Zeitgenosse des großen Peloponnesischen Krieges und wählte ihn zum Thema seines Geschichtswerkes. Sitten und Gebräuche der Völker interessierten ihn wenig; ihm ging es um die Auswirkungen des menschlichen Machtstrebens und des Krieges auf die Menschen und ihre Gesellschaft. Damit schuf er den Prototyp einer (politischen) Geschichtsschreibung, die bis heute für viele Historiker Vorbild geblieben ist.

### 87 Die historische „Methode" des Herodot und des Thukydides

a) Herodot (ca. 485–424 v. Chr.) über seine Arbeitsweise als Geschichtsschreiber:

Herodot von Halikarnassos gibt hier eine Darlegung seiner Erkundung, damit bei der Nachwelt nicht in Vergessenheit gerate, was unter Menschen einst geschehen ist; auch soll das Andenken an große und wunderbare Taten nicht erlöschen, die die Hellenen und die Barbaren getan haben, besonders aber soll man die Ursachen wissen, weshalb sie gegeneinander Kriege führten.
[Nach einem Überblick über die Erklärungen der Perser fährt Herodot fort:] So erzählen die Perser und so die Phöniker. Ich selber will nicht entscheiden, ob es so oder anders gewesen ist. Aber den Mann will ich nennen, von dem ich sicher weiß, dass er es war, der mit den Feindseligkeiten gegen die

Hellenen den Anfang gemacht hat. Und dann will ich fortfahren und berichten, was weiter geschehen ist, und will die Geschichte der großen und kleinen Städte erzählen. Denn viele Städte, die einst mächtig waren, sind klein geworden, und die zu meiner Zeit mächtig waren, sind früher klein gewesen. Ich weiß, dass menschliche Größe und Herrlichkeit nicht von Bestand ist, und darum will ich der Schicksale beider in gleicher Weise gedenken.

Herodot: Historien. Übers. v. A. Horneffer. Stuttgart 1971. S. 1 u. 3.

**b)** Auch Thukydides (ca. 460–396 v. Chr.) gibt im „Vorwort" (Proömium) seines Werkes eine Übersicht über den Inhalt. In den Kapiteln 22 und 23 äußert er sich zu seiner Methode:

In der Tat ist dieser Krieg die gewaltigste Erschütterung, die Hellas und ein Teil der Barbarenländer, ja fast die gesamte Menschheit erlebt hat. Freilich habe ich von den Ereignissen der Vergangenheit und der fernen Vorzeit nichts Genaueres in Erfahrung bringen können, weil zu lange Zeit dazwischen liegt; aber nach den Zeugnissen, denen ich aufgrund meiner so weit wie möglich ausgedehnten Nachforschungen wohl Glauben schenken muss, kann ich nicht annehmen, dass damals große Dinge, weder große Kriege noch sonst große Ereignisse, vorgefallen sind. [...]
Gleichwohl wird, wer das, was ich dargelegt habe, aufgrund der angegebenen Beweise als ungefähr richtig annimmt, nicht irre gehen. Er wird nicht den Dichtern glauben, die die alte Zeit in übertreibender Weise verherrlicht haben, noch den Erzählungen der Logographen, die mehr auf Unterhaltung einer lauschenden Menge als auf Wahrheit aus sind. [...]
Was nun die Reden betrifft, die teils am Vorabend des Krieges, teils während desselben gehalten worden sind, so war es mir als Ohrenzeugen sowie meinen Berichterstattern unmöglich, den genauen Wortlaut des Gesagten im Gedächtnis zu behalten; nur wie meiner Meinung nach ein jeder in seiner Lage etwa sprechen musste, so stehen die Reden da, in möglichst engem Anschluss an den Gesamtsinn des in Wirklichkeit Gesagten. Was aber tatsächlich geschah in dem Krieg, erlaube ich mir nicht nach Auskünften des ersten Besten aufzuschreiben, auch nicht „nach meinem Dafürhalten", sondern bin Selbsterlebtem und Nachrichten von anderen mit aller erreichbaren Genauigkeit bis ins Einzelne nachgegangen. Mühsam war diese Forschung, weil die Zeugen der einzelnen Ereignisse nicht dasselbe über dasselbe aussagten, sondern je nach Gunst oder Gedächtnis.

Thukydides: Der Peloponnesische Krieg. Übertr. v. A. Horneffer. Essen 1993. S. 3 u. 18 f.

*a) Nennen Sie die Themenbereiche Herodots und erläutern Sie diese. Worin bestehen Gemeinsamkeiten, worin die entscheidenden Unterschiede zum Anliegen des Thukydides?*
*b) Wie gehen Herodot und Thukydides mit mündlichen und schriftlichen Aussagen um?*
*c) Diskutieren Sie die Methode des Thukydides bei der Wiedergabe von Reden.*

## 88 Krieg zerstört die menschliche Ordnung

In einem berühmten Abschnitt seines Werkes (3. Buch, Kap. 81 f.) beschreibt Thukydides die Auswirkungen eines Bürgerkrieges in Korkyra:

Sieben Tage brauchten die Korkyräer, um alle hinzuschlachten, die sie für ihre politischen Gegner hielten. Die Schuld, die sie ihnen vorwarfen, lautete: Sturz der Demokratie. Es mussten aber auch manche um persönlicher Feindschaft willen oder als Gläubiger unter den Händen ihrer Schuldner sterben. In all seinen Gestalten trat der Tod auf, und was immer in solcher Lage Schreckliches vorkommen kann – nichts gab es, was hier nicht eintrat, und womöglich noch Schlimmeres. Der Vater brachte den Sohn um. Von den Altären riss man sie und tötete sie auf den Stufen. Ja, manche wurden sogar im Tempel des Dionysos eingemauert und starben so dahin.
Zu solcher Rohheit steigerte sich der Parteikampf, und das wirkte umso schlimmer, weil es zum ersten Mal in der griechischen Geschichte geschah. Denn später wurde sozusagen die ganze griechische Welt in die Bewegung hineingezogen, da es an jedwedem Platze Parteiung gab und nun die Führer der Volkspartei jeweils die Athener, die Aristokraten aber die Spartaner herbeiholten. In ruhigen Zeiten hätten sie keinen Vorwand und auch keine Lust gehabt, sie herbeizurufen; da sie aber im Krieg miteinander

lagen und Bundesgenossen also für jede Partei etwas bedeuteten, geschah es leicht, dass jeweils die Partei des Umsturzes zur Vernichtung der Gegenpartei und damit zur eigenen Stärkung sich diese fremde Hilfe zu beschaffen suchte. Ja, es brach infolge der Parteiung so viel Leid über die griechischen Städte hinein, wie es immer war und auch immer sein wird, solange die menschliche Natur dieselbe ist, bald heftiger, bald harmloser und in den Formen wechselnd, je nachdem wie der Umschlag der Dinge die einzelnen Staaten trifft. Im Frieden nämlich und wenn die Geschäfte gut gehen, meinen die Staaten wie die Einzelnen es gut miteinander, weil sie nicht unter dem Zwang der Not fallen. Der Krieg aber, der ihnen unter der Hand die leichte Befriedigung der täglichen Bedürfnisse nimmt, ist ein gewaltiger Lehrmeister und passt die Leidenschaften der Masse an ihre Lage an. [...]

Selbst die gewöhnliche Bedeutung der Worte für die Sachen änderten sie nach Gutdünken: Frechheit ohne Sinn und Verstand war Mannesmut treuer Parteigenossen. Vorsichtiges Zögern – getarnte Angst. Besonnenes Verhalten – Maske des Feiglings. Vernunft in allem – Versagen bei jedem.

Zit. nach: Geschichte in Quellen. Altertum. Bearb. v. W. Arend. 4. Aufl. München 1989. S. 230 f.

*a) Der Krieg – ein Lehrmeister? Wie lässt sich dieser Thukydides-Satz verstehen?*
*b) Untersuchen Sie den Stil des Thukydides und versuchen Sie seine suggestive Wirkung zu erklären.*
*c) Thukydides war stark von den Sophisten und der Tragödie beeinflusst. Inwiefern schlägt sich das in seiner Darstellung nieder?*

**Zur Diskussion**

## Gegenwart der griechischen Kultur in der Moderne?

„Wir sind alle Griechen" – so jubelten noch im 19. Jahrhundert humanistisch gebildete Literaten und Dichter. Solcherart begeisterte Identifikation wurde in den letzten hundert Jahren gründlich erschüttert. Dennoch blieb der Einfluss griechischer Kultur präsent, z. B. im Theater oder in der Kunst. Es ging und geht dabei nicht mehr um naive Ehrfurcht vor den großen Werken und Leistungen der Griechen – sie sind unbestritten –, sondern um die Frage, inwieweit die griechische Kultur besonders der „klassischen" Epoche dem Menschen von heute noch etwas zu sagen hat.

**a)** Der deutsche Philologe Hellmut Flashar, 1993:

Vielmehr ist es nun die neue gewonnene Erfahrung, dass das antike Drama, vornehmlich die griechische Tragödie, eine große Projektionsfläche darstellt, auf der die Probleme der Gegenwart, verfremdet durch das Spiel in mythischer Ferne, in grundsätzlicher Symbolik dargestellt werden kann. Dass dies gerade bei der griechischen Tragödie gelingt, liegt daran, dass die griechische Tragödie bereits ihrerseits eine Aktualisierung einer mythischen Vergangenheit darstellt und sich an ihr schon einmal die paradigmatische Kraft des Mythos entfaltet hat. Dieser Vorgang wird jetzt noch einmal nachvollzogen, und zwar in der Gestaltung von politischen Grundsituationen aus dem Mythos heraus. Der Fall von Troja [...] steht für die im Krieg zerstörten Städte, Antigone für die Problematik des zivilen Ungehorsams gegenüber als Unrecht empfundenen staatlichen Entscheidungen. [...] Es sind dies Probleme und Situationen, die uns heute bedrängen und die wir in ihrer beängstigenden Aktualität mit dem Schauder der rituellen Formstrenge aus dem griechischen Drama erfahren. [...] Die griechische Tragödie hat rituelle Ursprünge und ist bei ihrer Aufführung in Zusammenhang mit Dionysosfest in Athen immer

Ritus und Kult geblieben. Ihre Aussage wird auch heute nicht voll erfasst, wenn diese Komponente fehlt. […] Erst die Verbindung von politischer und ritueller Dimension, von Nähe und Ferne, von Vertrautem und Fremdem zugleich, schafft den Grund, von dem heute (im Idealfall) eine wirkliche Betroffenheit von der griechischen Tragödie ausgehen kann.

Hellmut Flashar: Die Antike im Theater und Musiktheater der Gegenwart. In: W. Ludwig (Hrsg.): Die Antike in der europäischen Gegenwart. Göttingen 1993. S. 128–130.

**b)** Der britische Historiker Paul Cartledge, 1998:

Ich möchte […] darauf insistieren, dass unsere Mentalität und unser geistiges Koordinatensystem als Ganzes letztlich grundlegend anders ist als das der Griechen, und ich werde versuchen, das am Beispiel des attischen Theaters noch einmal vor Augen zu führen. […] Das attische Drama überwindet, wie schon das Epitheton „klassisch" andeutet, in seiner Wahl der Themen und in ihrer Behandlung die ihm historisch gegebenen Schranken. In den vergangenen Jahrzehnten wurden zumal Euripides' *Medea* und Aristophanes' *Lysistrata* feministisch gedeutet, Euripides' *Bacchen* wurden als Siegeslied der emanzipatorischen Zivilisationskritik interpretiert, und die *Antigone* des Sophokles hat dem Nachdenken über Bürgerkrieg und Totalitarismus Impulse vermittelt. Kurz gesagt, das klassische griechische (attische) Drama vermag auch heute noch uns anzusprechen und uns nützlich zu sein. Ja, es ist uns scheinbar so nah und vertraut, dass die Hauptaufgabe für jeden modernen Regisseur und auch für den modernen Gelehrten darin bestehen muss, seine Fremdheit vor Augen zu führen. Diese Aufgabe wird erleichtert, wenn man sich von vornherein klarmacht, dass für das attische Theater die religiöse Dimension unausweichlich im Zentrum stand.

Die Religion der klassischen Griechen gehört jedoch […] nicht zu dem, was wir von ihnen als Erbe übernommen haben. Sie war eine Religion der griechischen Polis, und als solche an politische Rahmenbedingungen gebunden, die die römische Eroberung der griechischen Welt und die Christianisierung des Römischen Reiches nicht überlebt haben. Der wesentliche religiöse Bedeutungsgehalt des attischen Dramas, das ursprünglich ausschließlich im Rahmen religiöser Feste aufgeführt wurde […], kann in den andersartigen Kontext des modernen Bühnendramas nicht übertragen werden.

Paul Cartledge: Die Griechen und wir. Stuttgart/Weimar 1998. S. 163–165.

*a) Arbeiten Sie die Ansichten beider Autoren zur Rolle des rituellen bzw. religiösen Elementes der griechischen Tragödie heraus.*

*b) Was macht für Flashar und Cartledge jeweils die „Nähe" und die „Ferne" der Griechen bzw. des griechischen Theaters aus? Diskutieren Sie die Positionen der beiden Autoren.*

# B. Imperium Romanum – Vom Dorf zum Weltreich

## I. Gesellschaft und Verfassung der römischen Republik

Rom, aufgestiegen vom Bauerndorf zum mächtigsten Reich der Antike, angetrieben durch die Disziplin und Opferbereitschaft sittenstrenger Männer – so stilisierte es die römische Tradition. Sie hatte mit diesem Bild der römischen Republik bis ins 19. Jahrhundert Erfolg. Mittlerweile jedoch hat die moderne Geschichtswissenschaft erhebliche Korrekturen vorgenommen. Wie wir heute wissen, verlief die Geschichte Roms keineswegs so gradlinig und auch nicht unabhängig von den Einflüssen anderer Völker; ebenso ist die viel bewunderte bäuerliche Selbstdisziplin mehr Legende als Wirklichkeit. Welche Faktoren haben aber tatsächlich Roms Gesellschaft geprägt? Wie gelang es ihren Politikern, ohne eine schriftliche Verfassung mit einem Minimum an gesetzlichen Regeln den Staat zu regieren?

| | |
|---|---|
| etwa 13./12. Jh. v. Chr. | Indoeuropäische Stämme (Italiker) wandern in die Appeninnenhalbinsel ein. |
| um ca. 780 v. Chr. | Etrusker und Griechen gründen Stadtstaaten in Süd- und Norditalien. |
| 753 v. Chr. | Sagenhafte Gründung Roms |
| Ende des 7. Jhs. | Etrusker besetzen die latinischen Siedlungen auf den Hügeln nahe der Tibermündung, fassen sie zu einer Stadt namens Ruma zusammen und begründen ein etruskisches Stadtkönigtum. |
| ab ca. 500 v. Chr. | Gallier, Griechen und italische Bergvölker bedrängen die etruskischen Städte. Die Häupter der römischen Adelsfamilien stürzen den etruskischen Stadtkönig und übertragen dessen Kompetenzen auf jährlich wechselnde Oberbeamte. Damit begründen sie die Republik. |
| ab ca. 470 v. Chr. | Die Plebejer verweigern den Heeresdienst und organisieren sich erstmals außerhalb der Stadt in einer Schwurgemeinschaft. Damit beginnen die so genannten Ständekämpfe. |
| ca. 450 v. Chr. | Die Heeresversammlung wird zur Volksversammlung umgebildet, zu der fortan auch die Plebejer gehören.<br>Die Plebejer setzen die Aufzeichnung des Privat-, Straf- und Sakralrechtes im „Zwölftafelgesetz“ durch. |
| 387 v. Chr. | Kelten (Gallier) erobern Rom. |
| 367/366 v. Chr. | Die Plebejer erhalten Zugang zum Konsulat. |
| 287 v. Chr. | Die Plebejer-Versammlungen (*concilia plebis*) und ihre Beschlüsse werden als Institutionen des gesamten Staates anerkannt. |

### 1. Die Gründung Roms und der Weg zur Republik

**Gründungslegenden**

Die sagenhafte Geschichte von der Gründung Roms durch die Zwillingsbrüder Romulus und Remus im Jahr 753 v. Chr., die so dramatisch im tödlichen Bruderzwist um die Herrschaft endete, besagt wenig über die historischen Fakten. Sie gibt jedoch Aufschlüsse über die Denkweise der herrschenden Kreise zu der späteren Zeit, als diese Gründungslegende aufkam und verbreitet wurde. Tatsächlich wussten die Römer nicht, wie ihre Stadt entstanden war. Sie füllten die weißen Flecken ihrer Vergangenheit mit Mythen, die sich schon die griechischen Kolonisten im Süden und die Etrusker im Norden Italiens über die Anfänge Roms erzählten. Eine besondere Berühmtheit erlangte hierbei der trojanische Held Aeneas, der nach dem Untergang Trojas auf göttlichen Befehl nach Latium segelte, um dort ein neues Reich zu gründen. Später umrankte man dann die römische Frühzeit mit patriotischen Geschichten von tapferen Bauernsoldaten, die jederzeit bereit waren, ihr Leben für die Rettung des Staates hinzugeben. Solche Legenden sollten der Gegenwart den Spiegel einer besseren Vergangenheit vorhalten.

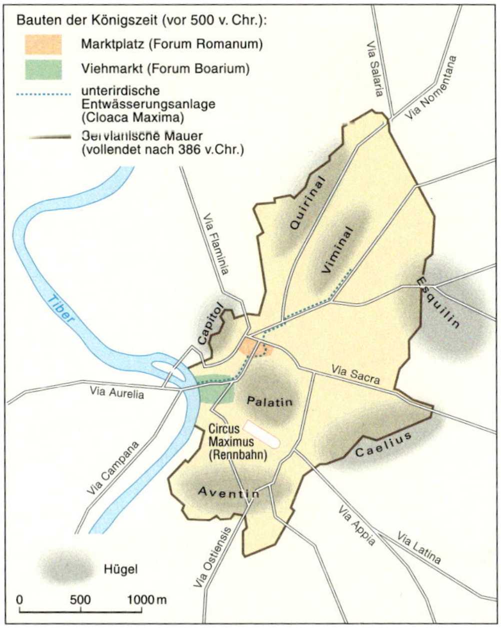


**89** Rom zur Königszeit, 700–500 v. Chr.

**Historische Spuren**

Die italischen Volksstämme indogermanischen Ursprungs, die als Ackerbauern in Italien siedelten, bekamen um 780 v. Chr. fremde Nachbarn. Damals landeten die ersten griechischen Händler an der Südküste Italiens und gründeten viele mit der Zeit aufblühende Städte. Etwa gleichzeitig besiedelten die Etrusker zunächst Gebiete im Norden der Halbinsel. Auch sie brachten städtische Kultur und aristokratische Lebensformen nach Italien und waren wie die griechischen Kolonisten hervorragende Seefahrer und erfolgreiche Händler. Dank ihrer zivilisatorischen Überlegenheit hatten sich diese beiden Volksgruppen rd. 100 Jahre nach ihrer Ankunft zu fast konkurrenzlosen Herren der fruchtbaren Gebiete Italiens gemacht.
Rom war zu dieser Zeit allenfalls eine kleine latinische Dorfsiedlung, die jedoch an einem ausgesprochen günstigen Ort lag. Eine hier aus dem Tiber herausragende kleine Insel erleichterte den Flussübergang und bildete den Schnittpunkt mehrerer Handelswege.

**Urbanisierung durch die Etrusker**

Womöglich wegen dieser Vorzüge bemächtigten sich um 575 v. Chr. die Etrusker der kleinen Gemeinde am Tiber und setzten die Entwicklung zu einer Stadt mit gemischter Bevölkerung in Gang. Nach dem führenden etruskischen Geschlecht der Rumina erhielt sie den Namen Ruma (Roma). An der Spitze des Gemeinwesens stand der adlige etruskische Heerführer, für den sich bei den Latinern der Titel *rex* einbürgerte. Außer als Oberbefehlshaber fungierte er als Schlichter bei Streitigkeiten zwischen den etruskischen und italischen Adelsgeschlechtern. Deren Oberhäupter versammelten sich in einem gemeinsamen Ältestenrat (Senat) und berieten den *rex* bei allen inneren und äußeren Angelegenheiten der Stadt.

**Ende der etruskischen Monarchie und Beginn der römischen Adelsrepublik**

Gegen Ende des 6. Jahrhunderts v. Chr. setzte ein schleichender Niedergang der etruskischen Herrschaft ein. Kelten aus Mitteleuropa bedrohten die etruskischen Kerngebiete in der Poebene, italische Bergstämme griffen die etruskischen Städte in Kampanien an und im Jahre 474 v. Chr. erlitten mehrere etruskische Heerführer bei Kyme eine vernichtende Niederlage gegen ein Bündnis der Griechen Unteritaliens.

**90** Etruskisches Erbe in Rom. Auf dieser Nachzeichnung der Terrakottaplatte eines Grabes in Caere sitzt ein etruskischer Herrscher auf einem elfenbeinernen Falthocker mit Insignien seiner Herrschaft.
*Wie erklären Sie sich die Beibehaltung der etruskischen Insignien durch die römischen Magistrate?*

In Rom wie in anderen etruskischen Städten nutzten die Adelsgeschlechter den militärischen und außenpolitischen Prestigeverlust der Etrusker, um den *rex* ihrer Stadt zu entmachten. In Rom ging die Regierungs- und Kommandogewalt des *rex* zunächst auf einen, später auf mehrere für ein Jahr gewählte Beamte über, die anfänglich Praetoren, später Konsuln hießen. Die Kandidaten für dieses wie für alle weiteren Staatsämter (Magistrate) stammten ausschließlich aus den Reihen der adligen Familien. Die neue Staatsform nannte man *res publica* (= „öffentliche Angelegenheit").

**Republik:** (lat. von *res publica* = öffentliche Angelegenheit). Die Römer bezeichneten ihr Gemeinwesen nach der Entmachtung der etruskischen *reges* als *res publica*. Sie unterschied sich von der Königsherrschaft zunächst nur durch die Einführung von jeweils für ein Jahr gewählten Beamten (Prinzip der Annuität). Im Zuge der Ständekämpfe bildeten sich weitere Elemente der klassischen Republik heraus (Kollegialität, Vetorecht). Außerdem regelte die Gesetzgebung (*leges publicae*) bald immer größere Bereiche des öffentlichen und privaten Lebens. Deshalb erhielt der Begriff *res publica* ab dem 2. Jahrhundert v. Chr. eine ausgeprägt rechtliche Komponente. Dennoch blieb die römische Republik ein von adligen Familien dominiertes Staatswesen. Wir bezeichnen sie deshalb auch als Adelsrepublik; in dieser Form hat sie seit dem Mittelalter bis 1789 in den Niederlanden, Italien und der Schweiz Nachfolger gefunden. Der moderne Begriff der (demokratischen) Republik entstammt der Staatsphilosophie der Aufklärung und der Französischen Revolution.

## 91 Konstruierte Geschichte

Der deutsche Historiker Jochen Bleicken über die Überlieferung zur frühen römischen Geschichte (1992):

Die auf uns gekommenen Nachrichten zur Königszeit (8.–6. Jahrhundert) und zur frührepublikanischen Geschichte (5. und 4. Jahrhundert v. Chr.) entstammen zum weitaus größten Teil den Werken der annalistischen (von *annales*, weil die Ereignisse Jahr für Jahr berichtet wurden) Historiker aus der hohen und späten Republik (seit dem Ende des 3. Jahrhunderts, Schwerpunkt jedoch in der sullanischen und augusteischen Zeit).[1] [...] Die annalistische Tradition konnte sich jedoch für ihre Berichte auf so gut wie keine vertrauenswürdigen Quellen stützen; sie ist aus dem Bewusstsein einer Spätzeit konstruierte Geschichte und darum auch nur für diese Spätzeit interessant. Dieser für die Rekonstruktion der älteren römischen Geschichte fundamentale Tatbestand ist erst im 19. Jahrhundert erkannt worden, wird aber trotz grundsätzlicher Anerkennung in der modernen Forschung nicht immer angemessen berücksichtigt. [...]

Da die annalistische Geschichtsschreibung für eine Rekonstruktion der älteren republikanischen Zeit so gut wie ganz ausfällt, müssen wir das Geschehen aus einer Summe von Einzelnachrichten der verschiedensten Quellengattungen rekonstruieren. Es kommen hier in Betracht:

1. Einzelne Dokumentarquellen (z. B. im direkten Wortlaut überlieferte Texte der XII-Tafeln).

2. Archäologische Quellen (z. B. Grabungsberichte über die ältesten Tempel und die Mauer Roms).
3. Sprachgeschichte (z. B. Rückführung von Wörtern auf ältere Bedeutungszusammenhänge) und Namenskunde (besonders zu Orts- und Personennamen).
4. Rückschlüsse aus Institutionen und Rechtsgewohnheiten der späten Zeit auf ältere Verhältnisse (z. B. aus dem Aufbau und der Begrifflichkeit der verschiedenen Typen von Volksversammlungen und aus dem Familien- und Erbrecht).
5. Nachrichten aus griechischen Quellen über die altitalische Geschichte (z. B. Berichte über die Westkolonisation der Griechen in Südfrankreich, Unteritalien und Sizilien vom 8.–6. Jahrhundert, über italische Verhältnisse im Zusammenhang der Überlieferung zur syrakusanischen Geschichte z. Zt. Dionysios' I. oder zur Geschichte des Königs Pyrrhos).

1 Gemeint sind in erster Linie Livius, Dionysios von Halikarnassos, Diodor und Plutarch.

Jochen Bleicken: Geschichte der römischen Republik. (Oldenbourg Grundriss der Geschichte Bd. 2) München 4. Aufl. 1992. S. 105 f. u. 107 f.

*Umschreiben Sie mit eigenen Worten, worin nach Bleicken das grundsätzliche Dilemma für die Rekonstruktion der frühen römischen Geschichte besteht.*

## 92 Urgeschichte – „ins Heilige gehoben"

a) In seinem zur Zeit des Augustus geschriebenen Epos *Aeneis* berichtet der römische Dichter Vergil (70–19 v. Chr.) von den Taten des Aeneas, der auf göttlichen Befehl aus Troja fliehen muss, um in Italien ein neues Reich zu gründen. Gleich zu Beginn scheint seine Mission nach einem Seesturm schon vor dem Scheitern zu stehen. Seine göttliche Mutter Venus beklagt sich darüber bei Jupiter, der ihre Sorgen mit dem folgenden Ausblick auf die römische Geschichte zu zerstreuen versucht:

Du wirst die Stadt Lavinium und ihre Mauern, wie versprochen, erblicken und wirst hoch erheben zu den Gestirnen des Himmels den edlen Aeneas: Und kein Gedanke hat mich umgestimmt. Dein Sohn wird – ich will jetzt ausführlicher sprechen, da diese Sorge sichtlich an dir nagt, die Fata entrollen und ihre Geheimnisse enthüllen – in Italien einen gewaltigen Krieg führen, wilde Volksstämme vernichten, den Menschen Satzungen und Mauern geben, bis der dritte Sommer ihn in Latium hat regieren sehen und drei Winter über die Unterwerfung der Rutuler[1] ins Land gegangen sind. Doch der Knabe Ascanius [Aeneas' Sohn], der jetzt auch Iulus heißt (Ilus hieß er, solange Iliums Reich [Troja] noch mächtig war), wird im Wechsel der Monate dreißig lange Jahre mit seiner Herrschaft ausfüllen, wird den Herrschaftssitz von Lavinium wegverlegen und Alba Longa mit großer Tatkraft als Festung erbauen. Hier wird dann volle dreihundert Jahre Hektors[2] Stamm regieren, bis die Königstochter und Priesterin Ilia, von Mars[3] schwanger, Zwillinge gebären wird. Darauf wird, strahlend im bräunlichen Fell seiner Amme, der Wölfin, Romulus den Stamm fortführen, die Stadt des Mars gründen und ihre Bewohner nach seinem Namen Römer nennen. Ihnen setze ich Grenzen weder in Raum noch Zeit: Eine Herrschaft ohne Ende habe ich ihnen zugedacht. Sogar die grimmige Iuno[4], die zur Zeit Himmel, Erde und Meer in lähmende Angst versetzt, wird ihre Pläne zum Besseren wenden und zusammen mit mir begünstigen die Römer, die Herren der Welt, das Volk in der Toga. So ist es beschlossen.

1 Einheimisches italisches Volk
2 Der Hauptheld der Trojaner
3 Gott des Krieges
4 Die Göttin Juno war den römischen Plänen ihres Gatten Jupiter zunächst feindlich gesonnen.

Vergil, Aeneis I, 257–283. Zit. nach: P. Vergilius Maro, Aeneis. 1. und 2. Buch. Übers. u. hrsg. v. Edith und Gerhard Binder. Stuttgart 1994. S. 27; 29; 31.

b) Der römische Historiker Titus Livius (ca. 64 v. Chr.–12 n. Chr.) entwarf für seine Geschichtsschreibung folgendes Programm:

Was aus den Zeiten vor der Gründung bzw. der geplanten Gründung der Stadt [Rom] mehr in dichterisch ausgeschmückten Sagen als in unbestechlichen historischen Belegen überliefert wird, zu bestätigen oder zurückzuweisen, habe ich nicht im Sinn. Man sieht dem Altertume gerne nach, dass es die Anfänge der Städte durch Vermischung von Menschlichem und Göttlichem knapp wiedergibt. Und wenn es einem Volk gestattet wäre, seine Urgeschichte ins Heilige zu erheben und seine Begründer als Götter hinzustellen, so besitzt das römische Volk einen solchen Kriegsruhm, dass es sich die Völker der Erde mit demselben Gleichmut gefallen lassen, dass es als seinen und des Stadtgründers Vater gerade den

Mars nennt, wie seine Herrschaft zu ertragen. Doch wie man dies und Ähnliches auch einschätzen mag, darauf werde ich freilich kein großes Gewicht legen: Aber darauf richte mir ein jeder seine Aufmerksamkeit: wie das Leben, wie die Sitten waren; durch welche Männer und mit welchen Künsten zu Hause und im Krieg die Herrschaft errungen und gemehrt wurde. [...] Eines besonders ist beim Eindringen in die Geschichte dienlich und fruchtbringend, nämlich dies: dass du vorbildhafte Beispiele an hervorleuchtendem Denkmal betrachtest; an ihnen magst du für dich und dein Gemeinwesen lernen, was du nachahmen, an ihnen, was du [...] meiden sollst.

Livius: Römische Geschichte, 1. Buch. Vorrede 6–10. Übers. u. hrsg. v. Robert Feger. Stuttgart 1981. S. 5/7.

**c)** Aeneas, Anchises und Ascanius. Gruppenskulptur von Giovanni Lorenzo Bernini (1598–1680), Marmor (Höhe 2,20 m), 1618–19. Die Skulptur stellt den aus dem brennenden Troja fliehenden Aeneas dar, mit seinem Vater Anchises auf den Schultern und seinem Sohn Ascanius an der Seite. Anchises trägt die Penaten, die Hausgötter, Ascanius das heilige Herdfeuer. Die ältesten figürlichen Darstellungen der Aeneas-Gruppe legen die Vermutung nahe, dass die Römer die Vorstellung von Aeneas als sagenhaftem Ahnherrn von den Etruskern übernommen haben. Dass man in der Aeneas-Gruppe später bis in unsere Zeit ein Sinnbild für den Gang des Menschen durch die Geschichte erblickte – er trägt das Vermächtnis der Vergangenheit durch die Gegenwart, um der Zukunft den Weg zu bereiten –, ist in erster Linie auf Vergils „Aeneis“ zurückzuführen.

*a) Kennzeichnen Sie vor dem Hintergrund der Vergilgeschichte wesentliche Aspekte des Gründungsmythos der Römer.*
*b) Erläutern Sie seine Funktion für das Selbstverständnis der Römer in Vergangenheit und Gegenwart.*
*c) Welche Gesichtspunkte sind für den Geschichtsschreiber Livius bei der Darstellung der römischen Geschichte von zentraler Bedeutung? Vergleichen Sie die hier deutlich werdende Geschichtsauffassung mit der Vergils. Welche finden Sie überzeugender?*
*d) Diskutieren Sie den Symbolgehalt der Bernini-Skulptur.*

## 2. Die Etablierung der Adelsrepublik

**Führungsanspruch und Machtbasis der Patrizier**

Bei den führenden römischen Adelsfamilien handelte es sich um Geschlechter von Großgrundbesitzern, die sich nach der für die Familienoberhäupter verwendeten Bezeichnung *patres* (= Väter) Patrizier nannten. Sie bildeten eine elitäre Gruppe und schotteten sich durch entsprechende Heiratsvorschriften gegen alle anderen Bevölkerungsgruppen ab. Ihr Führungsanspruch beruhte auf traditionellen politischen, religiösen und militärischen Vorrechten, die sie seit der Königszeit genossen, sowie auf dem Vermögen, das sie als Großgrundbesitzer und durch Beteiligung am Überseehandel erwirtschafteten. Sie konnten sich so auch die kostspielige Reiterausrüstung leisten und stellten die berittenen Elitetruppen der Armee.

Ein patrizisches Familienoberhaupt gebot als *patronus* jeweils über eine bestimmte Zahl von Kleinbauern, die als *clientes* in einem besonderen Schutz- und Abhängigkeitsverhältnis (Klientel) zu ihm standen. Persönliche Abhängigkeit der gesellschaftlich und wirtschaftlich Schwächeren von mächtigen Adligen war in der Antike (und später) nichts Ungewöhnliches, jedoch nirgends so stark ausgeprägt wie in Rom.

93 Römischer Patrizier. Bronzebüste, 4. Jahrhundert v. Chr.

Den patrizischen Familien mit ihrem Anhang stand eine große Bevölkerungsgruppe gegenüber, die sich aus zugezogenen Adelsfamilien, freien und verschuldeten Bauern sowie Handwerkern und Händlern zusammensetzte. Ihrem hohen Bevölkerungsanteil entsprechend nannten sie sich als Gruppe Plebs (= „Menge"). Schon kurz nach dem Sturz des Königtums kam es zu ernsten Spannungen zwischen Plebejern und Patriziern, die in einem über 200 Jahre währenden Konflikt um zentrale politische sowie wirtschaftlich-soziale Rechte innerhalb der Republik mündeten.

**Die wirtschaftliche Not der Plebejer**

Ausgangspunkt der inneren Krise war zunächst – ähnlich wie in vielen Teilen Griechenlands in der archaischen Zeit – eine sich seit der Vertreibung der Könige verschärfende wirtschaftliche Not der Kleinbauern. Viele von ihnen gerieten durch die häufige Abwesenheit im Krieg in arge Bedrängnis. Da Rom keine nennenswerte außeritalische Kolonisation betrieb, blieb häufig nur der Ausweg, Darlehen bei den wirtschaftlich potenteren Patriziern aufzunehmen. Für diese Darlehen hafteten die Kleinbauern mit ihrer Person, sodass sie bei Zahlungsunfähigkeit der Schuldknechtschaft verfielen.

**Die politische Organisation der Plebejer**

Um ihre politische Mitbestimmung durchzusetzen, schufen sich die Plebejer eigene Organe. Ihre Wehrversammlung werteten sie zu einem eigenen Beschlussfassungsgremium (*concilium plebis*) auf, das sich – ähnlich wie der kleisthenische Rat in Athen (s. o. S. 17 ff.) – nach Ortsbezirken (*tribus*) organisierte. Die neu geschaffenen Ämter der – zunächst zwei, später zehn – Volkstribune bildeten die Exekutive. Die Volkstribune leiteten die Versammlung der Plebejer und trugen deren Beschlüsse (Plebiszite) den Patriziern vor.
Die Volkstribune verfügten über ein besonderes Druckmittel. Falls nämlich ein Patrizier einen Plebejer mit Gewalt zur Durchsetzung seiner Befehle zwingen wollte, konnten die Bedrängten einen Volkstribun zu Hilfe rufen, der zwischen die beiden Parteien trat und so jede Amtshandlung verhinderte.

**Zugeständnisse der Patrizier**

Offensichtlich haben sich die Patrizier von dieser völlig ungewohnten Form des innenpolitischen Kampfes beeindrucken lassen. Hinzu kam freilich die prekäre außenpolitische Lage, die einerseits die Patrizier zu Zugeständnissen zwang, andererseits aber auch verhinderte, dass die Plebejer den Bogen überspannten. Mitte des 5. Jahrhunderts v. Chr. erhielt die Plebs das Recht, sich an der Wahl der höchsten Beamten, die zugleich die Heerführer waren, zu beteiligen. Die Wahl erfolgte durch eine Volksversammlung, zu der die bisherige Heeresversammlung umfunktioniert wurde, dabei aber pro forma nach militärischen Hundertschaften (*centuriae*) organisiert blieb und dementsprechend *comitia centuriata* hieß. Etwa zur gleichen Zeit erklärten sich die Patrizier zudem bereit, die bisher von ihnen nach eigenem Ermessen angewandten Rechtsgrundsätze im so genannten Zwölftafelgesetz verbindlich festzuschreiben. Damit erhielten die Plebejer die bislang vermisste Rechtssicherheit im Bereich des Privat- und Schuldrechts. Wenige Jahre später durften sie auch in patrizische Familien einheiraten (445 v. Chr.). In der Mitte des 4. Jahrhunderts v. Chr. gelangte erstmals ein Plebejer in das höchste Staatsamt, das Konsulat. Doch behielten sich die Patrizier vor, dass zumindest einer der beiden Konsuln aus ihren Reihen stammen musste.

**Endgültiger Ausgleich**

Die militärischen Erfolge Roms in Italien seit dem 4. Jahrhundert v. Chr. hatten die politischen Gegensätze weiter abgebaut und die sozialen Spannungen entschärft, weil sie die den armen Bauern neues Land verschaffte und den politischen Ehrgeiz der Patriziern nach außen lenkte. Endgültig beigelegt wurden die Ständekämpfe, als im Jahre 287 v. Chr. die Beschlüsse der plebejischen Versammlung Gesetzeskraft für die gesamte Bürgerschaft einschließlich der Patrizier erhielten. Rom holte damit eine Entwicklung nach, die in den griechischen Poleis rd. 100 Jahre vorher zum Abschluss gekommen war. Die gemeinsam bewältigten politischen und militärischen Herausforderungen ließen die patrizische und plebejische Elite mit der Zeit zu einer homogenen Adelsschicht zusammenwachsen: der Nobilität.

**Klientel:** (von lat. *clientela*). Die Klientel war eine in Italien weit verbreitete Einrichtung, die das Verhältnis zwischen einzelnen Mächtigen (Patron) und mehreren sozial und wirtschaftlich Schwächeren (Klienten) regelte. Patron und Klient waren durch ein unlösbares Treueverhältnis (*fides*) miteinander verbunden, das beiderseitige Verpflichtungen vorsah: Der Patron vertrat seine Klienten vor Gericht und sicherte ihre Existenz z. B. durch den Ankauf ihrer landwirtschaftlichen Erzeugnisse oder durch Getreidelieferungen bei Missernten. Im Gegenzug unterstützten ihn seine Klienten in der Politik und zogen unter seiner Führung in den Krieg. Eine Verletzung dieser Verpflichtung bedeutete keinen Rechtsbruch. Sie machte aber den Verursacher ehrlos und ächtete ihn in den Augen des Volkes. In der späten Republik weitete sich die Klientel auch auf Soldaten aus. Der siegreiche Feldherr sorgte als Patron für die Versorgung seiner Veteranen (Militärklientel).

**94** Begräbnis des Preturus: Ein vornehmer Römer wird von seinen Freunden und Klienten zu Grabe getragen. Reliefplatte, 1. Jahrhundert v. Chr.

## 95 Die Ständekämpfe und das Amt der Volkstribunen

a) Der Schriftsteller, Redner und Politiker Marcus Tullius Cicero (106–43 v. Chr.) über die Einführung des Volkstribunats:

Doch was die Natur der Dinge selber notwendig mit sich brachte, dass das Volk, von den Königen befreit, ein wenig mehr Recht zu erwerben trachtete, das erfolgte nach einer nicht langen Zwischenzeit, etwa im sechzehnten Jahr unter dem Konsulat des Postumus Cominius und des Spurius Cassius. Dabei fehlte vielleicht der vernünftige Sinn, aber die innere Logik des politischen Geschehens selbst ist oft stärker als die Vernunft. Denn das müsst ihr stets festhalten, was ich im Anfang sagte: Wenn nicht diese ausgeglichene Verteilung von Recht, Pflicht und Leistung im Staate besteht, dass die Beamten genügend Macht, der Rat der ersten Männer genügend Autorität und das Volk genügend Freiheit hat, dass dann dieser unveränderliche Zustand des Staates nicht aufrechterhalten werden kann. Denn als infolge von Verschuldung die Bürgerschaft in Erregung geraten war, besetzte die Plebs zuerst den Heiligen Berg, dann den Aventin.[1] […]
Vielleicht hätte es für unsere Vorfahren einen Weg zur Heilung jener Verschuldung gegeben, das Verfahren, das weder dem Athener Solon nicht lange Zeit vorher [594 v. Chr.] entgangen war noch geraume Zeit später [324 v. Chr.] unserem Senat, als wegen der Willkür eines Einzigen alle Schuldhörigkeiten von Bürgern aufgehoben, ihre Neubegründung fortan eingestellt und immer gegen diese Belastung, wenn bei einem öffentlichen Notstand das niedere Volk, durch Verschuldung geschwächt, versagte, um des Allgemeinwohles willen eine Erleichterung und ein Heilmittel gesucht wurden. Da dieser Ausweg damals nicht eingeschlagen wurde, so ergab sich für das Volk ein Grund, mittels der auf revolutionärem Weg zustande gekommenen Wahl zweier Volkstribunen die Macht und den Einfluss des Senats zu mindern.

1 Gemeint ist der erste politische Streik der Plebejer in Form des Auszugs aus der Bürgergemeinde, der häufig (allerdings historisch ungesichert) auf das Jahr 494 v. Chr. datiert wird.

Cicero: Über den Staat II, 33–34. In: Cicero, Staatstheoretische Schriften. Lateinisch und deutsch v. Konrat Ziegler. Berlin 4., unveränderte Aufl. 1988. S. 119.

b) Der deutsche Historiker Jochen Bleicken stellt die Wandlungen des Volkstribunats nach den Ständekämpfen dar (1968):

Besonders das tribunizische Rogationsrecht [Antragsrecht vor der Volksversammlung] wurde für den Senat das Mittel, um Verfügungen, die ihm *de lege* [von Rechts wegen] nicht zustanden, für die Gemeinde verbindlich zu machen. In der Unterstützung der Senatspolitik sahen die meisten Tribune eine neue Aufgabe und trugen dadurch zu einem guten Teil an dem Ausbau des römischen Weltreiches bei. […] Die komplexe Zusammensetzung des Senats brachte es mit sich, dass die Tribune sich des Öfteren auch einzelnen bedeutenden Nobiles anschlossen und mit diesen eine der Senatsmajorität widerstrebende Politik trieben. […] Revolutionär handelten in diesen Fällen die Tribune natürlich ebenso wenig wie ihre Auftraggeber. […] Diese gegenüber dem 5. und 4. Jahrhundert sehr unterschiedliche Haltung der Volkstribune [war] keine zufällige […], sondern […] ergab [sich daraus], dass sie nach dem Ausgleich der Gegensätze bis zum Jahre 287 ihre eigentliche Basis, den Kampf für die Verbesserung der sozialen Lage der Plebs und für ihre Teilnahme am Regiment, verloren hatten und in dem Bestreben, sich positiv in das öffentliche Leben der römischen Gemeinde einzuordnen, nach neuen Aufgaben suchten. Da aber dem Tribunat sowohl die Mehrzahl der ordentlichen magistratischen Rechte (Imperium, Auspizium, Koerzition, Juridiktion) als auch der besondere Amtsbereich fehlte, konnte es nicht die Rolle eines ordentlichen Magistrats ausfüllen. Wenn es am öffentlichen Leben teilhaben wollte, musste es sich zur Erfüllung staatlicher Aufgaben an bestehende Behörden oder politische Autoritäten anschließen. Hierfür kam in erster Linie der Senat in Frage, daneben aber auch einzelne Magistrate oder besondere politische Gruppen.

J. Bleicken: Das Volkstribunat der klassischen Republik. München 2. durchgesehene Aufl. 1968. S. 151 f.

*a) Worauf beruht nach Cicero die Stabilität des Staates? Kennen Sie ähnliche Staatstheorien aus der neueren Geschichte?*

*b) Fassen Sie in eigenen Worten zusammen, wie und wodurch sich die ursprünglich gegen die Adelspolitik gerichtete politische Macht des Volkstribunats nach Bleickens Darstellung im Laufe der Zeit geradezu zu einem Instrument der Adelspolitik entwickelte.*

## 3. Die Verfassung der Republik

**„Gewachsene Verfassung"**

Wie jeder nichtmonarchische antike Stadtstaat, so hatte Rom in Gestalt des Senats einen Ältestenrat, mit den *comitia centuriata* eine Versammlung der wehrfähigen männlichen Bevölkerung sowie öffentlich bestellte Beamte (Magistrate). Die Ständekämpfe und die römische Expansion machten es jedoch mit der Zeit notwendig, die Zusammensetzung und die Zuständigkeiten der Regierungsorgane den sich verändernden innen- und außenpolitischen Bedingungen anzupassen.

**Res publica = res patrum?**

Bei allen Veränderungen blieb freilich die Dominanz der aristokratischen Kreise unangetastet. Die in dem neuen Amtsadel, der Nobilität, aufgegangenen plebejischen Führungsschichten nahmen daran nur zu gern Teil.
Die Institution mit dem größten politischen Gewicht war und blieb – obwohl ihre Kompetenzen sich nur aus dem Gewohnheitsrecht herleiteten – der Senat. Offiziell kam ihm nur eine beratende Funktion zu, faktisch war es jedoch für keinen der Beamten ratsam, sich einem der „Ratschläge" der aristokratischen Väterversammlung zu versagen. Bei ihren Beratungen ging es unter Leitung eines der Konsuln oder Prätoren strikt hierarchisch zu. Es äußerten immer zuerst die Senatoren mit dem größten Ansehen (*auctoritas*) ihre Meinung und häufig kam es bereits zur Abstimmung, nachdem die tonangebenden Mitglieder Stellung bezogen hatten.

**Die Volksversammlungen**

Die römische Republik kannte vier Arten von Volksversammlungen: Neben den Zenturiat- und den Tributkomitien blieb auch das *concilium plebis* bestehen. Außerdem trat die älteste, nach Kurien gegliederte Versammlung (*comitia curiata*) regelmäßig zusammen, um zum Beispiel dem Feldherrn die militärische Komman-

**96** Verfassungsschema der römischen Republik, 3. und 2. Jahrhundert v. Chr.

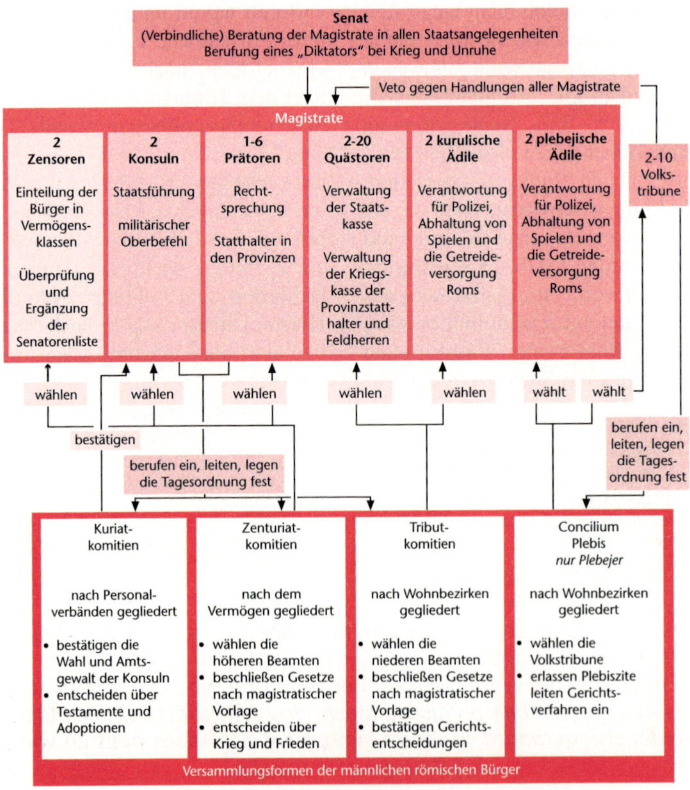

dogewalt (*imperium*) zu übertragen. Keine dieser Volksversammlungen trat regelmäßig oder von sich aus zusammen. Erst wenn Wahlen der Magistrate anstanden oder Gesetze zu beschließen waren, wurden sie von den Beamten einberufen, unter deren Leitung sie jeweils tagten. Ohne die Erlaubnis des leitenden Beamten durfte kein Bürger das Wort ergreifen. Die Befugnis, Anträge zu stellen oder abzuändern, kam allein den Magistraten zu. In den Versammlungen des Gesamtvolkes hatten in der Regel die führenden *nobiles* die entscheidenden Probleme zuvor untereinander diskutiert und im Senat bereits eine Vorentscheidung getroffen, bevor man das Volk zur Abstimmung zusammenrief. Und auch bei der Zusammenkunft der Plebejer hatten die Volkstribune die Sitzungen so vorbereitet, dass ihre Anträge in der Regel ohne Veränderung angenommen wurden.

**Zenturiatkomitien**

Das größte Gewicht hatten zunächst die Zenturiatkomitien. Von den insgesamt 193 Zenturien waren die ersten 18 den Patriziern und den reichen Plebejern vorbehalten, die im Kriegsfall die kostspielige Reiterei zu stellen hatten. Die als Fußsoldaten dienenden Bürger verteilten sich auf 170 Zenturien – freilich nicht gleichmäßig, sondern nach fünf Vermögensklassen gegliedert. Dabei entfielen allein auf die nach den Rittern wohlhabendste erste Zensusklasse 80 Zenturien. Die zahlenmäßig weitaus größte Gruppe der nichtbegüterten Bürger musste sich mit den fünf letzten Zenturien zufrieden geben. Das Abstimmungsverfahren begünstigte das Übergewicht der Wohlhabenden zusätzlich. Da nach Zenturien (und nicht nach Einzelpersonen) abgestimmt wurde, verfügten die beiden wohlhabendsten

| | **comitia centuriata** | **comitia tributa** | **comitia curiata** | **concilium plebis** |
|---|---|---|---|---|
| *Gliederungsprinzip* | nach dem Vermögen gegliedert in 193 Abstimmungsabteilungen (Zenturien):<br>18 Reiterzenturieren<br>170 Zenturien der Schwer- und Leichtbewaffneten<br>5 Zenturien der unteren Schichten | regional gegliedert (= nach dem Wohnbezirk) in 31 ländliche und 4 städtische Tribus | gentilizisch (d.h. nach Personalverbänden) in 30 Kurien gegliedert | regional gegliedert wie die *comitia tributa*;<br>zugelassen waren nur Plebejer |
| *Zusammensetzung:* | alle Bürger | alle Bürger | 1 Liktor pro Kurie | Plebs |
| *entscheiden über:* | Krieg und Frieden; Gesetze nach magistratischer Vorlage (nach 218 v.Chr. nur noch selten); Kapitalklagen gegen römische Bürger | Gesetze nach magistratischer Vorlage, so weit nicht den *comitia centuriata* vorbehalten | Testamente, Adoptionen; bestätigen das *imperium* des Oberbeamten (*lex de imperio*) | Gesetze nach Vorlage der Volkstribunen (Gesetzeskraft der Plebiszite seit 287 v.Chr.; nach 218 v.Chr. werden hier die meisten Gesetze verabschiedet) |
| *wählen:* | Konsuln; Prätoren; Zensoren | Quästoren; kurulische Ädilen | | Volkstribune; plebejische Ädile |
| *Versammlungsort:* | außerhalb der Stadtgrenze (pomerium), meist auf dem Marsfeld | Forum, später bei Wahlen auch das Marsfeld | Kapitol | Forum, später auch das Marsfeld |

97 Gliederung und Aufgaben der Volksversammlungen

Vermögensklassen mit ihren zusammen 98 Zenturien stets über mehr als die Hälfte der Stimmen und konnten somit der Bevölkerungsmehrheit ihren Willen aufzwingen.

**Tributkomitien**

Demgegenüber waren die Tributkomitien nach Ortsbezirken (*tribus*) gegliedert. Aber die Einteilung in 31 ländliche und nur 4 städtische *tribus* entsprach nicht der realen Verteilung der Bevölkerung, deren überwiegender Teil sich bald in der expandierenden Großstadt Rom ballte. In dieser ungleichen Einteilung spiegelte sich denn auch nur wiederum das politische Übergewicht der herrschenden Kreise wider: in den ländlichen *tribus* gaben die Grund besitzenden Aristokraten den Ton an, während die Masse der Plebejer mit den vier städtischen Tribus vorlieb nehmen musste.

**Magistrate**

Bis etwa zur Mitte des 4. Jahrhunderts v. Chr. hatte sich ein fester Bestand von Ämtern herausgebildet. Die Wahl der Beamten oblag den Volksversammlungen. Deren Mitglieder hatten jedoch kein Vorschlagsrecht, sondern waren darauf beschränkt, aus einer von den Magistraten erstellten Kandidatenliste eine Auswahl zu treffen. Von großer Bedeutung waren zwei Ämter außerhalb der regulären Magistrate. In außergewöhnlichen Notlagen konnten die Konsuln, in Absprache mit dem Senat, aus dem Kreis der ehemaligen Konsuln (Konsulare) für höchstens sechs Monate einen Diktator ernennen. Dieser führte ein unbeschränktes Kommando. Kein Kollege erhob Einspruch gegen seine Befehle, während er selbst allen Beamten bindende Anweisungen erteilte. Nur so ließen sich alle militärischen Kräfte gegen einen Feind konzentrieren, mit dem die ordentlichen Magistrate nicht fertig wurden.
Das mit Abstand größte Ansehen unter den Magistraten genossen die Zensoren, die nur alle fünf Jahre für eine Amtsdauer von 18 Monaten gewählt wurden. Sie nahmen die Vermögensschätzung und die davon abhängende Einteilung der Bürgerschaft in die Zensusklassen der Zenturiatkomitien vor und überprüften den Lebenswandel der Senatoren. Allerdings kamen Beanstandungen nur selten vor. Wenn einer der Zensoren aber einmal einen Senator für unwürdig erklärte, hatte dieser seine Mitgliedschaft im Senat auf immer verwirkt.

**Machtkontrolle**

Alle Ämter wurden mindestens doppelt besetzt (Kollegialität) und grundsätzlich nur für ein Jahr vergeben (Annuität). Zudem war es verboten, mehr als ein Amt gleichzeitig auszuüben (Verbot der Kumulation) sowie unmittelbar nach Beendigung eines Amtes ein neues zu bekleiden (Verbot der Kontinuation). Amtswiederholung (Iteration) wurde nur ungern akzeptiert und war allenfalls erst nach einer ganzen Reihe von Jahren möglich. Ferner konnte jeder Beamte Maßnahmen seines Kollegen und der rangniederen Beamten durch seinen Einspruch (Veto) verhindern. Die privilegierte Stellung der Volkstribune zeigte sich nicht zuletzt darin, dass sie ein Veto gegen die Amtshandlungen aller regulären Magistrate einlegen konnten. Nach Ablauf der Amtszeit konnte jeder Magistrat vor Gericht gestellt werden, wenn ihm Amtsvergehen zur Last gelegt wurden.

**Nobilität und Volk**

Jede Adelsgesellschaft bewegt sich zwischen den Polen solidarischen Standesdenkens und individuellen Ehrgeizes. Die römischen *nobiles* verstanden es über Jahrhunderte, beide Prinzipien miteinander zu verbinden und auf den Dienst am Staat zu konzentrieren. Selbst das magistratische Vetorecht ließ Streitigkeiten und Kompetenzgerangel selten aufkommen, förderte vielmehr die Zusammenarbeit und erschwerte Alleingänge. Hinzu kam: Das Volk erkannte den adligen Führungsanspruch an, zumal es durch Landzuteilungen und Geldzahlungen von den militärischen Erfolgen der *nobiles* profitierte. Selbst in Zeiten schwerer Niederlagen und wirtschaftlicher Not erstrebte das Volk niemals – wie in den griechischen Poleis – eine Änderung der Verfassung. Die revolutionären Neuerungen in der Spätphase der Republik wurden allein von den *nobiles* selbst durchgesetzt.

## 98 Die Machtverteilung im Staat – aus griechischer und römischer Perspektive

a) Der griechische Historiker Polybios (ca. 200 bis 120 v. Chr.) kam 168 v. Chr. als Kriegsgeisel nach Rom, wo er im Haus der Scipionen als Erzieher diente und sich mit der Zeit ein eigenes Bild von der römischen Gesellschaft machte. In seiner Universalgeschichte, in der er den Aufstieg Roms zur Weltmacht seit den Punischen Kriegen behandelte, analysierte er auch den römischen Staatsaufbau:

Es gab [...] drei Teile, die im Staat Gewalt hatten. So gerecht und angemessen aber war alles geordnet, waren die Rollen verteilt und wurden in diesem Zusammenspiel die staatlichen Aufgaben gelöst, dass auch von den Einheimischen niemand mit Bestimmtheit hätte sagen können, ob die ganze Verfassung aristokratisch, demokratisch oder monarchisch war. Und so musste es jedem Betrachter ergehen. Denn wenn man seinen Blick auf die Amtsgewalt der Konsuln richtete, erschien die Staatsform vollkommen monarchisch und königlich, wenn auf die des Senats, wiederum aristokratisch, und wenn man auf die Befugnisse des Volkes sah, schien sie unzweifelhaft demokratisch. Die Bereiche des Staatslebens nun, in denen jedes dieser Elemente den bestimmenden Einfluss hatte [...] sind diese.

Solange die Konsuln in Rom anwesend sind, das heißt, ehe sie ins Feld ziehen, haben sie in der Stadt die Entscheidung über alle staatlichen Angelegenheiten. Denn alle anderen Beamten, mit Ausnahme der Volkstribunen, sind ihnen untergeordnet und zum Gehorsam verpflichtet. Sie führen die Gesandtschaften in den Senat ein; ferner berichten sie über alle wichtigen Sachen an den Senat und befragen ihn nach seiner Meinung. In ihrer Hand liegt die Ausführung der Beschlüsse. In allen wichtigen politischen Fragen, in denen die Entscheidung beim Volk liegt, haben sie das Notwendige zu veranlassen, die Volksversammlung einzuberufen, Vorschläge zu machen und Anträge einzubringen und für die Ausführung der Beschlüsse der Mehrheit zu sorgen. In der Vorbereitung und Rüstung für den Krieg und in der gesamten Führung der Operationen besitzen sie eine fast unumschränkte Gewalt. [...]

Der Senat sodann hat erstens die Finanzhoheit. Er verfügt über alle Einnahmen und ebenso über die Ausgaben. Denn unter keinem einzigen Titel können die Quästoren Zahlungen leisten, ohne dass ein Senatsbeschluss dafür vorliegt, mit Ausnahme der Zahlungen an die Konsuln. Ebenso hat der Senat die Entscheidung über die bei weitem größten und wichtigsten Aufwendungen, die die Zensoren alle vier Jahre für die öffentlichen Arbeiten, Reparaturen und Neubauten, machen; er muss ihnen das Geld bewilligen. Alle Verbrechen ferner in Italien, die eine staatliche Untersuchung erforderlich machen, wie zum Beispiel Verrat, Verschwörungen, Giftmord, Meuchelmord, unterliegen der Jurisdiktion des Senats. Wenn eine Privatperson oder eine Gemeinde in Italien der Schlichtung von Streitigkeiten, der Rüge, des Beistandes oder Schutzes bedarf, liegt es beim Senat, Sorge dafür zu tragen. Wenn es ferner notwendig wird, an einen außeritalischen Staat eine Gesandtschaft zu schicken, entweder um Frieden zu vermitteln, Rat und Mahnungen oder auch Befehle zu erteilen, die Unterwerfung anzunehmen oder Krieg zu erklären, dann ist der Senat dafür zuständig. [...]

Es liegt danach nahe zu fragen, was für ein Anteil innerhalb der Verfassung denn noch für das Volk übrig bleibt. [...] Nun, es bleibt immer noch ein Anteil, und ein äußerst wichtiger. Denn allein das Volk entscheidet über Ehrungen und Bestrafungen, hat also das Band in der Hand, das allein obrigkeitlich gelenkte wie konstitutionelle Staaten und überhaupt das gesamte menschliche Leben zusammen- und in Ordnung hält. [...] Das Volk verhängt also oft eine Geldstrafe, wenn dies der Schwere des Vergehens entspricht, vor allem auch gegen Männer, die die höchsten Ämter bekleidet haben. Das Todesurteil aber kann es allein aussprechen. [...] Aber auch die Ämter vergibt das Volk an die, welche ihm dafür würdig erscheinen: der schönste Preis in einem Staat für hervorragende Eigenschaften. Es entscheidet ferner über Annahme und Ablehnung von Gesetzen, und, was das Wichtigste ist, es berät über Krieg und Frieden. Es bestätigt schließlich und verwirft Bündnis- und Friedensverträge oder andere Abkommen und gibt ihnen Rechtskraft. Nach all dem könnte man daher mit gutem Grund erklären, dass der Anteil des Volkes der größte ist und dass eine demokratische Verfassung vorliegt.

Polybios: Geschichte, VI, 11–14. Zit. nach: Polybios: Geschichte. Gesamtausgabe in zwei Bänden, Band I. Eingel. u. übertr. v. Hans Drexler. Zürich/München 2. Aufl. 1978. S. 540–543.

**b)** Reliefstele, vermutlich des Polybios. Nach seiner Rückkehr nach Griechenland (150 v. Chr.) setzte sich Polybios für die Milderung harter römischer Besatzungsmaßnahmen (s. u. Kap. II) ein und wurde dafür von mehreren Poleis mit Denkmälern geehrt. Auf der Stele aus Kleitor ist der heute vorwiegend als Historiker bekannte Polybios als Friedensvermittler dargestellt, der die Waffen abgelegt und die rechte Hand im Gestus des Redens und Betens erhoben hat.

**c)** In seiner Schrift „Über den Staat" nimmt Cicero eine Einschätzung von drei Grundformen staatlicher Herrschaft vor und beurteilt daran die römische Republik. Als Sprachrohr seiner Ausführungen lässt er Scipio Africanus (185 bis 129 v. Chr.), den Zerstörer Karthagos, auftreten:

„Es ist also", sagte Africanus, „der Staat die Sache des Volkes; ein Volk aber ist nicht jede auf irgendeine Weise zusammengescharte Ansammlung von Menschen, sondern die Ansammlung einer Menge, die sich aufgrund der Anerkennung einer Rechtsordnung und der Gemeinsamkeit des Nutzens zusammengeschlossen hat. […]

[Die staatliche Macht] ist […] entweder einem zu übertragen, oder einer gewissen Auslese, oder sie ist von der Menge und der Gesamtheit zu übernehmen. Wenn darum die gesamte Macht in den Händen eines Mannes ist, so nennen wir diesen einen König und diese Staatsform Königtum. Ist sie bei einer Auslese, so sagt man, dass dieser Staat nach dem Willen der Aristokratie regiert wird. Ein Volksstaat aber – so nennt man ihn – ist derjenige, in welchem alle Macht beim Volke liegt. […]

Von den drei Grundformen [ist] meiner Meinung nach die Monarchie zwar bei weitem die beste; besser aber als die Monarchie wird diejenige Staatsform sein, die aus den drei Grundformen gleichmäßig gemischt ist. Es scheint mir nämlich das Beste, dass es in einem Staate etwas Überragendes, einem König Gleichendes gibt, dass anderes der Autorität der ersten Männer zugeteilt und überantwortet ist, und dass gewisse Dinge dem Urteil und dem Willen der Menge vorbehalten sind. Diese Verfassung enthält erstens eine gewisse Ausgewogenheit der Rechte, welche freie Männer nicht längere Zeit entbehren können, zweitens aber Stetigkeit, weil jene Grundformen leicht in die ihnen entgegengesetzten Fehler umschlagen, sodass aus dem König ein Gewaltherr wird, aus den Aristokraten ein Parteiklüngel, aus dem Volk eine Masse und ein wüstes Durcheinander. […]

[…] so behaupte ich: dass keiner von allen Staaten in seiner Verfassung, seinem inneren Aufbau und seiner Zucht zu vergleichen ist mit demjenigen, den unsere Väter schon von ihren Vorfahren überkommen und uns hinterlassen haben."

Cicero: Über den Staat I, 25–26, 45–46. In: Cicero: Staatstheoretische Schriften. Lateinisch und deutsch v. Konrat Ziegler. Berlin 4., unveränderte Aufl. 1988. S. 65/67; 75; 85 f.

*a) Beide Autoren sind von den Vorzügen der „gemischten Verfassung" überzeugt. Inwieweit unterscheidet sich Ciceros Staatsauffassung von der des Polybios?*

*b) Man hat Polybios vorgeworfen, dass er als Grieche die Eigenarten des römischen Staates nicht richtig verstanden habe. Diskutieren Sie diese Auffassung.*

*c) Was mag Cicero bewogen haben, die Monarchie für die beste der drei Verfassungs-Grundformen zu halten? Formulieren Sie Gegenpositionen.*

## 99 Wie in der Praxis Politik gemacht wurde

200 v.Chr. versuchte der amtierende Konsul einen Kriegsbeschluss gegen den Makedonenkönig Philipp V. zu erwirken. Unerwartet stellten sich Probleme ein, die Livius aus der Rückschau schildert:

[Der Konsul] P. Sulpicius erhielt durch das Los Makedonien als Amtsbereich, und er veröffentlichte durch Aushang seinen Antrag an das Volk, sie sollten festsetzen und befehlen, dass König Philipp und den Makedonen, die unter seiner Herrschaft ständen, wegen der Ungerechtigkeiten und der bewaffneten Überfälle auf Bundesgenossen des römischen Volkes der Krieg erklärt werde. [...] Der Antrag über den makedonischen Krieg wurde bei der ersten Abstimmung von fast allen Zenturien abgelehnt. Das hatten die Menschen, weil sie durch die Länge und die Schwere des Krieges ermattet waren, aus Überdruss vor den Gefahren und Mühen von sich aus getan; dazu hatte auch noch der Volkstribun Q. Baebius den alten Weg beschritten, die Senatoren zu beschuldigen und den Vorwurf erhoben, man reihe Kriege an Kriege, damit das Volk nie den Frieden genießen könne. Die Senatoren waren hierüber aufgebracht, und der Volkstribun wurde im Senat mit Vorwürfen überschüttet, und jeder bat für seine Person den Konsul, eine neue Abstimmung zur Entscheidung über seinen Antrag anzusetzen und mit der Gleichgültigkeit des Volkes ins Gericht zu gehen und ihm in aller Deutlichkeit klarzumachen, welchen Schaden und welche Schande solcher Aufschub des Krieges bringe.

Bei der Zusammenkunft auf dem Marsfeld berief der Konsul, bevor er die Zenturien abstimmen ließ, zunächst eine Volksversammlung zum Anhören seiner Rede (*contio*) und sagte: „Ihr scheint mir nicht zu begreifen, Mitbürger, dass es für euch nicht um die Frage geht, ob ihr Krieg oder Frieden haben wollt – denn das wird euch Philipp nicht freistellen, der zu Lande und zu Wasser einen gewaltigen Krieg plant –, sondern ob ihr eure Legionen nach Makedonien hinüberschaffen oder ob ihr die Feinde in Italien in Empfang nehmen wollt. [...] Wenn es euch zu viel gewesen wäre, nach Africa hinüberzugehen, hättet ihr heute noch in Italien Hannibal und die Karthager als Feinde. Makedonien soll lieber den Krieg haben als Italien; die Städte und Felder der Feinde sollen mit Feuer und Schwert verwüstet werden; wir haben schon erfahren, dass unsere Waffen draußen glücklicher und mächtiger sind als daheim. Schreitet zur Abstimmung mit dem Beistand der Götter und ordnet das an, was die Senatoren für gut befunden haben. Zu dieser Entscheidung raten euch nicht nur der Konsul, sondern auch die unsterblichen Götter, die mir, als ich opferte und betete, dass dieser Krieg für mich, den Senat und euch, für die Bundesgenossen und Latiner, für unsere Flotten und Heere gut und glücklich ausgehe, Glück verheißende und günstige Zeichen gegeben." Nach dieser Rede wurden sie zur Abstimmung geschickt, und sie entschieden sich, wie er beantragte, für den Krieg.

Livius: Römische Geschichte XXXI, 6–8. Zit. nach: Livius: Römische Geschichte Buch 31–34. Lateinisch und deutsch herausgegeben von H. J. Hillen, München/Zürich 3. Aufl. 1991. S. 15–21.

*a) Stellen Sie die Argumente zusammen, mit denen der Konsul P. Sulpicius in der Volksversammlung Überzeugungsarbeit leistet.*
*b) Kennzeichnen Sie jeweils die Motive von Senat, Volk und Konsul bei der vorliegenden Entscheidungsfindung.*

## 100 Die Ideale der Nobiles

a) Polybios berichtet von dem Begräbniszeremoniell eines römischen Aristokraten:

Wenn in Rom ein angesehener Mann stirbt, wird er im Leichenzug in seinem ganzen Schmuck nach dem Markt zu den so genannten rostra, der Rednertribüne, geführt, meist stehend, so dass ihn alle sehen können, nur selten sitzend. Während das ganze Volk ringsherum steht, betritt entweder, wenn ein erwachsener Sohn vorhanden und anwesend ist, dieser, sonst ein anderer aus dem Geschlecht die Rednertribüne und hält eine Rede über die Tugenden des Verstorbenen und über die Taten, die er während seines Lebens vollbracht hat. Diese Rede weckt in der Menge, die durch sie an die Ereignisse erinnert wird und sie wieder vor Augen gestellt bekommt, und zwar nicht nur bei den Mitkämpfern, sondern auch bei den nicht unmittelbar Beteiligten, ein solches Mitgefühl, dass der Todesfall nicht als ein persönlicher Verlust für die Leidtragenden, sondern als ein Verlust für das Volk im Ganzen erscheint. Wenn sie ihn dann begraben und ihm die letzten Ehren erwiesen haben, stellen sie das Bild des Verstorbenen an der Stelle des Hauses, wo es am besten zu sehen ist, in einem hölzernen Schrein auf. Das Bild ist eine Maske, die mit erstaunlicher Treue die Bildung des Gesichts und seine Züge (?) wiedergibt. Diese Schreine öffnen sie bei den großen Festen und schmücken die Bilder, so schön sie können, und wenn ein angesehenes Glied der Familie stirbt, führen sie sie im Trauerzug mit und setzen sie Personen auf, die an Größe und Gestalt den Verstorbenen möglichst ähnlich sind. [...] Wenn nun der Redner über den, den sie zu Grabe tragen, gesprochen hat, geht er zu den anderen über, die da auf den rostra versammelt sind, und berichtet, mit dem Ältesten beginnend, von den Erfolgen und Taten eines jeden. Da auf diese Weise die Erinnerung an die Verdienste der hervorragenden Männer immer wieder erneuert wird, ist der Ruhm derer, die etwas Großes vollbracht haben, unsterblich, das ehrende Gedächtnis der Wohltäter des Vaterlandes bleibt im Volke wach und wird weitergegeben an Kinder und Enkel. Vor allem aber wird die Jugend angespornt, für das Vaterland alles zu ertragen, um ebenfalls des Ruhmes, der dem verdienten Manne folgt, teilhaft zu werden.

Polybios: Geschichte VI, 53–54. Zit. nach: Polybios, Geschichte. Gesamtausgabe in zwei Bänden, Band I. Eingel. u. übertr. v. Hans Drexler. Zürich/München 2. Aufl. 1978. S. 578 ff.

**b)** Der kaiserzeitliche Privatgelehrte Plinius gibt in seiner *Naturgeschichte* (7, 139–140) eine Zusammenfassung der Leichenrede, die der *nobilis* Q. Caecilius Metellus im Jahre 221 v. Chr. auf seinen Vater Lucius gehalten hat:

Quintus Marcellus hat in der Rede zur letzten Ehrung seines Vaters Lucius Metellus, der Pontifex, zweimal Konsul, Diktator, Kommandeur der Reiterei, Mitglied der Fünfzehnmännerkommission zur Landanweisung gewesen war, der als erster Elefanten aus dem ersten Punischen Krieg bei seinem Triumph mitführte, überliefert, sein Vater habe die zehn wichtigsten und höchsten Ziele, nach denen verständige Männer ihr Leben lang strebten, vollkommen erreicht: Sein Wunsch sei nämlich gewesen: als Kämpfer der Erste zu sein, bester Redner, tapferster Feldherr, dass unter seiner Führung die bedeutendsten Taten vollbracht würden, höchste Anerkennung zu genießen, umfassendsten Sachverstand zu besitzen, als der angesehenste Senator zu gelten, zu viel Geld auf anständige Weise zu kommen, viele Kinder zu hinterlassen und der berühmteste Mann in der Bürgerschaft zu sein. Dies sei ihm zuteil geworden und keinem anderen seit der Gründung Roms.

Plinius: Naturgeschichte 7, 139–140. Zit. nach: Res Publica. Texte zur frührömischen Tradition. Lateinisch/Griechisch und deutsch. Ausgew., übers. und erläut. von Rudolf Till, Darmstadt 1984, S. 39–41.

*a) Erläutern Sie die Funktionen der einzelnen Begräbnisriten.*
*b) Beschreiben Sie die gesellschaftlichen Ideale, die das Zeremoniell betont.*
*c) Vergleichen Sie die in der Leichenrede des Marcellus genannten Ideale mit den Aussagen des Polybios. Wo geht Marcellus über die von Polybios genannten Leitwerte hinaus?*

## 101 Altrömische Tugenden

**a)** Livius über Cato den Älteren:

Aber alle Patrizier und Plebejer aus den angesehensten Familien übertraf bei weitem M. Porcius (Cato). Dieser Mann besaß eine solche Willenskraft und Naturbegabung, dass er sich – ganz gleich aus welchem Stande er auch stammen möchte – aus eigener Kraft seine Stellung im Leben geschaffen hätte. Keine Fähigkeit fehlte ihm, weder zur Gestaltung des privaten Lebens noch für die Aufgaben im Staate; auf die Geschäfte in der Hauptstadt wie auf dem Lande verstand er sich gleich gut. Zu den höchsten Staatsämtern gelangten manche aufgrund ihrer Rechtskenntnis, andere durch ihre Beredsamkeit, wieder andere durch ihren Kriegsruhm; er aber verfügte über eine so vielseitige Naturbegabung gleichmäßig für alle Aufgaben, dass man behaupten könnte, er sei für das besonders geeignet, was er gerade betrieb. Im Kriege zeichnete er sich durch höchste persönliche Tapferkeit aus und war durch viele glänzende Schlachten berühmt; nachdem er zu den hohen Staatsämtern gelangt war, bewährte er sich als der ausgezeichnetste Feldherr; ebenso war er im Frieden, wenn man ihn in Rechtsfragen zu Rate zog, der Sachkundigste, wenn in einem Prozess eine Rede zu halten war, der beste Redner, und zwar nicht nur einer, dessen Worte zu Lebzeiten kraftvoll klangen, ohne dass eine Erinnerung an seine Sprachgewalt noch vorhanden wäre – nein, im Gegenteil; seine Beredsamkeit lebt und wirkt immer noch, verewigt in Schriften aller Art. [...] Allzu viele Feindschaften hielten ihn in Atem, und er selbst strapazierte andere: Es ist nicht leicht zu entscheiden, ob die Nobilität mehr ihm zugesetzt hat oder er der Nobilität. Ohne Zweifel war er ein Raubein, in seinen Worten scharf und maßlos freimütig, aber niedrigen Begierden unterlag er nicht, von rigoroser Redlichkeit, ein Verächter von Beliebtheit und Reichtum. Was Sparsamkeit anbelangt und Ausdauer bei der Arbeit und in Gefahren, so war er beinahe eisern an Leib und Seele; nicht einmal das hohe Alter, das doch sonst alles zum Erschlaffen bringt, konnte seine Kraft brechen: Noch im 86. Lebensjahr führte er in einem Prozess seine Sache selbst, verteidigte sich vor Gericht und zeichnete die Rede auf, als Neunzigjähriger zog er den Servius (Sulpicius) Galba vor das Volksgericht.

Livius: Römische Geschichte XXXIX/XD, 3–12. Zit. nach: Livius: Römische Geschichte Buch 39–41. Lat. und dt. hrsg. v. H. J. Hillen. München/Zürich 2. Aufl. 1993. S. 95–97.

**b)** Statue Catos des Älteren

*a) Stellen Sie einen Katalog der Tugenden Catos zusammen und vergleichen Sie ihn mit den in der Marcellusrede genannten „zehn wichtigsten und höchsten Ziele, nach denen verständige Männer ihr Leben lang" streben sollten.*

*b) Charakterisieren Sie die Rolle, die Reden vor Gericht in der Karriere eines römischen Politikers spielten.*

*c) Warum war Cato der Nobilität unbequem? Wie stellt sich der Geschichtsschreiber Livius dazu?*

*d) Antike Künstler versuchten mit ihren Arbeiten immer auch die Charaktere der dargestellten Personen wiederzugeben. Welche der in Quelle 101a) genannten Charaktereigenschaften lassen sich am ehesten in der Statue wiederfinden?*

## 102 Die Macht der Rede und Wahlkampfstrategien

**a)** Cicero über die Rolle der Redekunst im politischen Konkurrenzkampf:

Mag mir auch, Bürger von Rom, der Anblick eurer zahlreichen Versammlung schon immer als der höchste Genuss erschienen sein, die Stelle hier [auf den rostra, der Rednerbühne] aber, wenn es gilt, vor euch zu sprechen, für den Beamten die würdigste, für einen Privatmann die ehrenvollste, so hielt mich doch von diesem Tor zum Ruhm, das immer den Besten am weitesten offen stand, bis heute nicht bewusste Absicht zurück, sondern der Lebensplan, den ich seit meinem Eintritt ins öffentliche Leben festhielt. Denn weil ich früher wegen meiner Jugend diese angesehene Stätte noch nicht zu betreten wagte und überzeugt war, hier dürfe man nur gedanklich vollendete und sorgsam ausgearbeitete Reden vortragen, glaubte ich meine ganze Zeit Freunden in bedrängter Lage widmen zu sollen. Während so dieser Ort nie leer von Männern blieb, die eure Sache vertraten, trugen meine redlichen und lauteren Bemühungen in Privatprozessen nach eurem Urteil die glänzendsten Früchte. Daraus nämlich, dass ich wegen der Vertagung der Wahl dreimal als der von allen Comitien an erster Stelle gewählte Prätor ausgerufen wurde, ersah ich leicht, Quiriten [= Ehrenname der Bürgerschaft Roms], was ihr von mir hieltet und was ihr von anderen Menschen verlangtet. Nun aber, da ich so viel Ansehen besitze, wie ihr durch Übertragung von Ehrenstellen mir zuerkanntet, und so viel Fähigkeit zur Vertretung einer Sache, wie einem strebsamen Manne die beinahe tägliche Redeübung der Gerichtspraxis einbringen konnte, so will ich, wenn ich Ansehen besitze, es gewiss auch bei denen einsetzen, die es mir verliehen, und wenn ich als Redner etwas leiste, will ich es gerade denen zeigen, die glaubten, mich durch ihre Stimme dafür zu belohnen.

Cicero: Rede über den Oberbefehl des Cn. Pompeius. Übersetzung, Nachwort und Anmerkungen von O. Schönberger. Stuttgart 1986. S. 3.

**b)** Quintus Tullius Cicero gibt seinem Bruder Marcus Ratschläge für dessen Bewerbung um das Konsulat:

Fast täglich, wenn du zum Forum hinuntergehst, musst du folgendes bedenken: Ich bin ein Neuling; ich bewerbe mich um das Konsulat; es handelt sich um Rom. Den Nachteil, über keinen berühmten Namen zu verfügen, wirst du durch deinen rednerischen Ruhm in weitem Umfang wettmachen. [...]. Achte darauf, dass sowohl die große Zahl als auch die unterschiedliche Herkunft deiner Freunde sichtbar wird. Denn du besitzt einen Vorteil, den nur wenige Neulinge besessen haben: Hinter dir stehen alle Staatspächter, fast der gesamte Ritterstand, zahlreiche dir persönlich verpflichtete Landstädte, viele Männer aus allen Ständen, die du verteidigt hast, eine Anzahl von Berufsverbänden, außerdem sehr viele junge Leute, die das Studium der Redekunst mit dir in Verbindung gebracht hat, und schließlich der ansehnliche und beständige Kreis von Freunden, die dir täglich ihre Aufwartung machen. [...] Doch vor allem dürfte ein Neuling von der Begünstigung durch Angehörige der Nobilität, vorrangig natürlich der Konsulare [= ehemalige Konsuln] in entscheidender Weise profitieren. Es ist nämlich nützlich, von eben denen der Stellung und des Ranges für würdig gehalten zu werden, in deren Stellung und Rang man aufzusteigen wünscht. Alle diese musst du gewissenhaft umwerben, sie durch andere aufsuchen lassen und ihnen die Überzeugung vermitteln, dass wir immer die politische Auffassung der Optimaten geteilt und keineswegs auf Seiten der Popularen gestanden haben. [...] Drei Motive sind es in erster Linie, die Menschen zu wohlwollender und engagierter Unterstützung bei der Wahl veranlassen: erwiesene Wohltaten, konkrete Erwartungen und aufrichtige Sympathien. [...] Deshalb bemühe dich darum, dass du zu sämtlichen Zenturien über zahlreiche und verschiedenartige Beziehungen verfügst. Vornehmlich sollst du [...] Senatoren, Ritter und umtriebig gefällige Leute aus den übrigen Ständen auf deine Seite ziehen. [...] Schließlich lass es dir angelegen sein, dass du ganz Italien in seiner Tribusgliederung und -organisation vor Augen hast, damit du kein Munizipium, keine Kolonie und keine Präfektur, kurz, keinen Ort auslässt, in dem du über einen hilfreichen Stützpunkt verfügen könntest. Mache ausfindig Leute aus jeder Region, lerne sie kennen, tritt an sie heran, versichere dich ihrer und veranlasse sie, in ihrer Umgebung für dich Wahlwerbung zu betreiben und stellvertretend für dich gleichsam als Kandidat tätig zu sein. [...] Bei deiner Bewerbung musst du nachdrücklich darauf achten, dass der Staat Gutes von dir erhofft und dein Erscheinungsbild in der

**c)** Marmorstatue Ciceros

Öffentlichkeit keine Trübung erfährt. Allerdings darfst du während deiner Bewerbung weder im Senat noch in der Volksversammlung zu politischen Tagesfragen eindeutig Stellung nehmen, sondern solltest dich so verhalten, dass der Senat in dir (zumal aufgrund deines bisherigen Lebensstils) einen Verteidiger seiner Autorität erblickt, die römischen Ritter und die anständig wohlhabenden Bürger […] einen umsichtigen Befürworter ruhiger und friedlicher Verhältnisse und die Masse des Volkes […] einen gegenüber ihren Interessen nicht gleichgültigen Anwalt.

Denkschrift über die Bewerbung um das Konsulat des Quintus Tullius Cicero für seinen Bruder Marcus. Zit. nach: Werner Ripper: Weltgeschichte im Aufriss. Die römische Republik. Frankfurt/M. 2. ergänzte u. verbesserte Aufl. 1992. S. 44–46.

a) *Stellen Sie dar, nach welchen methodischen und inhaltlichen Gesichtspunkten ein „Netzwerk" aufgebaut wird, um die Wahl ins höchste Staatsamt Roms zu organisieren.*
b) *Cicero stammte als* homo novus *nicht aus dem ersten Adel der Hauptstadt. Welche Wirkung wird seine Rede auf einen* nobilis *gemacht haben?*
c) *Vergleichen Sie die Ratschläge des Quintus Cicero mit der Wahlkampfstrategie eines Kandidaten in der modernen parlamentarischen Demokratie. Wo sehen Sie die entscheidenden Unterschiede?*

## 4. Religion und Politik

**„Tief religiöse Menschen"**

Die Römer priesen sich selbst gern als das gottesfürchtigste Volk und führten ihre Erfolge auf das besondere Wohlwollen der Götter zurück. Göttliches Wirken zeigte sich den Römern in natürlichen Erscheinungen (wie etwa Blitz und Donner oder dem Verhalten von Tieren, insbesondere von Vögeln). Ihre ursprüngliche Vorstellung von unpersönlichen göttlichen Kräften personalisierten sie erst unter etruskischem Einfluss und durch Übernahme griechischer Vorstellungen. Weil für die Römer staatlicher und religiöser Bereich zusammengehörten, spielte die Religion im öffentlichen Leben eine höchst wichtige Rolle. Nach römischem Glauben hing das Wohl des Staates von der Gunst der Götter ab. Folglich gehörte es zu den wichtigsten Aufgaben der Staatsführung, sich des göttlichen Wohlwollens zu versichern.

**Religion als Herrschaftsinstrument**

Die „Kunst des Sehens", um die es beim Erkennen göttlicher Zeichen ging, war von den Etruskern entwickelt worden. Die Römer haben diese etruskische Kunst übernommen und behielten deren Fachpersonal und Deutungsmethoden bei: Mithilfe der *ars fulguratoria* entschlüsselte man die göttlichen Geheimbotschaften von Blitzen, Auguren beobachteten den Vogelflug, *haruspices* erkannten aus der Form und der Lage der Eingeweide geopferter Tiere, ob die Götter das Handeln der Magistrate guthießen oder ablehnten, *pontifices* über-

**103** Wahrsager bei der Untersuchung einer Leber auf Vorzeichen. Gravierte Rückseite eines Bronzespiegels, 4./5. Jahrhundert v. Chr.

wachten die religiösen Kulthandlungen. Ihr Vorsteher (*pontifex maximus*) führte die Aufsicht über alle sakralen Handlungen des Staates und stellte sicher, dass sie dem Willen der Götter entsprachen.
Da kein Staatsakt ohne die vorherige Befragung des göttlichen Willens möglich war, erwuchs aus jeder religiösen Befugnis politische Macht. Folgerichtig hatten schon die Patrizier nach der Beseitigung des Königtums dafür gesorgt, dass man alle religiösen Ämter, die allesamt auf Lebenszeit ausgeübt wurden, aus dem Kreis der einflussreichen Adelsfamilien besetzte. Im Zuge der Ständekämpfe kamen auch die angesehensten Plebejerfamilien in den Genuss dieses Privilegs. Darum war es nötig, die Zahl der Priesterämter zu verdoppeln.

## 104 Götterfurcht und *mos maiorum*

**a)** Polybios über die Rolle der Religion im gesellschaftlichen Leben Roms:

Der größte Vorzug des römischen Gemeinwesens aber scheint mir in ihrer Ansicht von den Göttern zu liegen, und was bei anderen Völkern ein Vorwurf ist, eben dies die Grundlage des römischen Staates zu bilden: eine beinahe abergläubische Götterfurcht. Die Religion spielt dort im privaten wie im öffentlichen Leben eine solche Rolle und es wird so viel Wesens darum gemacht, wie man es sich kaum vorstellen kann. Vielen wird dies wahrscheinlich seltsam erscheinen, ich glaube indessen, dass es um der Massen willen geschieht. Denn wenn man ein Staatswesen bilden könnte, das nur aus Weisen besteht, würden solche Methoden wohl nicht nötig sein. Da jedoch die Masse immer leichtfertig und voller gesetzwidriger Begierden ist, geneigt zu sinnlosem Zorn, zu Leidenschaften, die sich in Gewalttaten entladen, bleibt nichts übrig, als sie durch dunkle Angstvorstellungen und eine gut erfundene Mythologie im Zaum zu halten.

Polybios: Geschichte VI, 56. Zit. nach: Polybios: Geschichte. Gesamtausgabe in zwei Bänden, Band I. Eingel. u. übertr. v. Hans Drexler. Zürich/München 2. Aufl. 1978. S. 581.

**b)** Der Historiker Géza Alföldy zur Bedeutung des *mos maiorum* (1976):

Keine Gesellschaft kann für die Dauer allein durch die Macht der Herrschenden zusammengehalten werden: Ihre Kontinuität hängt von der Existenz eines einheitlichen religiösen, ethischen oder ideologischen Bezugssystems ab, das für die zwischenmenschlichen Beziehungen einheitliche und dauerhaft geltende Normen bietet. Roms Gesellschaft besaß ein ungemein festes Bezugssystem dieser Art: den *mos maiorum*, nämlich das System der Verhaltensweisen, die in den großen Taten der Vorfahren zum Ausdruck gekommen waren und als Richtschnur für Denken und Handeln in allen Zeiten galten. *Moribus antiquis res stat Romana virisque* (Die römische Macht beruht auf den Sitten und den Männern der Vergangenheit) lautete [...] die oberste Maxime und bis zum Sieg des Christentums [...] gab es hierzu keine echte Alternative. [...]
Man könnte zwar meinen, dass die Werte und Normen des *mos maiorum* primitiv und inhaltslos waren: Die Grundlage dieses Bezugssystem war eine ursprünglich sehr einfache Religion, und seine Werte und Normen, etwa *virtus, fides, pietas, clementia*, wurden unter den Voraussetzungen eines archaischen Stadtstaates geschaffen. Nichtsdestoweniger lag im zähen Festhalten an diesen Werten und Normen eine ungeheure geistige Kraft: [dadurch] konnte [...] die Jugend von Generation zu Generation nach einheitlichen römischen Idealen erzogen werden, und die uralten Vorbilder dienten immer als Anregung, auch unter veränderten Verhältnissen ähnlich „richtig" wie die Ahnen zu verfahren. Ganz abgesehen davon, war dieses Bezugssystem glänzend geeignet, die aristokratische Hierarchie der römischen Sozialordnung und damit auch die politische Macht der jeweiligen Aristokratie zu wahren: Die im *mos maiorum* enthaltenen Werte und Normen wurden durch die Aristokratie geschaffen, da die in den großen Taten der Vergangenheit formulierten Verhaltensweisen nichts anderes als die Denk- und Handlungsweisen von Senatoren gewesen waren; der Ruhm, den die frühen Feldherren, Politiker und Priester aus dem Senatorenstand durch ihre Taten errungen hatten, sicherte auch für ihre späteren Nachkommen und überhaupt für die jeweilige Aristokratie als Hüterin einer ruhmreichen Tradition hohes Ansehen.

Géza Alföldy, Die römische Gesellschaft – Struktur und Eigenart. In: Gymnasium 83 (1976), S. 22 f. Zit. nach: Werner Ripper: Weltgeschichte im Aufriss. Die römische Republik. Frankfurt/M 2. ergänzte u. verbesserte Aufl. 1992. S. 52.

*a) Äußern Sie sich zu Polybios' Herleitung der römischen Religiosität. Erörtern Sie andere mögliche Erklärungen.*
*b) Worin sieht Alföldy die Funktion des* mos maiorum *in der Gesellschaft der römischen Republik? Wer waren die Hauptnutznießer?*
*c) Erörtern Sie Vor- und Nachteile des Festhaltens an traditionellen Werten. Wie schätzen Sie die historische Glaubwürdigkeit solcher Traditionen ein?*
*d) Diskutieren Sie, inwiefern ein solches Wertesystem immer auch als politisches Herrschaftsinstrument fungiert.*

**Zur Diskussion**

## Die römische Republik – eine Demokratie?

Immer wieder beschwören römische Quellen den bedeutenden Anteil des Volkes an der Politik. Die Forschung sah darin bisher nur eine rhetorische Floskel oder wertete es als Bemühen, den wahren Sachverhalt zu verschleiern. In neueren Publikationen vertreten jedoch einige englische Forscher die Ansicht, das Volk habe mit seinen Entscheidungen die Innen- und Außenpolitik tatsächlich so stark bestimmt, dass man die römische Verfassung als Demokratie bezeichnen müsse. Träfe dies zu, so wäre die seit langem vorherrschende Forschungsmeinung zur römischen Republik zu revidieren und zugleich die Auffassung von der Besonderheit der athenischen Demokratie zu relativieren.

**a)** Der britische Historiker Fergus Millar: Die römische Republik – eine Demokratie! (2001):

Das fundamentale Argument dieses Buches ist, dass unsere Zeugnisse unverständlich bleiben, wenn wir nicht akzeptieren, dass die Verfassung der römischen *res publica* eine Spielart der Demokratie war. Jeder erwachsene Bürger hatte [...] eine Stimme, und die Armen waren formal nicht ausgeschlossen. Auch freigelassene Sklaven konnten wählen. [...] Das System, nach dem sie wählten, war dadurch charakterisiert, dass die Wahlen ohne Ausnahme in bestimmten Untergruppen stattfanden (*tribus* oder *centuriae*). Innerhalb jeder Untergruppe herrschte das Prinzip der Mehrheitsstimme. [...] In den *comitia tributa* gab es keine soziale Differenzierung, die Stimme eines jeden Bürgers zählte gleich.

Schließlich sollte hervorgehoben werden, dass die *res publica* eine direkte Demokratie war und nicht eine repräsentative. Sicherlich war die Mitgliedschaft im Senat das indirekte Ergebnis einer Wahl zu einem öffentlichen Amt. Aber während der Senat wichtige vorberatende und administrative Funktionen hatte und innerhalb des Entscheidungsprozesses eine maßgebende Rolle spielte, so war er dennoch kein Repräsentativorgan, kein Parlament und konnte keine Gesetze erlassen. Die weit verbreitete Meinung, dass der Senat die Regierung der römischen Republik war, ist nicht nur irreführend, sie ist regelrecht falsch.

Die formale Macht der Bürger als Wähler war in drei Kategorien geteilt. Zunächst gab es die, freilich in Ciceros Zeit eingeschränkte Rolle der Komitien als Gerichtshof. Dann gab es die Wahlen. [...] Über 50 öffentliche Posten wurden nun jährlich durch Wahlen gefüllt, und nach 63 [v. Chr.] wurden auch [...] Wahlen dazu benutzt, die frei werdenden Stellen in den Priesterkollegien und in der Position des Pontifex maximus zu füllen.

Das fundamentalste aller Rechte des Volkes war jedoch die Tatsache, dass das Volk, und das Volk allein, Gesetze verabschieden konnte. Gesetzesvorschläge konnten vor das Volk nur durch eine begrenzte Zahl von jährlich gewählten Beamten, nämlich Konsuln, Prätoren oder (Volks-)tribune gebracht werden. Keiner dieser Gesetzesvorschläge musste, außer in den zehn Jahren nach Sullas Reformen, von dem Senat gebilligt werden. [...] Normalerweise verabschiedeten die *comitia tributa* Gesetze, und es war weitaus normaler, dass diese Gesetze durch einen oder mehrere der 10 Volkstribune vorgestellt wurden als durch irgendeinen anderen gewählten Beamten. Das exklusive Recht der Volksversammlungen, Gesetze zu verabschieden, ist bei weitem das stärkste Argument dafür, dass man unter rein formalem Aspekt, die römische *res publica* als Demokratie bezeichnen muss.

Fergus Millar, The Crowd in Rome in the Late Republic, Ann Arbor 2001. S. 208 ff. (Übersetzung Raimund Schulz)

**b) Der deutsche Historiker Egon Flaig: Die römische Republik – keine Demokratie! (1995):**

Die Comitien wurden von einem Magistrat oder Tribun geleitet, der als Antragsteller (*rogator*) eine Beschlussvorlage einbrachte. Die Versammlung konnte dann dazu weder Stellung nehmen noch Änderungsvorschläge machen; sie konnte lediglich zustimmen oder ablehnen. […] Für Fergus Millar und John North äußert sich in dieser Möglichkeit, Anträge anzunehmen oder abzulehnen, der Volkswille. Doch trifft diese Voraussetzung zu? […]

Insgesamt sind meines Wissens nur 8 abgelehnte Anträge überliefert, 7 wurden von Volkstribunen eingebracht, ein einziger von einem Magistrat. Von diesen 8 abgelehnten Anträgen fallen 4 ins 4. Jahrhundert [v. Chr.] und sind daher überlieferungsgeschichtlich unsicher. Somit bleiben für die mittlere und späte Republik nur vier abgelehnte Anträge übrig, drei tribunizische und ein consularischer.

Bei den drei abgelehnten tribunizischen *rogationes* […] ist es sicher […], dass die maßgeblichen Teile der Aristokratie gegen den jeweiligen Antrag optierten.

[…]

Aus diesen Fällen ist zu schließen, dass niemand davon ausging, die Volksversammlung könne anders abstimmen, als der Antragsteller selbst wollte. Da die Abstimmung fast stets dazu führte, dass das Volk zustimmte, war die Zustimmung gänzlich erwartbar. Alle Beteiligten teilten diese Erwartung, sowohl die Aristokratie wie die nichtaristokratischen Bürger.

[…]

Wenn die Comitien so gut wie immer zustimmten, dann waren sie kein Entscheidungsorgan. Unbestritten bleibt, dass den Beschlüssen der Comitien […] Verbindlichkeit für die gesamte *res publica* zuerkannt wurde. Aber wenn innerhalb des aristokratischen Systems den Comitien die Funktion zufiel, in „letzter Instanz“ verbindliche Regelungen für die gesamte politische Gemeinschaft zu treffen, dann bedeutete das weder, dass sie „souverän“ waren, noch dass sie im präzisen Sinne des Wortes „entschieden“.

[…]

Der Charakter dieser Veranstaltung, ihre Funktion als Konsensorgan, verdeutlicht sich, wenn man ihren rituellen Aspekt in die politische Analyse der Institutionen einbezieht. […] Die versammelten Bürger standen (anders als in Hellas), die Magistrate saßen. Die Zeremonien visualisierten damit die Differenz zwischen denen, die Befehle gaben, und denen, die gehorchten, zwischen denen, die sprachen, und denen, die zuhörten. […] Stundenlang zu warten und magistratische Befehle zu befolgen, brachte die Überordnung der Aristokratie und die Unterordnung des Volkes unter die Amtsträger in eine szenographische Form, die wiederholbar war und den politischen Gehorsam sowohl manifestierte wie verstärkte.

Egon Flaig: Entscheidung und Konsens. Zu den Feldern der politischen Kommunikation zwischen Aristokratie und Plebs. In: Martin Jehne (Hrsg.): Demokratie in Rom? Die Rolle des Volkes in der Politik der römischen Republik. (Historia Einzelschriften 96). Stuttgart 1995. S. 77–127; S. 80 f.; 84; 87; 89 f.

*a) Arbeiten Sie die unterschiedlichen Ansichten über den Verfassungscharakter der Republik heraus und vergleichen Sie diese miteinander.*

*b) Diskutieren Sie die beiden Deutungen und ihre jeweiligen Grundlagen. Beziehen Sie, wenn möglich, auch heutige Demokratietheorien ein.*

# II. Die Eroberung des Mittelmeerraums und die Herrschaft über das Imperium

In nur 300 Jahren stieg Rom von einer kleinen Stadt am Tiber zur alles beherrschenden Macht des Mittelmeerraums auf. Die „Weltherrschaft" der Römer dauerte bis zum Ende der Antike und gilt noch heute als Inbegriff universaler Herrschaft. Wie ist der einmalige Aufstieg Roms zu erklären, was hat die Römer dazu veranlasst, trotz härtester Rückschläge immer wieder zu den Waffen zu greifen, und wie ist es der kleinen Führungsschicht der *nobiles* gelungen, Gebiete zu beherrschen, die vormals ganze Königreiche umfassten?

| | |
|---|---|
| 338 v. Chr. | Rom siegt über die Latiner. |
| 326–290 v. Chr. | Durch einen langwierigen Krieg gegen die Samniten erringt die Republik die Herrschaft in Mittelitalien. |
| 280–272 v. Chr. | Rom greift die Griechenstädte Süditaliens an, drängt König Pyrrhos aus Italien und erringt die Herrschaft auf der Halbinsel. |
| 264–241 v. Chr. | Rom zwingt Karthago im Ersten Punischen Krieg zur Abtretung Siziliens. |
| 237 v. Chr. | Die Römer besetzen Sardinien und Korsika. |
| 218–201 v. Chr. | Hannibal kämpft erfolgreich gegen die Römer in Italien, wird aber in Nordafrika von Scipio geschlagen. Karthago verliert sämtliche Besitzungen außerhalb Afrikas. |
| 200–197 v. Chr. | Rom besiegt Philipp V. von Makedonien. |
| 149–146 v. Chr. | Nach dem Dritten Punischen Krieg zerstört der römische Feldherr Scipio Africanus Karthago und richtet die Provinz *Africa* ein. |
| 146 v. Chr. | Korinth wird dem Erdboden gleich gemacht, Makedonien zur römischen Provinz erklärt und Griechenland dem makedonischen Statthalter unterstellt. |
| 129 v. Chr. | *Asia* wird die erste römische Provinz jenseits des Bosporus. |

## 1. Die Erringung der Vorherrschaft im Westen: Die Kriege gegen Karthago

### 1.1 Der Erste Punische Krieg um Sizilien

**Die Eroberung der italischen Halbinsel**

Nach den Ständekämpfen brauchten die römischen Adligen militärische Erfolge, um ihren Führungsanspruch zu rechtfertigen, und neues Ackerland, um ihre Klienten zu versorgen. Zuerst griff man die bedeutenden etruskischen und latinischen Nachbarstädte an, dann kam es zu Kämpfen mit den Bergstämmen Mittelitaliens. Mit jedem Erfolg erweiterte sich der Einflussbereich Roms. Bereits in den 90er Jahren des 3. Jahrhunderts v. Chr. gab es in Italien keinen Gegner mehr, der den Römern die Herrschaft über die Halbinsel streitig machte. Und auch der mit einem modernen Söldnerheer aus Griechenland einfallende Feldherr Pyrrhos von Epirus wurde nach verlustreichen Kämpfen zum Abzug gezwungen.

**Die Beziehungen zu Karthago…**

Während der gesamten Zeit der Kriege in Italien waren die Beziehungen zu Karthago, der größten Metropole des westlichen Mittelmeeres im Gebiet des heutigen Tunis, ausgesprochen gut. Karthago war die bedeutendste Kolonie der Phöniker und hatte seinen Einflussbereich seit ca. 500 v. Chr. durch die Anlage

105 Vorherrschaft Roms in Italien bis 241 v. Chr. Bis Mitte des 3. Jahrhunderts v. Chr. hatte sich Rom zur stärksten Macht Italiens entwickelt.

eigener Kolonien bis nach Sizilien und Spanien ausgedehnt. Grundlage seines Reichtums bildete die Kontrolle des Überseehandels. Auch Rom profitierte von seinen guten Kontakten zu karthagischen Kaufleuten und hatte seit den Tagen der etruskischen Könige zudem einen gemeinsamen Feind: die Griechen Unteritaliens und Siziliens. Als Rom jedoch die unteritalischen Griechenstädte unterwarf, waren die ehemaligen Gegner zu schützenswerten Untertanen geworden. Wie würde der Senat reagieren, wenn es an der Meerenge zwischen Sizilien und Italien zu Konflikten mit Karthago kam?

### ... und der Ausbruch des Ersten Punischen Krieges

Sizilien war für die Senatoren kein unbekanntes Land: Die mit den römischen Adligen befreundeten Kaufleute aus Kampanien verdienten auf der Insel seit Jahrhunderten gutes Geld im Sklaven- und Getreidehandel. Um 280 v. Chr. errichteten italische Söldner („Marmertiner") in der ostsizilischen Stadt Messana eine Art Räuber- und Piratenstaat. Zum Schutz gegen das mächtige Syrakus unter dem griechischen Tyrannen Hieron erreichten sie die Entsendung einer karthagischen Schutztruppe, die ihnen dann aber doch nicht ganz geheuer war. Darum erbaten sie 264 v. Chr. auch von Rom Hilfe. Der Senat entsprach nach längeren Diskussionen ihrer Bitte und entsandte Truppen über die Meerenge. In Messana kam es zu einem heftigen Streit zwischen dem römischen und dem karthagischen Kommandeur. Trotz mehrmaliger Vermittlungsversuche der Gegenseite erklärte daraufhin Rom Karthago den Krieg.

### Aufstieg zur Seemacht

Die Karthager schienen zunächst im Vorteil. Ihre Macht beruhte auf den florierenden Kolonien und auf ihrer Kriegsflotte. Die Römer dagegen hatten ihre bisherigen militärischen Erfolge vornehmlich zu Lande errungen und verfügten nur über geringe Seestreitkräfte. Dennoch gelang es ihnen mithilfe der seekriegserfahrenen unteritalischen Griechenstädte und des Königs von Syrakus, der kurze Zeit nach Kriegsausbruch auf die Seite Roms trat, eine große Kriegsflotte auf Kiel zu legen.

### Friedensvertrag und Machtausdehnung

Nach über 20 Jahren Krieg setzten sich die Römer dank ihrer Kampfkraft und Zähigkeit durch. Die Karthager mussten einem Friedensvertrag zustimmen, der ihren Abzug aus Sizilien vorschrieb. Hohe Kriegsentschädigungen brachten die vormals vorherrschende Macht im westlichen Mittelmeergebiet an den Rand des wirtschaftlichen Ruins. Das für den Krieg gegen Rom angeworbene Söldnerheer wartete vergeblich auf seine Entlohnung und griff darauf die Hauptstadt selbst an. Der staatstreue Feldherr Hamilkar schlug die Söldner zurück und rettete seine Heimat. Rom wusste die innenpolitische Schwäche des Gegners zu nutzen und entriss ihm – was den Bestimmungen des Friedensvertrages zuwiderlief – drei Jahre nach Kriegsende Sardinien und Korsika.

**106** Der 1. und 2. Punische Krieg.

## 107 Herrschaftssicherung

**a)** Der Schriftsteller, Redner und Politiker Marcus Tullius Cicero (106–43 v. Chr.) über die Erfolgsgeheimnisse der römischen Herrschaft:

Das ist nämlich die sicherste Grundlage unserer Freiheit: Jeder ist Herr seiner Rechte, sie auszuüben oder auf sie zu verzichten. Dies aber hat ohne jeden Zweifel am meisten unsere Herrschaft gefestigt und den Namen des römischen Volkes ausgebreitet: Unser erster König, der Gründer dieser Stadt, Romulus, hat uns durch den Vertrag mit den Sabinern gezeigt, dass sich unser Staatswesen auch durch die Aufnahme ehemaliger Feinde vergrößern lasse. Sein Ansehen und Beispiel haben unsere Vorfahren immer dazu bestimmt, unser Bürgerrecht auf andere zu übertragen und auszudehnen. So wurden viele Bewohner Latiums, wie die Tuskulaner und Lanuviner, und aus anderen Gegenden ganze Stämme in unseren Staatsverband aufgenommen, wie die Sabiner, die Volsker und die Herniker. Niemand aus diesen Gemeinschaften wäre gezwungen worden, die Staatsangehörigkeit zu wechseln, wenn er nicht von sich aus dazu bereit gewesen wäre.

Marcus Tullius Cicero: Sämtliche Reden Bd. VI. Eingel., übers. u. erl. v. Manfred Fuhrmann. Zürich/München 1980. S. 116.

**b)** Nach dem Sieg über die Latiner 338 v. Chr. ordneten die Römer ihre Beziehungen zu den latinischen Städten neu. Der römische Historiker Titus Livius (ca. 64 v. Chr.–12 n. Chr.) lässt im 8. Buch seiner *Römischen Geschichte* den Konsul L. Furius Camillus folgende Rede im Senat halten und gibt anschließend die vom Senat getroffenen Maßnahmen wieder:

Die feindlichen Heere wurden bei Pedum und an der Astura vernichtet. Alle latinischen Städte und der volskische Ort Antium wurden im Sturm oder nach Übergabe gewonnen und mit Besatzungen belegt. Jetzt ist es unsere Aufgabe, sie durch einen dauerhaften Frieden in dieser Ruhe zu halten; denn ihre häufigen Empörungen stören uns. Die Unsterblichen haben es ganz euch überlassen und legen die Zukunft Latiums, seine Existenz oder seine Vernichtung, in eure Hände. Den Frieden mit den Latinern könnt ihr also durch Grausamkeit oder durch Vergebung für immer selbst gestalten. […] Ihr könnt ganz Latium vernichten, könnt eine Gegend in Öde verwandeln, aus der euch oft ein wertvolles Heer von Bundesgenossen in vielen harten Kriegen zur Verfügung stand. Oder wollt ihr lieber nach dem Beispiel eurer Ahnen den römischen Staat dadurch vergrößern, dass ihr den Besiegten die Bürgerrechte gewährt? Hier findet ihr Gelegenheit, auf die ehrenhafteste Art groß zu werden. Immer hat die Herrschaft den festesten Bestand, in der sich die Untergebenen wohl fühlen. […]

Die führenden Senatoren äußerten sich über den Antrag des Konsuls allgemein zufrieden. Sie meinten nur, sie würden wohl erst entscheiden, wenn die

Konsuln die Angelegenheit jedes Volkes einzeln vortrügen. Die Schuld dieser Völker sei nämlich verschieden groß, und man müsse jedes nach seinem jeweiligen Verdienst beurteilen. Also stellte man gesonderte Anträge und entschied auch getrennt. Die Lanuviner erhielten das Bürgerrecht, und ihre Heiligtümer wurden ihnen zurückgegeben, aber mit der Bedingung: Tempel und Hain der Juno Sospita sollten den Lanuvinern als Bürger einer freien Stadt und den Römern gemeinsam gehören. Auch die Ariciner, Nomentaner und Pedaner wurden als Bürger aufgenommen und erhielten die gleichen Rechte wie die Lanuviner. Die Tuskulaner besaßen das Bürgerrecht bereits, und man ließ es ihnen. Ihr Abfall galt nicht mehr als böse Absicht des ganzen Volkes, sondern als Machenschaft einiger Aufwiegler. Gegen die Bewohner von Velitrae verfuhr man sehr hart; sie als alte Bürger Roms waren schon zu oft aufsässig geworden. Ihre Mauern wurden niedergerissen und ihr Senat fortgeschickt, mit dem Befehl, jenseits des Tibers wohnen zu bleiben. [...] Auch Antium wurde neu besiedelt; aber die Antiaten durften sich selbst als Kolonisten einschreiben lassen. Sie verloren ihre Kriegsschiffe, man verbot ihnen das freie Meer und gab ihnen das Bürgerrecht. [...] Den restlichen latinischen Völkern verbot man gegenseitige Heiraten, ebenso Handelsgeschäfte und öffentliche Versammlungen untereinander.

Livius: Römische Geschichte, 8. Buch, 13–14. Zit. nach: Titus Livius: Römische Frühgeschichte. 2. Band. Die Einigung Mittelitaliens durch Rom. Übertr. u. ausgew. v. Jürgen Feix. München 1962. S. 80–82.

*a) Vergleichen Sie die beiden Texte in Hinblick auf die Vergabe des Bürgerrechts. Wie steht es z. B. um die „Freiwilligkeit" bei der Annahme des Bürgrechtes durch die in beiden Texten erwähnten Lanuviner?*

*b) Livius wollte mit den von ihm fingierten Äußerungen eine „typisch" römische Art der Behandlung von Besiegten illustrieren. Worin liegt demnach das Besondere der römischen Maßnahmen?*

*c) Erläutern Sie den letzten Satz der Livius-Quelle. Welches Ziel verfolgten die Römer mit dieser Maßnahme?*

*d) Diskutieren Sie die Vorzüge und Risiken der römischen Maßnahmen.*

## 108 Der Erste Punische Krieg: Kriegsschuldfrage

a) Der griechische Historiker Polybios (ca. 200 bis 120 v. Chr.) gibt folgende Motive für das römische Vorgehen an:

Die Mamertiner, die vorher schon [...] eine vollständige Niederlage [gegen Hieron von Syrakus] erlitten hatten, wollten teils zu den Karthagern ihre Zuflucht nehmen und sich selbst und die Burg in ihre Hände geben, andere aber schickten Gesandte nach Rom, boten die Übergabe der Stadt an und baten, ihnen als Stammverwandten beizustehen. Die Römer waren lange unschlüssig, was sie tun sollten, denn die Inkonsequenz einer solchen Hilfeleistung lag offen zutage: Kurz vorher hatten sie ihre eigenen Mitbürger auf das schwerste bestraft und hingerichtet, weil sie Verrat an den Rheginern verübt hatten; gleich danach aber den Mamertinern zu helfen, die sich in gleicher Weise nicht nur an den Messeniern, sondern auch an Rhegion vergangen hatten, schien ein schwer zu entschuldigendes Unrecht. Sie waren sich hierüber völlig im Klaren; da sie aber auf der anderen Seite sahen, dass die Karthager sich nicht allein ganz Libyen, sondern auch große Teile von Iberien [= Spanien] unterworfen hatten, überdies alle Inseln im Sardinischen und Tyrrhenischen Meer in ihrer Gewalt hatten, waren sie in schwerer Sorge, sie könnten, wenn sie auch noch die Herrschaft über Sizilien gewännen, ihnen äußerst gefährliche Nachbarn werden, da jene sie dann eingekreist hätten und Italien von allen Seiten bedrohten. Dass sie aber Sizilien in kurzer Zeit unter ihre Herrschaft bringen würden, wenn die Mamertiner keine Hilfe erhielten, lag klar zutage. Denn wurde ihnen Messene ausgeliefert und waren sie erst Herren dieser Stadt, so stand zu erwarten, dass sie binnen kurzem Syrakus vernichten würden, da sie beinahe über das ganze übrige Sizilien geboten. Dies alles sahen die Römer zwar voraus und erkannten, dass ihnen nichts anderes übrig blieb, als Messene nicht preiszugeben und nicht zuzulassen, dass die Karthager einen Brückenkopf für den Übergang nach Italien gewännen.

Dennoch berieten sie lange Zeit hin und her, und der Senat fasste aus den angegebenen Gründen überhaupt keinen endgültigen Entschluss, denn der Widersinn, den eine solche Hilfeleistung für die

Mamertiner darstellte, schien den daraus entspringenden Vorteilen das Gleichgewicht zu halten. Das Volk dagegen, das durch die vorausgegangenen Kriege schwer gelitten hatte und in vielfältiger Weise einer Verbesserung seiner Lage bedurfte, entschied für die Hilfeleistung, da ihm die Konsuln nicht bloß mit den eben genannten Gründen den für den Staat aus dem Krieg zu erwartenden Nutzen, sondern für jeden Einzelnen ebenso sicheren wie großen Beutegewinn vor Augen stellten.

Polybios: Geschichte, I, 10–11. Zit. nach: Polybios: Geschichte. Gesamtausgabe in zwei Bänden, Band I. Eingel. u. übertr. v. Hans Drexler. Zürich/München 2. Aufl. 1978. S. 11 f.

**b) Polybios' Kommentar zu der Behauptung des pro-karthagischen Schriftstellers Philinos, es habe zwischen Rom und Karthago wechselseitige Verträge über die Anerkennung des jeweiligen Hoheitsgebietes gegeben:**

Wer sollte sich […] nicht mit Recht über den Historiker Philinos wundern, […] woher er den Mut nahm, […] zu behaupten, dass nämlich zwischen Rom und Karthago Verträge bestanden hätten, nach denen die Römer verpflichtet gewesen wären, sich von ganz Sizilien fernzuhalten, die Karthager aber von Italien, und dass die Römer die Verträge und Eide verletzt hätten, als sie zum ersten Mal nach Sizilien hinübergingen, wo doch eine derartige schriftliche Vereinbarung weder je getroffen worden ist noch besteht.

Polybios: Geschichte, III, 26. Zit. nach: Polybios: Geschichte. Gesamtausgabe in zwei Bänden, Band I. Eingel. u. übertr. v. Hans Drexler. Zürich/München 2. Aufl. 1978. S. 214 f.

**c) Der griechisch-römische Historiker Cassius Dio (155– ca. 229 n. Chr.) über die Ursachen des Ersten Punischen Krieges:**

Die Gründe, die zum Krieg zwischen den beiden Völkern führten, waren folgende: Auf Seiten der Römer, dass die Karthager den Tarentinern zu Hilfe gekommen waren, auf Seiten der Karthager hingegen, dass die Römer mit Hieron einen Freundschaftsvertrag geschlossen hatten. Doch benützten sie dies alles nur als Vorwand, wie es gewöhnlich diejenigen machen, die in Wirklichkeit nur ihren eigenen Vorteil im Auge haben, sich aber vor dem üblen Eindruck schämen. Die Wahrheit lautet jedoch ganz anders: Tatsächlich betrachteten die Karthager als langjährige Großmacht und die nunmehr gewaltig emporstrebenden Römer einander mit Misstrauen, und sie ließen sich in den Krieg hineinziehen, teils durch das Streben nach immer mehr Besitz – eine den meisten Menschen angeborene und besonders in Zeiten des Erfolges zutage tretende Verhaltensweise –, teils aber auch aus Furcht. Beide Parteien suchten gleichermaßen die einzige sichere Wahrung ihres Besitzstandes im Zugewinn von fremdem Eigentum. Im Übrigen wäre es sehr schwierig, ja geradezu ausgeschlossen gewesen, wenn zwei Völker, frei, mächtig, stolz und angesichts des raschen Seeverkehrs sozusagen nur durch einen winzigen Abstand voneinander getrennt, wohl über andere Menschen hätten herrschen, einander jedoch hätten aussparen wollen. Ein Zufall folgender Art führte zum Bruch der Verträge und stürzte beide in den Krieg. Dem Namen nach betraf die Auseinandersetzung lediglich Messana und Sizilien, in Wirklichkeit aber waren sich beide Seiten darüber klar, dass nunmehr von diesem Ausgangspunkt her der Krieg ihr eigenes Vaterland miteinbeziehen werde; und sie teilten auch die Auffassung, dass die Insel infolge ihrer Zwischenlage ihren Eroberern einen sicheren Zugang zum jeweiligen Feindesland gewähren könne.

Cassius Dio, Römische Geschichte Bd. 1. Fragmente der Bücher 1–35. Übers. v. Otto Veh. Zürich/München 1985. S. 238–239.

*a) Überprüfen Sie Polybios' Angaben über die Ausdehnung des karthagischen Reiches (Z. 18–26) anhand der Karte über den Ersten Punischen Krieg (M106). Wie ist seine Darstellung zu interpretieren?*

*b) Zeigen Sie Gemeinsamkeiten und Unterschiede in den Erklärungsversuchen von Polybios und Cassius Dio für die Gründe des Ersten Punischen Krieges auf.*

## 1.2 Der Aufstieg Hannibals und der Zweite Punische Krieg

**Das neue karthagische Reich in Spanien**

Im gleichen Jahr, als die Römer Sardinien und Korsika besetzten, segelte Hamilkar mit einer Expeditionsarmee von Afrika nach Spanien und dehnte in den Folgejahren die karthagische Küstenbasis ins Landesinnere aus. Nach seinem Tod fasste sein Schwiegersohn Hasdrubal die Eroberungen als Ersatz für die verlorenen Inseln im Tyrrhenischen Meer zu einem großen Herrschaftsgebiet zusammen und gab der neuen Hauptstadt den programmatischen Namen *Neukarthago*. Rom verfolgte die Machtausdehnung der Karthager mit Misstrauen; vor allem fürchtete man um die Sicherheit der Seehandelswege nach Italien. Nach längeren Verhandlungen einigte man sich mit Hasdrubal auf den Fluss Ebro (in Nordspanien) als Demarkationslinie, die von Truppen beider Seiten nicht überschritten werden durfte.

**Der Ausbruch des Zweiten Punischen Krieges**

221 v. Chr. folgte Hannibal, der Sohn Hamilkars, seinem Schwager als Oberbefehlshaber der spanischen Truppen und trieb – getreu der Politik seiner Familie – die Erweiterung des karthagischen Machtbereichs weiter voran. 219 v. Chr. nahm er nach neunmonatiger Belagerung mit Sagunt eine Stadt ein, die mit Rom befreundet war. Erst im Nachhinein erhoben römische Gesandte in Spanien Einspruch gegen diesen – in den Augen Roms – Übergriff Hannibals. Doch die karthagischen Behörden lehnten jede Verantwortung für das angeblich eigenmächtige Handeln ihres Feldherrn ab; dieser selbst schlug alle Warnungen von römischer Seite in den Wind. Als Hannibal im Frühjahr 218 v. Chr. mit seinem kampfstarken Heer zudem noch den Ebro überschritt, erklärte Rom Karthago erneut den Krieg.

**Hannibals Siegeszug in Italien**

Hannibal ließ sich davon in seinem Offensivdrang nicht abschrecken. In kurzer Zeit unterwarf er das südliche Gallien. Sein Ziel war Italien. Anstatt den Seeweg zu wählen, wagte er zur Überraschung der Römer mit einem 50 000 Mann starken Heer und 37 Kriegselefanten den gefährlichen Übergang über die Alpen und stand im Herbst 218 v. Chr. in Norditalien. Hier schlug er mehrere konsularische Heere vernichtend. 216 v. Chr. setzte der Senat alles auf eine Karte und stellte dem Karthager ein gewaltiges Heer von 80 000 Mann entgegen. Die Schlacht bei dem Örtchen Cannae wurde für die Römer zur Katastrophe: Trotz ihrer zahlenmäßigen Überlegenheit vernichtete Hannibal fast das gesamte römische Heer.

**109** „Der Schwur Hannibals". Ölgemälde (41 x 72 cm) von Giovanni Battista Pittoni, um 1750. Das Gemälde bezieht sich auf die von Polybios überlieferte Legende, Hannibal habe als Neunjähriger auf Weisung seines Vaters Hamilkar den Eid abgelegt, den Römern niemals wohl gesinnt zu sein.

110 Sog. Hannibalbüste, 16. Jahrhundert.

**Der Krieg stagniert**

Rom war geschockt. Jeder rechnete mit einem sofortigen Angriff auf die Hauptstadt. Doch erneut ging Hannibal anders vor als erwartet: Ob er die zu erwartende lange Belagerung scheute oder die Unterstützung aus Karthago fehlte – anstatt auf Rom zu marschieren, zog er weiter nach Süden und versuchte die römischen Bundesgenossen auf seine Seite zu bringen. Die italischen Bündner hielten jedoch den Römern die Treue. Damit erhielt Rom die dringend benötigte Atempause und die Möglichkeit, aus den Fehlern zu lernen. Fortan vermied der Senat jede Feldschlacht und versuchte stattdessen unter dem Konsul Quintus Fabius Maximus („der Zauderer") den Gegner durch kleinere Angriffe zu zermürben und von der Versorgung abzuschneiden.

**Rom geht in die Offensive**

Mit jedem Kriegsjahr stiegen die Chancen der Römer. Denn Hannibal und seine Familie, die Barkiden, hatten es versäumt, eine starke Flotte zu bauen. Rom beherrschte so trotz aller Niederlagen zu Lande weiterhin die See. Damit war es in der Lage, Hannibals Nachschubwege von Nordafrika und von Spanien empfindlich zu stören und seinerseits ungehindert eigene Truppen nach Spanien und Sizilien zu transportieren. 211 v. Chr. stürmte der junge Feldherr P. Cornelius Scipio *Carthago Nova* und drängte die karthagischen Heere nach Süden ab. Hannibal geriet, von jeglicher Unterstützung über See abgeschnitten, in eine kritische Lage.

**Die Niederlage bei Zama und das Ende des Krieges**

Als schließlich Scipio mit seinem Heer von Sizilien nach Nordafrika übersetzte, um Karthago selbst anzugreifen, folgte Hannibal dem Hilferuf seiner Heimat. Unweit der karthagischen Metropole bei der Stadt Zama kam es zur Entscheidungsschlacht. Die von den langen Kämpfen auf fremdem Terrain erschöpften Truppen Hannibals unterlagen nach heftiger Gegenwehr. Karthago musste einem Frieden unter harten Bedingungen zustimmen. Alle Gebiete außerhalb Nordafrikas gingen verloren. Drastische Rüstungsbeschränkungen und gewaltige Kriegsentschädigungen sollten der Stadt das militärische Rückgrat brechen und jeden erneuten Machtaufstieg verhindern. Kriege durften die Karthager nur noch mit Zustimmung Roms führen.
Nur die Auslieferung Hannibals konnten die Römer nicht durchsetzen. Ungebrochen suchte der Mann, der Rom an den Rand der Niederlage gebracht hatte, in der Folgezeit im griechischen Osten nach Unterstützung für einen erneuten Kampf gegen den alten Gegner. Viel Erfolg war ihm dabei nicht beschieden. Am Ende entzog er sich schließlich durch Selbstmord dem drohenden Auslieferungsbefehl der Römer (183 v. Chr.).

## 111 Die „mentale Verarbeitung“ der Schlacht von Cannae

a) Livius über die Stimmung in Rom nach der Katastrophe von Cannae:

Wie viel größer aber diese Niederlage im Vergleich zu früheren gewesen ist, zeigt schon die Tatsache, dass die bis zu diesem Tag unerschütterliche Treue der Bundesgenossen zu wanken begann, bestimmt aus keinem anderen Grunde, als weil sie den Weiterbestand des Reiches für verloren hielten. [...] Trotzdem führten diese Niederlagen und der Abfall der Bundesgenossen nicht dazu, dass man bei den Römern irgendwo einmal das Wort Frieden erwähnte. Dies geschah nicht vor der Ankunft des [an der Schlacht beteiligten] Konsuls in Rom und auch nachher nicht, als er nach der Rückkehr die Erinnerung an die erlittene Niederlage auffrischte. Gerade in dieser Stunde der Not beseelte die Bürger eine so erhabene Gesinnung, dass sehr viele Menschen aller Stände dem Konsul bei seiner Rückkehr trotz einer so schweren Niederlage, für die er selbst doch einen beachtlichen Teil der Verantwortung trug, entgegengingen und ihm dafür dankten, dass er den Staat nicht ganz aufgegeben habe. Als Heerführer Karthagos hätte er jede Art von Strafe zu gewärtigen gehabt.

T. Livius, Römische Geschichte, Buch 21–23; 23, V, 11–13. Lat. u. dt. hrsg. v. Josef Feix. München/Zürich 4. Aufl. 1991. S. 287 ff.

b) Der Denkstein auf dem Schlachtfeld von Cannae

*a) Ob die von Livius geschilderte Szene bei der Ankunft des Konsuls wirklich so stattgefunden hat, lässt sich heute nicht mehr ermitteln. Welchen Eindruck wollte Livius in jedem Falle hiermit vermitteln?*

*b) Charakterisieren Sie mit eigenen Worten die (angebliche) Haltung der Römer angesichts der Niederlage.*

## 2. Roms Eingreifen in den östlichen Mittelmeerraum

**Philipp V. von Makedonien und Roms Engagement im griechischen Osten**

Kaum ein Jahr nach dem Sieg über Karthago setzten sich erneut römische Legionen in Marsch. Ihr Ziel: Griechenland. Das Königreich Pergamon und die reiche Inselrepublik Rhodos – das Zentrum des östlichen Getreidehandels – fühlten sich durch die aggressive Politik des Makedonenkönigs Philipp V. bedroht und schickten – wie seinerzeit die Mamertiner – Gesandte nach Rom und baten den Senat um Unterstützung. Erneut sagten die Senatoren Hilfe zu und noch im gleichen Jahr beschloss die Volksversammlung den Krieg gegen Philipp. 198 v. Chr. setzte ein römisches Heer nach Griechenland über und bereits im folgenden Jahr errang der römische Konsul T. Quinctius Flamininus den entscheidenden Sieg. Philipp musste alle Besitzungen in Griechenland und Kleinasien räumen, sein Stammland Makedonien blieb jedoch unangetastet. In einem wohl inszenierten Auftritt vor den versammelten Vertretern der Griechen erklärte der siegreiche General alle griechischen Städte für frei und garantierte ihre politische Unabhängigkeit. Zwei Jahre später verließ die letzte römische Legion Griechenland.

**Krieg gegen Antiochos III.**

Ein neuer Konflikt bahnte sich an, als König Antiochos III., der Herrscher über das von Kleinasien bis Persien reichende Seleukidenreich, 193 v. Chr. mit seinem Heer den Bosporus überschritt und ein Jahr später in Nordgriechenland stand. Damit war die von Rom garantierte „Freiheit der Griechen" gefährdet. Der Senat entsandte erneut zwei Legionen. Sie vertrieben das seleukidische Heer und schlugen es bei Apameia (in Kleinasien). Der anschließende Friedensvertrag verpflichtete Antiochos zu hohen Kriegsentschädigungen und harten Rüstungsbeschränkungen und verbot ihm jegliche militärische Aktivität westlich des Taurus. Erneut kehrten die römischen Legionen nach Italien zurück.

**112** Münzen mit dem Profil von Philipp V. von Makedonien (oben), Antiochos III. (Mitte) und Flamininus (unten). Nach seinem Sieg über die Makedonen und seiner Freiheitsproklamation von 197 v. Chr. ließ Flamininus in Griechenland eine Goldmünze prägen. Während im östlichen Mittelmeerraum und im hellenistischen Griechenland Münzporträts von Herrschern üblich waren, wäre das Bildnis eines Lebenden auf einer Münze in Rom unmöglich gewesen.

## 113 Die Freiheitserklärung des Titus Quinctius Flamininus (197 v. Chr.)

a) Während der großen isthmischen Spiele in Korinth verlas ein Herold vor den versammelten Griechen folgende Erklärung des römischen Feldherrn Titus Quinctius Flamininus:

„Der römische Senat und der Prokonsul und Imperator T. Quinctius verkünden, nachdem sie Philipp und die Makedonen besiegt haben: Wir geben die Freiheit und Selbstverwaltung, ohne Besatzungen hineinzulegen, ohne Tributzahlungen zu fordern, den Korinthern, Phokern, Lokrern, Euböern, phthiotischen Achäern, Magneten, Thessaliern, Perrhabebern." Schon gleich nach diesen Worten erhob sich ein gewaltiger Beifallslärm; aber manche hatten die Botschaft nicht gehört, manche wollten sie noch einmal hören, die meisten aber mochten ihren Ohren nicht trauen und meinten, sie hätten geträumt – so unglaubhaft schienen ihnen die Worte. Ein neues Geschrei setzte ein aus allen Kehlen: Der Herold mit dem Posaunenbläser solle noch einmal in die Mitte des Stadions treten und die Bekanntgabe wiederholen, mir scheint, weil die Menschen den Vorleser nicht nur hören, sondern auch sehen wollten, denn der Klang der Worte genügte nicht, sie von der Wahrheit zu überzeugen. Als der Herold aber zum zweiten Mal erschien, (...) da brach ein derartig ohrenbetäubender Lärm los, dass es unmöglich ist, dem heutigen Leser eine Vorstellung davon zu geben. Als der Lärm endlich zur Ruhe kam, schenkte den Athleten niemand mehr auch nur die geringste Aufmerksamkeit, alle redeten durcheinander, mit den Nachbarn, für sich, wie trunken vor Begeisterung. Und nach den Spielen hätten sie im Übermaß der Freude Titus mit ihren Dankesbezeugungen beinahe umgebracht. Sie wollten ihm unmittelbar ins Auge sehen, um ihn als Retter zu begrüßen, oder seine Hand fassen und Kränze und Binden ihm aufs Haupt werfen und hätten den Mann dabei fast in Stücke gerissen. So überschwänglich aber auch der Dank schien, so kann man doch ruhig sagen, dass er noch weit zurückblieb hinter der Größe dessen, was da geschah. Es war wie ein Wunder, dass die Römer und ihr Feldherr zu dem edelmütigsten Entschluss gekommen waren, alle Kosten, jede Gefahr auf sich zu nehmen, um den Griechen die Freiheit zu bringen.

Polybios: Geschichte. Gesamtausgabe in zwei Bänden. Zweiter Band. Eingel. und übers. von H. Drexler. Zürich/Stuttgart 1963. S. 982–983.

**b)** Der römische Historiker Titus Livius (ca. 64 v. Chr.–12 n. Chr.) ließ einen griechischen Gesandten nach dem Sieg des Quinctius Flamininus über Philipp V. Folgendes über die Römer sagen:

Es gibt ein Volk auf Erden, das mit seinem Aufwand, mit seiner Mühe und Gefahr für die Freiheit (*libertas*) der anderen Kriege führt und dies nicht nur für die Grenznachbarn oder Menschen gewährleistet, die in der Nähe wohnen oder durch aneinander grenzende Länder verbunden sind, sondern ganze Meere überquert, damit nicht auf dem ganzen Erdkreis irgendeine ungerechte Herrschaft sei, vielmehr überall Gesetze und göttliches sowie menschliches Recht am mächtigsten sind.

Zit. nach: Klaus Meister: Einführung in die Interpretation historischer Quellen. Schwerpunkt Antike, Bd. 2. Paderborn u. a. 1999. S. 86.

*a) Beschreiben Sie, warum die Freiheitserklärung für die Griechen nach der Darstellung des Polybios wie ein Wunder wirkte.*

*b) Einige Forscher sehen in der „Freiheitserklärung" ein perfekt inszeniertes „Schauspiel", das die wahren Motive der Römer verschleiert. Diskutieren Sie diese Meinung auch mithilfe des Verfassertextes.*

*c) Livius macht aus der Freiheitserklärung eine Art außenpolitische Staatsideologie. Vergleichen Sie diese Ideologie und das Vorgehen der Römer mit dem heutigen Anspruch der USA, der Welt Freiheit und Demokratie zu bringen.*

## 3. Roms Vorherrschaft im Mittelmeerraum und das Scheitern der indirekten Herrschaft

**Die Kooperation mit den kleineren Mächten**

Das Vorgehen der Römer, die eigenen Truppen nach den erfolgreichen Feldzügen aus den fremden Territorien sowohl in Nordafrika wie dem östlichen Mittelmeergebiet wieder abzuziehen, hatte System. Anders als auf den leicht zu erreichenden Inseln des Tyrrhenischen Meeres verzichtete man im Osten und in Nordafrika auf die Einrichtung von Provinzen, die der römischen Herrschaft direkt unterstanden. Stattdessen versuchte man die besiegten Gegner durch massive Rüstungsbeschränkungen, diplomatische Überwachung und die gezielte Unterstützung kleinerer konkurrierender Mächte im Zaum zu halten. Wie das numidische Königreich des Massinissa in Nordafrika verhinderten auf diese Weise im Osten Pergamon und Rhodos einen Wiederaufstieg der geschlagenen Gegner. Anstelle der Legionen strömten römische und italische Kaufleute in die besiegten Gebiete und meldeten ihren adligen Patronen in Rom jede sich anbahnende politische Veränderung.

**Vorteile und Risiken des Systems**

Diese Form indirekter Herrschaft ersparte den Römern eine dauernde aufwändige Militärpräsenz und den Aufbau eines kostspieligen Verwaltungssystems; außerdem verhinderte sie, dass sich ehrgeizige römische Feldherren zu lange im reichen Osten aufhielten und sich so der Kontrolle des Senats entzogen. Wie sich jedoch schnell zeigte, gaben sich die von Rom geförderten kleineren Mächte auf Dauer mit ihrer Rolle als Handlanger der fernen Stadt am Tiber nicht zufrieden.

**Die Zerstörung Karthagos im Dritten Punischen Krieg**

Besonders der Numiderkönig Massinissa ließ sich in seinem Ehrgeiz, seine Macht auf Kosten Karthagos auszuweiten, nicht bremsen. Immer wieder in die Enge getrieben, bat Karthago Rom wiederholt um Erlaubnis zur Gegenwehr. Doch jedes Mal lehnte der Senat ab; römische Schiedssprüche fielen grundsätzlich zugunsten Massinissas aus. Abermals bedrängt, wagten die Karthager schließlich 149 v. Chr. gegen den numidischen Aggressor einen Abwehrkrieg zu führen – ohne zuvor, wie es der Friedensvertrag nach dem Zweiten Punischen Krieg verlangte, Rücksprache mit Rom zu halten. Der Senat zog sofort ein gewaltiges Heer in Sizilien zusammen und forderte die Karthager ultimativ auf, ihre Stadt aufzugeben und neue Siedlungsplätze zu suchen. Die Karthager lehnten ab und wählten den Kampf um *alles oder nichts*. Nach dreijähriger Belagerung eroberte ein Neffe des Scipio Africanus die Stadt, ließ sie drei Tage plündern und zerstörte sie bis auf ihre Grundmauern.

**Die Lage im Osten**

Im Osten führte die Konkurrenz unter den von Rom protegierten Kleinstaaten zu ständigen Unruhen; die unklare politische Lage schuf Unsicherheit, und die Arroganz der Senatoren gegenüber den sich kulturell überlegen fühlenden Königreichen ließen den Hass auf die einstigen Befreier von Jahr zu Jahr wachsen. Der makedonische König Perseus nutzte diese Stimmung noch einmal zu einem gegen Rom gerichteten Bündnis der hellenistischen Königreiche. Doch erneut unterlag das makedonische Heer den römischen Truppen. Danach teilte der Senat das Königreich in vier Republiken auf, die zwar eine eigene Verfassung besaßen, allerdings jährliche Tribute an Rom zu zahlen hatten.

**Der Übergang zur direkten Herrschaft**

Doch auch dieses Provisorium bewährte sich nicht. Nach erneuten Aufständen übernahm ein Statthalter die direkte Herrschaft in der neu eingerichteten Provinz *Macedonia*. Zwei Jahre nach der Zerstörung Karthagos ließ ein römischer General Korinth bis auf die Grundmauern niederbrennen. Rom hatte zwei der ältesten und bedeutendsten Metropolen des Mittelmeerraums ohne militärische Not vernichtet.

**Der Kolonialkrieg in Spanien**

Auch im Westen wurde Roms Politik brutaler und rücksichtsloser. In Spanien führten römische Legionen seit dem Sieg über Hannibal einen lange währenden Kolonialkrieg gegen die einheimischen Stämme. Erst 10 Jahre nach dem Ende Karthagos fiel im Jahr 133 v. Chr. das letzte Widerstandsnest bei Numantia.

**114** Reiterschlacht. Ausschnitt aus dem Fries vom Denkmal des römischen Feldherrn L. Aemilius Paulus. Nach dem Sieg über den makedonischen König Perseus bei Pydna 168 v. Chr. verherrlichte sich erstmals ein römischer Feldherr selbst mit einem Denkmal. Und zum ersten Mal brachte man danach in größerem Stil griechische Kunstschätze als Beutekunst nach Rom.

**Direkte/Indirekte Herrschaft:** Unter „direkter Herrschaft" versteht man die unmittelbare Kontrolle eines Landes durch Beauftragte (Statthalter/Gouverneure) eines anderen Landes. Der Vertreter der herrschenden Macht übernimmt die zentralen staatlichen Aufgaben wie Gesetzgebung und Rechtsprechung und sorgt für die Verteidigung des Untertanengebietes. Dagegen bedeutet „indirekte Herrschaft", dass der Beherrschte formal alle staatlichen Funktionen selbst ausübt und als Staat in seinen Grenzen offiziell erhalten bleibt. Seine militärische Schwäche und politische Abhängigkeit von einer überlegenen Macht sind jedoch so groß, dass er nichts gegen deren Willen und ohne deren Zustimmung unternehmen kann. Häufig durchdringen Händler und Geschäftsleute des stärkeren Staates das abhängige Land und vergrößern so dessen Abhängigkeit.

## 115 Die Herren der Welt

a) Nachdem Antiochos IV. 169 v. Chr. seine Truppen gegen Ägypten in Marsch gesetzt hatte, kam es Polybios zufolge zwischen dem Seleukidenkönig und einer römischen Gesandtschaft zu folgendem Zusammentreffen:

Als Antiochos [IV.] gegen Ptolemaios [VI., den damaligen Herrscher in Ägypten] heranzog, [...], {trat ihm} der römische Gesandte Popilius {in den Weg}. Der König begrüßte ihn schon von weitem durch lauten Zuruf und streckte ihm die Hand entgegen. Popilius aber reichte ihm die Schreibtafel, die er bereit hielt und auf der der Senatsbeschluss geschrieben stand, und hieß ihn zuerst das Schriftstück lesen, wie mir scheint, weil er ihm den Gruß als Zeichen der Freundschaft nicht eher zu bieten wünschte, als er sich von der Gesinnung des anderen überzeugt hatte, ob er Freund oder Feind sei. Als der König gelesen hatte, erklärte er, seinen Freunden das Schreiben mitteilen und sich mit ihnen über die neue Lage beraten zu wollen. Darauf tat Popilius etwas, was man nicht anders als hart und im höchsten Maße demütigend bezeichnen kann: Er zog mit einem Weinrebenstab, der ihm gerade zur Hand war, einen Kreis um Antiochos und hieß ihn in diesem Kreis seine Antwort auf den Senatsbeschluss erteilen. Der König, obwohl befremdet über dieses Ansinnen und die Anmaßung des römischen Gesandten, zögerte doch nur kurze Zeit und erwiderte dann, er werde alles tun, was die Römer von ihm verlangten. Jetzt ergriff Popilius seine Hand, und er und seine Mitgesandten begrüßten Antiochos auf das Herzlichste. In dem Schreiben hatte gestanden, er solle auf der Stelle den Feldzug gegen Ptolemaios abbrechen und den Krieg beenden. Infolgedessen führte er innerhalb der ihm gesetzten Frist sein Heer nach Syrien zurück, mit Ingrimm und Widerstreben, doch für jetzt der Not gehorchend.

Polybios: Geschichte, XXIX, 27. Zit. nach: Polybios: Geschichte. Gesamtausgabe in zwei Bänden, Band II. Eingel. u. übertr. v. Hans Drexler. Zürich/München 2. Aufl. 1979. S. 1175 f.

b) Der griechische Historiker Polybios (ca. 200 bis 120 v. Chr.) berichtet von folgendem Verhalten des Königs Prusias II. von Bithynien vor römischen Gesandten und im Senat:

Um diese Zeit kam auch König Prusias nach Rom, um den Senat und die Feldherren zu dem Sieg [über den Makedonenkönig Perseus] zu beglückwünschen. Dieser Prusias ist niemals des königlichen Ranges würdig gewesen, wie man aus Folgendem ersehen kann. Erstens, als römische Gesandte zu ihm kamen, trat er ihnen entgegen mit geschorenem Kopf, mit Pileus [einer Filzkappe], Toga und römischen Schuhen angetan, kurz, in der Tracht, welche bei den Römern die soeben Freigelassenen, *liberti* wie sie auf lateinisch heißen, zu tragen pflegen. Er begrüßte die Gesandten und sagte: „Ihr seht in mir euren Freigelassenen, der alles, was bei euch Sitte ist, nachahmen, der euch ganz zu Diensten sein will." Ein Ausspruch, wie man ihn sich würdeloser nicht leicht denken kann. Jetzt aber, bei seinem Auftreten vor dem Senat, blieb er bescheiden an der Tür stehen, senkte beide Arme bis auf den Boden, warf sich vor den Versammelten nieder, küsste die Schwelle und sagte dazu: „Seid gegrüßt, rettende Götter." Ein Maß von Unmännlichkeit, von weibischer Art, von Speichelleckerei, das auch in der Nachwelt keiner wird überbieten können. Ähnlich verhielt er sich auch bei Verhandlungen, zu denen er vorgelassen wurde. [...] Gerade deshalb aber, weil er sich so verächtlich gemacht hatte, erhielt er einen freundlichen Bescheid.

Polybios: Geschichte, XXX, 19. Zit. nach: Polybios: Geschichte. Gesamtausgabe in zwei Bänden, Band II. Eingel. u. übertr. v. Hans Drexler. Zürich/München 2. Aufl. 1979. S. 1193 f.

*a) Erklären Sie, was Polybios bewogen haben mag, Prusias' Unterwürfigkeit so scharf zu verurteilen.*
*b) Interpretieren Sie den letzten Satz in Quelle 115a). Welches Licht wirft er auf den römischen Senat?*
*c) Erörtern Sie den politischen Stil, in dem der Repräsentant Roms mit einem verbündeten König umgeht (115b)). Wie wird diese Szene auf die übrige griechische Welt gewirkt haben?*

## 116 Brutale Eroberungspolitik

Der Zweite Punische Krieg beendete die karthagische Herrschaft in Spanien. Danach hatten die römischen Truppen noch jahrzehntelang mit Aufständen der einheimischen Stämme zu kämpfen. Der Historiker Appian (ca. 90–160 n. Chr.) schilderte in seiner *Historia Romana* am Beispiel des römischen Statthalters Sulpicius Galba, wie die Römer vorgingen:

Als einige Stämme zu ihm [Galba] Gesandte schickten und den Vertrag – den sie mit seinem Amtsvorgänger Atilius geschlossen, dann aber gebrochen hatten – erneuern wollten, nahm er sie wohlwollend auf und schloss mit ihnen ein Abkommen, ja heuchelte ihnen gegenüber sogar Verständnis, dass sie sich aus Not auf Räubereien, Kriege und Vertragsbrüche eingelassen hätten. „Denn Mangel an Land und Armut", erklärte er, „zwingen euch zu solchem Vorgehen. Doch ich will meinen armen Freunden gutes Land schenken und sie in einem fruchtbaren Gebiet ansiedeln; das soll in drei getrennten Gruppen geschehen." Im Vertrauen auf diese Zusagen verließen sie ihre eigenen Wohnsitze und kamen an einem Platz zusammen, den ihnen Galba bezeichnet hatte. Dort teilte er sie in drei Gruppen, zeigte jeder eine bestimmte Ebene und hieß sie in diesem offenen Gelände warten, bis er selbst kommen und ihnen ihre Heimstätten zuweisen werde. Als er zu den ersten kam, befahl er ihnen, als Freunde die Waffen niederzulegen, und umgab sie, nachdem sie seine Anordnung befolgt hatten, mit einem Graben; dann schickte er einige mit Schwertern bewaffnete Soldaten hinein, und diese hieben sämtliche Leute nieder, ohne Rücksicht darauf, dass sie wehklagend die Namen der Götter anriefen und an die ihnen geleisteten Eide erinnerten. In gleicher Weise eilte Galba auch zur zweiten und dritten Gruppe und ließ die Unglücklichen, die noch nichts vom Schicksal der ersten Leidensgefährten erfahren hatten, ebenfalls umbringen. So wollte Galba Verrat mit Verrat rächen, handelte aber damit wie ein Barbar und unwürdig eines Römers. Nur wenige entgingen dem Blutbad. [...] Damals verteilte Galba [...] ein bisschen von der Beute unter die Soldaten und einiges wenige an seine Freunde, den ganzen Rest aber beanspruchte er für sich selbst, obwohl er doch einer der reichsten Römer war. Indessen nicht einmal in Friedenszeiten enthielt er sich, wie berichtet wird, der Lüge und des Meineides, wenn es sich um Gewinne handelte. Er wurde nun wohl gehasst und angeklagt, entging aber bei seinem Reichtum einer Verurteilung.

Appian von Alexandria: Römische Geschichte. Erster Teil: Die römische Reichsbildung. Übers. v. Otto Veh. Stuttgart 1987. S. 96 f.

*a) Wie erklärt Appian die Grausamkeiten Galbas?*
*b) Überlegen Sie, warum der Senat Galba nicht zur Rechenschaft gezogen hat. Warum blieben vergleichbare Verletzungen des antiken Völkerrechts durch die Römer im griechischen Osten unbekannt?*

# 4. Das Herrschaftssystem in den Provinzen

**Die Provinzen bis zum Jahre 129 v. Chr.**

Erst nach dem Scheitern der indirekten Herrschaft im Osten und dem endgültigen militärischen Sieg im Westen übertrugen die Römer das auf den Inseln des Tyrrhenischen Meeres erprobte Provinzialsystem auf die Länder der Besiegten. Zunächst wurde Spanien in zwei Provinzen aufgeteilt, dann folgten Makedonien und Griechenland, und auch das ehemalige Herrschaftsgebiet Karthagos (das heutige Tunesien) erhielt den Status einer Provinz (*Africa*). Als der König von Pergamon sein von inneren Unruhen und italischen Kaufleuten ruiniertes Land den Römern vererbte, richtete der Senat 129 v. Chr. mit der Provinz *Asia* das erste direkte Herrschaftsgebiet jenseits des Bosporus ein.

### Der Statthalter und sein Verwaltungsstab

Eine römische Provinz stand unter der Aufsicht eines Konsuls oder Prätors (später eines ehemaligen (Pro-)Konsuls oder Prätors). Dieser gemeinhin als Statthalter bezeichnete Beamte verfügte über eine erhebliche Macht, da er sein Amt ohne einen Kollegen ausübte und in seinem Verwaltungsgebiet über die höchste militärische und zivile Gewalt verfügte; allerdings amtierte er wie alle ordentlichen Magistrate nur ein Jahr. Unterstützt wurde er von einem Quästor, der die Provinzialkasse führte, sowie von einem oder zwei niederen militärischen Amtsträgern. Die übrigen Bediensteten brachte der Statthalter aus seinem eigenen Haushalt mit. Der Statthalter von Asia regierte so mit rund 15 Personen fünf Millionen Untertanen in einem Gebiet, das doppelt so groß war wie Italien. Wie war das möglich?

### Die Aufgaben des Statthalters

Oberste Gebote für jeden Statthalter waren die Gewährleistung der Sicherheit der Provinz nach außen sowie die Aufrechterhaltung von Ruhe und Ordnung im Innern. Nur in den Anfangsjahren, als sich das provinziale Herrschaftssystem erst noch einspielen musste, und in Gebieten mit gefährdeten Grenzen wie Spanien oder Makedonien benötigte der römische Beamte hierzu reguläre römische Truppen. Ansonsten genügten einheimische Verbände oder die Hilfstruppen befreundeter Fürsten. In kritischen Situationen schickte Rom einen der Konsuln mit einer Legion zur Hilfe.

In den befriedeten Provinzen wie Asia machte die Rechtsprechung einen Großteil der Tätigkeit des Statthalters aus. Doch auch hier beschränkte er sich auf die Fälle, die ihm politisch wichtig erschienen und die Ruhe und Ordnung der Provinz gefährdeten. Den Großteil der Rechtsstreitigkeiten entschieden weiterhin einheimische Gerichte.

Mit der Steuererhebung hatte der Statthalter ebenfalls wenig zu tun. Jede Provinz musste an Rom regelmäßige Abgaben oder Tribute in Form von Getreide oder Geld entrichten. Die Eintreibung der Steuern wurde in der Regel an private Finanzorganisationen verpachtet. Diese zahlten dem Staat eine Pauschalsumme

**117** Die römische Expansion 200–133 v. Chr.

im Voraus und erhielten dafür im Gegenzug das Recht, den nach eigenem Gutdünken festgelegten Steuersatz – in der Regel 10 % des Getreideaufkommens – einzutreiben. Mit diesem System sicherte sich der Staat eine feste Einnahme und ersparte sich zugleich den Aufbau einer flächendeckenden Steuerverwaltung. Allerdings lud es auch zur Ausbeutung der Provinzen ein. Denn jede Gesellschaft, die das Steuereinzugsrecht ersteigert hatte, war auf Gewinn aus und suchte aus der Provinz mehr herauszuholen, als sie die Pachtgebühr gekostet hatte.

**118** Mit dem Claudischen Gesetz von 218 v. Chr., das den Senatoren allen Handel verbot, der über den Vertrieb der selbst erwirtschafteten Agrarprodukte hinausging, sollte der Senatorenstand wieder auf die Landwirtschaft als einziger standesgemäßen Erwerbsart festgelegt werden. Mit den Machenschaften einzelner Mitglieder des Ritterstandes, die seit dem 3. Jahrhundert v. Chr. durch Handelsoperationen, Heeresversorgung, öffentliche Aufträge und Steuereintreibung reich geworden waren und ihren Stolz darüber in prunkvollen Gräbern zur Schau stellten, sollten die Senatoren nichts zu tun haben. Viele Senatoren beteiligten sich deshalb über Mittelsmänner an den ritterständischen Handels- und Steuergesellschaften, um so vom wirtschaftlichen Erfolg der römischen Expansion zu profitieren.

**Der Aufbau einer provinzialen Klientel**

Jeder Statthalter versuchte, die in den Provinzen ansässigen römischen Grundbesitzer und die reichen einheimischen Honoratioren als Partner zu gewinnen. Indem er ihnen lokale Verwaltungsbefugnisse übertrug und Einladungen zu gesellschaftlichen Veranstaltungen zukommen ließ, gab er ihnen das Gefühl, an der römischen Macht teilzuhaben. Im Gegenzug versorgten ihn seine so gewonnenen „Klienten" mit Informationen selbst aus dem hintersten Winkel der Provinz und stellten sich bei Konflikten auf seine Seite.
Viele römische Adlige besaßen so nach einer gewissen Zeit ein ganzes Netz von „Freunden" und Klienten: Mancher *nobilis* war Patron einer ganzen Stadt (wie im Fall von Messana) oder sogar einer ganzen Provinz. Er vertrat seine provinzialen Klienten in Rom, finanzierte mitunter lokale Bauarbeiten aus eigener Tasche und konnte im Gegenzug mit aufwendigen Ehrungen und Landschenkungen, vor allem aber mit politischer Unterstützung rechnen. Viele Forscher sehen gerade in dieser „Provinzialklientel" das entscheidende Erfolgsrezept der römischen Herrschaft.

**Ein Netz von Korruption und Protektion**

So sehr das Netz persönlicher Abhängigkeiten den Statthalter in seiner Arbeit entlastete, so sehr beförderte es Protektion und Ausbeutung. Besonders betroffen waren die Masse der Untertanen und die lokalen Gemeinden in den Provinzen. Sie mussten den Statthalter und sein Gefolge regelmäßig mit Getreide versorgen und stöhnten unter den Forderungen der Steuerpächter, hatten aber kaum eine Chance, gegen die unrechtmäßigen und überzogenen Belastungen in einem fairen Prozess anzugehen. Um die finanziellen Belastungen der römischen Herrschaft zu tragen, blieb vielen Betroffenen nichts anderes übrig, als Kredite zu Wucherzinsen aufzunehmen. Damit setzte eine Spirale der Verschuldung ein, die in den sicheren Ruin führte. Denn meistens arbeiteten die Kreditgeber mit den Steuereintreibern Hand in Hand, sodass sie sich gegenseitig die Gewinne an Zinsen und Abgaben zuspielten. Freilich wollten auch die Statthalter auf ihre Kosten kommen. Nicht wenige Statthalter traten ihren Posten unter der Hypothek von Schulden aus dem vorangegangenen Wahlkampf an und nutzten ihre Amtszeit skrupellos zur persönlichen Bereicherung.

**Laissez faire**

Der Senat hat dem Treiben in den Provinzen weitgehend tatenlos zugesehen. Nur selten gingen senatorische Gesandte in die Provinzen und kontrollierten die Statthalter. Viele ehemalige Statthalter saßen selbst im Senat, waren mit den ritterlichen Geschäftsleuten befreundet oder besaßen Anteilscheine an der Steuerpacht. Dennoch kam es wegen der römischen Ausbeutungspraxis nur selten zu Unruhen oder militärischem Widerstand in den Provinzen.

**Provinz:** (von lat. *provincia*). Der Begriff *provincia* bezeichnete ursprünglich den Amtsbereich des römischen Beamten. Nach der Einrichtung der ersten Provinz Sizilien (227 v. Chr.) verwendete man ihn für alle Gebiete außerhalb Italiens, die ein Statthalter verwaltete. Die Rechts- und Steuerverhältnisse in den Provinzen waren durch ein Gesetz geregelt. Ergänzend veröffentlichte jeder Statthalter die Richtlinien seiner Regierung in einem Edikt. In den Provinzen galt römisches Recht, doch waren die Untertanen keine römischen Bürger, sondern „Fremde" oder „Verbündete". In der Regel räumten die Römer einigen Bezirken – etwa Tempelstätten und verbündeten Städten – eine Sonderstellung ein. Diese zahlten keine Steuern, mussten aber für bestimmte Dienstleistungen aufkommen. Auch nach dem Untergang des Römischen Reiches verwendeten viele europäische Länder den Begriff Provinz für die Bezeichnung von Verwaltungsbezirken. Heute verbindet man mit dem Wort Provinz die Vorstellung des Rückständigen und Ländlich-Kleinstädtischen im Gegensatz zu großstädtischer Weltoffenheit – eine Bedeutung, die dem römischen Begriff ursprünglich nicht anhaftete.

## 119 Ein gerechter Statthalter

Über die Statthalterschaft des Q. Mucius Scaevola in der Provinz Asia (vermutlich im Jahr 94 v. Chr.) berichtete der hellenistische Philosoph und Historiker Poseidonios (135–51 v. Chr.) Folgendes:

Er wählte sich den besten seiner Freunde, P. Rutilius, als Berater und saß mit ihm im Rat, wo er alles regelte und Streitfragen, die in der Provinz entstanden waren, entschied. Er beschloss, dass seine Mitarbeiter und er selbst alle Ausgaben aus eigener Tasche bestreiten sollten. Außerdem brachte er durch seine Schlichtheit und seinen einfachen Lebensstil, seine Gerechtigkeit und seine Unbestechlichkeit die Provinz aus ihrem vorherigen Unglück heraus. Seine Vorgänger hatten nämlich mit den Steuereintreibern gemeinsame Sache gemacht, eben den Männern, die bei den Gerichtshöfen in Rom entscheidungsbefugt waren, und hatten auf diese Weise die Provinz mit Ungerechtigkeiten überschwemmt. Q. Mucius Scaevola aber war unbestechlich und gesetzestreu in seiner Rechtsprechung und befreite so die Provinz nicht nur von aller Furcht vor Spitzeln, sondern setzte auch den rechtlosen Machenschaften der Steuereintreiber ein Ende: Er sicherte faire Gerichtsverhandlungen für die, denen Unrecht [von jener Seite] geschehen war und befand in jedem einzelnen Fall die Steuerpächter für schuldig, zwang sie, den Klägern den finanziellen Schaden zu ersetzen und achtete auch darauf, dass für Kapitalverbrechen wirklich die Todesstrafe ausgesprochen wurde. Ja, er verhinderte die Freilassung des Hauptagenten der Steuereintreiber [eines Sklaven], der viel Geld für seine Freiheit zahlen wollte und schon mit seinem Herrn eine Absprache erreicht hatte. Den also verurteilte er zum Tod und ließ ihn kreuzigen.

Zit. nach: Michael Crawford: Die römische Republik. München 4. Aufl. 1990. S. 156.

*a) Erläutern Sie auch mithilfe des Verfassertextes, welche Umstände die Lage der Menschen in der Provinz Asia vor der Ankunft des Scaevola so gravierend belasteten.*
*b) Auf welche Bereiche konzentrierte Scaevola seine Reformen?*

## 120 Kritik an Roms Eroberungen und Herrschaft

a) Der römische Historiker Sallust (86–34 v. Chr.) überlieferte einen Brief, den Mithridates, der König von Pontos, dem Partherkönig Arsakes ca. 69/68 v. Chr. geschrieben haben soll:

Für die Römer besteht ein einziger, dazu noch alter Grund, mit allen Stämmen, Völkern, Königen Krieg zu führen: ihre bodenlose Gier nach Herrschaft und Reichtum. Deshalb suchten sie zuerst mit dem Makedonenkönig Philipp Krieg, heuchelten aber, solange sie von den Karthagern bedrängt wurden, Freundschaft. Den ihm zu Hilfe eilenden Antiochus machten sie mit List abspenstig und überließen ihm dafür Asien; und als darauf Philipp überwältigt war, wurde Antiochus des ganzen Landes diesseits des Taurus und einer Summe von zehntausend Talenten beraubt. Dann nahmen sie nach vielen wechselvollen Kämpfen Philipps Sohn Perseus, [beschworen] vor den Göttern von Samothrake, unter ihren Schutz – doch diese schlauen Erfinder jeglicher Gemeinheit töteten ihn, da sie ihm ja vertraglich das Leben geschenkt hatten, durch Schlaf[entzug]. Den Eumenes, mit dessen Freundschaft sie sich großartig brüsteten, verrieten sie zuerst, als Preis für den Frieden, an Antiochus; später verwendeten sie ihn als Wächter des eroberten Landes und machten durch Ausbeutung und Demütigungen aus einem König den jämmerlichsten Sklaven, unterschoben schamlos ein gefälschtes Testament und führten seinen Sohn Aristonikos, weil er das Reich seines Vaters begehrt hatte, wie einen Feind im Triumphzug mit – Asien wurde von ihnen selbst besetzt! […]

Weißt du nicht, dass die Römer, als ihnen auf ihrem Marsch nach Westen der Ozean eine Grenze setzte, ihre Waffen hierher [nach Osten] gewendet haben? Und dass sie von Anfang an nur Gestohlenes besitzen: Heimat, Frauen, Land und Reich? Dass sie einst zusammengelaufen kamen ohne Vaterland und Väter, zum Verderben des Erdkreises geschaffen; dass sie weder Mensch noch Gott hindern kann Bundesgenossen, Freunde, fern und nah Wohnende, Arme und Reiche zu berauben, zu vernichten und alles, was ihnen nicht dienen will, vor allem die Königreiche, als feindselig zu betrachten? Denn wenige wollen die Freiheit, ein Großteil will gerechte Herren; wir sind verdächtig, Nebenbuhler zu sein und zu gegebener Zeit als Rächer aufzutreten. […] Die Römer haben Waffen gegen alle, die schärfsten gegen die, welche nach ihrer Besiegung die größte Beute liefern; durch Kühnheit und Täuschung und dadurch, dass sie Krieg an Krieg reihten, sind sie groß geworden.

Sallust: Historische Schriften. Vollständige Ausgabe, übers. v. André Lambert, aus dem Nachlass hrsg. v. Georg Schoeck. München 1983. S. 219 ff.

b) Fides, die Göttin der Treue, galt den Römern als Grundfeste des staatlichen Handelns. In ihren Schutz begab sich der Unterworfene und in ihrem Tempel wurden internationale Verträge aufbewahrt. Für Kritiker Roms stand die römische Expansion jedoch nicht im Zeichen vertrauensvoller Zusammenarbeit, sondern ganz im Zeichen eigennütziger Eroberungspolitik. Römische Silbermünze (Denar), 47 v. Chr.

*a) Vergleichen sie die Kritik mit den Diskussionen um die Ursachen des Ersten Punischen Krieges. Wo finden Sie Übereinstimmungen, wo Abweichungen?*
*b) Diskutieren Sie die Berechtigung der Kritik.*
*c) Was mag einen römischen Historiker bewogen haben, seinen römischen Lesern derart romfeindliche Passagen vorzusetzen?*

## 121 Rechtfertigungen der römischen Eroberungen

**a)** Eines der berühmtesten Konzepte, mit denen die Republik Kriege und Eroberungen begründete, war die vom gerechten Krieg (*bellum iustum*). Der römische Schriftsteller, Redner und Politiker Marcus Tullius Cicero (106–43 v. Chr.) hat sich mit diesem Konzept in zweien seiner Schriften auseinandergesetzt:

Die Kriege sind ungerecht, die ohne Grund unternommen worden sind. Denn nur dann kann ein gerechter Krieg [...] als gerecht gelten, wenn es sich darum handelt, Rache an den Feinden zu üben oder diese abzuwehren; sonst nicht. Kein Krieg gilt für gerecht, wenn er nicht vorher angekündigt, wenn er nicht formell erklärt ist, wenn er nicht aus Gründen der Wiedergutmachung geführt wird. Unser Volk aber hat dadurch, dass es seine Bundesgenossen verteidigte, sich bereits aller Länder bemächtigt. (*de republica 3,35 ff.*)

Zit. nach: Marcus Tullius Cicero: Über den Staat. Übers. v. Walter Sontheimer, Stuttgart 1980. S. 113.

Aber so viel ist gewiss, dass solange das römische Volk seine Herrschaft durch Wohltaten und nicht durch Ungerechtigkeiten aufrechterhielt, wurden die Kriege entweder im Interesse der Bundesgenossen oder um den Bestand des Reiches (*de imperio*) geführt. Die Kriege selbst hatten ein mildes oder ein wenigstens nicht härteres Ende, als es aus der Situation notwendig war. Der Senat war der Schutz- und Zufluchtsort für Könige, Völker und Stämme; unsere Beamten und Feldherrn suchten ihren größten Ruhm besonders damit zu erwerben, dass sie die Provinzen und die Bundesgenossen mit Gerechtigkeit und Verlässlichkeit in Schutz nahmen. Deshalb konnte zutreffender von einer Schutzherrschaft (*patrocinium*) als von einer Gewaltherrschaft über den Erdkreis gesprochen werden. (*de officiis 1,20 ff., 2,2–27*)

Zit. nach: Weltgeschichte im Aufriss, hrsg. v. Werner Ripper. Die römische Republik. Frankfurt/M. 2. Aufl. 1992. S. 83.

**b)** Cicero gab in seinem Werk *Über den Staat* folgendes Zitat des griechischen Philosophen Karneades über die römischen Gerechtigkeitsvorstellungen wider:

Alle Völker, die über einen blühenden Machtbereich verfügen, und gerade auch die Römer, die sich des ganzen Erdkreises bemächtigen, müssen, wenn sie gerecht sein wollten, d. h. wenn sie fremdes Gut zurückgeben, wieder zu ihren Hütten zurückkehren und in Armut und Elend ihr Dasein fristen. [...] Denn was anderes bedeuten die Vorteile des Vaterlandes als die Nachteile eines anderen Staates oder Volkes? D. h. sein Gebiet erweitern, mit dem, was man anderen gewaltsam geraubt hat, seinen Machtbereich vermehren, seine Steuereinnahmen erhöhen.

Zit. Nach: Marcus Tullius Cicero: Über den Staat. Übers. von Walther Sontheimer. Stuttgart 1980, S. 105 f.

*a) Äußern Sie sich zur Darstellung der römischen Kriegspolitik bei Cicero und Livius.*
*b) Entwerfen Sie eine Gegenrede aus der Sicht eines unterworfenen Fürsten (z. B. eines Galliers).*
*c) Prüfen Sie Ciceros Kriterien für einen „gerechten Krieg". Erörtern Sie, wie man heute über dieses Thema denkt.*

Zur Diskussion

# Die Motive der römischen Weltreichsbildung

Die Fachwissenschaft hat vielfältige Versuche unternommen, die Motive des römischen Machtaufstiegs zu ergründen. Waren primär wirtschaftliche und finanzielle Gründe ausschlaggebend, spielten politische Sicherheitsinteressen die entscheidende Rolle, oder war der römische Adel in besonderer Weise gezwungen, seinen innenpolitischen Führungsanspruch durch militärische und außenpolitische Erfolge zu untermauern? Die Beantwortung dieser Fragen ist deshalb so schwierig, weil wir keine Geheimpapiere, diplomatische Dossiers oder offizielle Doktrinen einsehen können, sondern vorwiegend auf die Aussagen zeitgenössischer Historiker angewiesen sind. Soll man den römischen und Rom freundlich gesonnenen Quellen trauen, die den Römern jede Schuld an einem Krieg absprechen, oder haben die Gegner Recht, die den Römern grenzenlose Gier und Herrschsucht unterstellen?

**a)** Der amerikanische Althistoriker William V. Harris, 1979:

Militärischer Erfolg war nicht nur in hohem Maße vorteilhaft für den römischen Staat, sondern er war auch von vitaler Wichtigkeit für die persönlichen Ziele und Interessen von vielen, wahrscheinlich den meisten, Mitgliedern der römischen Aristokratie. Er erfüllte klar definierte Funktionen für sie innerhalb der römischen Gesellschaft. Da die Aristokraten eine indirekte Steuerung durch Wahlen und Volksversammlungen praktizierten, war für sie Ansehen unentbehrlich. Militärischer Erfolg erlaubte ihnen, Anspruch zu erheben auf die hohe Wertschätzung ihrer Mitbürger und diese – in einem beträchtlichen Ausmaß – auch zu gewinnen – auf einer Ebene als Anerkennung (*laus*), auf einer höheren Ebene als Ruhm (*gloria*). [...]

Die Ideologie von Anerkennung und Ruhm diente mehreren bestimmten Zwecken. Es lag, offenkundig genug, im Interesse des Staates, dass energischen militärischen Taten ein hoher moralischer Wert beigemessen werden sollte.

Aber diesen Auszeichnungen kamen gleichfalls wesentliche Funktionen innerhalb der römischen Gesellschaft zu, am deutlichsten die Funktion, die Aristokraten von dem Rest der Bürgerschaft abzuheben. Der einfache Soldat konnte eine offizielle Belohnung für seine Tapferkeit im Kampf erlangen, aber Anerkennung und Ruhm waren, so weit wir sehen können, in erster Linie die Vorrechte der Aristokraten. [...]

Für den einzelnen Aristokraten konnte der geballte Ertrag an Ansehen, den ihm der Krieg verschaffte, praktische politische Vorteile besitzen, indem er ihm half Ämter zu erringen. Eng verbunden mit dem Ansehen war das Geld, das zudem helfen konnte, das Ansehen zu steigern und zu bewahren, wenn beispielsweise aus der Beute öffentliche Gebäude errichtet wurden. [...] Wirtschaftlicher Gewinn war für Römer (und allgemein in der antiken Welt) ein integraler Bestandteil erfolgreicher Kriegführung und machtmäßiger Ausdehnung. Land, Beute, Sklaven und Einkünfte waren die gewöhnlichen und natürlichen Ergebnisse des Erfolgs; sie waren die erwarteten Konsequenzen von Sieg und Macht. Dies bedeutet freilich nicht, dass sie die einzigen Dinge waren, die Rom zu Krieg und Expansion veranlassten – da gab es andere, weniger materielle, Vorteile gleichermaßen. [...] Der Punkt ist, dass es kaum möglich war für einen Römer, die Erwartung auf Gewinn von der Erwartung einer erfolgreichen Kriegführung und Expansion zu trennen. Kein römischer Senator musste andere Senatoren davon überzeugen, dass ein militärischer Sieg in der Regel den Wohlstand mehrte.

Zit. nach: Weltgeschichte im Aufriss, hrsg. v. Werner Ripper. Die römische Republik. Frankfurt/M. 2. Aufl. 1992, S. 96 f.

**b)** Der amerikanische Althistoriker Erich S. Gruen, 1984:

Die Aussicht auf Beute konnte Generäle verlocken und Rekrutierungen stimulieren – was nicht das Gleiche ist wie eine Senatsentscheidung zum Krieg zu bestimmen. Das Abtransportieren von Beute und die Auferlegung von Kriegsentschädigungen mag den Staat bereichert haben, aber wird ihn nicht notwendigerweise zu einem langfristigen System regulierter Ausbeutung bewegt haben. Versklavung oder der Verkauf besiegter Feinde halfen den Plantagen des ländlichen Italien; dennoch gibt es keinerlei Hinweise, dass dies die römische Expansion inspirierte. [...] Die Soldaten schrieben sich begierig ein zum ersten Konflikt mit Karthago, wie Polybios sagt, als die Kommandeure auf die Aussichten auf Beute verwiesen. Ein Jahrhundert später verführten die gleichen Verlockungen die Rekruten zum Dritten Makedonischen Krieg. Dennoch fielen in keinem der Fälle die Motive der Soldaten mit denen des Staates zusammen. Krieg meinte Beute. [...] Aber in welchem Ausmaß war diese Beute dazu bestimmt, die Wirtschaftsmacht des Staates zu stärken? [...] Die Praxis der Beuteverteilung begünstige die römische Gier; [...]; aber weit davon entfernt, eine Verbindung zwischen den Gewinnen der Eroberung und einer Politik des Imperialismus herzustellen, deutet es in die entgegengesetzte Richtung. Profite von Plünderungen meinte private Gewinne für Offiziere und Mannschaften, aber sie waren nicht dazu bestimmt, der staatlichen Schatzkammer regelmäßige Einkünfte zu verschaffen oder eine Basis zu verschaffen, auf der die staatliche Wirtschaft aufgebaut werden konnte. [...] Soweit es die Beute betraf, waren die Interessen der Kommandeure und der des Staates nicht identisch. Kriegsentschädigungen brachten dagegen höhere und regelmäßigere Gewinne. Aber war dies genug, um ein Motiv zu bilden? Langfristige römische Politik bestand darauf, dass die Kriegskosten durch den besiegten Gegner zurückbezahlt werden sollten. [...] Dies bedeutet nicht, dass bestimmte Zahlen präzise kalkuliert wurden, um die Ausgaben des vorangegangenen Konfliktes zu bezahlen. [...] Langfristige Zahlungen drückten vielmehr die Unterwerfung des früheren Gegners aus und sollten [...] als Lektion für andere kriegerische oder widerspenstige Mächte dienen. Der wirtschaftliche Nutzen war nebensächlich. [...] Wenn man die Beispiele einzeln betrachtet oder in ihrer Summe, so unterstützen sie kaum die Vorstellung einer öffentlichen Unterstützung von Aktivitäten, die auf Profit aus waren. [...] Wenn spezielle Schritte unternommen wurden, dann offensichtlich zum Vorteil anderer Staaten und Völker, weniger jedoch zum Nutzen der Römer. Natürlich bildete nicht großherzige Menschenliebe den Stimulus des römischen Handelns; Rom hatte seine eigenen Ziele genau im Blick: Die Loyalität der italischen Staaten und den Wert der östlichen Verbündeten bei der Aufrechterhaltung einer stabilen Ordnung, die die Republik von direkter Verantwortung entlasten konnte. Die direkten wirtschaftlichen Gewinne der Wirtschafts- und Handelsgesellschaften Roms oder ihrer senatorischen Schicht finden keinen Widerhall in den Entscheidungen des Staates.

Erich S. Gruen: Material Rewards and the Drive for Empire. In: W. V. Harris (Hrsg.): The Imperialism of Mid-Republican Rome. Papers and Monographs of the American Academy in Rome 29 (1984). S. 59–83. Bearbeitet und übersetzt von Raimund Schulz.

*a) Arbeiten Sie die von den Autoren genannten Argumente für und gegen die Bedeutung wirtschaftlicher Motive bei der römischen Expansion heraus.*

*b) Nehmen Sie unter Einbeziehung der Ihnen aus dem Verfassertext und den Quellen bekannten Fakten und Zusammenhänge Stellung zu diesen Argumenten.*

# III. Krise und Untergang der Republik

Seit dem Jahre 133 v. Chr. hatte die römische Republik nach Meinung der Zeitgenossen keinen Gegner mehr zu fürchten. Zwei Jahre später kam es in Rom selbst zu blutigen Straßenschlachten, die mit der Ermordung von zwei angesehenen Senatoren endeten. 40 Jahre später richtete ein römischer General mit seinen Truppen ein Blutbad in der Hauptstadt an und im Jahre 49 v. Chr. standen sich die Armeen von Caesar und Pompeius auf dem Schlachtfeld gegenüber. Am Ende brach die republikanische Staatsform in den Wirren der Bürgerkriege zusammen. Doch Roms Weltherrschaft wurde von den innenpolitischen Querelen nicht beeinträchtigt.

| | |
|---|---|
| 133 v. Chr. | Der Volkstribun Tiberius Gracchus setzt ein Ansiedlungsgesetz durch und wird von Senatoren umgebracht. |
| 123–122 v. Chr. | Der Volkstribun Gaius Gracchus setzt das Werk seines Bruders fort, bezahlt dies aber auch mit seinem Leben. |
| 107–100 v. Chr. | Marius wird Konsul, reformiert das römische Heer und besiegt die Kimbern und Teutonen. |
| 91–88 v. Chr. | Krieg der italischen Bundesgenossen gegen Rom |
| 82–79 v. Chr. | Diktatur Sullas in Rom |
| 60 v. Chr. | Pompeius, Caesar und Crassus bilden ein politisches Bündnis (1. Triumvirat). |
| 59–49 v. Chr. | Caesar wird Konsul und erobert in den Folgejahren Gallien. |
| 49 v. Chr. | Caesar eröffnet den Bürgerkrieg gegen Pompeius und den Senat. |
| 48 v. Chr. | Sieg Caesars bei Pharsalos. Pompeius wird in Ägypten ermordet. |
| 15. 3. 44 v. Chr. | Eine Verschwörergruppe römischer Adliger ermordet Caesar. |
| 43 v. Chr. | Antonius, Octavian und Lepidus bilden das 2. Triumvirat. |
| 42 v. Chr. | Niederlage der Caesarmörder in der Schlacht bei Philippi. |
| 31 v. Chr. | Octavian besiegt Antonius bei Aktium. |

## 1. Die Krise der römischen Kleinbauern und die Reformversuche der Gracchen

**Die Not der römischen Kleinbauern**

133 v. Chr. stand Rom auf dem Zenit seiner außenpolitischen Macht. Im gleichen Jahr reiste der junge Adlige Tiberius Gracchus durch Italien und beschrieb seine Eindrücke in einer berühmten Rede: „Jedes Tier in Italien hat eine Höhle, ein Lager oder einen Unterschlupf. Die Männer aber, die für Italien kämpfen und sterben, haben außer Luft und Licht nichts. Ohne Haus und Hof irren sie mit Frau und Kind umher [...], für anderer Leute Gelage und Reichtum kämpfen und sterben sie. Sie heißen Herren der Erde und dennoch gehört ihnen kein Stückchen Ackerland."
Tatsächlich hatten viele römische Bauern nach dem Krieg gegen Hannibal ihr Land in Italien verloren. Da der Staat seit 160 v. Chr. keine Kolonien mehr gründete, zogen die meisten mit ihren Familien in die Hauptstadt. Hier bildeten sie eine neue Schicht besitzloser Gelegenheitsarbeiter, das sog. Proletariat. Selbst der Dienst in der Armee blieb ihnen verschlossen, da weiterhin nur Rekruten mit Landbesitz aufgenommen wurden – die Armee des Weltreiches hatte plötzlich massive Rekrutierungsprobleme!

**Die Reform des Tiberius Gracchus …**

Einige *nobiles* versuchten die Probleme mit maßvollen Reformen zu lösen: Sie waren nicht auf eine grundlegende Bodenreform aus, sondern wollten lediglich begrenzte Flächen von den großen Besitzungen der reichen Adligen auf staatlichem Land (*ager publicus*) den verarmten Bauern zur Verfügung stellen. Ihre Vorstöße trafen jedoch auf den Widerstand der Senatsmehrheit. Im Jahr 133 v. Chr. nahm sich Tiberius Gracchus des Projektes erneut an. Nach seinem Plan sollte kein Grundbesitzer mehr als 500 Morgen (= 125 ha) und zwei Söhne nicht mehr als zusätzlich 250 Morgen Staatsland besitzen dürfen. Alles Land darüber hinaus sollte eine staatliche Kommission an bäuerliche Siedler verteilen.

**… sorgt für politischen Zündstoff**

Das Konzept des Gracchus war weder radikal noch unangemessen. Dennoch lehnte der Senat seine Umsetzung strikt ab. Daraufhin unterbreitete Tiberius sein Gesetzesvorhaben kraft seines Amtes als Volkstribun der Volksversammlung. Kurz vor der Abstimmung legte jedoch ein vom Senat instruierter Kollege des Tiberius namens Octavius sein Veto ein. Was folgte, widersprach allen Regeln: Tiberius ließ nach einer kurzen Rede Octavius durch das Volk absetzen. Danach war der Weg frei für das Ackergesetz.

~~Als jedoch Tiberius bekannt gab, er wolle im folgenden Jahr erneut für~~ das Volkstribunat kandidieren, eskalierte die angespannte Situation. Mehrere Senatoren stürmten mit ihren Klienten die Volksversammlung und erschlugen Gracchus und einen Großteil seiner Anhänger. Das bereits beschlossene Ackergesetz war zwar nicht mehr rückgängig zu machen, doch ließen sich die Konsuln in die Ackerkommission wählen und blockierten dort die Verteilung des Landes.

**Neuer Versuch: Gaius Gracchus**

10 Jahre nach dem Tod des Tiberius Gracchus nahm sein Bruder Gaius die Ackerpläne erneut auf. Das Schicksal seines Bruders vor Augen, versuchte er es jedoch mit einer anderen Taktik. Anstatt Staatsland in Italien zu verteilen, schlug er vor, Kolonien in der Provinz Africa auf dem Gebiet des zerstörten Karthagos zu gründen. Um sich gegen den zu erwartenden Widerstand des Senats besser zu wappnen, versprach er der städtischen Bevölkerung subventioniertes Getreide und zog

122 „Der Tod des Gaius Gracchus". Ölgemälde (37,7 x 53,4 cm) von Felix Auvray (1. Hälfte des 19. Jahrhunderts)

den politisch bislang wenig engagierten Stand der Ritter durch bedeutende Zugeständnisse im Bereich der Provinzialverwaltung und des Gerichtswesens auf seine Seite.
Aber erneut schreckten um ihre Macht fürchtende Senatoren vor Gewalt nicht zurück: Als sich Gaius 122 v. Chr. wieder zum Volkstribun wählen lassen wollte, riefen sie den Staatsnotstand aus und brachten ihren Gegner mit etwa 3000 seiner Anhänger auf offener Straße um.

**Optimaten und Populare**

Aus Sicht vieler Senatoren waren die Gracchen deshalb eine akute innenpolitische Gefahr, weil sie mithilfe der Volksversammlung den Senat zu überspielen suchten. Angesichts der Verarmung des Bauernstandes fanden sich jedoch weiterhin Politiker, die den Kurs der Gracchen fortsetzen wollten. Für sie bürgerte sich die Bezeichnung „Popularen" ein. Die Gegner dieser Politik nannten sich selbst „Optimaten", die „Besten". Sie vertraten kompromisslos den Führungsanspruch des Senats und brandmarkten alle Andersdenkenden als potentielle Umstürzler. Reformen, mit denen die sozialen Probleme auf Dauer hätten gelöst werden können, waren unter diesen Bedingungen schwer durchzusetzen.

**Proletariat:** (von lat. *proletarius*, Bürger der untersten Klasse). In Rom bildeten die Bürger, deren Vermögen unter dem staatlich festgelegten Mindestsatz lag, die *proletarii*. In den Augen der Zeitgenossen bestand ihr einziger Nutzen in ihrer zahlreichen Nachkommenschaft (*proles*). Seit dem Ende des Hannibalkrieges wuchs das Proletariat in der Hauptstadt stetig. Marius gab ihnen eine neue Berufsperspektive, als er auch die Ärmsten als Legionäre in seine Armee aufnahm. Dennoch existierte bis in die späte Kaiserzeit hinein ein stadtrömisches Proletariat, das von Getreidespenden und Geldgeschenken der Kaiser lebte. Im 19. und 20. Jahrhundert erhielt der Begriff durch den Marxismus eine neue Aktualität. Nach Karl Marx und Friedrich Engels bildeten nun die abhängigen Lohnarbeiter das Proletariat. Heute ist der Begriff fragwürdig geworden, weil sich in den entwickelten Industriegesellschaften die Lebensverhältnisse der Menschen angeglichen haben.

## 123 Verelendung der römischen Kleinbauern

**a)** Der griechische Historiker Appian (ca. 90 bis 150 n. Chr.) schildert in seiner *Römischen Geschichte* die Hintergründe der Krise:

Als die Römer die Völkerschaften Italiens nacheinander durch Krieg unterwarfen, nahmen sie ihnen gewöhnlich einen Teil ihres Landes ab und errichteten dort Städte. [...] Von dem jeweils im Krieg durch sie eroberten Lande aber verteilten sie den kultivierten Teil sofort unter die Kolonisten oder verkauften oder verpachteten ihn. Was hingegen den Teil des Gebietes – im Allgemeinen den größeren – anlangte, der infolge des Krieges ungenutzt dalag [...], erließen sie eine Bekanntmachung, dass inzwischen diejenigen, welche ihn bearbeiten wollten, dies für eine Abgabe aus dem jährlichen Ernteertrag tun dürften, und zwar für ein Zehntel des Getreides und ein Fünftel von den Früchten. [...] Die Reichen nahmen den Großteil dieses nicht aufgeteilten Landes in Besitz und vertraten im Laufe der Zeit die kühne Meinung, dass niemand mehr ihnen dies abnehmen könne. Außerdem zogen sie die angrenzenden Landstriche und was sonst an bescheidenem Grundbesitz armer Leute vorhanden war, an sich, teils durch Kauf unter gütlichem Zureden, teils durch gewaltsame Wegnahme. So konnten sie statt kleiner Güter ausgedehnte Latifundien bebauen, wofür sie dann Sklaven als Arbeiter und Hirten einsetzten; das sollte verhindern, dass freie Arbeitskräfte vom Ackerbau zum Heeresdienst abgezogen werden konnten. Gleichzeitig brachte auch dieser Besitz von Sklaven den Reichen großen Gewinn, da jene zahlreiche Kinder hatten und sich wegen der Befreiung vom Kriegsdienst ungefährdet vermehrten. So wurden die einflussreichen Persönlichkeiten steinreich und das Sklavenvolk nahm über das Land hin massenhaft zu, während die Italiker an Zahl und Stärke dahinschwanden und sich in Armut, Steuerabgaben und Feldzügen erschöpften. Konnten sie dann etwas Ruhe von diesen Lasten finden, mussten sie ihre Zeit untätig hinbringen, da sich ja das Land in den Händen der Reichen befand und diese als Landarbeiter statt freier Männer Sklaven einsetzten.

Appian von Alexandria: Römische Geschichte. Zweiter Teil: Die Bürgerkriege. Übersetzt von Otto Veh, Stuttgart 1989 S. 17 f.

**b)** Der griechische Schriftsteller Plutarch (ca. 45 bis 125 n. Chr.) beschreibt in seiner Biografie des Tiberius Gracchus die Vorgeschichte der Agrarkrise:

Die Römer pflegten das Land, das sie ihren Nachbarn im Kriege abnahmen, zum einen Teil zu verkaufen, zum anderen in Staatsbesitz überzuführen und dann bedürftigen Bürgern oder solchen ohne eigenen Boden gegen eine geringe Abgabe an die Staatskasse zur Nutzung zu überlassen. Als jedoch die Reichen anfingen, den Pachtzins in die Höhe zu treiben und die Armen von ihrer Scholle zu verdrängen, wurde ein Gesetz erlassen, welches bestimmte, dass niemand mehr als fünfhundert Morgen Land besitzen dürfe. Für kurze Zeit tat diese Vorschrift der Habgier Einhalt und half den Armen, welche auf den gepachteten Höfen blieben und den Anteil des staatlichen Bodens bewirtschafteten, den sie von jeher besessen hatten. Später aber brachten die reichen Nachbarn durch vorgeschobene Mittelsmänner die Pachtverträge in ihre Hände und verwalteten schließlich das meiste ganz offen als eigenen Besitz. Aus ihren Heimwesen gejagt, taten die Armen ihre Soldatenpflicht nur noch mit Widerwillen und zeigten auch keine Lust mehr, Kinder großzuziehen, so dass ganz Italien binnen kurzem die freie Bevölkerung zurückgehen sah, während das Land sich mit den Kasernen ausländischer Sklaven bedeckte, welche nunmehr die Ländereien bestellten, aus denen die Reichen ihre Mitbürger vertrieben hatten.

Plutarch: Große Griechen und Römer. Bd. VI. Eingel. u. übers. von Konrad Ziegler. Zürich/Stuttgart 1965 S. 243 f.

*a) Skizzieren Sie mit eigenen Worten die Entwicklung, die nach Aussage beider Autoren zur Verelendung der Bauern führte.*
*b) Bestimmen Sie dabei die Rolle der Sklaven.*
*c) Überlegen Sie, ob und wie man die Verarmung der Bauern hätte stoppen können.*

## 124 Senatorischer Widerstand gegen die Agrarreform des Tiberius Gracchus

**a)** Der deutsche Althistoriker Karl Christ nennt und erläutert mögliche Gründe:

Wenn man nüchtern abwägt und die Interessenlage berücksichtigt, so standen dem Reformplan vornehmlich zwei Schwierigkeiten entgegen. Erstens waren die Besitzverhältnisse auf dem ager publicus weithin unklar, denn das okkupierte Land war inzwischen zu einem beträchtlichen Teil schon durch mehrere Hände gegangen; echter Privatbesitz und *ager publicus* ließen sich gar nicht mehr in allen Fällen auseinander ziehen. Zweitens aber berücksichtigte die Reform wahrscheinlich nicht in ausreichendem Maße, dass auf dem okkupiertem Land zum Teil erhebliche Investitionen vorgenommen worden waren, in Bauten, Kanalisation, Bodenmelioration und so fort. Dass dafür Entschädigungen vorgesehen waren, wird lediglich von Plutarch erwähnt – auf jeden Fall war die Entschädigungsfrage für die ehemaligen Okkupanten des *ager publicus* allem Anschein nach nicht befriedigend gelöst worden. Der Haupteinwand der Nobilität war indessen die Tatsache, dass hier im Prinzip das Kleinbauerntum auf Kosten der Nobilität gestärkt werden sollte. Es war zudem überhaupt eine offene Frage, ob die inzwischen nach Rom übergesiedelten, ehemaligen freien Bauern und die übrigen Proletarier wirklich noch einmal zu einem lebensfähigen Bauerntum formiert werden konnten. Im Endergebnis sind solche Zweifel nur allzu sehr bestätigt worden. Denn in vielen Fällen haben die Neusiedler ihre kleinen Höfe später wieder verkauft, sobald sie dazu nur ein Recht und die Möglichkeit hatten.

Karl Christ: Krise und Untergang der römischen Republik. Darmstadt 1979. S. 125.

**b)** Eine andere Erklärung gibt der Althistoriker Hinnerk Bruhns:

Der Senat zog es vor, die Armen in der Stadt zu behalten, als einem Gegner oder auch nur einem Einzelnen aus seinen Reihen zu erlauben, durch Ansiedlungsgesetze seinen politischen Einfluss zu vergrößern. Erst Caesar gelang es, etwa 20000 kinderreiche Familien in Italien und dann nach dem Bürgerkrieg noch einmal 80000 Bürger mit ihren Familien in den Provinzen anzusiedeln. Da die Stadt Rom nicht genügend Arbeitsplätze für die Massen bieten konnte, war dies im Grunde der einzige Weg, mit der großstädtischen Armut fertig zu werden. In der Republik waren entsprechende Pläne gescheitert oder man hatte gar nicht ernsthaft den Versuch gemacht, sie zu verwirklichen, da die politischen Strukturen dies nicht erlaubten. Der Senat wollte niemandem gestatten, sich durch Ackergesetze eine neue Klientel zu schaffen, oppositionelle Politiker fürchteten, ihre Anhänger in der Stadt zu verlieren, und schließlich gab es in Italien keine Möglichkeit mehr, Land zu finden, ohne mit den Interessen des Senatoren- und des Ritterstandes zu kollidieren.

Hinnerk Bruhns: Armut und Gesellschaft. Zit. nach: Werner Ripper: Die römische Republik. Weltgeschichte im Aufriss, 2. ergänzte und verbesserte Aufl. Frankfurt/M. 1992. S. 180–181.

*a) Welche Gründe haben nach Christ die Senatoren in erster Linie bewogen, gegen die Vorschläge des Tiberius Gracchus zu stimmen?*
*b) Stellen Sie die Ansprüche der Großgrundbesitzer dem gesamtstaatlichen Bedürfnis nach Besserstellung der Bauernschaft und Steigerung des Wehrpotentials gegenüber. Diskutieren Sie beide Positionen.*
*c) Wessen Argumente erscheinen Ihnen plausibler? Begründen Sie Ihre Meinung.*

## 125 Die Politisierung der Ritter – taktisches Kalkül oder notwendige Reform des Staates?

a) Der kaiserzeitliche Historiker Appian (ca. 90 bis 160 n. Chr.) erklärt, wie Gracchus die Ritter auf seine Seite zog:

So wurde Gaius Gracchus zum zweiten Mal Tribun. Nachdem er die Plebejer in seinem Sold hatte, begann er mithilfe einer ähnlichen politischen Maßnahme auch den sog. Ritterstand zu umwerben, der seinem Ansehen nach eine Mittelstellung zwischen Senatoren und Plebejern einnahm. Er übertrug die Gerichtshöfe, welche durch Bestechungsfälle in ihrem Ansehen gelitten hatten, von den Senatoren auf die Ritter. Dabei hielt er den ersteren besonders die Beispiele aus jüngster Vergangenheit vor, den Aurelius Cotta, den Salinator und als Dritten im Bunde den Manius Aquilius, den Bezwinger von Asien; sie alle hatten sich offensichtlich bestechen lassen, waren aber von den Richtern freigesprochen worden. [...] Der Senat schämte sich zutiefst dieser Vorkommnisse und stimmte dem Gesetz zu, worauf es vom Volk bestätigt wurde. Auf solche Weise wurden dann die Gerichtshöfe vom Senat auf die Ritter übertragen. Bald nach dem Erlass des Gesetzes soll Gracchus, wie man sagt, die Äußerung getan haben, er habe nun ein für allemal die Macht des Senates gebrochen; mit dem weiteren Fortgang der Ereignisse aber gewann sein Ausspruch eine noch größere praktische Bedeutung. Indem nämlich die Ritter über sämtliche Römer und Italiker und sogar über die Senatoren zu Gericht sitzen durften, und zwar in allen Dingen, was Besitz, bürgerliche Rechtstellung und Verbannung betraf, erhob Gracchus sie zu Herren über den Senat und stellte seine Mitglieder auf die gleiche Stufe wie die Untertanen. Ja, da die Ritter mit den Tribunen zusammengingen und als Gegengabe dafür alle Wünsche erfüllt bekamen, wurden sie für die Senatoren mehr und mehr ein Gegenstand des Schreckens, und rasch kam es so weit, dass die Macht im Staate sich verlagerte, indem der Senat lediglich noch die Würde, die Ritter aber die Gewalt besaßen.

Appian von Alexandria: Römische Geschichte. Erster Teil: Die römische Reichsbildung. Übers. von Otto Veh. Stuttgart 1987. S. 27 f.

b) Der griechische Philosoph und Historiker Poseidonios (ca. 135–51 v. Chr.) gibt die Befürchtungen der Senatoren wieder:

Gracchus sprach bei seinen Volksreden über den Sturz der Aristokratie und die Begründung der Demokratie, er brachte es so weit, dass alle Gruppen seine Absichten förderten und hatte so an den Leuten nicht mehr bloß Mitkämpfer, sondern gleichsam selbstständige Mittäter für seine eigene Verwegenheit. Denn jeder war durch seine persönlichen Hoffnungen bestochen und bereit, zugunsten der vorgeschlagenen Gesetze, in der Überzeugung, dass sie sein Privatinteresse beträfen, jede Gefahr zu übernehmen. Dadurch, dass er den Senatoren das Richteramt entzog und die Ritter zu Richtern machte, verschaffte er dem schlechteren Teil der Bürgerschaft das Übergewicht über den vornehmeren Teil und hob die früher zwischen dem Senat und den Rittern bestehende Eintracht auf und machte das gemeine Volk gegen beide aufsässig. Durch die Zwietracht zwischen allen verschaffte er sich große Macht; auch verschwendete er die öffentlichen Gelder für schändliche und unzweckmäßige Ausgaben und Gefälligkeiten und lenkte so aller Blicke auf sich. Die Provinzen gab er der Verwegenheit und der Habsucht der Steuerpächter [die aus dem Ritterstand stammten] preis und zog dadurch der römischen Herrschaft den gerechten Hass der Untertanen zu. Den Soldaten zuliebe opferte er in seinen Gesetzen die Strenge der alten Zucht und führte den Ungehorsam und die Gesetzlosigkeit in die Staatsverwaltung ein.

Geschichte in Quellen Bd. 1: Altertum. Bearb. v. Walter Arend. 4. Aufl. München 1989. S. 479.

c) Ritter auf dem Weg zum Opferplatz. Dieses Relief aus Volterra aus dem 2. oder 1. Jahrhundert v. Chr. könnte Ausdruck des gestiegenen Selbstverständnisses des Ritterstandes sein, dessen politische und gesellschaftliche Stellung durch die Gesetzgebung des Gaius Gracchus zuungunsten der Senatoren stark befördert wurde.

*a) Worauf beruhte, laut Appian und Poseidonios, die Macht der Ritter?*
*b) Versuchen Sie die politischen Sympathien der beiden Historiker herauszufinden.*
*c) Erklären Sie die Rolle, die das Volk (Appian verwendet anachronistisch die Bezeichnung „Plebejer") in der Politik des Gracchus spielte.*

## 2. Der neue Soldat und die neuen Generäle: Marius und Sulla

**Militärisches Versagen adliger Feldherren**

Zum mangelnden innenpolitischen Krisenmanagement der *nobiles* kamen in den Folgejahren peinliche militärische Fehlschläge gegen den Numiderkönig Jugurtha in Nordafrika. Dramatischer wurde die Lage, als die nach Südgallien eindringenden germanischen Stämme der Kimbern und Teutonen ein ganzes konsularisches Heer vernichteten.

**Die Heeresreform des Marius**

In dieser Situation wählte das Volk mit C. Marius einen nichtadligen „neuen Mann" zum Konsul. Gegen aristokratische Widerstände passte er das römische Militärwesen den neuen Herausforderungen an. Um wieder die frühere Sollstärke der Legionen zu erreichen und die Kampfkraft der Armee zu erhöhen, rekrutierte er auch Besitzlose, modernisierte die Bewaffnung und erhöhte mithilfe von Geldgebern aus dem Ritterstand die Mobilität der Armee, die nun auch über See schneller von einem Einsatzort zum anderen transportiert werden konnte. Schnell stellten sich Erfolge ein: Nach der Gefangennahme des Jugurtha in Nordafrika besiegte seine Armee 102 v. Chr. die Kimbern und Teutonen bei Aquae Sextiae (heute Aix, Südfrankreich) und Vercellae (heute Vercelli, Oberitalien) vernichtend.

**Marius als Patron seiner Armee**

Doch die militärischen Erfolge des Marius verschärften die innenpolitischen Spannungen: Viele seiner Soldaten hatten weder eine eigene Familie noch ein Stück Land. Ihre Existenz hing ganz von ihrem Feldherrn ab: Marius wurde so zum Patron seiner gesamten Armee und musste persönlich für die Versorgung seiner Veteranen sorgen. Dementsprechend ließ er durch einen Volkstribun Gesetze zur Landversorgung seiner Soldaten in den Provinzen Africa, Sizilien, Griechenland und Makedonien beantragen. Erneut sah sich der Senat bedroht: Die geplanten Siedlungen legten sich wie ein Ring um Italien. Wer garantierte, dass ein erfolgreicher Feldherr wie Marius seine Militärklientel nicht auch für seine machtpolitischen Ambitionen in der Innenpolitik einsetzen würde?

126 „Der Triumph des Marius". Ölgemälde von Francesco Saviero, 1867/68.

**„Schachzug" des Senats**

Um allen Eventualitäten vorzubeugen, rief der Senat erneut den Staatsnotstand aus und übertrug dessen Ausführung Marius selbst als dem amtierenden Konsul. Damit war Marius in der Zwickmühle – und beugte sich der Autorität des Senats: Zähneknirschend befahl er, seine eigenen Anhänger zu töten. Danach zog er sich verbittert nach Kleinasien zurück. Noch einmal hatten sich die Optimaten gegen einen innenpolitisch ungeschickt agierenden Aufsteiger durchgesetzt.

**Der Aufstieg Sullas im Zuge des Bundesgenossenkrieges**

Kurze Zeit später drohten Gefahren von ganz anderer Seite: Im Jahre 91 v. Chr. griffen die italischen Bundesgenossen zu den Waffen, um sich von der Bevormundung Roms zu befreien. In den Kämpfen tat sich auf römischer Seite ein rücksichtsloser Offizier namens L. Cornelius Sulla hervor. Nach Kriegsende stieg er zum Konsul auf und erhielt das Oberkommando gegen König Mithridates von Pontos, der im Schatten des Bundesgenossenkrieges Kleinasien und fast ganz Griechenland besetzt hatte.

**Sullas Marsch auf Rom**

Sulla stand mit seinen Truppen zur Überfahrt nach Griechenland bereit, als ihn die Nachricht erreichte, dass ihm das Volk sein Kommando entzogen und auf Marius übertragen hatte – ein unerhörter Affront und ein Schock für die Armee, die im Osten reiche Beute erhoffte. Für Sulla war es ein Leichtes, seine erbosten Legionäre zum Marsch auf die Hauptstadt zu bewegen, um gewaltsam ihre angeblichen Rechte durchzusetzen. Die Phase innenpolitischer Reformversuche und Taktiererei war vorbei. Der Bürgerkrieg begann.

**Der Bürgerkrieg: Sulla gegen Marius**

Sulla stieß in Rom auf wenig Widerstand, ließ seine Gegner hinrichten oder – wie im Fall des Marius – zu Staatsfeinden erklären. Anschließend zog er mit seinen Truppen gegen Mithridates. Doch seine Gegner nutzten seine Abwesenheit in Rom sofort zum Gegenschlag, richteten ein Blutbad unter seinen Anhängern an und entzogen ihm erneut per Gesetz den Oberbefehl. Marius konnte hiervon allerdings nicht mehr profitieren; er starb wenige Wochen später eines natürlichen Todes.

**Sullas Rache und Diktatur**

Wie nach den vorangegangenen Ereignissen zu erwarten, scherte sich Sulla wenig um den Volksbeschluss, kehrte nach einem schnellen Sieg über Mithridates nach

127 Bildnis des L. Cornelius Sulla

Rom zurück und nahm blutige Rache. Auf öffentlichen Listen (Proskriptionslisten) ließ er die Namen derjenigen Personen schreiben, die geächtet waren, d.h. von jedermann ohne Strafverfolgung getötet werden sollten. Wer dem öffentlichen Terror nicht zum Opfer fiel, floh oder nahm sich selbst das Leben.

Ein Jahr später ließ sich Sulla zum Diktator bestellen, offiziell mit der Aufgabe „den Staat wieder herzustellen". Um einem erneuten Bürgerkrieg in Italien vorzubeugen, legte er per Gesetz fest, dass fortan die Konsuln und Prätoren jeweils ein Jahr zivile Aufgaben in Rom übernehmen und erst danach als Promagistrate in die Provinzen gehen und nur hier Truppen befehligen sollten. Auf dem Höhepunkt seiner Macht legte Sulla überraschenderweise die Diktatur nieder und zog sich ins Privatleben zurück.

## 128 Das Verhältnis des Marius zur Armee

Plutarch schildert in seiner Biografie des Marius dessen Verhalten als junger Offizier:

Der Konsul Caecilius Metellus war zum Oberbefehlshaber im Krieg gegen Jugurtha ernannt worden und nahm Marius als Unterfeldherrn [Legat] nach Afrika mit. Da fand er ein weites Feld für große, glanzvolle Kriegstaten vor, aber er dachte nicht daran, nur Metellus' Ruhm zu mehren und sich, wie die anderen, für ihn einzusetzen. Dass er Legat geworden war, schrieb er nicht dem Wohlwollen des Metellus zu, er war vielmehr überzeugt, dass ihn ein guter Stern zur glücklichen Stunde auf den Schauplatz gewaltiger Taten geführt habe, und versuchte seine ganze Tüchtigkeit ins Licht zu stellen. Der Feldzug war hart und schwer, doch Marius scheute vor großen Strapazen so wenig zurück, wie er sich zu gut hielt für die Arbeit im Kleinen. Er bewies Klugheit und Voraussicht wie keiner seiner Mitoffiziere, und mit den Soldaten wetteiferte er in Anspruchslosigkeit und Ausdauer. So gewann er ihre ganze Zuneigung. Denn jeder, welcher sich hart mühen muss, ist getröstet, wenn ein anderer freiwillig seine Mühe teilt; plötzlich spürt er den Zwang nicht mehr. So sieht ein römischer Soldat nichts lieber als einen Feldherrn, welcher das gleiche Brot isst wie er selbst, auf gewöhnlicher Streue liegt oder Hand anlegt beim Ausheben des Grabens oder beim Einrammen der Schanzpfähle. Ein Befehlshaber, welcher mit Auszeichnungen und Geldgeschenken nicht kargt, wird wohl geschätzt, aber mit großer Achtung blicken die Soldaten zu einem Führer empor, der Not und Gefahr mit ihnen teilt. Und wer Übermut und Disziplinlosigkeit durchgehen lässt, findet weniger Liebe als ein Kommandant, welcher die Strapazen der Mannschaft mitträgt. Ein solcher Mann war Marius, Führer und Kamerad zugleich, und gerade deshalb gewann er sich die Herzen der Legionäre. Bald erfüllte der Ruhm seines Namens Afrika und Rom, denn die Leute schrieben aus dem Lager nach Hause, der Krieg werde kein Ende nehmen, wenn man nicht Marius zum Konsul wähle.

Plutarch: Große Griechen und Römer. Bd. VI, eingel. und übers. v. Konrat Ziegler. Zürich/Stuttgart 1965. S. 61–62.

*a) Mit welcher Strategie bemühte sich Marius um die Zuneigung seiner Soldaten?*

*b) Wie mag sein Verhalten auf die anderen Offiziere und den Oberkommandierenden gewirkt haben?*

*c) Diskutieren Sie, ob Plutarch das Verhalten der adligen Befehlshaber nur beschreibt oder auch beurteilt.*

## 129 Sittenverfall und Geldgier – Gründe für die Krise?

a) Der spätrepublikanische Historiker Sallust (86–35 v. Chr.) über die Ursachen der innenpolitischen Krise:

Übrigens war das Unwesen der Parteien und Cliquen mit all ihrem üblen Betrieb erst vor wenigen Jahren in Rom aufgekommen, und zwar infolge der Friedenszeit und des Überflusses an all den Dingen, die die Menschen am höchsten achten. Denn bis zur Zerstörung Karthagos [146 v. Chr.] verwalteten Volk und Senat von Rom friedlich und maßvoll den Staat, und es gab keinen Wettstreit um Ruhm oder Herrschaft zwischen den Bürgern. Furcht vor dem Feinde hielt die Bürgschaft bei guten Sitten. Sowie aber diese Besorgnis aus den Herzen geschwunden war, da freilich trat leider das ein, was das Glück gern mit sich bringt: Zügellosigkeit und Übermut. So wurde es mit der Ruhe, die sie in widrigen Zeiten so ersehnt hatten – seit sie sie bekommen hatten, nur noch schlimmer und drückender. Denn der Adel begann seine bevorrechtete Stellung, das Volk seine Freiheit in Willkür zu verkehren, jeder suchte an sich zu ziehen, zu raffen und zu rauben. So wurde alles in zwei Parteien zerrissen, der Staat, der in der Mitte lag, zerfleischt. […] Nach dem Willen einer Minderheit wurde daheim und draußen Politik gemacht. In ihren Händen lagen auch Staatsschatz, Provinzen, Ämter, Ruhmestitel und Triumphe. Das Volk stand unter dem Druck von Kriegsdienst und Not. Die Beute in den Feldzügen teilten sich die Feldherrn gierig mit einigen Freunden. Inzwischen wurden die Eltern oder die kleinen Kinder der Soldaten, sofern die an einen mächtigeren Nachbarn grenzten, aus ihrem Besitz gejagt. So riss mit der Macht Habsucht ohne Maß und Grenzen ein, besudelte und verwüstete alles, kannte nichts Hohes noch Heiliges mehr, bis sie endlich sich selbst in den Abgrund stürzte. Denn sowie sich im Adel Männer fanden, die wahren Ruhm ungerechter Macht vorzogen, geriet die Bürgerschaft in Bewegung, und es entstand eine Spaltung der Bürger ähnlich einer Umschichtung von Erdmassen.

Geschichte in Quellen Bd. 1: Altertum. Bearb. v. Walter Arend, 4. Aufl. München 1989. S. 469.

b) Cicero berichtet seinem Freund Atticus, warum er als Interessenvertreter des Ritterstandes auftrat:

Wir leben hier in einem elenden, kraftlosen, schwankenden Staatswesen. Dass unsere Ritter sich beinahe mit dem Senat überworfen haben, hast du wohl gehört. Zunächst waren sie über einen Gesetzesvorschlag des Senats empört, nach welchem diejenigen belangt werden sollten, die bei ihrer Tätigkeit als Richter Geld genommen hätten. Ich war bei der betreffenden Beratung zufällig nicht zugegen; als ich merkte, dass der Ritterstand empört sei, das aber nur nicht offen aussprechen könne, habe ich dem Senat Vorwürfe gemacht, die, wie ich glaube, ihren tiefen Eindruck nicht verfehlten, und die delikate Angelegenheit ziemlich wuchtig und beredt vertreten. Und dann noch ein zweites reizendes Gelüste der Ritter, das aber eigentlich über das erträgliche Maß hinausgeht […]: Die Steuerpächter in Asien, die von den Zensoren gepachtet haben, beklagten sich im Senat, sie hätten sich verspekuliert und zu hohe Pacht bezahlt; nun forderten sie die Ungültigmachung der Pachtverträge. […] Eine unangenehme Sache! Garstig die Forderung und ein Eingeständnis der Unbedachtsamkeit. Es bestand die Gefahr gänzlicher Entfremdung zwischen ihnen und dem Senat, falls sie ihren Willen nicht durchsetzten. Auch in dieser Sache habe besonders ich ihnen beigestanden und erreicht, dass der Senat sich zahlreich versammelte und Entgegenkommen zeigte, auch manches Wort über die Bedeutung der beiden Stände und ihr Einvernehmen gesagt.

Marcus Tullius Cicero: Atticus-Briefe. Lat.-dt. Hrsg. u. übers. v. Helmut Kasten. München/Zürich 1990. S. 61 ff.

*a) Kategorisieren Sie die von den antiken Autoren genannten Verfallsphänomene. Beurteilen Sie ihr Gewicht.*

*b) Worauf führt Sallust die Spaltung des römischen Volkes zurück?*

*c) Erklären Sie, weshalb es nach Ciceros Ansicht zwischen Senat und Rittern zu erheblichen Spannungen kam.*

*d) In der Fachwissenschaft wird häufig behauptet, dass die von den antiken Autoren genannten „moralischen Gründe“ nicht den Kern des Übels trafen. Diskutieren Sie diese Auffassung mithilfe des Verfassertextes.*

## 3. Der Aufstieg der großen Einzelnen: Pompeius und Caesar

**Der Aufstieg des Pompeius im Schatten Sullas**

Einer der engsten Mitarbeiter Sullas war ein junger Mann namens Pompeius. Er hatte sich im Jahre 83 v. Chr. dem künftigen Diktator mit einer auf eigene Faust angeworbenen Kampftruppe angeschlossen und in der Folgezeit wertvolle Dienste bei der Bekämpfung der Marianer geleistet. Nach dem Tod seines Gönners wurde er Konsul. Sein Ziel: ein großer und lukrativer Krieg.

**Das große Kommando gegen die Piraten und Mithridates**

Seit längerem machten Seeräuber aus Kleinasien und Südspanien alle wichtigen Seehandelswege des Mittelmeeres unsicher. Deshalb übertrug das Volk Pompeius ein Kommando mit außerordentlicher Befehlsgewalt, das den ganzen Mittelmeerraum umfasste. In nur vier Monaten gelang Pompeius ein durchschlagender Erfolg. Als Lohn erhielt er im folgenden Jahr ein neues Kommando gegen den nicht gänzlich besiegten Mithridates. Wieder nutzte er seine Chance glänzend und krönte seinen Siegeszug mit der Errichtung der Provinz Syria.

**Pompeius und der Senat**

Pompeius war jedoch kein zweiter Sulla und entließ ordnungsgemäß seine Armee. Sein Ehrgeiz richtete sich nicht auf die Diktatur, ihm ging es um die offizielle Anerkennung seiner großen Leistungen für den Staat. Doch der Senat behandelte ihn geradezu schikanös. Zu groß waren der Neid auf die Erfolge des Pompeius und die Sorge, dass sich ein Feldherr – anders als noch Marius – dem Senat und dem Gleichheitsgrundsatz der Aristokratie nicht mehr unterordnen würde.

**Das Erste Triumvirat**

Pompeius war durch das Misstrauen des Senats in seiner Ehre tief gekränkt. Doch anders als Sulla reagierte er nicht mit Gewalt, sondern wählte den politischen Kampf. Verbündete fanden sich in Crassus, dem reichsten Mann der Zeit, und in C. Iulius Caesar, einem der fähigsten Köpfe der Popularen. Crassus versprach die Gelder für die Versorgung der pompeianischen Legionäre, Caesar sollte ihm in der Volksversammlung die Anerkennung seiner Taten verschaffen. So schlossen sie ein Dreier-Bündnis (das Erste Triumvirat) und schworen, ihre Ziele gemeinsam durchzusetzen.

**Caesars Konsulat und gallischer Eroberungskrieg**

Mit der Unterstützung seiner Freunde wurde Caesar 61 v. Chr. Konsul und setzte für sich für die folgenden Jahre die Statthalterschaft der Provinzen Gallia Cisalpina, Gallia Narbonensis und Illyrien durch, um von hier bei günstiger Gelegenheit Beute und militärische Lorbeeren zu erringen. Als der gallische Stamm der Helvetier ihn bat, auf der Suche nach neuem Land durch die Provinz Gallia Narbonensis ziehen zu dürfen, lehnte Caesar ab. „Hilferufe“ befreundeter Stämme, die sich angeblich durch die Helvetier bedroht fühlten, lieferten den gewünschten Vorwand, um gegen die Helvetier militärisch vorzugehen. Aus der „Hilfsaktion“ wurde ein fünfjähriger Eroberungskrieg. Am Ende hatte Caesar alle gallischen Stämme vom Rhein bis zur Kanalküste unterworfen.

130 Porträtbüste des Pompeius. Museo Archeologico Nazionale, Venedig.

Pompeius und der Senat beobachteten Caesars Erfolge misstrauisch. Pompeius' Ruf als führender Feldherr Roms stand auf dem Spiel. Lange verdrängte seine Liebesehe mit Caesars Tochter Iulia seine Sorgen, doch nach ihrem Tod brachen die Gegensätze umso stärker hervor. Als Crassus im Jahre 52 v. Chr. auf einem Feldzug gegen die Parther fiel, gab es zwischen den beiden Rivalen keinen Vermittler mehr.

131 Porträtbüste des Gaius Julius Caesar

Doch für den Senat bot sich jetzt unverhofft die Chance, die Konkurrenz zwischen Caesar und Pompeius zu nutzen und sich mit einem von ihnen zu verbünden. Da sich Pompeius in Rom aufhielt, lag es nahe mit ihm zu kooperieren. Pompeius ließ sich auch nicht lange bitten und stimmte dem Plan zu, Caesar, nach Ablauf seines Kommandos mit einer gnadenlosen Prozesswelle – Anklagen wegen Ausbeutung der Provinz und Gewaltanwendung während des Konsulats ließen sich schnell formulieren – zu überziehen und damit sein politisches Ende einzuläuten.

**Der Bürgerkrieg**

Caesar war politisch in die Enge getrieben und wählte nun den Weg der Gewalt: 49 v. Chr. überschritt er mit seinen Truppen den Rubikon, den südlichen Grenzfluss seiner oberitalischen Provinz, und marschierte wie einst Sulla auf die Hauptstadt. Pompeius räumte Italien und ließ sich schließlich auf eine Entscheidungsschlacht ein, die er verlor. Drei weitere Jahre benötigte Caesar, um den letzten Widerstand der Pompeianer zu brechen.

**Caesar als Diktator und die Iden des März**

Nach seinem Sieg ließ sich Caesar zum Diktator zunächst auf 10 Jahre, dann auf Lebenszeit ernennen, verzichtete aber anders als Sulla auf weitere Verfolgungen seiner Gegner. Stattdessen versuchte er die Widersacher durch seine sprichwörtliche „Milde“ mit dem neuen Regiment zu versöhnen. Doch gerade diejenigen, die Caesars höchste Gunst genossen und noch im Jahre 45 v. Chr. seine Herrschaft begrüßten, planten ein Jahr später seine Ermordung und setzten sie am 15. März (den Iden des März) 44 v. Chr. in die Tat um.

132 „Der Tod Caesars“. Ölgemälde (86,5 x 145,5 cm) von Jean-Léon Gérome, 1867. Walters Art Gallery, Baltimore.

**Das Zweite Triumvirat: Der Aufstieg des Antonius und Octavians**

Die Verschwörer schätzten die Stimmung völlig falsch ein: Längst hatten der Erfolg und das Ansehen eines Feldherrn bei der Armee und dem Volk viel stärkeres Gewicht als das vage Versprechen, der *res publica* ihre Freiheit zurückzugeben. Zudem fehlte es an einer breiten Führungsschicht republikanischer Politiker, die bereit waren, das Rad der Entwicklung noch einmal herumzureißen. Nicht die optimatischen Vertreter der Republik, sondern die Offiziere und Anhänger des von den Soldaten vergötterten Caesar rissen die Initiative an sich.
Im Jahre 43 v. Chr. schloss Caesars Großneffe Octavian mit dem bewährten Offizier Marcus Antonius und Aemilius Lepidus ein Bündnis (das Zweite Triumvirat), um sich an den Mördern seines Onkels zu rächen. Ein Jahr später besiegten ihre Truppen das Heer der Verschwörer in Griechenland. Zehntausende römischer Bürger fielen den folgenden Proskriptionen zum Opfer – darunter der bis zuletzt die Ideale der Republik hochhaltende Cicero; weitere 10 000 verloren ihren Landbesitz zugunsten der Bürgerkriegsveteranen.

**Der Sieg Octavians und das Ende der Republik**

Das Dreierbündnis hielt nicht lange; nach der Ausschaltung des Lepidus kam es zwischen Antonius, der sich in der Osthälfte des Reiches festsetzte, und Octavian, der seine Kräfte im Westen sammelte, zum Endkampf um die Alleinherrschaft. Octavian siegte in einer Seeschlacht bei Actium und trieb Antonius in den Selbstmord. Das war des Ende der Bürgerkriege – und der Republik! Nach 30 Jahren Krieg, Mord und Vertreibung sehnte sich jeder nach Frieden – auch (oder gerade) unter der Alleinherrschaft eines ehemaligen Bürgerkriegsgenerals.

## 133 Pompeius – Versager vor Caesar?

In einem Brief an seinen Freund Atticus rechnet Cicero im Februar 49 v. Chr. mit der Politik des Pompeius seit der Begründung des Ersten Triumvirats ab:

Nichts hat unser Pompeius vernünftig angefasst, nichts entschlossen, und ich füge hinzu: alles gegen meinen maßgeblichen Rat. Ich will nicht von jenen überholten Dingen reden, dass er jenen [Caesar] hat in den Staat hineinwachsen lassen, ihn gefördert und ihm Waffen in die Hand geliefert hat, indem er einstand für die gewaltsam gegen die Auspizien einzubringenden Gesetze, ihm das jenseitige Gallien verschaffte, sein Schwiegersohn wurde […], ihm die Statthalterschaft verlängerte, ihn während seiner Abwesenheit auf jede Weise unterstützte, ja, sich in seinem dritten Konsulat [52 v. Chr.], als er sich schon als Schützer des Staates gebärdete, sogar dafür einsetzte, dass die zehn Volkstribunen das bekannte Gesetz einbrachten, das ihm die Bewerbung um das Konsulat in absentia gestattete, was er dann selbst noch in einer eigenmächtig eingefügten Zusatzklausel bestätigte, schließlich sich dem Konsul M. Marcellus [51 v. Chr.] widersetzte, der die Statthalterschaft von Gallien für mit dem 1. März beendet erklären wollte – das alles will ich beiseite lassen. Aber was ist schimpflicher, was kopfloser als dieses leichtfertige Abrücken oder vielmehr diese schmähliche Flucht aus der Hauptstadt? Jede Bedingung durfte er eher annehmen als das Vaterland im Stiche lassen. […] „Er [Pompeius] wird ja doch den Staat wieder in seine Hand bringen.“ Was denn? Was berechtigt dich zu dieser Hoffnung? Ist nicht das Picenterland verloren, nicht der Weg zur Hauptstadt offen? Nicht alles Staats- und Privatvermögen dem Gegner ausgeliefert? Endlich: kein zündendes Programm, keine Streitmacht, kein Sammelpunkt für die, die den Staat verteidigt sehen wollen: Apulien hat er dazu ausersehen, den am schwächsten bevölkerten Teil Italiens, am weitesten vom Kriegsschauplatz entfernt, wohl weil er in seiner Ratlosigkeit nach einer Möglichkeit zur Flucht und bequemen Seeverbindung sucht.

Marcus Tullius Cicero: Atticus-Briefe, Lat.-dt. Hrsg. u. übers. v. Helmut Kasten. München/Zürich 1990. S. 471 f.

*a) Erläutern Sie die von Cicero erhobenen Vorwürfe.*
*b) Wie erklärt sich der Zorn Ciceros über einen Politiker, dem er lange persönlich verpflichtet war?*

## 134 Der Bürgerkrieg

**a)** Caesar rechtfertigt sein Handeln vor seinen Soldaten:

Er [Caesar] erinnerte an alles Unrecht, das ihm seine Feinde zugefügt, und beklagte, dass sie Pompeius verdorben und vom rechten Weg abgeführt hätten, indem sie in ihm Neid und Eifersucht auf Caesars Ruhm erweckt hätten. Er selbst, Caesar, habe dagegen stets die Ehre und das öffentliche Ansehen des Pompeius geschützt und gefördert. [...] Nichts davon sei zum jetzigen Zeitpunkt geschehen, nicht einmal geplant worden. Kein Gesetzesantrag habe vorgelegen, niemand habe angefangen, mit dem Volk zu verhandeln, geschweige denn, dass ein Auszug des Volkes stattgefunden habe. Er schloss mit der eindringlichen Aufforderung an seine Soldaten, den guten Ruf und das öffentliche Ansehen ihres Feldherrn gegen seine Feinde zu verteidigen, ihres Feldherrn, unter dessen Führung sie in neuen Jahren dem Wohl des Staates mit dem größten Erfolg gedient, eine Unzahl von Siegen erfochten und ganz Gallien und Germanien befriedet hätten.

Gaius Julius Caesar: Der Bürgerkrieg. Übersetzung, Anmerkungen und Nachwort v. Marieluise Deissmann-Merten, Stuttgart 1975. S. 7 f.

**b)** Cicero über Caesar, 10 Tage nach der Überschreitung des Rubikon:

Reden wir hier eigentlich von einem Imperator des römischen Volkes oder von Hannibal? Dieser elende, wahnsinnige Kerl, der niemals auch nur einen Hauch des Edlen verspürt hat! Und da sagt er noch, er tue dies alles, um seine Ehre zu wahren. Aber was heißt Ehre ohne Anstand? Ist es etwa anständig, ein Heer in der Hand zu haben, das einem nicht der Staat gegeben hat? Bürgerstädte zu besetzen, um leichter an die Vaterstadt heranzukommen? Schuldenerlass, Rückführung der Verbannten und tausenderlei andere Verbrechen im Schilde zu führen, [...]?

Marcus Tullius Cicero: Atticus-Briefe, Lat.-dt. Hrsg. u. übers. v. Helmut Kasten. München/Zürich 1990. S. 425.

**c)** Der Schriftsteller Sueton (ca. 70–140 n. Chr.) in seiner Caesar-Biografie:

Das Verhalten seiner Gegner diente ihm zwar als Anlass zum Bürgerkrieg, aber seine eigentlichen Beweggründe waren nach allgemeiner Ansicht ganz anderer Natur. Cn. Pompeius wenigstens pflegte oft sich dahin zu äußern: Caesars Entschluss, alles durcheinander zu bringen, sei darauf zurückzuführen, dass er weder die einmal von ihm begonnenen Bauwerke hätte zu Ende führen noch die Erwartungen des Volkes, die er an seine Rückkehr zu knüpfen verstanden hatte, aus seinen Privatmitteln hätte befriedigen können. Andere wieder sagen, er habe gefürchtet, Rechenschaft ablegen zu müssen über alle von ihm in seinem ersten Konsulat gegen die Auspizien, die Gesetze und gegen den Einspruch der Tribunen durchgeführten Amtshandlungen; denn M. Cato hätte wiederholt unter Eid erklärt, er werde Caesar anklagen, sobald er nur erst sein Heer entlassen hätte. Ferner sprach man in der Öffentlichkeit ganz allgemein davon, wenn Caesar als Privatmann zurückkäme, würde er sich [...] vor einem von Soldaten umstellten Gericht verantworten müssen. [...] Manche Leute glauben, die langjährige Gewohnheit der Befehlsgewalt hätte Caesar nach genauer Abwägung seiner und der Gegner Kräfte veranlasst, die Gelegenheit zu ergreifen, um die Alleinherrschaft an sich zu reißen, die schon seit seiner frühesten Jugend der Gegenstand seiner Wünsche gewesen sei.

Geschichte in Quellen Bd. 1: Altertum. Bearb. v. Walter Arend. 4. Aufl. München 1989. S. 529.

*a) Was meint Caesar damit, wenn er seine Soldaten auffordert, „den guten Ruf und das öffentliche Ansehen ihres Feldherrn gegen seine Feinde zu verteidigen" (Quelle a, Z. 14 f.)?*

*b) Konfrontieren Sie Caesars Rechtfertigung mit dem Cicero-Brief (Quelle b) und erklären Sie den Zorn Ciceros.*

*c) Sueton nennt in der Caesar-Biografie dessen „eigentliche Beweggründe". Gewichten Sie die Beweggründe aus Ihrer Sicht.*

*d) Führen Sie ein fiktives Streitgespräch zwischen Caesar und den Republikanern über die Berechtigung der jeweiligen Positionen.*

## 135 Warum wurde Caesar ermordet?

Plutarch berichtet in seiner Brutus-Biografie über die beiden Führer des Anschlags:

Aber Cassius, der Hitzkopf, schürte das Feuer bei Brutus. Er war mehr aus persönlichen Gründen ein Caesarfeind als aus politischen ein Tyrannenhasser. Brutus, heißt es, konnte nur die Herrschaft nicht ertragen, Cassius hasste den Herrscher. Er hatte gegen Caesar viel auf dem Herzen, und die Geschichte mit den Löwen konnte er ihm schon gar nicht vergessen. Er hatte sie für die Spiele, die er als Ädil geben wollte, besorgt. Als Calenus aber Megara erobert hatte, wo sich die Löwen befanden, hatte Caesar sie dort vorgefunden und für sich behalten. [...] Manche sehen in diesem Ereignis den wichtigsten Grund für Cassius' Beteiligung an der Verschwörung. Dem ist aber nicht so. In Cassius wohnte von jeher der Groll gegen Tyrannenart. Das verriet er schon in seinen Knabenjahren, als er noch mit Sullas Sohn Faustus in die Schule ging. Als dieser eines Tages unter seinen Freunden mit der Allmacht seines Vaters prahlte, stand Cassius auf und schlug ihm ins Gesicht. [...] So war Cassius. Bei Brutus bedurfte es aber erst vieler Worte seiner Freunde, um ihn wachzurütteln, vieler Mahnungen seiner Mitbürger, schriftlich und mündlich, um ihn zur Tat zu treiben. An dem Standbild seines Ahnen Brutus, der einst die Königsherrschaft zertrümmert hatte, stand eines Tages geschrieben: „Wenn du heute unter uns wärest!" ein andermal: „Brutus sollte leben!" Da Brutus jetzt Prätor war, fand man Morgen für Morgen Zettelchen auf seinem Richterstuhl: „Brutus, du schläfst!" oder „Du bist kein Brutus!" Schuld an diesen Angriffen waren seine Schmeichler. Sie hatten schon manche Ehrung für Caesar erfunden, die nur Ärgernis erregten. Jetzt schmückten sie nächtlicherweise sogar sein Bild mit einem Diadem, weil sie das Volk veranlassen wollten, Caesar König, nicht mehr Diktator zu nennen. Aber sie erreichten nur das Gegenteil.

Plutarch: Helden und Schicksale. Übertr. u. hrsg. v. Wilhelm Ax. Stuttgart o.J. S. 342 f.

*a) Charakterisieren Sie die Motive der beiden Caesarmörder.*
*b) Beurteilen Sie die Plausibilität der „persönlichen Motive" des Cassius.*
*c) Warum musste Brutus erst so lange „wachgerüttelt werden", bis er sich gegen Caesar stellte?*

## 136 Kleopatra – große Verführerin römischer Feldherren

a) Plutarch schildert in einer berühmten Passage seiner Antonius-Biografie, wie Kleopatra dem Antonius in Tarsos entgegenzieht:

Vor allem verließ sie sich auf die Wirkung ihrer persönlichen Gegenwart und den Zauber, den ihre Körperlichkeit ausstrahlen konnte. [...] Auf einer Barke mit goldenem Heck, deren purpurfarbene Segel sich im Wind blähten, fuhr sie den Fluss Kydnos hinauf, während ihre Ruderer das Wasser mit silbernen Rudern streichelten, die zum Takt der Flöten, Pfeifen und Lauten in die Fluten tauchten. Kleopatra selbst lag unter einem Baldachin aus Goldbrokat als Aphrodite gekleidet, wie wir sie auf Gemälden bewundern können, und zu beiden Seiten vervollständigten als Cupidos gekleidete Knaben, die ihr Kühlung zufächerten, das Bild. Als Besatzung begleiteten sie die schönsten Mädchen ihres Hofstaates als Nereiden und Grazien; einige an den Rudern, andere an den Segeltauen. Betäubender Wohlgeruch stieg aus den zahlreichen Weihrauchgefäßen auf und wehte vom Schiff zum Flussufer hinüber.

Zit. nach: Michael Grant: Kleopatra, Bergisch Gladbach 1977. S. 163 f.

**b)** „Landung der Kleopatra in Tarsos". Ölgemälde (117 x 148 cm) von Claude Lorrain, 1642. Musée du Louvre, Paris.

*a) Vergleichen Sie, inwieweit Lorrains Darstellung von der Beschreibung Plutarchs abweicht.*
*b) Informieren Sie sich anhand einer Ihnen zugänglichen Biografie der Kleopatra über die wahren Absichten und die Stellung Kleopatras während der römischen Bürgerkriege.*

**Zur Diskussion**

## Die Gründe für den Untergang der Republik

Warum ging die römische Republik, die ein Weltreich erobert hatte, in den Wirren der Bürgerkriege unter und wurde durch eine Monarchie ersetzt? Verschafften die Eroberungen selbst den ehrgeizigen Generälen die Ressourcen, um ihre innenpolitischen Ziele mit Gewalt durchzusetzen? War der Senat durch die außenpolitischen Erfolge der Vergangenheit so geblendet, dass er nicht mehr auf die inneren Probleme reagieren konnte? Oder versagte ganz einfach die Gesellschaft gegenüber den Ansprüchen egoistischer Politiker?

**a)** Der deutsche Althistoriker Joachim Molthagen, 1974

Infolge der Expansion Roms hatte sein Herrschaftsgebiet eine so übermäßige Ausdehnung erfahren, dass zu seiner organisatorischen Bewältigung ganz neue Methoden erforderlich wurden, die die Möglichkeiten der stadtstaatlichen republikanischen Verfassung bei weitem überschritten. Auch das Bundesgenossenproblem, das in den ersten Jahrzehnten der späten Republik eine zentrale Rolle spielte, stellte sich erst als Folge der römischen Expansion ein. Denn es erwuchs aus der Diskrepanz zwischen dem beträchtlichen Teil der Bundesgenossen an der militärischen Eroberung des Weltreiches und der Tatsache, dass sie von jeder Beteiligung an der Ausübung der Herrschaft ausgeschlossen blieben. Andererseits sind vor allem die Rückwirkungen der Expansion auf die römische Wirtschaft und das Sozialgefüge zu beachten. Wenn es im 2. Jahrhundert v. Chr. in der Agrarwirtschaft zu einem Vordringen der vorwiegend mit Sklaven betriebenen Großgüter kam und, damit zusammenhängend, zu einem Niedergang des kleinen Bauerntums, und wenn im gleichen Zeitraum ein römischer Fernhandel entstand, der sich allmählich zu einem bedeutenden Sektor des wirtschaftlichen Lebens entwickelte, dann ist darin nicht das Ergebnis einer stetigen ökonomischen Entwicklung, sondern die Rückwirkung der römischen Expansion zu sehen. […] Mit den ökonomischen Veränderungen gingen Wandlungen im sozialen Gefüge der römischen Bürgerschaft einher. So ist besonders auf die Herausbildung der Ritter als einer eigenen sozialen Schicht hinzuweisen, deren Mitglieder aufgrund ihrer wirtschaftlichen Macht einen steigenden Einfluss auf die römische Politik ausübten. Eine zweite wesentliche Neuerung bedeutete die Entstehung eines ländlichen und – besonders in Rom – eines städtischen Proletariats, das sich vornehmlich aus verarmten Bauern rekrutierte. Nimmt man alle angeführten Aspekte zusammen, so zeigen sie, dass die Rückwirkungen der Expansion die politischen, wirtschaftlichen und sozialen Grundlagen der römischen Republik wenn schon nicht zerstört, so doch in gefährlicher Weise aushöhlten. Damit ist die Krise umschrieben, aus der die Auseinandersetzungen der späten Republik hervorging. […] So kam es zu keiner Revolution, sondern stattdessen zu einer langen Kette von verschiedenen inneren Auseinandersetzungen, deren Abfolge wiederum von äußeren Problemen des römischen Weltreiches bestimmt wurde. Das Ergebnis war eine fortschreitende Zerstörung der republikanischen Ordnung und schließlich ihre Ablösung durch eine Monarchie.

Joachim Molthagen: Rückwirkungen der römischen Expansion. Der Übergang von der Republik zum Prinzipat – eine Revolution? In: I. Geiss/R. Tamchina (Hrsg.): Ansichten einer künftigen Geschichtswissenschaft, Bd. 2. München 1974. S. 40–48.

### b) Der deutsche Althistoriker Jochen Bleicken, 1995:

Die seit der Gracchenzeit angelegte und durch den marianisch-sullanischen Bürgerkrieg und den Bundesgenossenkrieg verschärfte Krise [hatte] in eine für die republikanische Ordnung tödliche Sackgasse geführt […], aus der es kein Entrinnen gab. […] Man sprach die Gefahren an, aber es erfolgte keine den angesprochenen Problemen adäquate Antwort, und das war auch wohl kaum möglich, ohne dass sich die regierende Gesellschaft damit selbst infrage gestellt hätte. Die erstaunliche Weigerung, trotz eines klaren Bewusstseins von den Problemen das Ende der alten Ordnung zur Kenntnis zu nehmen, erscheint auf einen ersten Blick schwer verständlich. Sie erklärt sich aber zum einen aus einer in Jahrhunderten gefestigten Geisteshaltung der führenden Gruppe, deren Wahrnehmungsmöglichkeiten angesichts einer langen und bewährten Tradition eingeschränkt waren: Auf dem Hintergrund einer Vergangenheit, in der die Nobiles zusammen mit den Bürgersoldaten sich die Welt zu Füßen gelegt hatten, war die kritische Reflexion auf die politischen Unzulänglichkeiten des einzelnen Nobilis zwar möglich […], sie schloss aber gerade die auf die ganze Gruppe aus. Denn was hätte eine neue, von einer anderen Gesellschaft getragenen Zukunft zu vermelden, dass man sich auf sie hätte besinnen sollen? Was konnte so eine Zukunft etwa der Herrschaft über die Welt und der alten Führungsschicht, die das alles zustande gebracht hatte, entgegenstellen? Vor allem aber gab es nirgendwo auch nur den Ansatz einer inneren oder äußeren Bedrohung, etwa einen von auswärts drohenden Feind, der wie einst die Kelten die Existenz des Staates gefährdet, oder eine neue politische Idee, mit der ein innerer Gegner die bedrohenden Herrschaftsverhältnisse bedroht hätte. […] Der größte Feind der Nobilität war vielmehr diese selbst, nämlich das durch die Möglichkeiten des Weltreiches gesteigerte Selbstbewusstsein des einzelnen Angehörigen dieser Schicht.

Jochen Bleicken: Gedanken zum Untergang der Römischen Republik. Sitzungsberichte der wissenschaftlichen Gesellschaft an der Johann Wolfgang Goethe-Universität Frankfurt/M. Stuttgart 1995. S. 116f.

### c) Der deutsche Althistoriker Christian Meier, 1997:

Mittelbar brachte die Expansion zwar große gesellschaftliche Verschiebungen in Rom hervor, führte zu Änderungen der Heeresverfassung sowie zum Aufkommen der einzelnen großen Machthaber. Und die Veränderungen und Probleme, die damit gegeben waren, ließen über Bürgerkrieg und unzählige Mißstände hinweg Machtverhältnisse entstehen, die mit der alten Form der *res publica* wirklich nicht mehr zu vereinen waren. Aber in diesem Vorgang war die römische Bürgerschaft mehr Objekt als Subjekt. So viel etwa Entscheidungen der Volksversammlung zu ihm beitrugen, das Gros der Bürgerschaft hatte dann zumeist nicht gesehen, worum es eigentlich ging, es schien sich ihm jeweils um Beschlüsse von begrenzter Konsequenz zu handeln, während der Senat in dogmatischer Versteifung bald jeden ungewöhnlichen Beschluß perhorreszierte [mit Abscheu zurückwies]. Mit anderen Worten: die Gesellschaft war damals nicht mehr Herr ihrer Angelegenheiten. […]
Solange jedoch die *res publica* noch aufrecht stand, […] war eine Alternative zu ihr nirgends zu sehen. Es gab keinerlei Kraft und Ansatzpunkt, von denen eine Umorientierung des Staates hätte ausgehen

können. [...] Daher blieb eine konservative Gesinnung beherrschend. [...] Ein guter Bürger war, wer das Bestehende verteidigte. [...]
Noch einmal hat dann Cato in den Jahren vor 59 die Autorität des Senates dadurch neu zu befestigen versucht, daß er sie kräftiger praktizierte. Aber es ging diesem Versuch nicht anders als den vier vorausgegangenen [Versuchen einer Neubegründung des alten Senatsregimes]: er trug wesentlich dazu bei, daß die *res publica* und der Senat in Caesars Consulatsjahr auf das Härteste geschlagen wurden. Hatten jene vier Reformen es zur Folge gehabt, daß die Krise der *res publica* in ihr akutes Stadium trat, so führte diese fünfte [...] zu deren äußerster Zuspitzung.
Wie aber die entschiedensten Vertreter des alten Staates seine Krankheit beförderten, so wurden endlich in der Bewältigung der schlimmsten Notlagen einzelne überragende Persönlichkeiten mächtig, die sich dem [...] Senat nicht mehr einfügen konnten. Je nötiger die *res publica* diese Persönlichkeiten brauchte, um so heftiger wurden sie bekämpft, damit nichts Neues gegen die Beispiele und Einrichtungen der Vorfahren geschehe. Ihre großen Leistungen linderten also die Krise nicht, sondern verschärften sie. [...]
Es gab keine Alternative, von der eine Neugründung hätte ausgehen können. [...] Der Senat konnte sich keine ständige Polizei halten, um eine kräftige Exekutive zu haben, und selbst wenn er es versucht hätte, wären die Ritter oder andere, die damit hätten niedergehalten werden sollen, in der Lage gewesen, sie außer Gefecht zu setzen. Auch die Volksversammlung war nicht abzuschaffen oder in ihrer Kompetenz zu beschränken. So schien nur der eine Ausweg aus der Misere offen zu stehen: man mußte die allgemeine Moral verbessern. [...]
Man war sich darüber im klaren, daß der weite Herrschaftsbereich besonders hohe Anforderungen an die Moral stellte. Doch man konnte nicht sehen, daß das Mißverhältnis zwischen den Aufgaben und den Mitteln des Senatsregimes übermäßig groß geworden war. Die beste Moral hätte es nicht mehr überbrücken oder gar überwinden können.

Christian Meier: Res Publica Amissa. Eine Studie zu Verfassung und Geschichte der späten römischen Republik. 3., veränd. Aufl. Frankfurt/M. 1997. S. 302; 304 u. 305 f.

*a) Vergleichen Sie die Thesen der Autoren mit den Aussagen der römischen Autoren (S. 145, Quellen 129 a+b) zur Krise der Republik.*

*b) Diskutieren Sie selbst vor dem Hintergrund Ihres Wissens über die späte Republik die Gründe für deren Untergang.*

# IV. Das römische Weltreich und seine Herrscher

Im Zentrum der staatlichen und der gesellschaftlichen Macht stand seit Augustus der Monarch. Wie konnte er ein Imperium, das seit dem Ende des ersten Jahrhunderts v. Chr. weite Teile Afrikas, Asiens und Europas umfasste, regieren? Wie die in seinen Grenzen lebenden Griechen und „Barbaren", alte Kulturvölker und wilde Stämme, zivilisierte Stadtbewohner und einfache Bauern zusammenhalten? Welche Zukunft versprach seine Herrschaft den Untertanen, die unter der Misswirtschaft der Republik unendlich gelitten hatten? Wie sollte er die alten politischen Eliten der Republik an der Macht beteiligen, wie die Willkür des in den Jahrzehnten der Bürgerkriege eigenständig gewordenen Militärs zähmen? Alle Hoffnungen, die der Kaiser erfüllen sollte, gipfelten in dem Gedanken des Friedens. Wurde er Wirklichkeit und kamen mit ihm soziale Sicherheit und gerechte Richter, konnten die durch Eroberung und Bürgerkrieg geschlagenen Wunden heilen. Der Weiterbestand des Imperiums hing davon ab, dass dies gelang.

| | |
|---|---|
| 44 v. Chr. | Caesars Tod; sein Großneffe C. Octavius (Octavian) nimmt das Testament an, das ihm Namen und Vermögen Caesars vermacht. |
| 32 v. Chr. | Der Sieg über Marcus Antonius bei Aktium begründet die Alleinherrschaft des Octavian. |
| 27–23 v. Chr. | Octavian erhält von Senat und Volk die Regierungsgewalt über die wichtigsten Provinzen, die Amtsvollmachten eines Volkstribuns und den Beinamen Augustus. |
| 14 n. Chr. | Tod des Augustus; Regierungsantritt des Tiberius. |
| 16 v. Chr. bis 16 n. Chr. | Die Eroberung Mitteleuropas und des Balkans; der Versuch, Germanien zu unterwerfen, scheitert. Der Rhein und die Donau bilden künftig im Norden die Grenzen des Imperiums. |
| 98–180 n. Chr. | Das Jahrhundert der „Adoptivkaiser" von Trajan bis Mark Aurel. Die römische Herrschaft über das Imperium verliert ihren Charakter als Fremdherrschaft. |
| 161–180 n. Chr. | Völkerwanderungen von der Ostsee bis zum Schwarzen Meer bewirken den ersten germanischen Ansturm auf die Donaufront. |
| 212 n. Chr. | Alle Reichsbewohner erhalten das römische Bürgerrecht. |
| 224/226 n. Chr. | Mit der Krönung Ardaschirs beginnt im Iran der Aufstieg des Sassanidenreiches; seine Nachfolger erheben Anspruch auf die Weltherrschaft und die römischen Ostprovinzen. |
| 235–284 n. Chr. | Das Zeitalter der (über 40) Soldatenkaiser. Die Invasionen germanischer Völker fördern die Ausbildung dauerhafter Großstämme (Alemannen, Goten, Franken). |
| 284–305 n. Chr. | Der Mehrfrontenkrieg zwingt Kaiser Diokletian zur Erweiterung des Kaiserkollegiums. |

## 1. Augustus und die Begründung der Monarchie

**Das Ende der Bürgerkriege**

Die Republik hatte das Weltreich geschaffen. Aber sie fand kein Mittel gegen die Bürgerkriege, die ihre großen Generäle im Kampf um die Alleinherrschaft austrugen. Erst als sich ihre Kraft erschöpft hatte, war die Zeit gekommen, alle Entscheidungen über die Außen- und Reichspolitik aus ihrer Verstrickung in die adligen Fehden um Ruhm und Ehre zu lösen. Es schlug die Geburtsstunde der Monarchie.

137 Augustus-Statue von Primaporta, um 19 v. Chr. Der Kaiser, als Feldherr vor seine Soldaten tretend, trägt einen Brustpanzer. Auf ihm ist die Rückgabe der 53 v. Chr. bei Carrhae verlorenen Feldzeichen dargestellt. Himmel und Erde stimmen zu: Der Sonnenwagen fährt unter dem Himmelszelt, die Erdmutter trägt in einem Füllhorn die Segnungen der Zeit, links und rechts verneigen sich die Provinzen des Ostens und des Westens.

Ihr Schöpfer wurde Octavian. Er hatte im Jahre 31 v. Chr. in der Schlacht bei Aktium mit Antonius den letzten Rivalen besiegt. Hundert Jahre Bürgerkrieg waren zu Ende: Im August 29 v. Chr. schlossen sich auf Befehl des Senats die Tore des Janus-Tempels in Rom zum Zeichen des inneren und äußeren Friedens.

**Die Neuordnung der Regierungsgewalt**

An dem Sieger lag es nun, seine Herrschaft mit den Bedürfnissen des Weltreiches und den Forderungen der römischen Tradition in Einklang zu bringen. Beides verlangte die Neuregelung der Regierungsgewalt. Diese kannte zwei Zentren: den Senat und die Magistratur. Über beide hatten in der Republik allein die aristokratischen Familien verfügt, sodass jede Neuordnung des Staates ihre soziale Macht und ihre politische Erfahrung einbinden musste. Octavian tat es und beugte sich damit der Einsicht, dass ohne die großen Häuser des Adels das Weltreich nicht zu regieren war.
Im Januar 27 v. Chr. legte er dem Senat vor, wie künftig die Regierungsgewalt aussehen sollte. In Rom und Italien beanspruchte er bis 23 v. Chr. nur noch das Konsulat; ab 23 v. Chr. wurde dies durch die Amtsvollmacht der Volkstribune (*tribunicia potestas*) ersetzt. Sie beinhaltete das Recht, den Senat einzuberufen, Gesetzesanträge zu stellen und gegen alle konkurrierenden Vorschläge sein Veto einzulegen. Diese Vollmachten wurden ohne zeitliche Befristung verliehen. Sie reichten aus, um in allen Bereichen der staatlichen Ordnung handeln zu können und jede feindliche Aktion zu unterbinden.

**Die Verwaltung der Provinzen**

Dies allein konnte jedoch nicht genügen. In einem Weltreich entschied letztlich die Verfügungsgewalt über das Heer und die Provinzen darüber, ob die Monarchie von Dauer sein konnte. Daher war der Spielraum für einen Kompromiss mit dem Senat und den Adelsfamilien nur gering. Aber er wurde gefunden und die Verwaltung des Imperiums geteilt: Nur die befriedeten Provinzen (z. B. Sizilien) regierten wie bisher vom Senat bestellte Statthalter, während der Kaiser die nicht befriedeten Provinzen (darunter Gallien, Spanien und Syrien) selbst übernahm; sie wurden durch von ihm ernannte und ihm verantwortliche Beamte, die *legati*, verwaltet (zu ihnen zählte z. B. Pontius Pilatus).

**Die sakrale Weihe der Macht**

Augustus führte keinen Titel, der seine monarchische Gewalt erkennen ließ. Sein Name und die offizielle Anrede lautete *Imperator Caesar Divi filius*. Dies drückte sein besonderes Nahverhältnis zum Heer aus (*Imperator*: siegreicher Heerführer), betonte die Bindung an die Familie und den Vater (*Caesar*) und erhob Anspruch auf Vergöttlichung (*Divi filius*: Sohn eines Gottes). Wurde inoffiziell die Macht des Kaisers charakterisiert, so sprach man vom *princeps* („der Erste"). 27 v. Chr. erhielt Octavian vom Senat den Beinamen *Augustus* („der Erhabene"). Er hob seinen Träger über den Kreis der gewöhnlichen Bürger hinaus und rückte ihn in die Nähe der Götter. Den Bewohnern der Ostprovinzen war dieser Gedanke seit den Reichen des Alten Orients und Alexanders des Großen vertraut. In den Provinzen des Westens wurde seine religiöse Verehrung seit 12 v. Chr. in der Form des Kaiserkultes eingeführt, für den eine eigene Priesterschaft zuständig war.

**Der Herr der Armee**

Die Monarchie stand und fiel mit der Treue der Soldaten. Sie hatten auf den Schlachtfeldern der Bürgerkriege ihrem Feldherrn die Macht erobert. Der innere Friede und der Bestand des Imperiums hingen davon ab, dass sie zufrieden gestellt wurden. So lastete auf dem Sieger von Aktium als erstes die Pflicht, 230 000 auf Lohn oder Beschäftigung drängende Legionäre und ihre Offiziere zu versorgen. Die meisten von ihnen waren einst als auf dem väterlichen Hof unerwünschte Söhne oder als städtische Arbeitslose oder als Haudegen und Glücksritter zu den Legionsadlern geströmt. Jetzt, nach dem Sieg, war Zahltag. Augustus gab ihnen, was sie verlangten. Großzügige Land- oder Geldgeschenke halfen den Veteranen, sich in Italien und den Westprovinzen eine bäuerliche Existenz aufzubauen und Familien zu gründen. Den Offizieren öffnete der Kaiser die Türen zu den Ämtern ihrer neuen Heimatstädte, zu deren Führungsschichten sie fortan gehörten. Das Heer wurde verkleinert und in ein stehendes umgewandelt. Seine Rekruten kamen nun auch aus den Provinzen; sie kämpften in gesonderten Einheiten (*auxilia*: Hilfstruppen) Seite an Seite mit den italischen Legionären. Die Truppen bezogen stark be-

**138** Die Friedensgöttin Pax. Ausschnitt aus dem Tellus-Relief des Ara Pacis in Rom. An der Ostseite des 9 v. Chr. fertig gestellten Altars sitzen sich Roma, die Schutzgöttin der Stadt, und Pax, der vergöttlichte Friede, gegenüber. Die eine, thronend auf einem Waffenhügel, spricht von den Siegen, die den Frieden begründeten, die andere, umgeben von den Sinnbildern der Fruchtbarkeit, kündet von den Segnungen des Friedens und der Wiederkehr des Goldenen Zeitalters.

festigte Lager an den gefährdeten Punkten der Reichsgrenze und verließen diese nur noch zu gelegentlichen offensiven Vorstößen ins Feindesland.

**Die Zustimmung der Untertanen**

Über die Zukunft dieser neuen monarchischen Ordnung entschied die Zustimmung der Untertanen. Sie wurde ihr von allen sozialen Schichten zuteil: Die Soldaten, die ihrem kaiserlichen Patron Karriere und Vermögen schuldeten, die Bevölkerung der Hauptstadt, die Brot und Spiele erhielt, die italischen Landstädte, denen das Ende der Bürgerkriege Sicherheit und wirtschaftlichen Aufschwung brachte, und schließlich die Bewohner der Provinzen. Sie verehrten den Kaiser als Retter und Heiland, befreite er sie doch von der Willkür der republikanischen Statthalter und Steuereintreiber, die ihre Allmacht genutzt hatten, um sie auszubeuten. Jetzt unterlagen sie der kaiserlichen Aufsicht und bekamen feste Gehälter; beides machte ihnen den Verzicht auf Raub, Erpressung und Korruption leicht.

**Der Gedanke des Friedens**

Alles dies überlagerte der Gedanke des Friedens. Augustus und seine Nachfolger haben zu Recht beteuert, sie hätten jenseits von Tod und Krieg Frieden geschaffen und den Besiegten eine bessere als ihre zerstörte Welt gegeben. Nur innerhalb der römischen Grenzen schreite die Rodung voran, werde die Bodenkultur verbessert und der Anbau veredelt, nur in ihr entstünden Städte, Brücken und Straßen, nur sie kenne die umfassende Sicherheit des Rechts, nur sie gewähre den freien Austausch von Gütern und Meinungen. In der Tat: In den Ländern des Westens und Mitteleuropas war Rom in Räume vorgedrungen, in denen Krieg, Unterdrückung und Hunger das Leben der Menschen seit eh und je bestimmt hatten.

## 139 Selbstdarstellung

Aus dem Tatenbericht des Augustus, 14 n. Chr.:

Die Taten des vergöttlichten Augustus, mit denen er den Erdkreis der Herrschaft des römischen Volkes unterwarf, sowie die Aufwendungen, die er für das römische Staatswesen und Volk machte. […]

[…]

3. Kriege zu Wasser und zu Lande gegen innere und äußere Feinde habe ich auf dem ganzen Erdkreis oftmals geführt, und als Sieger habe ich allen Mitbürgern, die um Gnade baten, Schonung gewährt. Auswärtige Völker, denen man ohne Bedenken Verzeihung gewähren konnte, habe ich lieber erhalten als ausrotten wollen. Etwa 500 000 Bürger haben den Fahneneid auf mich geleistet. Von diesen habe ich ein gut Teil mehr als 300 000 in Neugründungen angesiedelt oder nach Ableistung ihrer Militärdienstzeit in ihre Heimatorte entlassen. Und diesen allen habe ich Ackerland zuweisen oder Geld als Lohn für ihren Kriegsdienst auszahlen lassen. […]

5. Die Diktatur, die mir in meiner Abwesenheit und in meinem Beisein sowohl vom Volk wie auch vom Senat […] [im Jahr 22 v. Chr.] angetragen wurde, habe ich zurückgewiesen. Nicht abgelehnt habe ich aber, als größter Mangel an Getreide herrschte, die Aufsicht über die Getreidebeschaffung, die ich so betrieb, dass ich innerhalb von wenigen Tagen die gesamte Bürgerschaft von Furcht und lastender Gefahr dank meiner Aufwendungen und meiner Fürsorge befreien konnte. Das mir damals angetragene jährliche Konsulat auf Lebenszeit habe ich ebenfalls nicht angenommen.

6. Als […] [in den Jahren 19, 18 und 11 v. Chr.] der Senat und das römische Volk einmütig beantragten, dass ich als Einzelner mit höchster Machtbefugnis zum Wahrer von Gesetz und Sitte ernannt würde, habe ich dies ebenso wenig angenommen wie irgendein anderes mir angetragenes Amt, das gegen Sitte und Herkommen der Vorfahren verstieß. Was damals der Senat von mir ausgeführt wissen wollte, habe ich kraft meiner tribunizischen Amtsgewalt vollbracht. […]

12. […] Als ich aus Spanien und Gallien, nachdem ich in diesen Provinzen siegreiche Taten vollbracht hatte, im […] [Jahr 13 v. Chr.] nach Rom zurückkehrte, beschloss der Senat zum Dank für meine Rückkehr einen Altar des Augustusfriedens zu weihen, und zwar beim Marsfeld, wo die Beamten, die Priester und die Vestalinnen jedes Jahr auf Geheiß des Senats ein Opfer darbringen sollten.

34. In meinem sechsten und siebten Konsulat habe

ich, nachdem ich die Flammen der Bürgerkriege gelöscht hatte und mit der einmütigen Zustimmung der gesamten Bevölkerung in den Besitz der staatlichen Allgewalt gelangt war, das Gemeinwesen aus meiner Machtbefugnis wieder der Ermessensfreiheit des Senats und des römischen Volkes überantwortet. Für dieses mein Verdienst wurde mir auf Beschluss des Senats der Name Augustus [= der Erhabene] gegeben. [...] Seit dieser Zeit überragte ich alle übrigen an Autorität, an Amtsgewalt aber besaß ich nicht mehr als die anderen, die auch ich im Amt zu Kollegen hatte.

35. Als ich mein dreizehntes Konsulat verwaltete, gaben mir der Senat, der Ritterstand und das römische Volk einmütig den Titel „Vater des Vaterlandes".

Augustus: Res gestae. Tatenbericht. Übers., komm. und hrsg. v. Marion Giebel. Stuttgart 1978. S. 4; 6; 8 ff.; 15; 37 ff.

*a) Arbeiten Sie heraus, welches Herrscherbild Augustus in seinem „Tatenbericht" von sich selbst zu vermitteln versucht.*

*b) Bewerten Sie die Unterscheidung, die Augustus zwischen seiner „Autorität" und seiner „Amtsgewalt" macht.*

## 140 Die Teilung der Macht über die Provinzen

**a)** Der griechische Historiker und Senator Cassius Dio, der zu Beginn des 3. Jahrhunderts eine römische Geschichte schrieb, über das politische System des Augustus:

Er [Octavian] hatte sich seine Führungsstellung von Seiten des Senats und des Volkes gesichert. Da er aber gleichzeitig als ein Mann des Volkes erscheinen wollte, übernahm er zwar die volle Sorge und den Schutz des Gemeinwesens, da dies einer besonderen Aufmerksamkeit bedürfe, erklärte jedoch, er wolle nicht über alle Provinzen selbst die Herrschaft ausüben und das auch bei den Provinzen, die er regiere, nicht für immer tun; sondern er überließ die schwächeren von ihnen, die ja friedlich und nicht mehr zum Krieg geneigt waren, dem Senat, dagegen behielt er selbst die stärkeren, die unzuverlässig und gefährlich erschienen und entweder Feinde Roms zu Nachbarn hatten oder auch aus eigener Kraft Aufstände beginnen konnten; angeblich sollte der Senat so ohne alle Gefahr die schönsten Früchte der Herrschaft ernten, während er selbst alle Mühen und Gefahren auf sich nähme; in Wahrheit aber sollten auf diese Weise die Senatoren von Waffen und Krieg entfernt bleiben, er selbst wollte allein Waffen führen und Truppen unterhalten. [Es folgt die Verteilung der Provinzen] [...]

Da aber Caesar [= Augustus] bei den Römern nicht im Entferntesten den Gedanken an irgendeine monarchische Herrschaft aufkommen lassen wollte, übernahm er die Verwaltung der ihm zugeteilten Provinzen nur für zehn Jahre und versprach, sie in diesem Zeitraum in eine feste Ordnung zu bringen, wobei er überheblich hinzufügte, er werde auch diese Provinzen, sollten sie schon früher befriedet sein, früher dem Senat zurückgeben. Und so bestimmte er als Erstes, die Senatoren selbst sollten beide Arten von Provinzen verwalten – mit Ausnahme von Ägypten, das er als einzige Provinz einem Ritter unterstellte. [...] Ferner ordnete er an, diese Statthalter sollten alljährlich wechseln und durch das Los bestimmt werden. [...] Die Statthalter der anderen Provinzen dagegen sollten von ihm selbst gewählt werden und sollten kaiserliche Legaten im Prätorenrang genannt werden, auch dann, wenn sie schon das Konsulat bekleidet hätten. [...] Auf diese Weise ging nun die ganze Gewalt von Volk und Senat in die Hände des Augustus über.

Cassius Dio 53, 12 ff. Zit. nach: Geschichte in Quellen. Bd. 1: Altertum, bearb. v. W. Arend. 2. Auflage 1975. S. 564 f.

**b)** Münze des Landtags der Provinz Asia. Die Vergöttlichung der römischen Kaiser begann unter Augustus. Die 19/18 v. Chr. geprägte Münze des Landtags von Asia zeigt einen der Göttin Roma und dem Augustus geweihten Tempel.

*a) Welche Folgen hatte die Teilung der Herrschaftsgewalt über die Provinzen?*
*b) Diskutieren Sie, ob die „Teilung" eher zu einer Sicherung oder Schwächung der kaiserlichen Macht geführt hat.*
*c) Wie wertet der antike Autor den gefundenen Kompromiss?*

## 141 „Vater des Vaterlandes"

Der römische Biograf Sueton (ca. 75–150) über die Verehrung des Augustus:

Wie sehr er für diese Verdienste geliebt wurde, ist leicht zu erkennen. Ich lasse die Beschlüsse des Senates beiseite, weil es scheinen könnte, sie seien nur Ausdruck einer Zwangslage oder von Scheu. Die römischen Ritter feierten seinen Geburtstag stets aus eigenem Antrieb und weil es ihrer aller Wunsch war an zwei Tagen. [...] Alle Stände brachten ihm am 1. Januar ein Neujahrsgeschenk auf dem Kapitol dar, auch wenn er abwesend war; mit den Spenden, die zusammengekommen waren, kaufte er sehr kostbare Bilder für die Götter, die er dann in den einzelnen Stadtteilen aufstellte. [...] Für den Wiederaufbau seines Palastes, der völlig niedergebrannt war, steuerten die Veteranen, die Dekurien der Richter, die Tribus und auch Einzelpersonen aus den anderen Ständen der Gesellschaft freiwillig und ihrem Vermögen entsprechend Gelder bei; von dem zusammengekommenen Geld nahm er nur wenig weg und von jedem Haufen höchstens einen Denar. [...]

Den Beinamen „Vater des Vaterlandes" hat ihm die Gesamtheit der Bürger plötzlich und mit der größten Zustimmung gegeben: Zuerst tat es die Plebs, indem sie eine Gesandtschaft nach Antium schickte; weil er das Angebot abgeschlagen hatte, trug sie ihm den Ehrennamen in dem Moment an, als er in Rom gerade Schauspiele besuchte; sie war zahlreich zusammengeströmt und hatte sich mit Lorbeerkränzen geschmückt. Später der Senat in der Kurie, weder durch einen förmlichen Beschluss noch durch Akklamation, sondern auf die Initiative des Valerius Mesalla hin, der im Auftrag aller sagte: „Möge dies für dich und dein Haus gut und Glück bringend sein, Caesar Augustus! So nämlich glauben wir, um ewiges Glück für das Staatswesen und um reichen Segen für diese unsere Stadt zu bitten: Der Senat in völliger Übereinstimmung mit dem römischen Volke begrüßt dich als Vater des Vaterlandes." Zu Tränen gerührt antwortete ihm Augustus wörtlich [...]: „Ich bin am Ziel meiner Wünsche, Senatoren; um was kann ich die unsterblichen Götter noch bitten, als dass es mir gestattet sei, diese eure allgemeine Zustimmung bis ans Ende des Lebens zu genießen?"

Sueton: Augustus 58. Übers.: C. Suetonius Tranquillus: Die Kaiserviten. Lat.-dt. hrsg. und übers. von H. Martinet. Düsseldorf 1997. S. 241 ff.

*a) Wie ist das Verhalten des Augustus beim Empfang der Ehrungen zu bewerten? Welche Herrschertugenden sollten damit demonstriert werden?*
*b) Setzen Sie sich – unter Berücksichtigung der Bewertung, die Sueton vornimmt – mit dem Verhalten der Untertanen auseinander.*

## 142 Herrscherlob

Der Dichter Horaz huldigt dem Kaiser:

Sag, wo weilst du so lang, gütiger Götter Spross,
Du, des Romulusvolks einziger Hort und Schirm?
Du verhießest dem Rat würdiger Väter doch
Frühe Heimkehr – so kehr denn heim!
Leuchte gnädig aufs Neu, Herrscher, dem Heimatland!
Hat erst wieder dein Blick, milde, dem Lenze gleich,
Deinem Volk gelacht: froher vergeht der Tag,
Schöner strahlet der Sonne Glanz.
[...]
Nunmehr zieht seines Wegs sicher der Stier dahin,
Ceres segnet die Flur wieder mit reicher Saat,
Friedlich schaukelt das Schiff durch die versöhnte Flut,
Treu und Glauben sind neu erwacht.
Buhlerwesen befleckt nirgends das keusche Haus,
Sitte hält und Gesetz schmutzige Gier im Zaum,
Müttern dienen als Zier der Kinder, dem Vater gleich,
Strafe folgt auf dem Fuße der Schuld.
Wen erfüllt noch mit Angst Parther und Skythe jetzt?
Wen Germaniens Brut, Söhne der rauen Luft?
Wen, da Caesar uns lebt, kümmert des Krieges Dräuen

Fern im wilden Hiberien?
[...]
[Jeder] betet brünstig für dich, gießt aus dem Opferkelch
Reichlich Spende dir aus, stellt dein vergöttertes Bild
Zu den Laren; so ehrt sein Dioskurenpaar
Und den Hercules Griechenland.
„Schenke gütiger Fürst, dauernden Frieden nun
Der hesperischen Flur!“ Siehe, so flehen wir
Nüchtern frühe am Tag, flehen wir trunken dir
Spät, wenn Phöbus zum Meere taucht.

Horaz: Carmina 4,5. Übers. nach Kayser, Nordenflycht und Burger, hrsg. v. H. Färber. München 1957. S. 193 f.

*a) In welche Bilder hüllt der Dichter den Gedanken des Friedens?*
*b) Was sind die wichtigsten Folgen des Friedens im Inneren und nach Außen?*
*c) Wie wird der Prinzeps vorgestellt, dem alles zu danken war?*

## 143 Augustus – Zerstörer oder Heilsbringer?

**a)** Das Urteil des Politikers und Historikers Tacitus (ca. 55–117 n. Chr.) über Augustus:

Als [...] nach der Selbsttötung des Antonius auch der Partei Caesars nur ein Führer [Octavian] geblieben war, übernahm dieser das Konsulat und begnügte sich mit den Amtsvollmachten der Volkstribune. Die Soldaten gewann er durch Schenkungen, das Volk durch Getreidespenden, jedermann durch den verführerischen Reiz des Friedens. Jetzt schob er sich allmählich empor und zog die Befugnisse des Senats, der Beamten und des Gesetzgebers an sich, ohne dass sich jemand widersetzte. Die Tapfersten waren den Kämpfen oder der Ächtung [= die Proskriptionen] zum Opfer gefallen. Die übrigen Adligen wurden umso reichlicher mit Geld und Ämtern bedacht, je williger sie sich der Knechtschaft fügten. Als Günstlinge der neuen Verhältnisse zogen sie die Sicherheit der Gegenwart den Gefahren der Vergangenheit vor. [...]
Verleidet war den Provinzialen Senats- und Volksherrschaft [unter der Republik] wegen der Machtkämpfe der führenden Männer und der Habsucht der Beamten; schwach war der Schutz der Gesetze, die durch Eigenmächtigkeit, politische Umtriebe, zuletzt durch Bestechung unwirksam gemacht wurden.

Tacitus: Annalen, 1,2. Übersetzung Werner Dahlheim.

**b)** Das Urteil des Historikers Velleius Paterculus, der unter Tiberius als Stabsoffizier diente:

Nach zwanzig Jahren wurden der Bürgerkrieg beendet, die auswärtigen Kriege beigelegt, der Friede wiederhergestellt, begründet, die Raserei der Waffen allenthalben zur Ruhe gebracht. Die Gesetze erhielten ihre Kraft zurück, die Gerichte ihre Autorität, der Senat seine hohe Würde (*maiestas*). Die Amtsgewalt (*imperium*) der Magistrate wurde auf ihr früheres Maß beschränkt. [...] Die althergebrachte Form des Staates wurde wiederhergestellt, die Äcker fanden wieder Pflege, die Heiligtümer wurden geehrt, die Menschen genossen wieder Ruhe und Frieden und waren sicher im Besitz ihres Eigentums. Vorhandene Gesetze erhielten nützliche Verbesserungen, neue wurden zum allgemeinen Nutzen erlassen. [...] Führende Männer (*principes viri*), die Triumphe und hohe Ehrenstellen aufzuweisen hatten, lud der Princeps durch seine Aufmunterung dazu ein, sich für die Verschönerung der Stadt [Rom] einzusetzen. [...] Die Diktatur, die ihm das Volk immer wieder übertragen wollte, lehnte er beharrlich ab. Wollte man die Kriege unter seiner Führung beschreiben, die Befriedung des Erdkreises durch seine Siege und alles, was er innerhalb und außerhalb Italiens vollbracht hat, dann würde selbst ein Geschichtsschreiber, der seine ganze Lebenszeit nur auf dieses Werk verwenden wollte, dabei müde werden.

Velleius Paterculus 2,89. Zit. nach: C. Velleius Paterculus: Historia Romana. Lat./dt. hrsg. von Marion Giebel. Stuttgart 1989. S. 197 ff.

*a) Stellen Sie als Verteidiger des Augustus die in den Quellen genannten positiven Leistungen vor.*
*b) Versetzen Sie sich in die Rolle des Anklägers, der die Argumente des Verteidigers gehört hat und sie nun mithilfe der antiken Quellen entkräften muss.*
*c) Welche sozialen Schichten werden die Herrschaft des Augustus als Befreiung empfunden haben?*

## 2. Das Imperium und seine Dauer

**Die außenpolitischen Ziele Roms**

Der Friede endete an den Grenzen. Denn die römischen Waffen sollten noch lange dem imperialen Traum von der Weltherrschaft dienen. Die kriegerischen Großtaten der Republik stachelten auch ihre monarchischen Erben an und verlangten von ihnen Vergleichbares. Am Anfang aber stand der Verzicht auf die Unterwerfung der Völker des Mittleren Ostens und damit auf die Nachfolge Alexanders des Großen: Der Krieg gegen das Partherreich, den noch Caesar geplant hatte, endete 20 v. Chr. mit einem Friedensschluss, der den Euphrat als Ostgrenze des Reiches festschrieb. Diese Entscheidung setzte die nötigen Kräfte frei, um die Eroberung Mittel- und Nordeuropas gründlich vorzubereiten. Nach Gallien und den Binnenräumen des westlichen Mittelmeeres (z. B. die Iberische Halbinsel) gerieten jetzt die Alpen, der Balkan und Germanien ins Visier des römischen Eroberers. Als Augustus starb, hatten seine Legionen die Donau und den Rhein erreicht und befestigten dort die Nordgrenze des Reiches.

**Germanien bleibt frei**

Gescheitert war der Versuch, Germanien bis zur Elbe zu unterwerfen. Im Spätsommer 9 n. Chr. vernichteten nördlich des heutigen Osnabrück meuternde germanische Hilfstruppen im Bündnis mit den Cheruskern und anderen bedrohten Stämmen drei Legionen. Ihren Anführer Arminius, einst hoch dekorierter Offizier in römischen Diensten, lobte Tacitus als „Befreier Germaniens." Seine Tat hatte weitreichende Folgen für die europäische Geschichte: Die barbarischen Stämme der Germanen blieben jenseits einer romanisierten Welt, in der insbesondere Gallien, das spätere Frankreich, einen herausragenden Platz einnahm. Trotz dieses Rückschlages herrschte Rom jetzt über große territoriale Binnenräume in Mitteleuropa. Das Imperium veränderte damit seinen Charakter. In den kommenden vier Jahrhunderten lagen seine wichtigsten militärischen und ordnungspolitischen Aufgaben nicht mehr im Mittelmeerraum, sondern an Rhein und Donau.

144 Das römische Weltreich bis 117 n. Chr.

**Das griechische und lateinische Gesicht des Imperiums**

Das Imperium hatte zwei Gesichter: ein römisches in Italien und den Provinzen des Westens, ein griechisches in den Ländern des Ostens. Im Osten bestimmten seit Menschengedenken Städte das Leben Griechenlands, Kleinasiens, Syriens und Ägyptens. Sie alle besaßen, was einer Polis gebührte: die Volksversammlung, den Rat, die Behörden, die Tempel und die Gymnasien. Ihre Bewohner sprachen Griechisch in einem attischen Dialekt, der sich über den ganzen Osten ausbreitete – die Evangelien des jungen Christentums zeugen von ihm. Einige der Neugründungen wuchsen zu Weltstädten, wie das ägyptische Alexandria und das syrische Antiochia. Sie übertrafen das klassische Athen an Größe, Bevölkerungszahl und Wohlstand bei weitem und wollten sich nur an der Hauptstadt des Reiches messen lassen. Als Rom die weltpolitische Bühne betrat und bis zum Euphrat vordrang, änderte sich nichts an den Lebensgewohnheiten ihrer Einwohner. Sie verbreiteten weiterhin die griechische Kultur in den angrenzenden, nun von Rom abhängigen Staaten. Gegen die Sprache und Lebensart des römischen Siegers blieben sie immun.
Im lateinischen Westen war alles anders. Denn um diese Ländermassen ohne Verkehrswege, ohne feste soziale Verhältnisse und ohne beständige politische Organisationsformen zu beherrschen, musste es dem Sieger gelingen, den Besiegten ein neues, stabiles Zentrum ihres Lebens aufzuzwingen. Dies konnte angesichts der gemachten Erfahrungen nur die Stadt sein.

**Die Urbanisierungspolitik**

Die Römer haben ihr Ziel mit zäher Energie verfolgt. Nicht als Missionare einer besseren Weltordnung, vielmehr als Herren und Krieger, die ihre Beute behalten wollten. Was immer sie anpackten, sie taten es aus Eigennutz und ohne moralische Skrupel. Trotzdem hatte ihre Urbanisierungspolitik als Mittel der politischen Befriedung und der Herrschaftssicherung den gewünschten Erfolg. Als die Städte standen, vernarbten die Wunden, die die Eroberung geschlagen hatte.

**Kolonien, Munizipien und Civitates**

Die wichtigsten Städte gründete der Sieger als Kolonien (*coloniae*), in denen entlassene Soldaten angesiedelt wurden. Ihr Standort und ihre Größe wurden von den strategischen und verwaltungstechnischen Aufgaben diktiert. In den weiten Binnenräumen Galliens und Spaniens, im Donauraum, in Britannien, in Afrika und (selten) im Osten dienten sie als Stützpunkte der römischen Macht. So war es etwa in Dakien (das heutige Rumänien). Als Trajan 107 n. Chr. dort die letzten Widerstandsnester zerstörte, begann er sofort mit der Anlage von Städten. Den ersten Platz unter ihnen beanspruchte die Kolonie *Ulpia Traiana Sarmizegetusa* (das heutige Várhely in Siebenbürgen). Sie löste als neuer Mittelpunkt der dakischen Provinz die in den Bergen gelegene und dem Erdboden gleichgemachte Herrscherburg der einheimischen Könige ab und wurde Amtssitz des kaiserlichen Legaten. Was Dakien damals widerfuhr, geschah vorher oder nachher am Rhein, an der Donau, in Afrika und anderswo.
Die zweite Städtekategorie, die Rom aus Italien in die Provinzen brachte, war das *municipium*. Der formale Rechtsakt der Gründung bestand in der Verleihung des römischen Bürgerrechts an fremde Städte. Ihre Gemeindeverfassung regelte ein Gesetz, das die vorgefundenen lokalen Besonderheiten den Institutionen des römischen Rechts anglich. Vorausgegangen waren in der Regel besondere Beweise der Treue gegenüber Rom oder der Zustrom italischer Siedler. So fügte sich eine neue städtische Gesellschaft zusammen, die sich die lateinische Sprache, römische Lebensart sowie die Rechtsordnung des Siegers aneignete.
Die Gründung von Kolonien und Munizipien, deren Bürger Römer waren, konnte nicht überall sinnvoll sein. Die Erfolge dieser Politik sind vornehmlich in Spanien, Nordafrika und dem südlichen Gallien zu finden. In den zentralgallischen, britannischen und germanischen Provinzen hingegen blieb die Zahl der Kolonien und Munizipien gering. Statt ihrer schuf Rom untertänige Städte (*civitates*), in denen die alten Führungsschichten neue Aufgaben übernahmen.

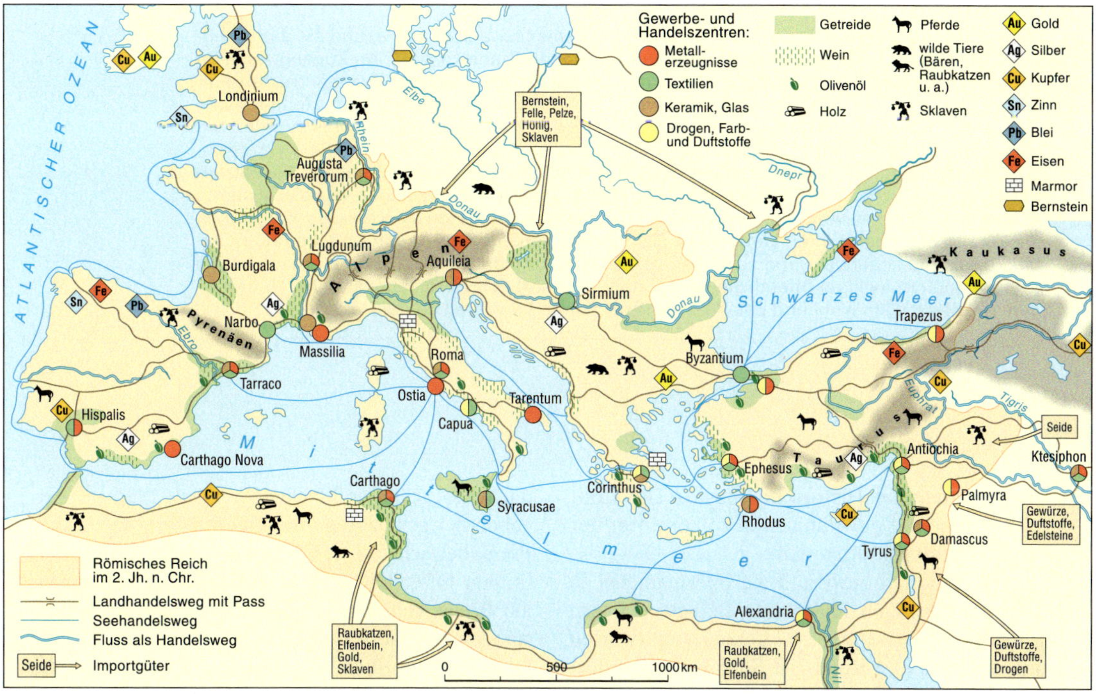


**145** Die Wirtschaft im Römischen Reich

**Die Grenzstädte an Rhein und Donau**

Der Vormarsch Roms bis zum Rhein und an die Donau stellte neue Anforderungen. Dort bauten die Legionen ihre Standorte zu Festungen aus und organisierten ihren Nachschub aus dem umliegenden Land. Diese Bindung großer Truppenverbände an einem Ort führte in der Nähe der großen Lager zu dauerhaften zivilen Ansiedlungen. Eine Legion von etwa 5000 Mann garantierte einen zukunftsträchtigen Absatzmarkt, so dass viele kamen, um dem Soldaten das Geldausgeben leicht zu machen. So richteten sich dort die für die Versorgung der Truppen notwendigen Rüstungsbetriebe ein, dort hofften Kaufleute, Lieferanten und Marketender ihr Glück zu machen, dort ließen sich die abgemusterten Soldaten mit ihren Familien nieder, kauften Land und machten es urbar. Am Ende waren aus Barackensiedlungen blühende Städte geworden, denen Rom seit dem zweiten Jahrhundert den Status eines Munizipiums oder einer Kolonie gewährte. Es zog damit den rechtlichen Schlussstrich unter die im sozialen Bereich längst vollzogene Anpassung der Bevölkerung an die römische Lebensordnung.

**Romanisierung:** In den Westprovinzen hat Rom den Prozess der Verstädterung entschieden gefördert. Es stürzte alle überkommenen politischen und sozialen Ordnungen und richtete das Denken und Handeln der Unterworfenen auf Rom aus. Am Ende stand eine weitgehende Übernahme der römischen Lebensart, der lateinischen Sprache, des Rechts und der städtischen Zivilisation. Dieser Vorgang wird unter dem Begriff *Romanisierung* zusammengefasst. Die Erforschung dieses Phänomens hat gezeigt, dass diese sprachlich-kulturelle Ausrichtung auf Rom nicht überall das Ergebnis einer darauf abgestellten Herrschaftspolitik, sondern meist die Folge der politisch und zivilisatorisch überlegenen Macht Roms war. Sie konnte sich schnell entfalten, da der Wille der unterworfenen barbarischen Völker, die eigenen Lebensformen zu bewahren, nur schwach ausgeprägt war. Die letzten Boten römischer Lebenskultur waren die christlichen Missionare, die römisches Denken auch in die entlegensten Winkel des flachen Landes trugen.

**Dekurionen/ordo decurionum:** Die Mitglieder des Rates (*curia* oder *boule*) und die dazugehörigen Magistrate bildeten in den Städten einen eigenen Stand (*ordo*). Den Zugang regelten die jeweiligen Stadtrechte; sie verlangten den Nachweis freier Geburt, des städtischen Bürgerrechts, eines achtbaren Gewerbes und eines bestimmten Vermögens; bei der Aufnahme in den *ordo* war eine „Ehrensumme" an die Staatskasse zu zahlen. Der Rat, zumeist hundert auf Lebenszeit bestellte Mitglieder (*decuriones*), amtierte als beratende Versammlung vergleichbar dem Senat in Rom und entschied über den Haushalt. Die wenigen, kollegial besetzten Magistrate (zwischen 4–8) wurden jährlich neu gewählt. In ihren Händen lag die gesamte kommunale Selbstverwaltung: Sie betreuten das Recht, verwalteten die Kassen, verpachteten die städtischen Besitztümer, kümmerten sich um die Lebensmittelversorgung, kommandierten Polizei und Feuerwehr und achteten auf die Verehrung der Götter. Darüber hinaus hatten sie (nominell freiwillige) öffentliche Leistungen (*munera*) der verschiedensten Art zu erbringen, die das soziale Wohl und das Prestige ihrer Städte bewahren sollten.

## 146 Römer und Germanen

a) Der griechische Historiker Cassius Dio über das Verhalten der germanischen Völker unter der römischen Besatzungsmacht:

Die Römer hatten gewisse Teile [Germaniens] in Besitz, nicht zusammenhängende Gebiete, sondern nur solche Bezirke, wie sie gerade unterworfen worden waren. [...] Römische Soldaten lagen dort in den Winterquartieren, und man begann eben mit der Anlage von Städten. Die Barbaren selbst passten sich den neuen Sitten an, gewöhnten sich an die Abhaltung von Märkten und trafen sich zu friedlichen Zusammenkünften. Doch hatten sie noch nicht ihre alten Gewohnheiten, ihre angeborenen Sitten, ihr früheres ungebundenes Leben und die Macht vergessen, wie sie vom Waffenbesitz kommt. Daher fühlten sie sich, solange sie diese Sitten nur allmählich und sozusagen nebenher unter genauer Überwachung verlernten, weder durch den Wandel in ihrer Lebensart gestört, noch merkten sie, wie sie andere wurden. Als jedoch Quinctilius Varus Statthalter der Provinz Germanien wurde und in Wahrnehmung seines Amtes sich auch mit den Angelegenheiten dieser Volksstämme befasste, da drängte er darauf, die Menschen rascher umzustellen, und erteilte ihnen nicht nur Befehle, als wenn sie tatsächlich römische Sklaven wären, sondern trieb sogar von ihnen wie von Unterworfenen Steuern ein. Eine derartige Behandlung aber wollten sie sich nicht gefallen lassen, die Fürsten verlangten vielmehr nach ihrer früheren Machtstellung, die Massen aber gaben der gewohnten Ordnung den Vorzug vor der Fremdherrschaft. [...] Sie empörten sich indes nicht in aller Offenheit, da sie sahen, dass viele Truppen am Rhein, viele aber auch in ihrem eigenen Lande standen. Stattdessen nahmen sie Varus bei sich auf, taten so, als wollten sie alle ihnen erteilten Befehle ausführen, und lockten ihn auf diese Weise weit vom Rhein weg, ins Cheruskerland und bis an die Weser.

Cassius Dio: Römische Geschichte. Bd. IV, übers. von O. Veh. Zürich 1986. S. 262 f.

b) Tacitus in seinem Nachruf auf den von seinen eigenen Leuten ermordeten Arminius:

Ohne Zweifel der Befreier Germaniens, der das römische Volk nicht, wie andere Könige und Anführer, in den Frühzeiten, sondern das Imperium auf dem Höhepunkt herausforderte, bei schwankendem Schlachtenglück, im Kriege unbesiegt, seines Alters siebenunddreißig Jahre, von denen er zwölf sich an der Macht hielt, von den Barbaren noch heute in Liedern besungen, unbekannt den griechischen Historikern, die nur das Eigenste bewundern, ohne gerechten Ruhm auch bei den Römern, die wir die alten Zeiten verherrlichen, von den modernen zu wissen unbegierig.

Zit. nach: Golo Mann: Tacitus. In: Latein und Europa, hrsg. v. Karl Büchner. Stuttgart 1978. S. 192 f.

*a) Mit welchen Mitteln versuchte Rom, folgt man Cassius Dio, die unterworfenen germanischen Völker auf Dauer an sich zu binden?*
*b) Woran scheiterte der römische Versuch nach Aussage des Cassius Dio?*
*c) Erarbeiten Sie die zentralen Unterschiede in der Dartsellung der beiden Autoren.*

## 147 Ordnungsmacht Rom?

Tacitus ließ in einer Rede, die er dem römischen Feldherrn Cerialis in den Mund legte, gegenüber den besiegten Treverern die Beweggründe und Vorteile der römischen Herrschaftspolitik verdeutlichen:

Wenn in euer Land und das der übrigen Gallier römische Führer und Feldherrn einrückten, so geschah es nicht aus Eigennutz, sondern auf das Gesuch eurer Vorfahren hin, denen innere Zwistigkeiten schrecklich zusetzten. [...] Ferner haben wir nicht zum Schutz Italiens das Rheinufer besetzt, sondern damit nicht irgendjemand sich der Herrschaft über die gallischen Lande bemächtige. [...] Die Germanen haben immer die gleichen Gründe, nach Gallien herüberzukommen: Ihre Willkür, ihre Habsucht, ihre Lust an einem Wechsel der Wohnsitze zu dem Zweck, ihre Sümpfe und Einöden zu verlassen und hier den so fruchtbaren Boden und damit die Herrschaft über euch selbst in Besitz zu nehmen. Freiheit und andere schön klingende Namen dienen übrigens nur als Vorwand; es hat ja noch niemals jemand die Knechtung eines anderen Volkes und die Begründung eigener Herrschaft angestrebt, ohne eben jene schönen Worte in den Mund zu nehmen.
Despotie und Kriege hat es in Gallien immer gegeben, bis ihr in unsere Rechtsordnung eintratet. Wir haben, sooft wir auch gereizt wurden, von dem Recht des Siegers nur insoweit Gebrauch gemacht, dass wir euch nicht mehr aufbürdeten, als was zum Schutz des Friedens diente. Es kann nämlich Ruhe unter den Völkern nicht bestehen ohne Waffenmacht, Waffenmacht nicht ohne Soldzahlung, Soldzahlung nicht ohne Tribute. Alles Übrige haben wir gemeinsam. Ihr selbst befehligt gar nicht selten unsere Legionen, ihr selbst verwaltet hier und sonst wo Provinzen. Nichts ist euch vorenthalten oder verschlossen. [...] Werden nämlich, was die Götter verhüten mögen, die Römer aus dem Lande verjagt, was kann es dann anderes geben als gegenseitige Kriege aller Völkerschaften? Durch Glück und feste Staatsordnung ist in der Zeit von 800 Jahren dieses unser Staatsgefüge zusammengewachsen, ein Gebilde, das nicht zerstört werden kann ohne das Verderben derer, die daran rütteln; die größte Gefahr aber droht dabei euch, in deren Händen sich Gold und andere Schätze befinden, der Hauptanreiz zum Kriegführen. So schenkt denn dem Frieden und der Reichshauptstadt, auf die wir, ob Besiegte oder Sieger, das gleiche Anrecht haben, euer Herz und eure Verehrung!

P. Cornelius Tacitus: Historien. Lat./dt. hrsg. v. J. Borst. München 1959. S. 489 ff.

*a) Worin besteht nach Cerialis der Nutzen der römischen Herrschaft für die Unterworfenen?*
*b) Nehmen Sie kritisch dazu Stellung. Formulieren Sie eine Gegenrede aus der Sicht eines Aufständischen.*

## 148 Die Ausbreitung städtischer Kultur

**a)** Tacitus in der rühmenden Biografie seines Schwiegervaters Agricola, des römischen Statthalters in Britannien von 77–84 n. Chr.:

Um die verstreut und primitiv lebenden Menschen, die infolgedessen zum Kriege leicht geneigt waren, durch Annehmlichkeiten an Ruhe und friedliches Verhalten zu gewöhnen, ermunterte er [Agricola], sie persönlich und unterstützte sie mit staatlichen Mitteln, Tempel, öffentliche Plätze und Häuser in der Stadt zu bauen, lobte die Eifrigen und tadelte die Säumigen; so trat Anerkennung und wetteiferndes Bemühen an die Stelle des Zwanges. Ferner ließ er die Söhne der Vornehmen in den freien Künsten bilden, wobei er der natürlichen Begabung der Britannier gegenüber dem Lerneifer der Gallier den Vorzug gab. So kam es, dass den Menschen, die eben noch die römische Sprache ablehnten, nun die römische Überredungskunst zu erlernen begehrten. Von da an fand auch unser Äußeres Beifall, und die Toga wurde häufig getragen; und allmählich gab man sich dem verweichlichenden Einfluss des Lasters hin: Säulenhallen, Bädern und erlesenen Gelagen. Und so etwas hieß bei den Ahnungslosen Lebenskultur (*humanitas*), während es doch nur ein Bestandteil der Knechtschaft (*servitus*) war.

Tacitus: Das Leben des Iulius Agricola. Lat./dt. v. R. Till. Berlin 1961. S. 35.

**b)** Der griechische Geograf Strabon (ca. 60 v. Chr.–25 n. Chr.) über das Schicksal des spanischen Lusitanien:

Obgleich aber das Land mit Feldfrüchten und Herden Vieh gesegnet und sein Reichtum an Gold, Silber und ähnlichen Erzeugnissen groß ist, so beharrten doch die meisten jener Völker, das Leben von Landbauern verschmähend, beim Raubhandwerk und in beständigem Kriege sowohl untereinander als mit ihren Grenznachbarn, indem sie den Tagus überschritten, bis die Römer sie zur Ruhe brachten, welche die meisten ihrer Städte demütigten und in Dörfer verwandelten, einige aber auch durch Kolonisten besser bevölkerten. [...] Die Turdetaner und besonders die um den Baetis [= Guadalquivir] herum Wohnenden haben ihre Lebensweise völlig in die römische verwandelt und selbst ihre eigene Sprache vergessen. Die meisten sind latinische Bürger [eine Vorstufe des römischen Bürgerrechts] geworden und haben römische Ansiedler erhalten, so dass nur wenig fehlt, dass alle Römer sind.

Zit. nach H. Volkmann: Die römische Provinzialverwaltung der Kaiserzeit im Spiegel des Kolonialismus. Gymnasium 68 (1961). S. 395–409; S. 406.

*a) Wie charakterisieren beide Autoren die von Rom unterworfenen barbarischen Völker?*
*b) Überlegen Sie, inwiefern Tacitus die Übernahme der städtischen Zivilisation als „Bestandteil der Knechtschaft" bezeichnen kann.*

## 3. Die Ausübung der imperialen Herrschaft

**Die Formen der Herrschaft**

Rom herrschte über sein Imperium durch das Schwert, durch die Statthalter, denen alle militärische und zivile Gewalt in die Hand gegeben war, und durch die Patronate seiner großen Familien. Sie sorgten in den Städten und Provinzen des Reiches für das Wohl der Untertanen und erhielten als Gegenleistung Respekt und Ehre. Alle diese Formen der Machtausübung kontrollierte der Kaiser entweder als oberster Kriegsherr oder kraft seiner sozialen Macht. Das erste Gesetz, das der römische Herr seinen Statthaltern mit auf den Weg in die Provinzen gab, war einfach und für jeden verbindlich: Er habe Sorge zu tragen, dass die Provinz ruhig bleibe. Wem dies nicht gelang, drohte das Ende der Karriere oder Schlimmeres.

**Die Pflicht der Untertanen**

Das zweite Gesetz der römischen Herren sprach von den Pflichten der Untertanen. Sie umfassten Leistungen jeder Art: Steuern, deren Höhe klar geregelt war, Dienste für Kaiser, Statthalter und Armee, Quartier und Unterhalt für die Truppen, und – alles übergreifend – Gehorsam, wo immer er verlangt wurde. Die meisten beugten sich und nur wenige dachten an bewaffneten Widerstand. Kam es dennoch zu Unruhen, so waren die Auslöser nicht die Sehnsucht nach Freiheit, sondern Hunger, das Steigen des Brotpreises oder spontane Erhebungen. So war es etwa in Ephesos gewesen, als der Apostel Paulus mit seinen Predigten den Zorn der Silberschmiede auf sich lud, die um den Absatz ihrer Glück verheißenden Amulette bangten. Als die Aufgebrachten im städtischen Theater die Fäuste reckten, genügte der warnende Hinweis auf die drohende Vergeltung Roms, um alle Hitzköpfe friedlich nach Hause eilen zu lassen.

**149** Der Kaiser auf Reisen. Relief am Galerius-Bogen in Thessalonike. Der Kaiser bereiste möglichst viele Provinzen und Städte des Reiches. Bei seiner Ankunft im offenen Reisewagen feierten ihn die Bewohner der besuchten Städte mit Kerzen und Zweigen. Die ausgedehnte Reisetätigkeit des Kaisers war Ausdruck seiner Fürsorge für die Untertanen.

**Das Zusammenspiel von Statthalter und lokalen Behörden**

Im Hauptquartier des Statthalters richtete man sein Augenmerk auf die Wahrung von Ruhe und Ordnung, achtete auf den pünktlichen Eingang der Steuern und Abgaben, entschied über Leben und Tod in Kapitalprozessen (z.B. im Verfahren gegen Jesus von Nazareth) und mühte sich, jeden zwischen den Städten ausbrechenden Streit frühzeitig zu beenden. Alles Weitere überließ man den städtischen Organen.

**Die Pflichten der Patrone**

Die städtische Selbstverwaltung fand ihre Ergänzung in der privaten Initiative der großen Senatoren- und Ritterfamilien Roms. Diese hatten bereits in der Frühzeit der Expansion besiegte italische Städte und Stämme in ihre Klientel aufgenommen und ihnen ihre patronale Fürsorge als erbliche Verpflichtung angedient. Jetzt taten sie es reichsweit. Sie gewährten ihren provinzialen Schützlingen Rechtshilfe in Prozessen gegen die Statthalter und die Finanzbeamten Roms, sie sprachen am Hof des Kaisers von den Sorgen ihrer Städte, spendeten Geld und Lebensmittel, finanzierten den Bau von Thermen, Straßen, Wasserleitungen und Theatern und richteten Spiele aus.

**Die Last und der Lohn der Patrone**

Diese patronalen Pflichten lasteten häufig schwer auf den Schultern der Eliten. Aber sie waren nach dem ehernen Gesetz antiker Gesellschaften unabweisbar, das von den Reichen die Übernahme öffentlicher Pflichten verlangte. Das soziale Prestige und das Ansehen des einzelnen Senators und des ganzen Standes hingen von der Übernahme solcher Leistungen ab. Ein Mann von Ehre, notierte treffend der Romanautor Apuleius, war „vornehm von Geburt, reich an Vermögen und ausgezeichnet durch Freigiebigkeit“. Ohne die Aufwendungen der Eliten, ohne das Eintreten der Großen für die Kleinen erstarb das Leben in den Städten. Rechtlich gesehen waren diese Leistungen Geschenke, tatsächlich aber ein Pakt auf Gegenseitigkeit. Nur wer gab, hatte Anspruch auf loyale Diener, nur wer Kaiser und Reich diente, durfte auf öffentliche Anerkennung hoffen.

**150** Brücke über den Tagus bei Alcantara (Westspanien). Straßen erschlossen alle Provinzen des Reiches. Für ihren Bau und Erhalt sorgte vor allem das Militär, ihr Hauptnutznießer.

## 151 Die Grenzen städtischer Autonomie

**Plutarch (ca. 45–125 n. Chr.) gab den lokalen griechischen Führungsschichten Ratschläge, wie sie sich gegenüber der römischen Herrschaft verhalten sollten:**

Welches Amt du auch antrittst – du darfst dich nicht nur an die Gedanken halten, mit denen ein Perikles sich selber mahnte, wenn er den Feldherrnmantel umtat: „Gib acht, Perikles: Freie Männer, Griechen, athenische Bürger sind es, die du regierst!", sondern auch das musst du dir sagen: „Als Regierter regierst du eine Stadt, die den Prokonsuln und Statthaltern des Kaisers unterstellt ist." Gehabe dich also etwas weniger martialisch in deiner Amtstracht, vergiss auf der Rednerbühne nicht, dass über dir der Prätor thront, verlasse dich nicht zu stolz auf deinen Kranz: Er schmückt denselben Kopf, über dem du die römischen Stiefel siehst!

Und nicht genug damit, dass du dir und deiner Heimatstadt gegenüber der Führungsmacht nichts darfst zuschulden kommen lassen – du musst auch ganz oben in der römischen Regierung immer einen zum Freund haben, gleichsam eine sichere Stütze für deinen Stadtstaat! Die Römer unterstützen ja ihre Freunde in deren Anliegen sehr gern. [...]

Wirkt man nun dahin und bringt es so weit, dass die Vaterstadt loyal zu den Reichsmachthabern steht, so braucht man ihr darum doch keine völlige Demut aufzuerlegen, so als wollte man, wenn das Bein gefesselt ist, auch noch den Nacken hinhalten. Manche verhalten sich aber so, indem sie kleine wie auch größere Sachen vor die römischen Behörden bringen. Sie gebrauchen das hässliche Wort „Knechtschaft", verschlimmern aber die Lage und tilgen jeden Rest von Eigenstaatlichkeit dadurch, dass sie ihre Stadt ganz und gar niederschlagen, hilfsbedürftig und entscheidungsunfähig machen. Wie es Menschen gibt, die sich gewöhnt haben, ohne den Arzt weder zu speisen noch zu baden noch überhaupt irgendeinen naturgegebenen Gebrauch von der Gesundheit zu machen, so unterbreiten diese Leute jeden Beschluss, jeden Sitzungsbericht, jede Spende, jede Verwaltungssache dem Urteil der Reichsbehörden und nötigen damit die römischen Beamten, mehr als sie selber es wollen, Entscheidungen zu diktieren.

Plutarch: Politische Ratschläge 17–19: Reichsuntertänigkeit und Selbstverwaltung. Zit. nach: Plutarch: Lebensklugheit und Charakter, übers. v. R. Schottländer. Wiesbaden 1979. S. 240 f.

*a) Versuchen Sie Plutarchs Ratschläge auf eine kurze Formel zu bringen.*
*b) Beschreiben Sie das Zusammenspiel der römischen mit den einheimischen Behörden.*

## 152 Die Aufgaben des Kaisers

**a) Die Selbstdarstellung des Kaisers: Augustus in einem Schreiben an die Stadt Kyrene, 4 v. Chr.:**

Imperator Caesar Augustus [...] verkündet: Der folgende Senatsbeschluss [...] in meiner Gegenwart und mit meiner Unterschrift gefasst, betrifft die Sicherung der Bundesgenossen [d.h. der Provinzialen] des römischen Volkes. Um ihn allen bekannt zu machen, denen unsere Fürsorge gilt, habe ich beschlossen, ihn in die Provinzen zu senden. [...] Daraus wird allen Bewohnern der Provinzen ersichtlich, welche Fürsorge ich und der Senat darauf verwenden, dass keiner unserer Untertanen wider die Billigkeit etwas zu erleiden hat oder einer Erpressung ausgesetzt ist. [folgt der Senatsbeschluss]

H. Freis: Historische Inschriften zur römischen Kaiserzeit. Darmstadt 1984. S. 45 f.

**b) Plinius der Jüngere in einer Preisrede auf Kaiser Trajan:**

So sorgt ein Prinzeps, ja ein Gott für die Seinen: Er schafft Versöhnung zwischen zerstrittenen Städten, er bändigt aufgebrachte Völker weniger durch sein strenges Gebot als durch vernünftige Argumente, er schreitet ein bei Rechtsbrüchen der Behörden und hebt Maßnahmen auf, die nicht hätten getroffen werden dürfen; schließlich, wie das rascheste der Gestirne, die Sonne, sieht er alles, hört er alles, und wo immer man ihn anruft, ist er alsbald, wie eine Gottheit, hilfreich zur Stelle. [...]

Zu den Begleiterscheinungen einer hohen Stellung gehört vor allem dies, dass sie nichts verborgen, nichts geheim bleiben lässt, und gar im Falle der Principes öffnet sie nicht nur das Haus, sondern selbst die Privaträume und innersten Gemächer, und sie bringt alle Geheimnisse ausführlich zur Kenntnis der Öffentlichkeit. Doch bei dir, Caesar (= Trajan), könnte dem Ruhm nichts dienlicher sein als der Einblick in deinen häuslichen Bereich. [...] Großartig, dass du dich selbst, großartiger noch, dass du auch die Deinen von jeder Ansteckung des Lasters fern hältst! [...] Viele sonst angesehene Männer gerieten in schiefes Licht durch eine Ehefrau, die sie unüberlegt geheiratet hatten oder an der sie mit zu viel Nachsicht festhielten; so erstickte die Schande ihres Hauses draußen erworbenen Ruhm, und dass sie nicht zu den größten Bürgern gezählt werden, geschah darum, weil sie als Ehemänner weniger groß waren. Dir aber bringt deine Gattin Ruhm und Ehre. Denn wer ist sittenreiner als sie, wer verkörpert mehr die altüberkommenen Ideale?

Plinius der Jüngere: Panegyrikus. Hrsg. u. übers. v. W. Kühn. Darmstadt 1985. S. 157 f. u. 161 f.

**c)** Der Triumphbogen Trajans in Benevent. In vielen Städten des Imperiums stehen bis heute Denkmäler, die die Römer als Triumphbögen bezeichneten. Senat und Volk von Rom errichteten in Benevent den ihren, um den Kaiser Trajan zu ehren, dem sie den Titel des Besten, Optimus, verliehen hatten.

*a) Von welchem Selbstverständnis lässt sich der Kaiser bei der Erfüllung seiner Amtsgeschäfte leiten? Welche zentrale Aufgabe schreibt ihm Plinius zu?*
*b) Diskutieren Sie die Bedeutung, die nach Plinius das Privat- und Familienleben des Kaisers für sein öffentliches Ansehen hat. Stellen Sie Vergleiche mit heutigen Politikern an.*

## 153 Römische Akzente städtischer Infrastruktur

**a)** Der römische Städtebau im Westen des Reiches setzte andere Schwerpunkte als der griechische. Strabon beschreibt die Unterschiede:

Während die Hellenen es bei der Gründung von Städten besonders auf Schönheit, Festigkeit, Häfen und fruchtbares Land abgesehen hatten und damit ihr Ziel erreicht zu haben glaubten, achteten die Römer vor allem auf das, worum sich jene wenig kümmerten: Pflasterung der Straßen, Zuführung von Wasser, unterirdische Kanäle, geeignet, den Unrat der Stadt in den Tiber zu spülen. Sie pflasterten auch die Landstraßen, wobei sie außerdem Erhöhungen abtrugen und Niederungen ausfüllten, um so die Frachten der Schiffe auf Lastwagen weiterbefördern zu können: Ihre unterirdischen Kanäle, aus ineinander passenden Steinen gewölbt, gäben an manchen Stellen ganzen Heuwagen die Möglichkeit, durchzufahren. Die Wassermengen, die durch die Aquädukte in die Stadt geführt werden, sind so groß, dass ganze Flüsse durch die Stadt und die unterirdischen Kanäle strömen, dass nahezu jedes Haus Wasserbehälter und Wasserleitungen hat und reichlich sprudelnde Brunnen besitzt; darin sah M. Agrippa seine wichtigste Aufgabe, der die Stadt auch sonst mit vielen Weihgeschenken geschmückt hat.

Zit. nach: Geschichte in Quellen. Bd. 1: Altertum, bearb. v. Walter Arend. München 2. Aufl. 1975. S. 594 f.

**b)** Römische Wasserleitung in Segovia (Spanien). Die Versorgung der Städte mit Wasser gehörte zu den wichtigsten Aufgaben der lokalen Eliten und des Kaisers.

*Erläutern Sie vor dem Hintergrund der Ausführungen Strabons denkbare konzeptionelle Unterschiede im Städtebau zwischen Griechen und Römern.*

## 4. Die Zeit des Umbruchs: Die Krise des 3. Jahrhunderts

**Der Verlust der militärischen Initiative**

Am Anfang des 3. Jahrhunderts schrieb der Historiker Cassius Dio die Geschichte seiner Zeit als die Geschichte einer Epoche von „Eisen und Rost", die das „goldene Zeitalter" des Imperiums abgelöst habe. Der Hauptgrund dafür war eine so noch nicht gekannte äußere Bedrohung. Als die Völkerbewegungen jenseits der Nordgrenzen des Reiches die Donau und den Rhein erreichten, verlor Rom vom Ärmelkanal bis zum Persischen Golf die militärische Initiative und verstrickte sich für Jahrzehnte in einen verlustreichen Mehrfrontenkrieg, in dessen Folge die innere Ordnung zerfiel.

**Die Veränderungen jenseits der Grenzen**

Die Veränderungen jenseits der Grenzen zeigten sich unter Mark Aurel (167 bis 180 n. Chr.) zum ersten Mal. In den Kriegen an der Donau gegen die germanischen Markomannen erlebte das Imperium, was ihm im 5. Jahrhundert endgültig zum Verhängnis werden sollte: Im heutigen nord- und mitteldeutschen Raum tauchten neue Völker auf, welche die Grenznachbarn an Donau und Rhein auf die Reichsgebiete drängten. Dabei gruppierten sich die kleinen Stammesverbände zu Großstämmen um, unter ihnen die Markomannen, Alemannen und Franken. Bald wanderten auch neue volkreiche Stämme auf die römische Grenze zu: Goten, Vandalen, Heruler und Burgunder; zu ihnen stießen auf dem Balkan die iranischen Sarmaten. Sie alle trieben soziale Not, Landhunger, Abenteuerlust und die Hoffnung auf märchenhafte Reichtümer im Süden.

**Die Behauptung des Imperiums**

Roms Legionen wehrten sich, so gut sie konnten. Die Siege aber, die sie erfochten und die früher ausgereicht hätten, den Frieden für lange Jahre zu sichern, verpufften jetzt angesichts immer neuer anstürmender Völker binnen weniger Monate. Germanische Heerscharen verwüsteten Gallien, die Balkanhalbinsel und Kleinasien, und mehr als einmal drangen die Invasoren bis nach Italien vor. Nicht besser erging es den Ostprovinzen. 224/25 n. Chr. entstand ein neues persisches Großreich, das die Herrschaft der Parther beendete. Seine Kriegszüge nach Westen erschütterten das römische Regiment über alle Ostprovinzen.

**154** Reste der von Kaiser Aurelian um Rom gezogenen Mauer. Die zusammenbrechenden Fronten im Norden veranlassten Aurelian (270 bis 275 n. Chr.), die Stadt Rom mit einer 19 km langen Mauer zu sichern.

Trotz alledem schlug das Imperium noch einmal zurück. Am Ende des Jahrhunderts standen seine Armeen wieder an den alten Grenzen und seine Städte verschanzten sich hinter mächtigen Festungsmauern. Die vom Kaiser Aurelian 271 n. Chr. um die Hauptstadt gezogene Mauer mit ihrem Umfang von fast 19 km und 381 Befestigungstürmen wurde das architektonische Symbol des römischen Willens, die Weltherrschaft zu behaupten.

**Der Preis des Sieges**

Der Preis des Sieges allerdings war hoch. Das Heer beanspruchte alle Mittel des Reiches. Gleichzeitig maßte es sich die Rolle des Kaisermachers an. „Seid einig, bereichert die Soldaten und verachtet alles andere" rief der Kaiser Septimius Severus (193–211 n. Chr.) auf dem Totenbett seinen Söhnen zu. Er hatte die Krone in blutigen Bürgerkriegen gewonnen und am eigenen Leib erfahren, wie abhängig die Monarchen von ihren Soldaten geworden waren. Kaum auf den Thron erhoben, eilten sie von einer bedrohten Front zur anderen und überstanden die ständigen Usurpationen, die jeder Sieg oder jede Niederlage auslösen konnte, meist nur wenige Jahre. Allein das Jahr 238 n. Chr. sah das blutige Ende von sechs Herrschern.

**Der Aufstieg der Grundherrn und die Not des kleinen Mannes**

Während an der Spitze des Reiches die Machthaber fortwährend wechselten, dehnten die Senatoren ihre ländliche Herrschaft jenseits der Städte so weit aus, dass dort die Autorität des Kaisers und der Gesetze ihre Kraft verlor. Damit war der Weg für die Grundherren frei, auf ihren Landgütern souverän über Mensch und Besitz zu verfügen. Dies allerdings war nur die eine Seite der Macht. Die andere bestimmte das Interesse der Großen, ihre Untergebenen vor dem offenen Elend zu bewahren. Sie hielten ihre schützende Hand über sie, wenn die Steuereintreiber, die Requirierungskommandos der Armee oder die nach Kost, Logis und Handlangerdiensten gierigen Beamten kamen. Nicht dass damit der kleine Mann viel gewonnen hätte. Für ihn hatte bereits Phaedrus, Freigelassener des Augustus und Fabeldichter, seine zeitlose Mär vom Esel und dem alten Hirten geschrieben: Beide, von fernem Kriegsgeschrei bedroht, dachten an Flucht, bis der Esel den Alten fragt, ob der neue Herr ihm wohl die doppelte Last auf den Rücken laden werde. Als der Greis verneint, wendet sich das Grautier wieder dem Gras zu: „Was macht's mir dann aus, wem ich diene, wenn ich doch nur einen Packen trage?"

**155** Die Tetrarchie unter Diokletian. Porphyrgruppe an der Südwestecke der Markuskirche in Venedig. Die Einführung des tetrarchischen Systems sollte die Stabilität der monarchischen Herrschaft wiederherstellen. Die Kaiser der Porphyrgruppe werden als fast identische Paare dargestellt (zwei Augusti, zwei Caesares): einander zugewandt, umarmen sie sich und symbolisieren damit ihre Einheit.

Um die steigenden Lasten der Städte finanzieren zu können, die nicht zuletzt durch die „freiwilligen" Leistungen der Oberschicht getragen wurden, gerieten die Wohlhabenden mehr und mehr unter Druck. Am Ende stand die Zwangsmitgliedschaft: Wer das erforderliche Mindestvermögen besaß, musste Ratsherr werden und die entsprechenden Lasten mittragen. Daraus folgte die weitgehende Erblichkeit des Standes. Wer sein Vermögen durch die heimliche Auswanderung in andere Gegenden des Reiches zu retten versuchte, den jagten nach Recht und Gesetz die Büttel des Statthalters. Mit diesen Maßnahmen hoffte der Kaiser, die für die Existenz des Reiches lebenswichtige Aufgabe der lokalen Eliten zu erhalten. Ohne sie waren die Städte nicht zu regieren, und ohne funktionsfähige Städte war das Imperium dem Untergang geweiht.

**Die Neuordnung der kaiserlichen Macht**

Im politischen Raum galt es, wieder eine stabile Zentralgewalt zu schaffen, die der Anspruch der Armeen auf die Kaiserkür zerstört hatte. Diokletian löste das Problem, indem er mögliche Usurpatoren zu Mitkaisern machte und ihnen damit gab, was sie und ihre Truppen wollten. Eine Teilung der kaiserlichen Gewalt hatte es seit Augustus immer wieder gegeben. Aus dieser Praxis machte Diokletian ein System. Er schuf eine viergliedrige, abgestufte kollektive Reichsspitze (die „Tetrarchie" = Vierherrschaft), gegen die Usurpationen aussichtslos erscheinen mussten, da nunmehr in allen wichtigen Reichsteilen Monarchen amtierten. Zwei Oberkaiser (*Augusti*) regierten den Westen und den Osten. Ihnen wurden zwei Unterkaiser (*Caesares*) zugeordnet, die innerhalb der Reichshälften selbstständige Amtsbereiche hatten. Diese neue Herrschaftsform regelte zugleich die Nachfolge, da die Caesares bei einem Ausscheiden der Augusti aufrückten.

## 156 Soldatenkaiser

193 n. Chr. wurde der amtierende Kaiser Pertinax, der die Disziplin der Prätorianergarde wiederherstellen wollte, in seinem Palast ermordet. Über das, was in den Tagen danach geschah, berichtet der Historiker Herodian (ca. 180–240 n. Chr.) vierzig Jahre später:

Als sich die Kunde von der Ermordung des Kaisers im Volk verbreitete, ergriff Bestürzung und Trauer die ganze Welt, und alles rannte wie besessen umher. Es war aber eine planlose Aufregung, welche das Volk ergriff. [...] Die Hochgestellten eilten davon auf ihre von der Stadt entlegensten Landgüter, um nicht durch ihre Anwesenheit angesichts des bevorstehenden neuen Regiments in Gefahr zu geraten. Die Soldaten [hier: die Prätorianer] dagegen, als sie merkten, dass das Volk sich ruhig verhielt und keiner wagte, sich gegen sie wegen des vergossenen kaiserlichen Blutes zu erheben, blieben zwar innerhalb des Lagers, ließen aber ihre stimmstärksten Kameraden auf die Mauer steigen und boten durch Heroldsruf die Kaiserwürde aus, indem sie versprachen, dem Meistbietenden das Regiment zu übergeben und ihn unter dem Schutz ihrer Waffen sicher in den Kaiserpalast einzuführen. Als sich diese Bekanntmachung verbreitete, näherte sich niemand von den angesehensten und tüchtigsten Senatsmitgliedern. [...] Die Nachricht erreichte aber auch einen gewissen Julianus, der bereits die Konsulwürde bekleidet hatte und als sehr reich galt. [...] Ihn beredeten seine Frau und seine Tochter sowie die Schmarotzer in seiner Umgebung, zum Lager [der Prätorianer] hinzugehen. [...] Als er zu der Lagermauer gekommen war, rief er laut, er verspreche ihnen zu geben, so viel sie verlangten, und fügte hinzu, dass er Geld in Fülle und Schätze von Gold und Silber sein eigen nenne. [...] Er versprach ihnen auch alle Freiheiten, die sie unter der Regierung des Commodus [Vorgänger des Pertinax] genossen hätten, und er wolle jedem Soldaten eine solche Summe Geldes zahlen, wie sie weder zu fordern noch zu erlangen gedacht hätten. [...] Durch diese Versprechungen verlockt, riefen sie den Julianus zum Kaiser aus und forderten ihn auf, zu seinem eigenen Namen den des Commodus hinzuzufügen. [...] Damals begann die Sittenverderbnis der Soldaten. Jetzt lernten sie die unersättliche und niederträchtige Gier nach Geld und die Verachtung der Herrscher.

Überarbeitete Übersetzung nach: A. Stahr: Herodian's Geschichte des römischen Kaisertums seit Marc Aurel. Stuttgart 1858. S. 53 ff.

*a) Rekonstruieren Sie die von Herodian geschilderten Ereignisse. Prüfen Sie diese kritisch.*
*b) Welche Macht kam in dieser Zeit den Prätorianern zu? Mit welchen Gegnern mussten sie rechnen?*

## 157 Die Not der Untertanen

Aus der Bittschrift der Bewohner des thrakischen Dorfes Skaptopara im Jahr 238 n. Chr.:

Da wir nun die Belastungen nicht mehr ertragen können und in der Tat Gefahr laufen, so wie die Übrigen auch unsererseits die Wohnsitze der Vorfahren aufgeben zu müssen, bitten wir Dich dessenthalben, unbesiegter Kaiser, Du mögest durch Dein göttliches Antwortschreiben befehlen, dass jeder den ihm zugewiesenen Weg zu verfolgen habe, und dass sie nicht, indem sie von den anderen Dörfern abweichen, zu uns kommen und uns zu kostenloser Erbringung der nötigen Leistungen zwingen dürften, dass wir auch denen, denen gegenüber keine Verpflichtung besteht, nicht Quartier zu gewähren brauchten, wie denn die Statthalter schon zu wiederholten Malen Weisung erteilt haben, wir brauchten anderen Personen als den in offiziellem Auftrag von den Statthaltern und Procuratoren Abgesandten keine Einquartierungsleistungen zu erbringen. Wenn wir aber weiter Belastungen ausgesetzt sind, werden wir von den gewohnten Wohnsitzen fliehen und die [kaiserliche] Kasse wird davon den allergrößten Schaden davontragen. Wenn wir aber durch Deine göttliche Voraussicht Mitleid erfahren, werden wir in unseren Wohnsitzen verbleiben und die heiligen [= dem Kaiser geschuldeten] Steuern sowie die anderen Leistungen erbringen können. Dies wird uns zuteil werden in Deinen allerglücklichsten Regierungszeiten, wenn Du nämlich Befehl erteilst, Dein göttliches Schreiben auf einer Stele aufzuzeichnen und öffentlich aufzustellen. Wenn uns dies gewährt wird, werden wir Deiner erhabenen Majestät mit Dankbarkeit begegnen können.

Zit. nach: Peter Herrmann: Hilferufe aus römischen Provinzen. Ein Aspekt der Krise des römischen Reiches im 3. Jahrhundert n. Chr. Hamburg 1990. S. 18 ff.

*a) Beschreiben Sie die Belastungen, denen sich das thrakische Dorf ausgesetzt sieht. Prüfen Sie, inwieweit diese tatsächlich die Existenz der Bewohner gefährden.*

*b) Welches Druckmittel haben die Bittsteller in der Hand?*

**Zur Diskussion**

# Die römische Weltherrschaft: Fluch oder Segen?

Mit den positiven oder negativen Auswirkungen des Imperium Romanum für die von ihm unterworfenen Völker beschäftigt sich die Forschung bis heute.

**a)** Der deutsche Historiker Theodor Mommsen, 1886:

Das eben ist das Großartige dieser Jahrhunderte, dass das einmal angelegte Werk, die Durchführung der lateinisch-griechischen Zivilisierung in der Form der Ausbildung der städtischen Gemeindeverfassung, die allmähliche Einziehung der barbarischen oder doch fremdartigen Elemente in diesen Kreis, eine Arbeit, welche ihrem Wesen nach Jahrhunderte stetiger Tätigkeit und ruhiger Selbstentwicklung erforderte, diese lange Frist und diesen Frieden zu Lande und zur See gefunden hat. Das Greisenalter vermag nicht neue Gedanken und schöpferische Tätigkeit zu entwickeln, und das hat auch das römische Kaiserregiment nicht getan; aber es hat in seinem Kreise, den die, welche ihm angehörten, nicht mit Unrecht als die Welt empfanden, den Frieden und das Gedeihen der vielen Nationen länger und vollständiger gehegt, als es irgend einer anderen Vormacht je gelungen ist. In den Ackerstädten Afrikas, in den Winzerheimstätten an der Mosel, in den blühenden Ortschaften der lykischen Gebirge und des syrischen Wüstenrandes ist die Arbeit der Kaiserzeit zu suchen und auch zu finden. Noch heute gibt es manche Landschaft des Orients wie des Okzidents, für welche die Kaiserzeit den an sich sehr bescheidenen, aber doch vorher wie nachher nie erreichten Höhepunkt des guten Regiments bezeichnet; und wenn einmal ein Engel des Herrn Bilanz aufmachen sollte, ob das von Severus Antoninus [Kaiser 138–161] beherrschte Gebiet damals oder heute mit größerem Verstande und mit größerer Humanität regiert worden ist, ob Gesittung und Völkerglück im Allgemeinen seitdem vorwärts oder zurückgegangen sind, so ist es sehr zweifelhaft, ob der Spruch zu Gunsten der Gegenwart ausfallen würde.

Theodor Mommsen: Römische Geschichte Band V. Berlin 1886, S. 4 f.

**b)** Der deutsche Historiker und Journalist Peter Bender:

Pompeius und Caesar waren Imperialisten, was nicht heißt, dass sie schon ein Imperium planten, vielleicht in Ansätzen. Erst Augustus erfasste Roms Herrschaftsgebiet als ein Ganzes, das eine Ordnung, eine Rechtfertigung und eine Form, also Grenzen, haben musste. Er traf Vorkehrungen dafür, dass die Provinzen nicht weiter privatem Gewinnstreben ausgeliefert, sondern verwaltet wurden. Er ergänzte das Recht des Eroberers durch die Fürsorge des Friedensstifters. Nach den Verwüstungen der ewigen Bürgerkriege herrschte eine überwältigende Sehnsucht nach Frieden und gesicherten Verhältnissen. Beides gewährte Augustus, Römer und Provinzen dankten es ihm, und die *Pax Augusta* legitimierte die Alleinherrschaft.

Schließlich setzte der Kaiser dem Reich Grenzen. [...] Durch bittere Erfahrungen hatte er die Gefahr aller Großreiche erkannt: Unbegrenzte Ausdehnung führt zur Überdehnung, die militärischen, menschlichen und finanziellen Kräfte reichen nicht mehr. Wenn man von dem Eroberer Trajan absieht, der hundert Jahre später dem Alexander-Traum eines Reiches bis nach Persien und Indien nicht widerstand und daran scheiterte, hat sich das Imperium Romanum im Wesentlichen in den Grenzen gehalten, die Augustus gezogen hat.

Polybios fragte gegen Ende seines Lebens, ob Roms Herrschaft ein Fluch oder ein Segen für die Menschheit sei. Es war beides, zuerst ein Fluch und dann ein Segen. Auf zweihundert Jahre Unterwerfung und Unterdrückung folgten mehr als zwei Jahrhunderte fast ungestörten Gedeihens. Das erste und noch mehr das zweite Jahrhundert gehören zu den glücklichsten Epochen der Weltgeschichte. Das Römische Reich, das zum Mythos bis in die Gegenwart wurde, entstand in einem zwiefachen Prozess: Der Unterschied zwischen dem Herrschaftsland Italien und den untertänigen Provinzen ebnete sich allmählich ein, im Jahr 212 waren beinahe alle Bewohner des Reiches Römer. Parallel zur Verbreitung des Bürgerrechts vollzog sich der zweite Prozess, die Urbanisierung und Latinisierung aller Teile des Reiches, die nicht schon griechisch urbanisiert waren. Städtische Lebensform und lateinische Sprache schufen die hohe einheitliche Zivilisation, die wir in den archäologischen Resten rund um das westliche Mittelmeer finden. Nicht mehr die Legionen hielten dieses Imperium zusammen, sie schützten es nur noch nach außen; Kultur im weitesten Sinn begründete ein Reich, das nicht zuletzt deshalb zugrunde ging, weil alle, die außerhalb seiner Grenzen lebten, daran teilhaben wollten.

Peter Bender: Weltmacht Amerika. Das neue Rom. Stuttgart 2003. S. 249 f.

*a) Stellen Sie die Argumente zusammen, die Mommsen und Bender bei ihrer jeweiligen Einschätzung der römischen Weltherrschaft anführen.*
*b) Welche Perspektiven bestimmen das Urteil der beiden Autoren?*
*c) Seit dem Zusammenbruch der Sowjetunion 1991 mehren sich die Vergleiche zwischen der Weltmacht Rom und der Weltmacht USA. Halten Sie dies für sinnvoll? Was spricht dafür, was dagegen?*

# V. Die Entstehung und Ausbreitung des Christentums

Die erste Etappe des Aufstiegs des Christentums begann mit dem Kreuzestod Jesu als Aufrührer und endete mit der Taufe des Kaisers Konstantin im Jahre 337 n. Chr. Dazwischen lagen Jahre der Verfolgung, der gesellschaftlichen Missachtung und der selbst gewählten Isolation. Aber selbst in den Zeiten der staatlichen Verfolgung verstummten die christlichen Stimmen nicht, die das friedliche Zusammenleben mit Staat und Gesellschaft forderten und auf Verständigung drängten. Wie fanden die Christen den Weg, der sie in die Nöte dieser Welt führte und sie zwang, sich dort einzurichten? Und warum lernten sie, selbst in den Jahren der härtesten Prüfung für Frieden, Eintracht und Dauer des Imperiums zu beten und seine Ordnung als die beste aller denkbaren anzuerkennen? Und schließlich: Wann und warum erkannte der römische Staat, dass ihm in der christlichen Kirche ein Partner entgegentrat, dessen Loyalität für sein Überleben unentbehrlich geworden war?

| | |
|---|---|
| 30 n. Chr. | Der jüdische Wanderprediger Jesus von Nazareth wird in Jerusalem als Aufrührer zum Tode verurteilt und gekreuzigt. |
| 48–58 n. Chr. | Paulus setzt die Heidenmission durch. In drei Missionsreisen gründet er zahlreiche Gemeinden in den Ostprovinzen. |
| 50–100 n. Chr. | Die frühe christliche Literatur beginnt mit den Briefen des Paulus. In kurzer Zeit erscheinen vier Biografien über Jesus (die Evangelien) und die Apostelgeschichte. |
| 70 n. Chr. | Römische Legionen zerstören Jerusalem. |
| 112/113 n. Chr. | Trajan regelt die staatliche Behandlung der Christenfrage neu: Das Christsein an sich (*nomen ipsum*) wird strafbar. |
| 150–200 n. Chr. | Unter Berufung auf die Apostel bilden die Christen eine einheitliche Kirchenverfassung aus. |
| 249–260 n. Chr. | Die ersten reichsweiten Verfolgungen der Christen |
| 311–325 n. Chr. | Das Toleranzedikt des Kaisers Galerius beendet 311 die Christenverfolgungen. Unter Konstantin (306–337) beginnt die Gesetzgebung, die Christen in allen Bereichen des öffentlichen und gesellschaftlichen Lebens zu fördern. |
| 325 n. Chr. | Das erste ökumenische Konzil in Nikaia: Unter dem Vorsitz des Kaisers erheben die versammelten Bischöfe den Glauben an die Gottgleichheit Christi (gr.: *Homousie*) zum Dogma. |
| um 350 n. Chr. | Beginn des Streites um die Frage, ob der Kaiser in (*intra*) oder über (*supra*) der Kirche stehe. |
| 380 n. Chr. | Kaiser Theodosius erhebt die christliche Lehre zur allein verbindlichen Religion („Staatsreligion") im Römischen Reich. |
| 413 n. Chr. | Augustinus, Bischof im nordafrikanischen Hippo, beginnt mit der Abfassung des „Gottesstaates" (*De civitate Dei*). |

## 1. Die Anfänge

**Die Gemeinde in Jerusalem**

Wenige Wochen nach dem Tod Jesu sammelten sich seine Anhänger in Jerusalem, überzeugt, dass Gott den auf Golgotha Gekreuzigten „von den Toten auferweckt" habe. Viele erzählten, sie hätten den Auferstandenen gesehen, und alle hofften, die von ihm verkündete neue Weltzeit sei nahe. Von ihm zu sprechen und ihn den Juden als den ersehnten Messias nahe zu bringen, war daher die nächstliegende Aufgabe. Neu an ihrem Glauben war die Überzeugung, der Gott Abrahams und Jakobs habe seinen Sohn Mensch werden lassen, um allen schuldig gewordenen Geschöpfen die Vergebung ihrer Sünden zu ermöglichen.

**Die Gemeinde in Antiochia**

Trotz aller Loyalität zur jüdischen Tradition kam es früh zum Konflikt mit den Behörden. Teile der Gemeinde verließen daraufhin Jerusalem und zogen in die syrische Weltstadt Antiochia. Dort fanden sie erste Zuhörer unter den Heiden. Einige von ihnen tauften sie, ohne ein Wort über das jüdische Gebot der Beschneidung zu verlieren. Sie legten damit den Grundstein zur Bekehrung der Heiden, die die Lehre von einem barmherzigen Gott überzeugte, die aber nicht bereit waren, sich den strengen jüdischen Gesetzen zu unterwerfen. Damit war der Bruch mit der Synagoge letztlich unvermeidlich geworden. Denn die Beschneidung, die Ritualgebote, die Reinheitsvorschriften und die Sabbatheiligung galten den Christen nichts mehr. Stattdessen trennte sie der Akt der Taufe, unverzichtbares Initiationsritual, sichtbar von jedem Nichtgläubigen. Keinem Juden konnte dies entgehen. Gleichzeitig legte das Leben in einer griechischen Stadt den Grundstein für die wachsende Weltläufigkeit der Anhänger Jesu. Dort erhielten sie auch den Namen, den sie bis heute tragen: Christen (*christiani*). Er wurde ihnen von außen nach dem Titel „Christus" (gr.: der Gesalbte) beigelegt.

**Paulus**

Nach Antiochia kam 39/40 n. Chr. auch Paulus. Er war ein griechischsprachiger Diaspora-Jude aus dem kilikischen Tarsos, der, wie er selbst bekannte, Jesus nicht gesehen und gehört hatte. Alle Zeugnisse über ihn sprechen von einem Visionär, der ehe- und heimatlos von Stadt zu Stadt hetzte, um möglichst vielen die Lehre von dem anbrechenden neuen Reich Gottes zu verkünden. Sein Leben war voller Streit und Zwietracht, aber getragen von der unerschütterlichen Gewissheit, Gott dienen zu müssen.

158 „Bekehrung des hl. Paulus (Saulus)". Ölgemälde (230 x 175 cm) von Michelangelo Caravaggio, 1600–1601. Die in der Apostelgeschichte überlieferte Bekehrung des Paulus (9,1–22) galt den Nachgeborenen als die entscheidende Voraussetzung für die Ausbreitung des Christentums unter den Heiden. Dementsprechend dramatisch ist sie immer wieder ins Bild gesetzt worden.

Manche wollen in Paulus den eigentlichen Gründer der christlichen Religion erkennen. In der Tat sind viele zukunftsweisende Entscheidungen mit seinem Namen verbunden. Als Erstes setzte er die Heidenmission gegen den Widerstand anderer Apostel durch. Der Glaube an den Gekreuzigten sollte keine gesellschaftlichen und nationalen Schranken mehr kennen: „Da heißt es nicht mehr Heide oder Jude, Beschnittener oder Unbeschnittener, Barbar oder Skythe, Sklave oder Freier, nein, Christus ist allen und in allen" (Kolosser 3,11). Diese Lehre führte die Jesusbewegung endgültig aus Palästina hinaus und in die griechischen Städte.

### 159 Glaubensbekenntnisse

a) Das erste christliche Glaubensbekenntnis findet sich bei Paulus (um 50 n. Chr.):

Denn ich habe euch zuvörderst gegeben, was ich auch empfangen habe: Dass Christus starb für unsere Sünden nach den Schriften, und dass er begraben wurde, und dass er auferweckt wurde am dritten Tage nach den Schriften, und dass er dem Petrus erschien, danach den Zwölfen. Danach ist er gesehen worden von mehr als fünfhundert Brüdern auf einmal, von denen die meisten bis jetzt leben. [...] Danach ist er gesehen worden von Jakobus, danach von allen Aposteln. Zuletzt aber von allen erschien er, gleichsam als der Fehlgeburt, auch mir.

[...]

Ist Christus aber nicht auferstanden, so ist euer Glaube nichtig, so seid ihr noch in euren Sünden [...], so sind wir die elendsten unter allen Menschen.

Paulus: 1. Korintherbrief 15,3–5; 17; 19.

b) Auf dem ersten Konzil in Nikaia 325 n. Chr. drängte der Kaiser Konstantin auf die Formulierung eines für alle verbindlichen Bekenntnisses. Es blieb Grundlage aller weiteren Lehrentscheidungen:

Wir glauben an einen Gott, den Vater, den Allmächtigen, Schöpfer all dessen, das sichtbar und unsichtbar ist. Und an einen Herrn Jesus Christus, den Sohn Gottes, der als Einziggeborener vom Vater gezeugt wurde, d.h. aus dem Wesen des Vaters, Gott von Gott, Licht vom Licht, wahrhaftiger Gott vom wahrhaftigen Gott, geboren, nicht geschaffen, eines Wesens mit dem Vater, durch welchen alles geworden ist, was im Himmel und auf Erden ist, der um uns Menschen und um unseres Heiles willen vom Himmel herabstieg und Fleisch annahm, Mensch wurde, litt und am dritten Tage auferstand, und der in den Himmel aufgefahren ist und kommen wird, die Lebenden und die Toten zu richten. Und [wir glauben] an den Heiligen Geist.

[...]

Die aber sagen: „Es gab eine Zeit, da er nicht war", und: „Ehe er geboren wurde, war er nicht" [...], diese verflucht die katholische und apostolische Kirche.

A.M. Ritter: Alte Kirche. 6. Auflage Neukirchen 1994. S. 136.

*a) Führen Sie aus, worauf die beiden Glaubensbekenntnisse jeweils ihren Schwerpunkt legen.*

*b) Inwiefern spiegelt sich im letzten Satz des Ausschnitts aus dem nikäischen Glaubensbekenntnis ein tief greifender theologischer Konflikt?*

## 2. Die Ausbreitung

**Außenseiter**

Wer Christ wurde, warf sein altes Leben von sich. Er schwor den alten Göttern und den Sitten der Väter ab und setzte alle seine Hoffnungen auf ein glückliches Leben nach dem Tode. Damit trennte er sich von vielen in seiner Familie und seiner Nachbarschaft. Oft gab er seinen Beruf auf, nahm die Existenz eines gesellschaftlichen Außenseiters auf sich und setzte sein Leben aufs Spiel, wenn ihn seine Feinde vor den Richter schleppten und er dort seinen neuen Glauben offen bekannte.

**Die Rolle der Frauen**

Unter den frühen Christen gab es deutlich mehr Frauen als Männer. Den heidnischen Kritikern ist dies nicht entgangen: Die Christen hätten sich über das Frauengemach und die leicht verführbare Jugend Zugang in das Haus ihres Nachbarn verschafft, empörten sie sich. In der Tat beanspruchten Frauen bereits innerhalb der Jesusbewegung eine zentrale Rolle, und die Apostelgeschichte rühmt sie als den Kern der Gemeinden. Sie vor allem waren es, die sich um die persönlichen Beziehungen zwischen den Bekehrten und den Zusammenhalt innerhalb der Gemeinden kümmerten.

**Die Zahl der Christen**

Am Ende des 1. Jahrhunderts n. Chr. existierten kleine christliche Gemeinschaften meist unauffällig in den Städten des östlichen Mittelmeerraums, Italiens und in Rom. Juden, von denen in den Reichsgrenzen etwa 5 Millionen lebten, waren kaum unter den Bekehrten. Deren Gesamtzahl ist nur zu schätzen. Im lateinischen Westen verstanden nur die Höhergestellten die (griechische) Sprache der Evangelien, was der Ausbreitung der Christen lange deutliche Grenzen setzte. So kannten bis zum Ende des dritten Jahrhunderts n. Chr. das mittlere und nördliche Gallien, Britannien, der Westteil Spaniens, Mauretanien und der Großteil

**160** Spottkruzifix vom Palatin, Anfang 3. Jahrhundert. Wandritzung (um 200 n. Chr.) in einem römischen Haus mit griechischem Text: „Alexamenos betet seinen Gott an." Der Zeichner, der Christus einen Eselskopf aufsetzte, warf mit wenigen Strichen an eine Hauswand, wie groß das Ärgernis war, das der Glaube an einen hingerichteten Aufrührer in der heidnischen Gesellschaft erregte.

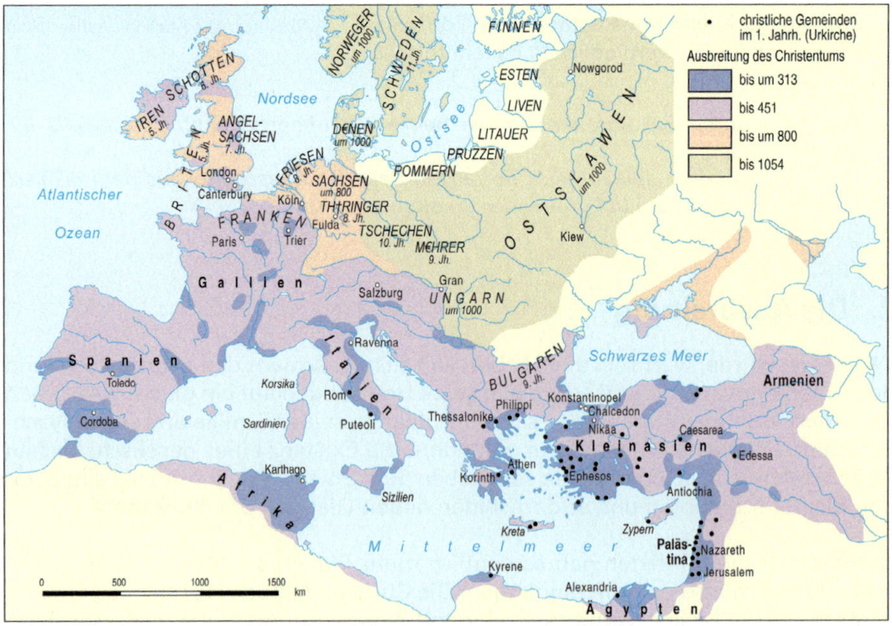


**161** Die Ausbreitung der christlichen Religion bis 1054

der Balkaninsel und der Alpenländer kaum Christen. In den Ostprovinzen hingegen zählte mancherorts nahezu die Hälfte der Bevölkerung zu ihnen. Dennoch blieb die Gesamtzahl der Christen ziemlich gering und dürfte um 250 n.Chr. ungefähr zwei Prozent der Bevölkerung ausgemacht haben.
Nach 260 n.Chr. allerdings stieg die Zahl der Bekehrten deutlich an. Am Beginn der diokletianischen Verfolgung im Jahre 303 wird man von fünf bis zehn Prozent Christen ausgehen können.

## 162 Ehe und Familie

**a)** Der Apostel Paulus, um 50 n.Chr.:

Den Verheirateten aber gebiete nicht ich, sondern der Herr, dass eine Frau sich von ihrem Mann nicht trennen soll – wenn sie sich aber doch getrennt hat, so bleibe sie unverheiratet oder versöhne sich wieder mit ihrem Manne – und dass ein Mann seine Frau nicht entlassen soll. Den Übrigen aber sage ich, nicht der Herr: Wenn ein Bruder eine ungläubige Frau hat, und diese lässt es sich gefallen, mit ihm zusammenzuleben, so soll er sie nicht entlassen. Und wenn eine Frau einen ungläubigen Mann hat, und dieser lässt es sich gefallen, mit ihr zusammenzuleben, so soll sie den Mann nicht entlassen.
Denn der ungläubige Mann ist durch die Frau geheiligt und die ungläubige Frau ist durch den Bruder geheiligt. Sonst wären ja eure Kinder unrein; in Wirklichkeit aber sind sie heilig. Trennt sich aber der ungläubige Teil, so trenne er sich. Der Bruder oder die Schwester ist in solchen Fällen nicht geknechtet; vielmehr in Frieden [zu leben] hat uns Gott berufen. Denn was weißt du, Frau, ob du deinen Mann retten wirst? Oder, Mann, ob du deine Frau retten wirst?

Paulus: 1. Korinther 7, 10-16.

**b)** Der heidnische Philosoph Aristides von Athen, um 120/130 n.Chr.:

[Die Christen] kennen Gott und glauben an ihn als den Schöpfer und „Werkmeister des Alls", durch den alles, und von dem alles ist, der keinen Gott neben sich hat, von dem sie die Gebote empfingen, die sie in ihrem Sinn eingezeichnet haben und beobachten in der Hoffnung und Erwartung der künftigen Welt. Deshalb treiben sie nicht Ehebruch und Unzucht. [...] Ihre Frauen sind rein wie Jungfrauen und ihre Töchter sittsam. Ihre Männer enthalten sich jedes ungesetzlichen Verkehrs und aller Unlauterkeit in der Hoffnung auf die in der anderen Welt winkende Vergeltung. [...] Wenn einem von ihnen ein Kind geboren wird, so preisen sie Gott; sollte es schon in seiner Kindheit sterben, so preisen sie Gott überaus, ist es doch ohne Sünde aus der Welt geschieden.

Zit. nach E. Dassmann: Kirchengeschichte I. 2. Aufl. Stuttgart 1991. S. 237.

*a) Erläutern Sie die von Paulus verordneten Verhaltensregeln. Welche Folgen musste der Verzicht auf eine radikale Trennung von Christen und Heiden haben?*
*b) Charakterisieren Sie die Stellung der Frau.*
*c) Welche Motive gibt Aristides für das christliche Handeln an? Wie sind diese zu gewichten?*

## 163 Armut und Reichtum

**a)** Aus dem Jakobusbrief (geschrieben um 60 oder um 90 n.Chr.):

Liebe Brüder und Schwestern! Lasst es eine Konsequenz eures Glaubens an unseren Herrn Jesus Christus sein, dass ihr nicht voreingenommen seid. Wenn in eure Synagoge ein Mann kommt, fein gekleidet und mit goldenen Ringen am Finger, dann sagt ihr wohl zu ihm: „Kommen Sie, hier ist Platz für Sie." Wenn aber ein armer Mann hereinkommt, schäbig gekleidet, dann sagt ihr zu ihm: „Stellen Sie sich dahin, Sie können auch an meiner Fußbank sitzen." Wenn ihr auf diese Weise feine Unterschiede macht und die Menschen in zwei Klassen einteilt, habt ihr keine verlässlichen Kriterien. Aus allen Menschen auf der Welt hat Gott die Armen auserwählt. Sie sind reich im Glauben, und für sie ist Gottes Königreich bestimmt, das er denen versprochen hat, die ihn lieben. Doch ihr habt den Armen verachtet. Dabei wollen euch die Reichen nur beherrschen. Sie zerren euch vor die Gerichte und entehren so den Namen Gottes, der über euch angerufen wurde, der euch zu Gottes Eigentum macht und eure Würde begründet.

Außerdem könnt ihr ein königliches Gesetz erfüllen: „Liebe deinen Nächsten wie dich selbst." Wenn ihr so handelt, dann macht ihr es richtig. [...]
Nun noch zu euch, ihr reichen Leute! Ihr solltet weinen und wehklagen über das Elend, das ihr zu erwarten habt. Euer Reichtum ist schon verrottet! Eure Kleider sind schon von Motten zerfressen! Euer Gold und Silber sind oxidiert, und die Reste werden euch anklagen und auch euer Fleisch zerfressen wie Feuer. Solche Schätze habt ihr aufgehäuft, obwohl doch das Ende nahe ist. Und andererseits: Der Lohn, den ihr den Arbeitern, die eure Felder abgemäht haben, vorenthalten habt, schreit gen Himmel. Und die Klage der Erntearbeiter ist bis zu den Ohren Gottes gedrungen. Auf Erden habt ihr geschwelgt und euch vergnügt, obwohl der Tag des Gemetzels vor der Tür steht. Den Gerechten habt ihr verurteilt und getötet, damit er euch nicht mehr zum Hindernis wird. Brüder und Schwestern! Harrt aus bis zur Wiederkunft des Herrn. Auch der Bauer muss geduldig warten, bis der Boden wertvolle Früchte hervorbringt, auf Frühregen und Spätregen. Übt auch ihr euch in Geduld! Schöpft Kraft für eure Herzen. Denn die Wiederkunft des Herrn steht bevor. Jammert nicht einer über den anderen, damit Gott euch nicht richten muss. Denn der Richter steht vor der Tür. Liebe Brüder und Schwestern, nehmt euch die Propheten als Vorbild für Geduld und Langmut in unverschuldeten Leiden. Sie haben im Auftrag Gottes gesprochen und preisen die selig, die geduldig aushalten.

Jakobusbrief 2; 5. Zit. nach: Das Neue Testament und frühchristliche Schriften, übers./kommentiert von K. Berger und Chr. Nord. Frankfurt a/M 1999. S. 76f.; 80f.

**b) Der Kirchenvater Clemens aus Alexandrien, um 200 n. Chr.:**

„Verkaufe, was du hast!" [Jesus zu einem reichen Jüngling: Markus 10,22]. Was aber bedeutet das? Er [Jesus] befiehlt nicht – was manche vorschnell annehmen –, das vorhandene Vermögen wegzuwerfen und auf den Besitz zu verzichten, sondern aus der Seele die Gedanken an den Besitz zu verbannen: die Vorliebe dafür, das übermäßige Verlangen, die fieberhafte Gier darnach, die Sorgen, die Dornen des irdischen Lebens, die den Samen des ewigen Lebens ersticken. Denn es ist nichts Großes und Nachahmenswertes, überhaupt ohne Besitz zu sein, wenn es nicht um des ewigen Lebens willen geschieht. Sonst wären ja diejenigen, die überhaupt nichts besitzen, sondern hilflos sind und sich das erbetteln, was sie für den Tag benötigen, die auf den Straßen liegenden Bettler, die Gott und „die Gerechtigkeit Gottes nicht kennen" [Paulus, Römer 10,3], nur deshalb, weil sie ganz und gar nichts haben und nichts für ihren Lebensunterhalt besitzen und sogar der geringsten Kleinigkeiten entbehren, die glückseligsten, von Gott am meisten geliebten Menschen, die allein das ewige Leben besitzen. Es ist auch nichts Neues, dem Reichtum zu entsagen und ihn den Bettlern oder der Vaterstadt zu schenken, was viele vor der Herabkunft des Heilands getan haben, die einen, um Muße für geistige Tätigkeiten zu haben und der toten Weisheit zuliebe, die anderen, um nichtigen Ruhm zu ernten und aus der Eitelkeit, Leute wie Anaxagoras, Demokrit und Krates. [...]
Wer Vermögen und Gold und Silber und Häuser aber als Gottes Gaben besitzt und damit Gott, der es gegeben hat, zum Wohl der Menschen dient und sich dessen bewusst ist, dass er alles dieses mehr seiner Brüder als seiner selbst wegen besitzt und Herr seines Vermögens, nicht ein Sklave seines Besitzes ist und ihn nicht in seinem Herzen trägt und ihn nicht zum Ziel und Inhalt seines Lebens macht, sondern immer auch ein edles und göttliches Werk zu vollbringen sucht und fähig ist, wenn er einmal seiner Güter beraubt sein sollte, auch ihren Verlust mit Gemütsruhe zu ertragen ebenso wie den Überfluss an ihnen: Wer alle diese Eigenschaften hat, der wird dem Herrn selig gepriesen und arm im Geiste genannt, würdig ein Erbe des Himmelreiches zu werden, nicht ein Reicher, der das [ewige] Leben nicht gewinnen kann.

Clemens von Alexandrien: Welcher Reiche wird gerettet? 11, 16,3. Zit. nach P. Guyot/R. Klein: Das frühe Christentum bis zum Ende der Verfolgungen. Eine Dokumentation, Bd. 2. Darmstadt 1994. S. 33 und A. Heilmann/P. Kraft: Texte der Kirchenväter, Bd. 3. München 1964. S. 387.

*a) Worin besteht nach Jakobus der Wert der Armut? Welche historischen Erfahrungen führten den Autor zur kompromisslosen Ablehnung des Reichtums?*
*b) Wie legitimiert Clemens den Reichtum? Wägen Sie das Für und Wider beider Quellen.*
*c) Vergleichen Sie den frühchristlichen Streit um den Reichtum mit späteren Auseinandersetzungen; denken Sie z. B. an den Aufstieg der Bettelorden zu Beginn des 12. Jahrhunderts.*

## 164 Christliche Sozialfürsorge

Der Kirchenvater Tertullian (ca. 160–212 n. Chr.) über das Almosengeben, 197 n. Chr.:

Auch wenn es eine Art Kasse gibt, wird sie nicht aus Antrittsgeldern [wie bei euren staatlichen Ämtern] zusammengebracht, so als wäre die Religion käuflich. Ein bescheidenes Scherflein steuert jeder Einzelne bei an einem bestimmten Tag im Monat oder wenn er will und falls er überhaupt will und falls er überhaupt kann. Denn niemand wird gezwungen, sondern man zahlt aus freien Stücken. Dies sind gewissermaßen Darlehen der Frömmigkeit. Denn davon wird nichts für Schmausereien und Trinkgelage oder unnütze Fresswirtschaften ausgegeben, sondern für den Unterhalt und das Begräbnis Armer, für Knaben und Mädchen, die kein Geld und keine Eltern mehr haben, und für alt gewordene Diener, ebenso für Schiffbrüchige und für jene, die in Bergwerken oder die auf Inseln oder in Gefängnissen – vorausgesetzt, sie sind dort wegen ihrer Zugehörigkeit zur Gemeinschaft Gottes – zu Pfleglingen ihres Bekenntnisses werden. Doch eben solcher Liebe Werk drückt uns in den Augen vieler ein Mal auf. „Seht", sagen sie, „wie sie sich gegenseitig lieben" – sie selbst nämlich hassen sich gegenseitig – „und wie sie für einander zu sterben bereit sind" – sie selbst nämlich wären eher einander umzubringen bereit.

Tertullian: Apologeticum. Hrsg., übers. u. erläut. v. C. Becker. 2. Aufl. München 1961. Kap. 39, S. 183 f.

*a) Schildern Sie anhand der Quelle die Verwendung der Almosen.*
*b) Welche Folgen für die Organisation der Gemeinden mussten sich aus der Almosenpraxis ergeben?*

# 3. Das Verhältnis zu Staat und Gesellschaft

**Das christliche Staatsverständnis**

Die römische Obrigkeit blickte mit Gleichmut auf die zahlreichen Religionsgemeinschaften. Sie sah sich nur dann herausgefordert, wenn diese den Verdacht nährten, durch ihren Kult und durch die Lebensführung ihrer Mitglieder den Staat und die allgemein gültige Moral zu gefährden. So nimmt es nicht wunder, dass die Mehrzahl der christlichen Lehrer nicht müde wurde, Staats- und Kaisertreue zu bekunden und von ihren Gemeinden zu fordern. Sie taten es aus wohl erwogenen Gründen. Denn die Staatsgewalt, so hatte bereits Paulus gepredigt, stammte unmittelbar von Gott, und sich ihr in Wort und Tat zu unterwerfen, war christliches Gebot. Das bedeutete: Weder das an dem religiösen Denken seiner Untertanen desinteressierte Rom noch die staatstreue Kirche suchten den Konflikt. Vermeiden konnten sie ihn trotzdem nicht.

**Der Grund des Konflikts: die soziale Absonderung**

Sein Auslöser wurde die Abkehr der Christen vom Lebensstil ihrer Nachbarn. „Mein Reich ist nicht von dieser Welt", hatte ihnen Jesus gesagt. So sahen sich alle, die ihm folgten, auf Erden als Pilger in einem fremden Land, davon überzeugt, Wahrheit und Heil allein zu besitzen. Dies überstieg das Maß, das einer ganz anders denkenden und handelnden Gesellschaft zuzumuten war. Sie nahm die Christen als soziale Außenseiter wahr, als Menschen, die ihren Kult hinter verschlossenen Türen pflegten, die Existenz anderer Götter leugneten, keine öffentlichen Ämter übernahmen, den Kriegsdienst verweigerten, allen Festen und den Gladiatorenspielen fernblieben, kurz: Freud und Leid des Lebens mit keinem Andersgläubigen teilen wollten. So fand das Miteinander in den Städten in einer Atmosphäre latenter Spannung statt. In Zeiten von Not und Unglück schlug sie in Hass und Gewalt um.

**Der Kampf des Staates gegen die Christen**

Anfang des 2. Jahrhunderts n. Chr. regelte Trajan die staatliche Behandlung der Christenfrage reichsweit: Das Christsein an sich (*nomen ipsum*) wird strafbar. Der Kaiser führte damit ein neues Verbrechen in das römische Strafrecht ein: Christsein war künftig Inhalt der Anklage, Gegenstand der Verhandlung und Grund der Verurteilung. Daher gab ihnen der Richter im Verfahren die Gelegenheit, ihrem Glauben abzuschwören und Begnadigung zu erlangen. Aus der Sicht des Kaisers war damit erreicht, worauf es ankam: Ruhe und Ordnung in den Provinzen aufrechtzuerhalten.

Vor der Mitte des 3. Jahrhunderts n. Chr. hat es nur vereinzelt Christenverfolgungen gegeben. Sie verliefen räumlich und zeitlich planlos und wurden von Pogromen begleitet; den Bestand der Kirche haben sie nicht gefährdet. Wirkliche Gefahr beschwor die Weigerung der Christen, an der kultischen Verehrung des Kaisers und der Staatsgötter teilzunehmen. Ein Kompromiss war nicht zu finden, da der christliche Gott weder auf Erden noch im Himmel Rivalen duldete. In glücklichen Zeiten fiel diese Weigerung nicht auf, wohl aber in den Jahren von Not und Krieg.

**Die Veränderungen des dritten Jahrhunderts**

Sie kamen im 3. Jahrhundert n. Chr. (dazu S. 170 ff.). Die bedrohte Existenz des Imperiums hofften die Monarchen nicht zuletzt mithilfe der alten Götter zu retten, die Roms Geschicke seit tausend Jahren so erfolgreich gelenkt hatten. Sie durch Kult und Gebet gnädig zu stimmen, war immer selbstverständliche Pflicht des Kaisers gewesen. Jetzt schloss sie die Verfolgung aller ein, die den Opfern fernblieben.

249/250 n. Chr. forderte der Kaiser Decius zum ersten Mal von allen Reichsbewohnern das Opfer vor den Altären. Dort sollte jedermann offen legen, ob er ein Feind des Staates oder ein loyaler Bürger war. Die Christen konnten sich dieser Forderung nicht entziehen. Auf die, die sich widersetzten, hatte sich der Staat vorbereitet. Er verbrannte ihre Schriften, zerstörte ihre Kirchen und verbot alle Versammlungen und den Besuch der Friedhöfe. Und er griff zum ersten Mal gezielt nach den kirchlichen Amtsträgern, den Bischöfen und Priestern. Gaben sie nach, konnte er hoffen, den Zusammenhalt der ganzen Gemeinde zu sprengen.

**Die Bewährung der Kirche**

Trotzdem haben die Verfolgungen des Decius ihr Ziel ebenso wenig wie die späteren des Valerian (257–259 n. Chr.) und des Diokletian (303–311 n. Chr.) erreicht; sie blieben Episode. Die innere Entwicklung der Kirche jedoch haben sie wie kein Ereignis zuvor bestimmt. Denn in den wenigen Jahren, in denen der Staat in allen Provinzen mit der Verfolgung Ernst machte, waren allzu viele schwach geworden. Als der Druck nachließ, drängten die Abgefallenen (*lapsi*) in den Schoß der Kirche zurück und zwangen ihre Bischöfe zu einer folgenschweren Entscheidung. Am Ende entschieden diese sich für eine Vergebung, wenn die schuldig Gewordenen anerkannten, dass allein sie und der Klerus die Vollmacht zur Sündenvergebung besaßen. Mit dieser Entscheidung bewahrten sie ihre Gemeinden vor dem Absturz in die Bedeutungslosigkeit und machten die offizielle Kirche zu derjenigen Institution, die allein das ewige Heil des Einzelnen sichern konnte.

**Das Bischofsamt**

In diesen Jahrzehnten bestand auch die Kirchenordnung ihre Bewährungsprobe. Die Gemeinden verständigten sich auf eine Organisationsform, die in ihrer endgültigen Gestalt den Aufbau des Staates nachahmte. Insbesondere der Bischof unterschied sich immer weniger von einem römischen Staatsbeamten: Wie dieser war er für bestimmte Gegenstände und Sprengel zuständig und besaß eine umfassende Befehlsgewalt, wie dieser beanspruchte er gegenüber seiner Gemeinde die Strafgewalt, und wie dieser war er während seiner Amtszeit unangreifbar. Damit hatte sich die Kirche einen institutionellen Rahmen gegeben, mit dem es keine andere Religion aufnehmen konnte: Ein dem Bischof untertäniger Klerus leitete

**165** Einholung von Märtyrerreliquien, Elfenbeintafel um 450 n. Chr. Zwei Bischöfe, die ein Reliquiar in Händen halten, ziehen in feierlicher Prozession auf einem Maultiergespann in Konstantinopel ein. Sie führt der Kaiser an, erwartet von der Kaiserin, die ein großes Kreuz über der Schulter trägt. Die Reliquien werden in die Basilika überführt, an der noch Bauhandwerker arbeiten.

ein nahezu das gesamte Imperium überziehendes Netz von festen Stadtgemeinden. In den Händen dieser Männer lagen die Gemeindeleitung, die Finanzen, die Armenversorgung, die Festlegung der Glaubensinhalte, die Vergebung der Sünden, der Erlass von Vorschriften des täglichen Lebens und die Ausgestaltung der Liturgie. Jetzt trat dem römischen Kaiser eine Organisation gegenüber, deren Geschlossenheit der Ordnung seines Reiches ebenbürtig geworden war.

**Märtyrer/Martyrium:** Das Festhalten an der eigenen Überzeugung bis zum Tod war keine Tugend, die allein die Christen auszeichnete. Aber: Ihnen wurde früh zur Gewissheit, dass der Hingerichtete den Glauben an Jesus und die Auferstehung bezeugte (*mártys* = der Zeuge). Wer dies tat, ahmte Christus nach (*imitatio Christi*) und stieg in den Himmel auf. Dort wirkte er als Fürsprecher für die auf Erden in Not Geratenen und sprach für die Gestorbenen, die sich vor Gottes Gericht verantworten mussten. Ab der Mitte des 2. Jahrhunderts begannen die Gemeinden, die Taten ihrer Blutzeugen aufzuzeichnen; es entstand eine eigene Literaturgattung, Märtyrerakten und Passionsgeschichten, die spätere Zeiten immer weiter ausschmückten. Nach und nach wurden aus den Märtyrern Heilige.

**Kirchliche Ämter:** Zu Beginn des 2. Jahrhunderts gab es drei Formen der Gemeindeordnung: Das Miteinander von gewählten Amtsträgern und Wanderpredigern, die kollegiale Führung und die Alleinherrschaft des Bischofs. Dies änderte sich im 3. Jahrhundert. Die Gemeinden trennten sich in den Klerus und die Laien. Alle wichtigen Aufgaben nahmen von jetzt an hauptamtliche und von der Gemeinde bezahlte männliche Amtsträger wahr. Die Ämter selbst wurden mit sakraler Weihe umgeben und damit unangreifbar gemacht. Der Bischof trat in der Lehre und im Kultvollzug als Herr auf; alle anderen Ämter und Dienste wurden ihm nachgeordnet und auf ihn zugeschnitten. Unter den Helfern des Bischofs standen die Presbyter an erster Stelle. Sie wurden vom Kirchenvolk gewählt und durch den Bischof geweiht. Als die Gemeinden wuchsen, vertraten sie den Bischof und wurden zu Priestern. Die Diakone waren zuständig für die Sorge um die Armen und Kranken, die Verwaltung des Besitzes und die Liturgie.

## 166 Behördliches Vorgehen gegen die Christen

Plinius (ca. 61–115 n. Chr.), 112/113 n. Chr. Statthalter in Bithynien, berichtet Kaiser Trajan von Christenverfolgungen und bittet um genaue Instruktionen:

An Verfahren (*cognitiones*) gegen Christen habe ich noch nie teilgenommen. Darum weiß ich auch nicht, was und inwieweit man hier zu strafen pflegt. Auch war ich mir einigermaßen unsicher, ob ein Unterschied [in der Bestrafung] aufgrund des Alters zu machen sei oder ob man ganz Junge genau so behandeln solle wie Ältere; ob ferner Reue (*paenitentia*) Straffreiheit bewirke oder ob es einem, der einmal Christ gewesen, gar nichts nütze, wenn er es nicht mehr ist; ob schließlich der bloße [Christen]Name (*nomen ipsum*), auch wenn keine Verbrechen vorliegen, oder nur die mit dem Namen zusammenhängenden Verbrechen bestraft werden müssen. Einstweilen bin ich mit denen, die mir als Christen angezeigt wurden, folgendermaßen verfahren: Ich habe sie gefragt, ob sie Christen seien. Gestanden sie, so habe ich ihnen unter Androhung der Todesstrafe ein zweites und drittes Mal dieselbe Frage gestellt; beharrten sie [bei ihrem Geständnis], so habe ich sie [zur Hinrichtung] abführen lassen. Denn ich zweifelte nicht: Was immer sie gestehen mochten, so verdienten allein schon ihre Hartnäckigkeit und ihr unbeugsamer Starrsinn (*inflexibilis obstinatio*) Bestrafung. [...] Die leugneten, Christ zu sein oder es je gewesen zu sein, habe ich entlassen zu können geglaubt, sobald sie, nach meinem Vorgang, die Götter anriefen und deinem Bild, das ich mit den Götterstatuen zu diesem Zweck habe herbeischaffen lassen, mit Weihrauch und Wein opferten, außerdem noch Christus lästerten.

Die Antwort Trajans:

Du hast, mein Secundus, als du die Fälle derer untersuchtest, die bei dir als Christen angezeigt wurden, ein völlig korrektes Verfahren eingeschlagen. Denn es lässt sich [in der Tat] nichts allgemein Gültiges verfügen, das sozusagen als feste Norm gelten könnte. Fahnden soll man nicht nach ihnen; wenn sie aber angezeigt und überführt werden, muss man sie bestrafen, so jedoch, dass einer, der leugnet, Christ zu sein, und dies durch die Tat, d.h. durch Vollzug eines Opfers für unsere Götter, unter Beweis stellt, aufgrund seiner Reue zu begnadigen ist, wie sehr er auch für die Vergangenheit verdächtig sein mag. Anonyme Anzeigen dürfen freilich bei keiner Anklage berücksichtigt werden. Denn das wäre ein äußerst schlechtes Beispiel und entspräche nicht dem Geist unserer Zeit.

Plinius: Briefe 10,96 f. Zit. nach: A. M. Ritter: Alte Kirche. 6. Aufl. Neukirchen 1994. S. 14 f.

*a) Rekonstruieren Sie das von Plinius angewandte Verfahren; was sagen seine dem Kaiser vorgetragenen Rechtsbedenken über die Regierung römischer Statthalter aus?*
*b) Welche Rechtsregel stellte der Kaiser für künftige Christenprozesse auf?*
*c) Setzen Sie sich mit der getroffenen Entscheidung aus der Sicht eines gläubigen Christen auseinander.*

## 167 Christenverfolgung

Verhörprotokoll eines Christenprozesses in Karthago:

Am 17. Juli des Jahres [180 n. Chr.] [...] wurden im Verhandlungszimmer (*secretarium*) zu Karthago vorgeführt Speratus, Nartzalus und die übrigen Christen. Der Prokonsul Saturninus erklärte: „Ihr könnt die Nachsicht unseres Herrn, des Kaisers, gewinnen, wenn ihr euch wieder eines Besseren besinnt." Speratus antwortete: „Wir haben niemals Böses getan und uns in keiner Weise zu Ungerechtigkeit hergegeben. Nie haben wir geflucht, sondern (selbst dann) Dank gesagt, wenn man uns schlecht behandelte; denn wir halten unseren Kaiser in Ehren." Saturninus, der Prokonsul, sagte darauf: „Auch wir sind religiös (*religiosi*), und unsere Religion ist (denkbar) einfach: Wir schwören beim Genius unseres Herrn, des Kaisers, und bringen für sein Heil Gebete und Opfer dar, was auch ihr zu tun schuldig seid." [...] Speratus antwortete: „Eine Befehlsgewalt dieser Welt erkenne ich nicht an; vielmehr diene ich jenem Gott, den kein Mensch gesehen hat noch mit diesen Augen sehen kann. Diebstahl habe ich nie begangen; im Gegenteil, ich zahle bei jedem Geschäft die Steuer, da ich meinen Herrn, den König der Könige und Herrscher aller Völker, anerkenne."[...] Fragte nun Saturninus, der Prokonsul, Speratus: „Beharrst du dabei, Christ zu sein?" Speratus antwortete: „Ich bin Christ." Und alle stimmten dem zu. [...] Darauf verlas der Prokonsul Saturninus von einer Tafel das Urteil: „Speratus, Nartzalus, Cittinus, Donata, Vestia, Secunda (und die übrigen, die bekannt haben, nach dem christlichen Religionsbrauch zu leben) sollen mit dem Schwert hingerichtet werden, da sie, obwohl ihnen die Möglichkeit eröffnet wurde, zu Sitte und Art der Römer zurückzukehren, hartnäckig (bei ihrer Religion) verblieben sind."

Die Märtyrerakte von Scili. Zit. nach: A. M. Ritter: Alte Kirche. 6. Aufl., Neukirchen 1994. S. 44 f.

*a) Warum reichte das öffentliche Geständnis „Ich bin Christ" (Christianus sum) für ein Todesurteil aus?*
*b) Wie wurde die Strafbarkeit begründet, da doch die Beschuldigten den Staat als gottgegeben verehrten, für ihn beteten, ihm Steuern zahlten und die Gesetze beachteten?*

## 168 Seelenheil

Der karthagische Bischof Cyprian (ca. 200–258) über das Seelenheil:

Sie [die Kirche als die Braut Christi] ist es, die nur für Gott errettet, sie weist die Kinder, die sie geboren hat, seinem Reiche zu. Jeder, der sich von der Kirche trennt und sich mit einer Ehebrecherin [d.h. einer außerkirchlichen Einrichtung] verbindet, schließt sich aus von den Verheißungen der Kirche, und wer die Kirche Christi verlässt, wird nicht zu den Belohnungen Christi gelangen. Er ist ein Fremder, er ist ein Unheiliger, er ist ein Feind. Gott kann nicht mehr zum Vater haben, wer die Kirche nicht zur Mutter hat. So wenig einer zu entrinnen vermochte, der außerhalb der Arche Noahs war, ebenso wenig vermag einer zu entkommen, der draußen außerhalb der Kirche steht. Der Herr mahnt und sagt: „Wer nicht mit mir ist, ist wider mich, und wer nicht mit mir sammelt, der zerstreut." [Matth. 12, 30] Wer den Frieden und die Eintracht Christi bricht, handelt wider Christus; wer anderwärts außerhalb der Kirche sammelt, zerstreut die Kirche Christi!

Wer nicht an dieser Einheit festhält, hält nicht fest an Gottes Gesetz, hält nicht fest am Glauben an den Vater und den Sohn, hält nicht fest am Leben und am Heil. Dieses heilige Geheimnis der Einheit, dieses Band unzertrennlich verbundener Eintracht ist gemeint, wenn im Evangelium der Rock des Herrn Jesu Christi keineswegs etwa geteilt oder zerrissen, sondern das Kleid unversehrt in Empfang und der Rock unverletzt und ungeteilt in Besitz genommen wurde, als man damals um das Kleid Christi loste, wer nun eigentlich Christus anziehen dürfe. Die göttliche Schrift spricht und sagt: „Wegen des Rockes aber, weil er von oben herab nicht zusammengenäht, sondern im Ganzen gewoben war, sagten sie zueinander: Wir wollen ihn nicht zerreißen, sondern um ihn losen, wem er gehören soll." [Joh. 19, 23 f.] Dieser Rock trug die Einheit an sich, die von oben, das heißt vom Himmel und vom Vater, herabkam und die vom Empfänger und Besitzer auf keinen Fall zerrissen werden konnte, sondern ein für allemal die ganze und volle Festigkeit unzertrennlich bewahre. Das Gewand Christi kann nicht besitzen, wer die Kirche Christi zerreißt und spaltet.

Cyprian: Über die Einheit der katholischen Kirche 6–7. Zit. nach: A. Heilmann/H. Kraft: Texte der Kirchenväter, Bd. 4. München 1964. S. 29 f.

*a) Mit welchen Argumenten begründet Cyprian, dass nur die Institution Kirche (ecclesia) den Weg zur ewigen Seligkeit weisen könne?*
*b) Charakterisieren Sie die Art der Beweisführung.*
*c) Erläutern Sie die Konsequenzen, die das Bestehen der Kirchenväter auf der Einheit der (katholischen) Kirche bis heute hatte.*

## 4. Der Sieg des Christentums

**Das Toleranzedikt des Galerius**

Diokletian war der letzte römische Kaiser, der mit Feuer und Schwert die Christen zum Abfall zwingen wollte. 311 n. Chr. gab sein Nachfolger Galerius den Kampf gegen Wehrlose verloren, die immer wieder beteuerten, sie wollten treue Diener ihres Kaisers bleiben. Am 30. April unterzeichnete der Todkranke ein Edikt, das die Verfolgungen beendete und den christlichen Glauben als anerkannte Religion (*religio licita*) zuließ.

**Konstantin**

Dabei aber blieb es nicht. Ende Oktober des Jahres 312 n. Chr. rückte der Kaiser Konstantin mit einem Heer vor die Tore Roms und besiegte seinen Gegner Maxentius. Jahre später wusste der Kirchenvater Eusebius genau zu berichten, was sich zugetragen hatte: Konstantin und seine Truppen hätten noch vor dem Marsch über die Alpen am hellen Mittagshimmel, hoch über der Sonne, „ein Kreuz aus Licht, und dazu die Worte: Darin siege!“ gesehen; in der Nacht darauf sei Christus dem Kaiser im Traum erschienen, habe auf das Himmelszeichen des Vortages gedeutet und ihn aufgefordert, es nachzubilden. Der Kaiser habe getan wie ihm geheißen und gesiegt. Der Bericht ist eine fromme Legende. Aber sie konnte einer wundergläubigen Zeit verständlich machen, dass mit diesem Sieg Konstantins eine neue Epoche anbrach. Gott, so verstand es im Licht der Erzählung jedermann, hatte den Sieg denen gegeben, die auf ihn vertrauten.

**Das Bündnis von Staat und Kirche**

Das Bündnis, das Kaiser und Kirche in den folgenden Jahrzehnten schlossen, versprach beiden Vorteile. Der Monarchie gab es die sakrale Würde einer von Gott gegebenen Herrschaft. Den Christen schenkte es ein freies, wenn auch für ihr Seelenheil gefahrvolles Leben. Denn ihr kaiserlicher Patron führte sie jetzt vom Rand der Gesellschaft in deren Mitte. Dort wartete die Verantwortung für Staat und Kommune, für Armee und Krieg. Viele waren vorbereitet, sie auch zu übernehmen – allen voran die Bischöfe. Sie hatten unbeirrbar in der römischen Tradition die geistige, und innerhalb des Imperiums die politische und soziale Heimat jedes Christen gesehen. So fiel es ihnen leicht, Gott und dem Kaiser zu dienen – auch mit dem Schwert in der Hand, wenn es galt, Krieg gegen die heidnischen Barbaren zu führen.

**Die Verstaatlichung des Glaubensstreits**

Der Staat erwartete jedoch noch mehr. Schon bald mussten die Christen erfahren, dass das Wohlwollen des Kaisers in Bevormundung umschlug. Denn er scheute sich nicht, in den innerkirchlichen Zank um die rechte Lehre einzugreifen. Als die Bischöfe sich über ihre dogmatischen Streitfragen nicht zu einigen vermochten, regelte im Jahre 380 n. Chr. ein kaiserliches Edikt, wer künftig Katholik und wer Ketzer sei.

**169** Die Schlacht bei der Milvischen Brücke, in der 312 n. Chr. das Heer Konstantins gegen die Truppen seines Widersachers Maxentius im Zeichen des christlichen Kreuzes gekämpft und gesiegt haben sollen. Ölgemälde (161,5 x 170 cm) von Pieter Lastman, 1613.

**„Was hat der Kaiser mit der Kirche zu tun?"**

Der Widerstand gegen diesen Übergriff hatte im Westen des Imperiums Erfolg. Dort zog die Kirche am Ende eines langen Kampfes eine Grenze zwischen sich, der einen, an ihren universalen Missionsauftrag gebundenen Institution Gottes, und der weltlichen Macht, deren Schicksal von vielen sich ablösenden Staaten geprägt sein konnte. Diese Grenze wurde in den folgenden Jahrhunderten immer wieder zur Frontlinie. Sie hat im Investiturstreit des 11. Jahrhunderts, in dem die Kirche auf ihr alleiniges Recht bei der Besetzung der Ämter pochte, die Gläubigen gespalten und die Reformatoren Luther und Calvin zu unterschiedlichen Antworten auf die Frage nach dem Widerstandsrecht des Einzelnen gegen staatliche Bevormundung geführt. Durchbrochen wurde sie nie. Im griechischen Osten hingegen fanden die Kaiser williges Gehör, wenn sie letztgültig über die Lehren der Kirche entschieden. Dort ging der Patriarch von Konstantinopel, das Haupt der Ostkirche, dem Kaiser entgegen und warf sich zum Zeichen der Unterwerfung in den Staub.

**Das Ende des Heidentums**

Die Einheit des Reiches, so hatte Konstantin gehofft, werde durch die Förderung der christlichen Kirche gestützt. Das Gegenteil trat ein. Die Gläubigen des neuen und eifersüchtigen Gottes bekämpften unerbittlich die alten Götter. Sie schlugen ihren Statuen den Kopf ab, um ihren Geist auszutreiben, und brannten ihre Tempel nieder, um sie heimatlos zu machen. Widerstand gab es kaum – zu eindeutig war die Parteinahme des kaiserlichen Hofes für den neuen Gott. 416 n. Chr. fiel die endgültige Entscheidung, als ein kaiserliches Gesetz die Heiden vom Kriegs- und höheren Verwaltungsdienst ausschloss.

**Die Spaltung im Glauben**

Weit gefährlicher für die Einheit des Reiches als der Kampf gegen das Heidentum wurde das christliche Ringen um den rechten Glauben. Die Theologen verfingen sich in endlose Diskussionen über die Wesenseinheit von Gottvater, Sohn und Heiligem Geist, über das Verhältnis der göttlichen zur menschlichen Natur Jesu, über die heilsgeschichtliche Rolle der Jungfrau Maria, über die Vergebung der Sünden und die Wirksamkeit der göttlichen Gnade. Damit taten sie das ihrige zur Entfremdung zwischen der westlichen (lateinischen) und östlichen (griechischen) Christenheit. Der Streit der Bischöfe der Großstädte um die Rangfolge vertiefte die Gräben. In Konstantinopel, der Hauptstadt des Ostreiches, beanspruchte der Patriarch schnell denselben Ehrenrang wie der Bischof von Rom. 1054 schließlich verfluchten die römisch-katholische und die griechisch-orthodoxe Kirche einander und lösten endgültig eine fast tausendjährige Verbindung.

**170** Christusdarstellung in der bischöflichen Kapelle in Ravenna. Im 4. und 5. Jahrhundert erscheint Christus noch ganz in der Gestalt und der Gewandung eines über seine Feinde triumphierenden Kaisers. Sein Kreuz trägt er wie ein römischer Fahnenträger das Feldzeichen seiner Legion.

## 171 Staat in der Kirche oder Kirche im Staat?

**a)** Das Edikt des Kaisers Theodosius, 380 n. Chr.:
Alle Völker, über die wir ein mildes und maßvolles Regiment führen, sollen, so ist unser Wille, in der Religion verharren, die der göttliche Apostel Petrus [...] den Römern überliefert hat und zu der sich der Pontifex Damasus [Bischof von Rom] wie auch der Bischof Petrus von Alexandrien [...] offen bekennen. D.h. dass wir gemäß apostolischer Weisung und der Lehre des Evangeliums an *eine* Gottheit des Vaters, des Sohnes und des Hl. Geistes in gleicher Majestät und heiliger Dreifaltigkeit glauben. Nur diejenigen, die diesem Gesetz folgen, sollen, so gebieten wir, katholische Christen heißen dürfen. Die übrigen aber, die wir für toll und wahnsinnig halten, haben den Schimpf ketzerischer Lehre zu tragen. Auch dürfen ihre Versammlungsstätten nicht als Kirchen bezeichnet werden. Endlich soll sie vorab die göttliche Vergeltung, dann aber auch unsere Strafgerechtigkeit ereilen, die uns durch himmlisches Urteil übertragen worden ist.

Codex Theodosianus 16,1,2. Zit. nach: A. M. Ritter: Alte Kirche. 6. Aufl. Neukirchen 1994. S. 178 f.

**b)** Der Einspruch durch den Mailänder Bischof Ambrosius:
[Wenn Christus dem Staate gehorchte], so mögen nun meine Gegner, die mir so gerne die kaiserliche Ungnade anhängen möchten, den Lehrsatz vom Gehorsam vernehmen, dem wir immerdar folgen: Wir geben dem Kaiser, was dem Kaiser gebührt, und Gott, was Gott gebührt! Die Steuer gehört dem Kaiser – sie wird ihm nicht verweigert. Die Kirche gehört Gott – sie wird darum dem Kaiser nicht ausgeliefert. Denn der Kaiser hat kein Recht über den Tempel Gottes (*quia ius Caesaris esse non potest Dei templum*). Ich habe gesprochen – mit aller Ehrfurcht vor dem Kaiser. Niemand kann das leugnen. Denn kann man dem Kaiser eine größere Ehre antun, als wenn man ihn einen „Sohn der Kirche" nennt? Der Kaiser steht in der Kirche und nicht über der Kirche (*imperator intra ecclesiam non supra ecclesiam*). Ein guter Kaiser sucht die Kirche zu fördern, nicht, sie zu bekämpfen. So untertänig wir dies sagen, so unerschütterlich halten wir daran fest, auch wenn man uns droht mit Scheiterhaufen und Schwert und Verbannung. Wir Knechte Christi haben das Fürchten verlernt! Auf einen Menschen, der das Fürchten verlernt hat, macht der Terror keinen Eindruck. Denn es steht geschrieben: „Wie Pfeile, die von Kindern abgeschossen werden, sind ihre Drohungen!"

Ambrosius: Predigt am Palmsonntag 386 n. Chr. Zit. nach: H. Rahner: Kirche und Staat im frühen Christentum. München 1961. S. 185.

*a) Wie begründete der Kaiser seinen Anspruch, über die rechte Lehre der Kirche entscheiden zu müssen?*
*b) Welche Argumente gegen den Machtanspruch des Kaisers führt Ambrosius ins Feld? Wie bewerten Sie den Tonfall seiner Mahnung an den Kaiser?*
*c) Die Spaltung des Imperiums in ein West- und ein Ostreich wurde durch den Streit über das Verhältnis von Staat und Kirche vertieft. Spielt er auch in der heutigen Zeit eine Rolle?*

## 172 Die Christen und der Krieg

Der Kirchenvater Augustinus (354–460 n. Chr.):
Glaube nicht, dass niemand Gott gefallen könne, der Kriegsdienste leistet; leistete solche doch der heilige David, dem der Herr ein so herrliches Zeugnis gibt. Das Gleiche taten sehr viele Gerechte in jener Zeit. [...] Wenn die christliche Lehre den Krieg überhaupt verurteilte, so wäre im Evangelium den Soldaten, die einen Rat zu ihrem Heil verlangten, gesagt worden, sie sollten ihre Waffen wegwerfen und den Kriegsdienst aufgeben. Es ist aber zu ihnen gesagt worden: „Erpresset von niemand; lasset euch an eurem Solde genügen" (Lukas 3,14). Indem er [Jesus] ihnen gebot, sie müssten sich mit ihrem Sold begnügen, hat er ihnen in keiner Weise verboten, Kriegsdienst zu leisten. [...]
Was ist am Kriege zu tadeln? Ist es die Tatsache, dass darin Menschen getötet werden – die doch alle eines Tages sterben müssen –, damit die Sieger in Frieden leben können? Das am Kriege zu beanstanden oder zu verabscheuen, ist kleinmütig und hat mit Gottesfurcht wenig zu tun. Berechtigte Einwände gegen den Krieg sind die in ihm hervortretenden Gesinnungen, wie Lust zu schaden, grausame Rachgier, Unversöhnlichkeit, Vergeltungswut, Eroberungssucht. Um solche Ausschreitungen gerecht zu bestrafen, müssen oft die Guten selbst zum Kriege schreiten, sei es auf

Geheiß Gottes, sei es auf Befehl einer rechtmäßigen Staatsgewalt, und gegen die Gewalttätigkeit ihrer Gegner kämpfen; sie können aus guten Gründen gezwungen sein, diesen Kampf entweder anzuordnen oder sich solchen Anordnungen zu fügen. [...]
Auch der Soldat, der in Gehorsam gegen die rechtmäßige Gewalt einen Menschen tötet, wird durch kein Gesetz seines Staates zum Mörder erklärt, vielmehr macht er sich, wenn er es nicht tut, der Übertretung und Verachtung des Befehls schuldig. Täte er es dagegen auf eigene Faust und Verantwortung, würde er sich mit Blutschuld belasten. [...]
Der Wille muss dem Frieden im Auge haben, der Krieg darf nur die Folge der Notwendigkeit sein; dann wird Gott von der Not uns befreien und im Frieden uns bewahren. Denn man sucht nicht den Frieden, damit Krieg entstehe, sondern man führt Krieg, damit der Friede erreicht werde. Sei also auch im Kriege friedfertig, so dass du durch deinen Sieg den Besiegten den Vorteil des Friedens verschaffest. Denn: „Selig die Friedfertigen", sagt der Herr, „denn sie werden Kinder Gottes genannt werden".

Zit. nach; Wilhelm G. Grewe (Hrsg.): Fontes Historiae Iuris Gentium. Quellen zur Geschichte des Völkerrechts. Bd. 1: 1380 v.Chr.–1493. Berlin/New York 1995. S. 558 ff.

*a) Wie rechtfertigt Augustinus das Recht zum Krieg? Welche Grenzen zieht er diesem Recht?*
*b) Welche seiner Argumente sind in der heutigen Diskussion um die rechtmäßige Führung eines Krieges noch bedenkenswert?*

**Zur Diskussion**

## Warum setzte sich das Christentum durch?

Bei der Beantwortung der Frage nach der Attraktivität der neuen christlichen Religion werden heute in der Forschung unterschiedliche Akzente gesetzt. Bot das Christentum eher mentalitätsgeschichtlich zu gewichtende Anreize, die in einer zunehmend als trostlos empfundenen Welt der Sehnsucht nach religiöser Geborgenheit entgegenkamen? Oder handelte es sich bei der Ausbreitung des Christentums mehr um ein sozialgeschichtliches Phänomen, wonach Bevölkerungsgruppen, die immer stärker an den Rand der kaiserzeitlichen Gesellschaft gedrängt worden waren, im christlichen Gemeinschaftsleben eine neue soziale Geborgenheit fanden?

a) Der Religionshistoriker Christoph Markschies, 1997:

Nur eine sorgfältige Inventarisierung von Charakteristika des antiken Christentums wird die vielfältigen Faktoren zusammenbringen, die für die vergleichsweise schnelle Ausbreitung und erstaunliche Privilegierung dieser Religion verantwortlich sind: Dazu gehören als besondere Stärke des Christentums sicher eine das gesamte Leben umgreifende und regelnde Totalität, die Einfachheit seiner Dogmatik und Präzision seiner ethischen Regeln und das Angebot von gestalteter Frömmigkeit. Daneben beeindruckte offensichtlich der konsequente Monotheismus, der gleichwohl eines Menschen Existenz in das Leben Gottes zu integrieren vermochte; die Sicherstellung einer Verbindung zu diesem Gott durch das Gebet, Gottesdienst, Sakrament und Fürbitte der religiösen Spezialisten. Das Moment des Staunens über die aufrechte Haltung der Märtyrer, das entbehrungsreiche Leben der Asketinnen und Asketen und die Prachtentfaltung der Organisation Kirche seit dem vierten Jahrhundert darf aber auch nicht unterschätzt werden. Schließlich sind Wunder und Exorzismen beziehungsweise die Berichte darüber zu nennen; die Attraktivität von Märtyrern und heiligen Frauen und Männern; gewiss faszinierte auch der innergemeindliche, ja reichsweite Zusammenhalt unter den Christen, ihre Witwen- und Waisenfürsorge, die Gastfreundschaft – das alles suchte in der Antike seinesgleichen. Christ zu sein, brachte mehr Protektion und Hilfe für das alltägliche Leben, als man als paganer [heidnischer] civis Romanus je bekommen konnte. Ein weiterer Anlass, Christ zu werden, lag höchstwahrscheinlich in der Offenheit der Bewegung für alle Schichten und für beide Geschlechter.

Chr. Markschies: Zwischen den Welten wandern. Strukturen des antiken Christentums. Frankfurt/M 1997. S. 229f.

b) Der Religionshistoriker Andreas Merkt, 2002:
Ein Bekehrungsmotiv drängt sich besonders auf, das einige [christliche] Apologeten selbst nennen: Das Christentum erschien lebenswert, weil man für es in den Tod zu gehen bereit war. Doch die Todesverachtung war durchaus ambivalent. Sie konnte, wie es etwa Mark Aurel getan hat, auch als Ausdruck von Wahnsinn gedeutet werden.
Das Zeugnis der Märtyrer bildet freilich nur eine Variante eines allgemeineren und grundlegenderen Bekehrungsmotivs, das gerade die moderne Religionssoziologie plausibel gemacht hat: die Begegnung mit einer im Großen und Ganzen glaubwürdig und ansprechend erscheinenden Gemeinschaft. Verkündeten die Märtyrer durch ihre Furchtlosigkeit angesichts des Todes überzeugender als mit Worten die Auferstehung und das ewige Leben bei Gott, so fand die Botschaft von der Erlösung durch Christus ihren sprechendsten Ausdruck im gelebten Christentum in den Gemeinden. Kultfeiern und Gemeindemähler boten emotionale Befriedigung. Gebete zu dem in Christus nahe gekommenen Schöpfer des Universums stärkten ein Erwählungsbewusstsein, das zu engagiertem Handeln motivierte. Der strikte Moralkodex vermittelte gerade durch seine Strenge, wie wertvoll das eigene Handeln war und sorgte zugleich für soziale Sicherheit. Die christlichen Gemeinden kümmerten sich umfassend um Kranke, Arme, Alte, Witwen, Waisen und Hungernde, also um jene marginalisierten Gestalten, die das Heidentum, wie es ein moderner Historiker [Paul Veyne] formuliert, „ohne große Gewissensbisse [...] ihrem Schicksal überlassen“ hatte.
Andere Religionen und Institutionen konnten wohl in mancherlei Hinsicht mit dem Christentum konkurrieren. Die Mysterienreligionen befriedigten durchaus das religiöse Heilsbedürfnis der Menschen, in den konkreten alltäglichen Sorgen jedoch ließen sie ihre Anhänger allein. Die Vereine sorgten für gewisse soziale Belange, vermochten jedoch in existenziellen Krisen kaum Rückhalt zu geben. Das Christentum hingegen vereinte offenbar ein breites Spektrum religiös-sozialer Identifikationsmöglichkeiten. Die Verbindung dieser formalen Weite mit einer klaren und ansprechenden religiös-sozialen Identität erklärt wohl zu einem guten Teil die erstaunliche Attraktivität und Integrationskraft des frühen Christentums.

A. Merkt, in: Christentum I. Von den Anfängen bis zur Konstantinischen Wende, hrsg. v. D. Zeller. Stuttgart 2002. S. 432 f.

*a) Listen Sie in einer stichwortartigen Gegenüberstellung die von den beiden Religionshistorikern angeführten Faktoren für die Attraktivität des Christentums auf.*
*b) Zeigen Sie anschließend auf, in welchen Punkten sich die Einschätzungen beiden Autoren decken und unterscheiden.*
*c) Bewerten und begründen Sie abschließend, welche der beiden Einschätzungen Ihnen historisch plausibler erscheint.*

# VI. Der Zerfall der Einheit des Mittelmeerraumes und die Geburt einer neuen Welt

Im 7. Jahrhundert zerfiel für immer die tausendjährige Einheit des Mittelmeerraumes, die die Ränder dreier Kontinente miteinander verbunden hatte: Südeuropa, Asien und Nordafrika. Sie wurde auseinander gerissen durch den Streit der christlichen Theologen, durch die Invasionen der nach Westen und Süden vorstoßenden germanischen Stämme und durch den Ansturm arabischer Krieger. So zeichnete das siebte Jahrhundert drei Machtzentren auf die politische Landkarte, die einst Rom allein gefüllt hatte: Byzanz, das Reich der Franken und das der Kalifen. Alle Anstrengungen späterer Zeiten, daran etwas zu ändern, blieben ohne Erfolg. Die Kreuzzüge konnten Palästina und Syrien nur für kurze Zeit einem christlichen Europa zurückgewinnen, und die Versuche Italiens, Spaniens und schließlich Frankreichs im 19. Jahrhundert, die ihnen gegenüberliegenden Küsten dem eigenen Machtbereich einzugliedern, scheiterten.

| | |
|---|---|
| 330 n. Chr. | Einweihung der Hauptstadt Konstantinopel |
| 364–455 n. Chr. | Ausbildung eines Zweikaisertums; Spaltung des Reiches in eine westliche (lateinische) und eine östliche (griechische) Hälfte |
| 375 n. Chr. | Die Hunnen überschreiten den Don und treiben Teile der Ostgoten über die Donau. Diese werden auf römischem Gebiet angesiedelt. |
| 410 n. Chr. | Die Westgoten unter König Alarich erobern und plündern Rom. |
| 429–534 n. Chr. | Die Vandalen überschreiten unter ihrem König Geiserich die Straße von Gibraltar; das von ihm in Nordafrika errichtete Vandalenreich wird 534 n. Chr. von Byzanz zerstört. |
| 455–489 n. Chr. | Die Zentralgewalt im Westen löst sich auf; seit 489 n. Chr. erobert der Ostgote Theoderich Italien; sein Reich besteht bis 552 n. Chr. |
| 482–511 n. Chr. | Der fränkische König Chlodwich beseitigt die übrigen salischen Gaukönige; er lässt sich römisch-katholisch taufen und ermöglicht damit die Integration von Franken und Gallorömern in seinem Reich. |
| ca. 400–650 n. Chr. | Ausbreitung und Landnahme der Slawen; fortgesetzte Einfälle in Thrakien, Makedonien, Griechenland und Dalmatien |
| 400–500 n. Chr. | Die römischen Bischöfe Innozenz I. (402–417 n. Chr.), Leo I. (der Große) (440–461 n. Chr.) und Gelasius I. (492–496 n. Chr.) setzen im Westen den Primatsanspruch des Papstes durch. |
| 632 n. Chr. | Tod des Propheten Muhammad. Unter seinen Nachfolgern, den Kalifen, erobern die arabischen Stämme Palästina, Syrien, Mesopotamien, die ostiranischen Gebiete bis an den Oxus, Ägypten und die nordafrikanische Küste; 711 n. Chr. fällt der Berberfürst Tariq in Spanien ein. 718 n. Chr. scheitert der letzte Versuch, Konstantinopel zu nehmen. |

## 1. Das Imperium von Konstantin bis Theodosius

**Das Bündnis mit den Christen**

Die Entscheidung des Kaisers Konstantin, die Christen gegenüber allen anderen Religionsgemeinschaften zu bevorzugen, prägte den weiteren Verlauf der europäischen Geschichte. Bestimmte das politische Kalkül oder die persönliche Überzeugung oder beides diesen Schritt? Gehofft hatte Konstantin gewiss auf die Einheit des Reiches, zusammengefügt durch den Glauben an den einen Gott – diese Hoffnung zerschlugen wachsende Glaubenskämpfe in den christlichen Gemeinden. Gewünscht hatte er sich auch den loyalen Untertan, der bedingungslos für Kaiser und Reich einstand – diesen Wunsch erfüllten die Christen als Soldaten und Beamte. Geglaubt hatte er schließlich an eine neue sakrale Weihe seiner Herrschaft als Kaiser von Gottes Gnaden, stark genug, um die Kaiserkrone vor dem Zugriff der Grenzarmeen zu schützen – dieser Glaube wurde nicht enttäuscht.

**Die Gründung Konstantinopels**

Seit dem Sieg Konstantins über Licinius (324 n. Chr.) wuchs am Bosporus ein neues Rom: Konstantinopel. Gegründet an der Stelle des alten Byzanz, lag die Stadt genau an der Nahtstelle zwischen Europa und Asien und gleich nahe den am meisten bedrohten Fronten des Reiches in den Balkanprovinzen, in Armenien und in Syrien. Der militärischen Logik der Ortsbestimmung entsprach die ökonomische und kirchenpolitische: Die Provinzen des Ostens mit ihren großen Handelsmetropolen waren dem Westen wirtschaftlich weit überlegen, und sie beherbergten die bedeutendsten christlichen Gemeinden. In den Mauern der neu gegründeten Metropole verband sich die römische Herrschaftsordnung mit den alten Traditionen der orientalisch-griechischen Kultur. Zahlreiche Kirchenbauten bezeugten den festen politischen Willen, aus der Stadt Konstantins das zu machen, wozu das alte Rom noch nicht bereit war: die christliche Hauptstadt eines christlichen Imperiums. Seit 395 n. Chr. residierte dort auf Dauer der Kaiser des Ostreiches.

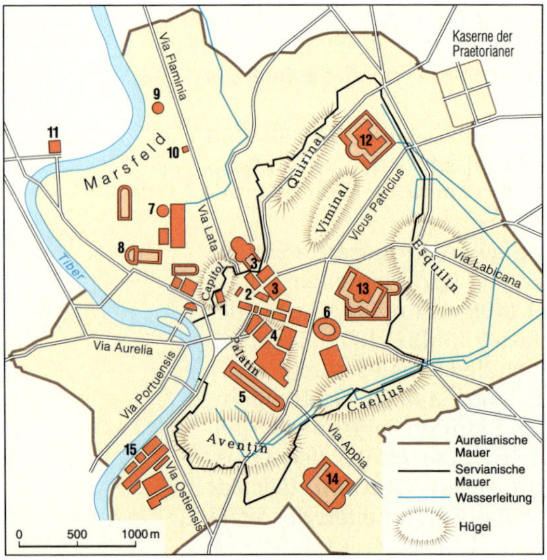


**173** Stadtplan Roms im 4. Jahrhundert n. Chr.
1 Jupitertempel; 2 Forum Romanum; 3 Kaiserforen; 4 Kaiserpaläste; 5 Circus Maximus; 6 Kolosseum; 7 Pantheon; 8 Pompeius-Theater; 9 Mausoleum; 10 Friedensaltar; 11 Hadrianmausoleum; 12 Diocletiansthermen; 13 Trajansthermen; 14 Caracellathermen; 15 Hafen und Speicher.

**174** Stadtplan Konstantinopels im 4. Jahrhundert n. Chr.

**Die sozialen Veränderungen**

Das kulturelle Leben blühte allerorten wieder auf. Die literarische Tätigkeit nahm auf allen Gebieten von der Dichtung bis zu den Fachschriften wieder zu. Zahlreiche Großbauten entstanden in den großen Städten des Reiches (christliche Basiliken, aber auch Thermen, Paläste und Stadttore) und zeugten von dem Optimismus einer noch einmal davongekommenen Welt. In der Reichsverwaltung besetzten Aufsteiger aus dem Ritterstand die Schlüsselpositionen. Daneben entstand ein Militäradel, in den bis hin zum germanischen General jeder aufstieg, der Krieg zu führen wusste. Die senatorische Führungsschicht glich den Verlust ihrer einstigen politischen Macht durch die Steigerung ihrer wirtschaftlichen Stellung aus. Senatoren konnten ihren Grundbesitz nach wie vor ungehemmt mehren, so dass die Ausdehnung der Großgüter zunahm. Mit dieser Entwicklung begann die Geschichte der weitgehend selbstständigen Grundherrschaften der Spätantike und des frühen Mittelalters.

**Die Städte und ihre Führungsschichten**

Die Städte zahlten den höchsten Preis der Verteidigungskriege, die stetig mehr an Geld und Lasten forderten. Ihren Führungsschichten (den Curialen) bot seit Diokletian die wachsende kaiserliche Bürokratie und seit Konstantin der einflussreiche christliche Klerus neue Chancen des gesellschaftlichen Aufstiegs. Viele wussten sie zu nutzen – zum Schaden ihrer Städte, die so gerade die reichsten und tatkräftigsten ihrer Bürger verloren. An ihre Stelle traten mehr und mehr die vermögenden Grundbesitzer und die Bischöfe, die die Verwaltung der Städte in ihre Hände nahmen.

Der große Reichtum floss nach wie vor aus den Erträgen der Landwirtschaft. Alle besitzenden Schichten, von den Senatoren bis zum städtischen Adel und den führenden Klerikern, bezogen den wichtigsten Teil ihrer Einkünfte aus der Grundrente. Der kleine Mann lebte in den Städten als Kleinbauer, Handwerker und Händler. Seine Chancen, gesellschaftlich aufzusteigen, waren gering. Weit eher drohte ihm

175 Römisches Großgut. Mosaik im Haus des Dominus Iulius in Karthago. Musée du Bardo, Tunis.
Die von abhängigen Bauern und Sklaven bewirtschafteten Großgüter im Besitz der senatorischen Führungsschicht entwickelten sich im 4. Jahrhundert n. Chr. zu einem der wichtigsten Wirtschaftsfaktoren.

der soziale Absturz. Jeder Anstieg des Getreidepreises, jede Steuer- oder Mieterhöhung bürdeten ihm Schulden auf, die ihn bereits bei einem normalen Zinssatz von 12 Prozent in den Ruin treiben konnten.

## 176 Senatorische Eliten

Der römische Historiker Ammianus Marcellinus (um 330–400 n. Chr.) über die Macht römischer Senatoren:

Zur Übernahme der Präfektur des Prätoriums wurde Probus aus der Stadt berufen, ein durch den Adel seines Geschlechts, seine Macht und die Größe seines Vermögens der römischen Welt bekannter Mann; fast in allen ihren Teilen besaß er große Güter – ob zu Recht oder nicht, das zu beurteilen will ich mir nicht anmaßen. Ihn trug, wie es die Dichter bildlich darstellen, eine zweigestaltige Glücksgöttin auf ihren weit ausgebreiteten Schwingen dahin. Bald zeigte sie ihn als einen wohltätigen Mann, der seinen Freunden hohe Stellungen verschaffte, bald als einen furchtbringenden Intriganten, der durch blutige Feindschaften Unheil stiftete. Zwar hatte er sein Leben lang mächtigen Einfluss, teils durch Schenkungen, die er machte, teils durch die hohen Ämter, die er im Lauf der Zeit nacheinander bekleidete, trotzdem aber war er bisweilen Frechlingen gegenüber ängstlich. […] Wie ein Fisch, aus seinem Element genommen, auf dem Trockenen nicht mehr lange atmet, so welkte er dahin, wenn er ohne Präfektur war. Denn solche Ämter anzunehmen war er gezwungen durch das gesetzwidrige Treiben der Familien, die wegen ihrer unersättlichen Habgier niemals frei von Schuld waren und ihr Oberhaupt in die Staatsgeschäfte stürzten, um selber straflos ihre vielen Absichten zu verwirklichen. Man muss offen bekennen: Niemals hat dieser dem Edelmut so aufgeschlossene Mann einem Klienten oder Diener etwas Unerlaubtes zu tun aufgetragen, aber wenn er erfuhr, dass einer von ihnen ein Verbrechen begangen hatte, ließ er, als ob die Göttin der Gerechtigkeit selbst dagegen Einspruch erhob, den Fall nicht untersuchen, sondern verteidigte ihn ohne Rücksicht auf Anstand und Ehre.

Ammianus Marcellinus: Römische Geschichte. Bd. IV. Lat. u. dt. u. komm. v. W. Seyfahrt. Berlin 1986. S. 87 f.

*a) Arbeiten Sie aus dem Text die politischen und wirtschaftlichen Machtgrundlagen römischer Senatoren heraus.*
*b) Welches Selbstverständnis der römischen Eliten spiegelt sich in der Quelle?*
*c) Welche Tendenz verfolgt der Autor?*

## 177 Die gesetzliche Bindung der städtischen Eliten an ihre Pflichten

Aus dem *Codex Theodosianus*, einer von dem oströmischen Kaiser Theodosius (408 bis 450 n. Chr.) veranlassten Sammlung aller Gesetze seit der Regierungszeit Konstantins, 438 n. Chr.:

Keiner, der richterliche Gewalt hat, soll versuchen, irgendein Ratsmitglied [*curialis*] von seinen Pflichten gegenüber der Gemeinde freizustellen oder jemanden nach eigenem Ermessen von der Zugehörigkeit zum Stadtrat [*curia*] zu befreien. Sollte nämlich jemand derart durch unglückliche Umstände finanziell ruiniert sein, dass er unterstützt werden muss, so gehört es sich, dies zu unserer Kenntnis zu bringen, auf dass ihm für eine gewisse Zeit Befreiung von seinen Pflichten der Gemeinde gegenüber gewährt werde. […] Wir verordnen, dass die Söhne von Dekurionen, die das Alter von 18 Jahren erreicht haben, sich in der Provinz Karthago vertraut machen mit ihren Pflichten gegenüber den Gemeinden. Denn es darf nicht gewartet werden damit, bis sie sich von der Zugehörigkeit zu ihrer Familie und den heiligen Banden der väterlichen Gewalt gelöst haben, da die Wünsche ihrer Väter den Interessen der Gemeinden nicht nachteilig vorgreifen sollen.

Codex Theodosianus 12, 1,1; 7. Zit. nach: Geschichte in Quellen. Bd. 1: Altertum, bearb. v. W. Arend. 4. Auflage 1989. S. 751 f.

*a) Rekonstruieren Sie die gesetzliche Regelung im Einzelnen; welche Begründung für sein gesetzliches Eingreifen führt der Kaiser an?*
*b) Welche historischen Entwicklungen können Sie nennen, die zu der geschilderten Situation geführt haben?*

### 178 Naturkatastrophen und Hungerkrisen

Aus einer Chronik des 5. Jahrhunderts n. Chr.:
In Kürze, im April, begann der Mangel an Getreide und allem Übrigen. [...] In den Monaten Juni und Juli waren die Einwohner dieser Distrikte zu allen möglichen Auswegen gezwungen, um zu überleben. Sie säten Hirse für den Eigengebrauch, aber das genügte nicht, weil sie nicht gedieh. Bevor das Jahr zu Ende ging, hatte das Hungerelend die Leute zur Bettelei gezwungen, sie verkauften ihr Hab und Gut für die Hälfte des Werts, Pferde und Ochsen, Schafe und Schweine. Und da die Heuschrecken alle Feldfrüchte vernichtet hatten und weder Grünfutter noch sonstige Nahrung für Menschen und Tiere übrig gelassen hatten, gaben viele ihre Geburtsorte auf und wanderten in andere, nördlich und westlich gelegene Distrikte. Und die Kranken, die in den Städten waren, ebenso wie die Alten, Buben, Frauen und Kinder, die Hunger leiden mussten, da sie nicht in der Lage waren, so weit zu gehen und zu den entferntesten Orten zu fliehen, flohen in die Städte, um durch Betteln ein Auskommen zu finden. Und auf diese Weise wurden viele Dörfer und Weiler wegen der Not der Einwohner verlassen. [...] Und jene, die in der Stadt waren, wanderten über die Straßen, pflückten Halme und Blätter von Pflanzen und aßen sie. Sie schliefen in den Portiken und Straßen [...] und ihre Körper schwanden dahin. [...] Die Pest [ausgelöst durch Hunger und Wanderungen] wurde schlimmer in dieser Zeit, besonders im November. Und auch im Dezember, als der Frost und das Eis kamen, da sie sich nachts in den Portiken und auf den Straßen aufhielten, kam der Schlaf des Todes während des natürlichen Schlafes über sie. [...] Tote Körper lagen ausgestreckt in jeder Straße, und die Bürger waren nicht in der Lage, sie zu bestatten, weil sie, wenn sie von der Bestattung des einen zurückkehrten, schon wieder weitere Tote vorfanden.

Zit. nach U. Fellmeth: Brot und Politik. Ernährung, Tafelluxus und Hunger im antiken Rom. Stuttgart 2001. S. 119 f.

*a) Welche Ursachen und Auswirkungen des Hungers werden angesprochen?*
*b) Warum flüchteten die Menschen in die Städte?*

## 2. Kirche und Papsttum

**Der Primatsanspruch des römischen Bischofs**

Unter den Bischöfen des Reiches ragten im Osten die Patriarchen der Großstädte Konstantinopel, Alexandrien und Antiochia und im Westen die Bischöfe von Rom und Karthago heraus. 381 n. Chr. bestimmte das Konzil von Konstantinopel, der dortige Patriarch solle gleich nach dem Bischof von Rom den Vorrang der Ehre haben, da seine Stadt das „Neue Rom" sei. Diesem Spruch fügten sich die östlichen Bischöfe, die des Westens protestierten. Denn diese Entscheidung, so argumentierte der römische Bischof Damasus, sei dazu angetan, die Spaltung zwischen Ost und West zu vertiefen. Schließlich habe Christus selbst die Kirche Roms allen anderen vorangestellt, als er Petrus zurief: „Du bist Petrus, und auf diesen Felsen will ich meine Kirche bauen" (Matthäus 16,18). Der Inhaber des „Apostolischen Stuhls" (*sedes apostolica*) in Rom sei daher Nachfolger des ersten aller Apostel und niemand könne ihm gleich sein.

**Das Papsttum**

Es hat Jahrhunderte gebraucht, um diesen Anspruch des römischen Bischofs auf die unmittelbare und ununterbrochene Stellvertretung des Apostelfürsten durchzusetzen. Als Glaubenstatsache, verbindlich für alle Katholiken, formulierte ihn erst das 1. Vatikanische Konzil 1870. Den Weg dorthin ebnete in der Antike das natürliche Übergewicht der Gemeinde in der Hauptstadt des Imperiums. Die politische Entwicklung tat das ihrige. Als im 5. Jahrhundert Kaiser und Patriarch des übermächtig gewordenen Konstantinopel Rom den Rücken kehrten, setzten sie dem Aufstieg des römischen Pontifex im Westen keinen Widerstand mehr entgegen und sahen unbeeindruckt zu, als dieser seinen Einfluss zielstrebig entfaltete. Jetzt beriet er die Gemeinden des Westens nicht mehr, jetzt antwortete er auf ihre

179 „Papst Leo der Große tritt dem Attila entgegen". Fresko (Basis 750 cm) von Raffael, 1514. Über dem Papst schweben die Apostel Petrus und Paulus als die Schutzheiligen Roms, vor denen der Hunnenkönig weichen muss. Die seit dem 5. Jahrhundert wachsende politische Bedeutung des Papsttums ist den Menschen auch tausend Jahre später im Bild des erfolgreichen Leo vorgestellt worden.

Fragen im Stil kaiserlicher Dekrete. Jetzt mahnte er nicht mehr, sondern zog die innerkirchliche Gerichtsbarkeit und die letzte Entscheidung in allen Glaubensfragen an sich. In der Mitte des 5. Jahrhunderts schließlich rühmte sich Leo der Große, nicht nur die Einheit des Glaubens, sondern auch das Überleben des im Westen zusammenbrechenden Reiches erreicht zu haben. 452 n. Chr. trat er an der Spitze einer kleinen Gesandtschaft dem Hunnenkönig Attila entgegen, um Rom zu retten, und 455 n. Chr. bewahrte er die Stadt vor der Brandschatzung durch die Vandalen. „Ich bin mir bewusst", schrieb er, „unter dem Namen des Petrus an der Spitze der Kirche zu stehen." Folgerichtig ließ er sich, anders als seine Vorgänger, in der Nähe des Petrus, am Vatikan, begraben.

## 180 Der Untergang des Heidentums

Klage des heidnischen Rhetors Libanios vor Kaiser Theodosius I., um 390 n. Chr.:

Dein Befehl war es nicht, dass man die Tempel schließe. [...] Jene [mönchischen] Schwarzröcke sind es, die mehr als Elefanten fressen und durch die Größe ihrer Humpen lästig fallen [...], die deinem Gesetz zum Trotz mit Steinen, hölzernen und eisernen Geräten oder auch ohne Werkzeug die Tempel stürmen. [...] Die Dächer werden zertrümmert, die Mauern geschleift, die Bildsäulen niedergerissen, die Altäre zerstört. Die Priester heißt man schweigen oder sterben. Liegt das erste Heiligtum danieder, so stürzt man sich auf das zweite und dritte; ein gesetzwidriger Triumph reiht sich an den andern. Auch in den Städten wagt man solchen Frevel, vor allem aber in den Landbezirken. [...] Hier erreicht die Frechheit ihren Gipfelpunkt. Sie sagen zwar, es gelte den Tempeln, tatsächlich aber wüten sie um der Beute willen; die einen plündern die Heiligtümer, die andern rauben die unglücklichen Landbewohner aus und ziehen mit dem Ertrag ihrer Felder und ihrem Vieh davon. Noch andern genügt auch das nicht; sie eignen sich auch das Land selbst an unter dem Vorwand, dass es irgendwem geweiht sei. So sind schon viele ihres väterlichen Erbteils beraubt worden unter einem nichtigen Vorwand. Jene aber schwelgen auf Kosten anderer, sie, die doch behaupten, ihrem Gott mit Fasten zu dienen. [...] Wir bestrafen, so sagen sie, die Übertretung des Gesetzes, das das Opfer verbietet. Aber darin lügen sie. [...] Es war in vielen Bezirken Brauch, bei festlichen Anlässen an besonders angesehenen Orten sich zu vereinigen zu Opfer und fröhlichem Schmaus. So hielt man's, solange es erlaubt war. Dann wurde das Opfer untersagt, im Übrigen blieb es beim Alten. Lud nun die gewohnte Zeit zum Feste, so folgte man, und wer es ohne Schaden tun zu können glaubte, der feierte den Tag am alten Ort. Von Opfern aber ist kein Wort gefallen; keiner riet dazu, keiner folgte; und von den Gegnern könnte keiner behaupten, er habe bei solcher Gelegenheit mit eignen Augen ein Opfer gesehen. [...] Wenn du, mein Fürst, den Tempelfrevel gutheißt und gestattest, so müssen wir's tragen, mit Kummer zwar, doch so, dass du siehst, wir können gehorchen. Wenn aber jene Menschen [die Mönche] ohne deine Erlaubnis erstürmen werden, was ihnen bisher noch entging oder was in Eile wiedererstand: dann wisse, werden die Landeigentümer sich selbst und das Gesetz verteidigen.

Libanios: 30. Rede „Für die Tempel", 8 ff. Zit nach: H. Rinn/J. Jüngst: Kirchengeschichtliches Lesebuch. Leipzig 1904. S. 41 f.

*a) Welche Rolle spielen nach Libanios die Mönche bei der Zerstörung der heidnischen Heiligtümer? Warum taten sich gerade die Mönche beim Sturm auf die Reste des Heidentums hervor?*
*b) Rekonstruieren Sie aus dem Text die gesetzlichen Bestimmungen über die Ausübung der heidnischen Kulte.*
*c) Warum griffen die örtlichen Behörden nicht ein?*

## 181 Der Primatsanspruch des Bischofs von Rom

Papst Leo der Große in seiner Predigt am 29. 9. 444 n. Chr.:

Aus der ganzen Welt wird einzig Petrus erkoren, der auch das Haupt aller berufenen Völker, aller Apostel und sämtlicher Väter der Kirche sein soll; obwohl es im Volke Gottes viele Priester und Hirten gibt, ist doch im eigentlichen Sinne Petrus der Leiter aller derer, über die letztendlich auch Christus herrscht. Einen bedeutenden und bewundernswerten Anteil an ihrer Macht gab also [...] die göttliche Gnade diesem Mann. Und wenn nach ihrem Willen auch den übrigen Häuptern (*principes*) [gemeint sind die Bischöfe] einiges mit ihm gemeinsam sein sollte, so hat sie doch, was immer sie anderen gewährte, stets nur durch ihn verliehen.

[...] Wird demzufolge auch heutzutage etwas von uns in rechter Weise vollbracht und verfügt, so ist dies dem Wirken und Lenken dessen zuzuschreiben, zu dem er [Christus] gesagt hat: „Und du, wenn du dich einst bekehrt hast, stärke deine Brüder" [Lukas 22,32], und an den der Herr nach seiner Auferstehung auf dessen dreimalige Beteuerung unwandelbarer Liebe hin dreimal den so bedeutungsschweren wie eindringlichen Ruf ergehen ließ: „Weide meine Schafe" [Johannes 21,15 ff.]. Dies tut er [Petrus] ohne jeden Zweifel auch noch heute und führt als getreuer Hirte den Auftrag (*mandatum*) seines Herrn aus, indem er uns durch seine Ermahnungen stärkt und ohne Unterlass für uns bittet, dass wir keiner Versuchung zum Opfer fallen. Wenn er schon, wie wir zu glauben verpflichtet sind, diese seine fürsorgende Liebe dem gesamten Gottesvolk allerorten angedeihen lässt, wie viel mehr wird er dann seine Hilfe uns, seinen Pflegebefohlenen, zuzuwenden geruhen, bei denen er an heiliger Stätte in demselben Fleisch, in dem er unser Oberhaupt war, in seligem Todesschlaf schlummert?

Zit. nach A. Ritter: Alte Kirche. 6. Aufl. Neukirchen 1994. S. 226.

*a) Wie begründet Leo den Primatsanspruch?*
*b) Diskutieren Sie die Konsequenzen, die sich aus dem Primatsanspruch Leos für die Organisation ergeben.*

## 182 Das Verhältnis der geistlichen und weltlichen Gewalten

Aus einem Brief des Gelasius, der 492 bis 496 n. Chr. als Bischof von Rom wirkte, an Kaiser Anastasius, 494 n. Chr.:

Zwei sind es nämlich, erhabener Kaiser, durch die an oberster Stelle diese Welt regiert wird: die geheiligte Autorität der Bischöfe und die kaiserliche Gewalt (*auctoritas sacra pontificum et regalis potestas*). Von diesen beiden ist die Last der Priester umso schwerer, als sie auch selbst für die Könige der Menschen vor Gottes Gericht Rechnung abzulegen haben. Denn ihr wisst es, allergnädigster Sohn: Wohl überragt ihr an Würde das ganze Menschengeschlecht; dennoch beugt ihr fromm den Nacken vor den Amtswaltern der göttlichen Dinge und erwartet von ihnen die

Mittel zum Seelenheil. Ebenso erkennt ihr, dass ihr beim Empfang der himmlischen Sakramente, wenn sie geziemend ausgespendet werden, nach geheiligter Ordnung eher der demütig Nehmende, nicht aber der Befehlende seid. In diesen Dingen seid ihr demnach vom Urteil der Priester abhängig und dürft sie nicht eurem Willen unterjochen wollen. Wenn nämlich im Bereich der staatsrechtlichen Ordnung auch die Vorsteher der Religion willig anerkennen, dass euch die kaiserliche Herrschaft durch göttliche Anordnung übertragen ist und deshalb auch sie euren Gesetzen Gehorsam zu leisten haben, um nicht etwa in weltlichen Dingen eurer einzig maßgeblichen Befehlsgewalt entgegen zu sein – wie freudig, so frage ich euch, muss man dann denen gehorsam sein, die zur Ausspendung der verehrungswürdigen Mysterien gesetzt sind? [...] Daraus ziehe nun eure fromme Majestät die einleuchtende Folgerung: dass niemand zu keiner Zeit und aus was immer einem rein menschlichen Vorwand stolz sich erheben dürfte über das einzigartige Amt jenes Mannes, den Christi Befehl selbst allen als Haupt gegeben und den die ehrwürdige Kirche immerdar gläubig bekannt hat und auch heute demütig anerkennt als ihr Oberhaupt.

Zit. nach: H. Rahner: Kirche und Staat im frühen Christentum. Dokumente aus acht Jahrhunderten und ihre Deutung. München 1961. S. 257 f.

*a) Skizzieren Sie das historische Umfeld, in dem dieser Brief entstand.*

*b) Erläutern Sie die Konsequenzen der von Gelasius vorgenommenen Unterscheidung zwischen der* sacra auctoritas *des Papstes und der* potestas *des Kaisers.*

## 3. Die Völkerwanderung

**Der Zusammenbruch der Donaugrenze**

Die Reformen des Heeres hatten unter Diokletian und Konstantin den bedrohten Grenzen noch einmal Stabilität verliehen. Beide Kaiser organisierten die militärische Führung neu, trennten sie von der zivilen Gewalt und teilten die Armee in an ihre Standorte gebundene Grenztruppen und in bewegliche Feldeinheiten. Doch half dies wenig, als der Druck germanischer Völker auf die Balkangrenze zunahm. Auslösende Kraft war das zentralasiatische Reitervolk der Hunnen, die um 375 n. Chr. den Don überschritten und an der unteren Donau das Reich der Goten überrannten. Diese flüchteten und setzten sich in Thrakien und Moesien fest. Der Versuch des Kaisers, ihre Wehrkraft im Dienste des Reiches zu nutzen, scheiterte. Im August 378 n. Chr. vernichteten die Goten bei Adrianopel die kaiserlichen Truppen nahezu vollständig. Seit diesem Tag konnte die Donaugrenze nicht mehr gehalten werden und wurde zum Einfallstor für immer neue barbarische Stämme. 382 n. Chr. schloss Kaiser Theodosius mit den Goten einen folgenschweren Vertrag: Sie durften diesseits der Donau ansässig werden und verpflichteten sich, im Bedarfsfall Waffenhilfe für den Kaiser unter eigenen Führern zu leisten. Das Beispiel machte Schule: Auf römischem Hoheitsgebiet erhielten ganze Völker Siedlungsplätze, behielten ihre eigenen Gesetze und Sitten aber bei; so bildeten sie Staaten im Staate.

**Das Überleben des Oströmischen Reiches**

Der Kaiser in Konstantinopel tat, was ihm die Not eingab: Er lenkte die germanischen Völker nach Westen um. 401 n. Chr. verlieh er, nachdem die Goten jahrelang Griechenland verheert hatten, dem ehrgeizigen König Alarich die Würde eines Heermeisters (*magister militum*) und schickte ihn mit seinen Kriegern nach Dalmatien und Italien. Der Vorgang wiederholte sich: Am Ende des Jahrhunderts waren es die südlich der Donau in Niedermösien angesiedelten Ostgoten, denen der Kaiser 488 n. Chr. unter ihrem König Theoderich den Weg nach Ravenna wies. Dort nahm dieser dem germanischen Statthalter Odoaker Herrschaft und Leben und ließ sich 493 n. Chr. noch einmal zum König ausrufen – diesmal zum König über Goten und Römer. Am Ende überstand das Oströmische Reich den Ansturm der Germanen, auch wenn die jahrzehntelangen Raubzüge hunnischer, bulga-

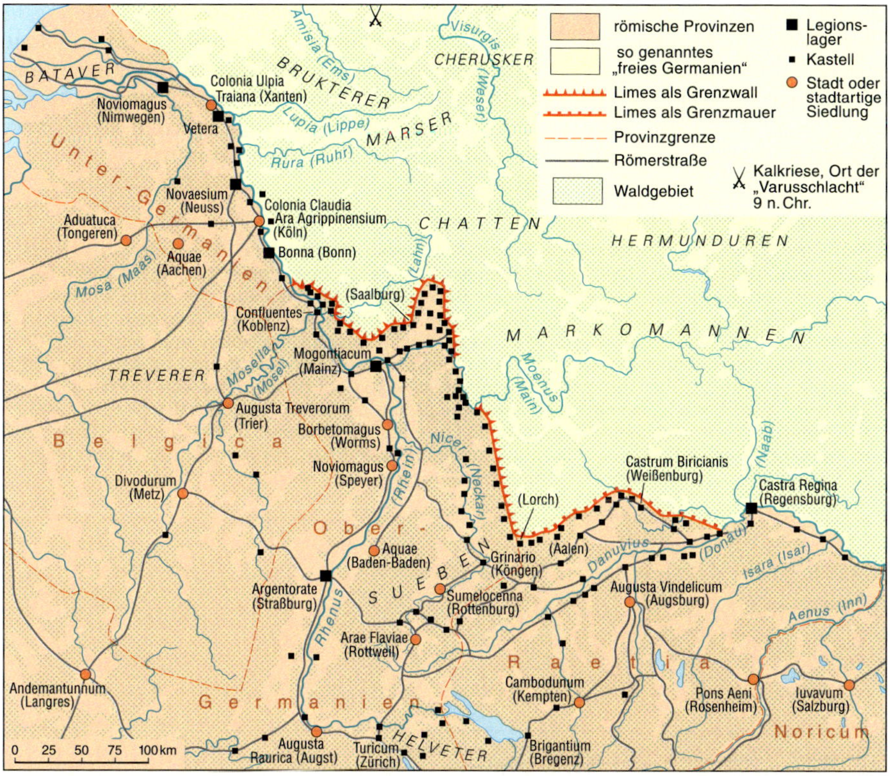


183 Der Limes um 160 n. Chr. Der Rhein und Donau vorgelagerte Schutzwall wurde 259/60 n. Chr. aufgegeben.

rischer und slawischer Stämme in der dauerhaften Niederlassung der Slawen bis hinein in die Peloponnes mündeten. Und es behielt die Kraft, im Osten die Euphratgrenze gegen das neupersische Reich zu halten. Dies hatte unter dem Herrschergeschlecht der Sassaniden die Ostprovinzen des Imperiums berannt – vergeblich.

**Der Zusammenbruch des Westens**

Im Westen zogen die in Mailand residierenden Kaiser zum Schutz Italiens Truppen aus Britannien und vom Rhein ab. Die Folgen waren verheerend. Ende Dezember 406 n. Chr. überschritten Vandalen, Alanen und Sueben den gefrorenen Rhein, brachen jeden Widerstand in Gallien, überwanden die Pyrenäen und ließen sich in Spanien nieder. 409 n. Chr. fielen die Goten in Italien ein und eroberten unter ihrem König Alarich Rom. Selbst den Christen schien nun das Ende der Welt nahe, von dem sie zu wissen glaubten, es käme mit dem Fall des ewigen Rom. Noch aber war es nicht so weit. Die Goten zogen nach Norden ab und wurden in Gallien zwischen Loire und Garonne angesiedelt. Von ihrem neuen König Athaulf berichtet man, er habe eingesehen, dass sein zügelloses Volk unfähig sei, den Gesetzen zu gehorchen, ohne die ein Staat nicht existieren könne. Seine Krieger kämpften 451 n. Chr. in der Schlacht auf den Katalaunischen Feldern an der Seite Roms und zwangen die Hunnen zum Rückzug aus Gallien.
Jahrzehnte später war Rom endgültig „ein entfiederter Adler, der altersschwach am Tiber sitzt“ – so Papst Gregor der Große. 455 n. Chr. wurde die Stadt ein zweites Mal erobert, diesmal von den Vandalen. 476 n. Chr. vertrieb der Anführer eines germanischen Söldnerhaufens den letzten Nachfolger vom Thron des Augustus und schickte ihn als Pensionär auf ein kampanisches Landgut. 493 n. Chr. erober-

ten die Ostgoten unter Theoderich die Apeninnenhalbinsel, während Gallien eine Beute Chlodwigs und seiner Franken wurde. Als letzte rückten 568 n. Chr. die Langobarden unter Alboin nach und machten sich zu Herren Nord- und Mittelitaliens. Um 600 n. Chr. war das Imperium der Caesaren nur noch Erinnerung. In Italien und Gallien wuchsen neue feudale Ordnungen und die christlichen Missionare unterwarfen nun auch England dem Glauben an den Gekreuzigten.

**Barbaren:** Für die Griechen war jeder Fremde ein Barbar, da die Laute, die er ausstieß, wie das Lallen von Kindern, wie „bar-bar-bar" klangen und seine Lebensweise der eigenen fern lag. Im römischen Kaiserreich waren sich seine Bewohner einig, dass Barbaren keine wirklichen Menschen waren. Sie konnten angeblich weder vernünftig denken noch handeln, pflanzten keine Ölbäume, erzeugten keinen Wein, verehrten Dämonen als Götter und waren Feinde des städtischen Lebens. Die Länder, die sie bewohnten, seien düster und unwegsam, und „ständiger Winter, trüber Himmel lastet auf ihnen" – so der Philosoph Seneca. Die christliche Lehre von der Ebenbildlichkeit jedes Menschen schien die kulturelle Überheblichkeit der antiken Menschen aufzubrechen. Als jedoch die Fremden näher kamen, sahen auch die Christen in ihnen aggressive Barbaren, die rauben wollten, was ihnen das Imperium gegeben hatte: Friede, Wohlstand und städtische Lebensordnung.

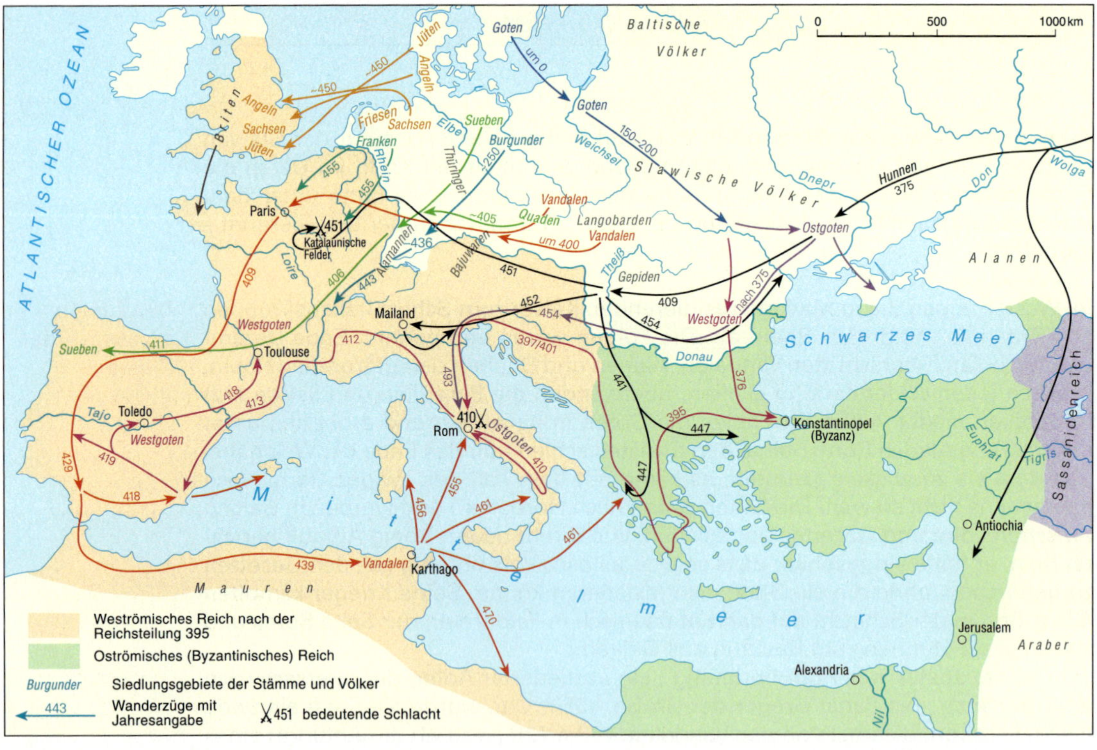


**184** Die Völkerwanderung im 4. und 5. Jahrhundert n. Chr.

## 185 Die Hunnen in römischer Sicht

Der römische Geschichtsschreiber Ammianus Marcellinus (4. Jahrhundert n. Chr.) über die Hunnen:

Das Volk der Hunnen ist in den alten Schriften wenig bekannt. Es wohnt jenseits des Mäotischen Sees [= das Asowsche Meer], nahe dem Eismeer, und lebt im Zustand unbeschreiblicher Wildheit. [...] Alle besitzen sie gedrungene und starke Glieder und einen muskulösen Nacken und sind so entsetzlich entstellt und gekrümmt, dass man sie für zweibeinige Bestien oder für Figuren aus Blöcken halten könnte, wie sie für die Seitenbegrenzung von Brücken roh behauen werden. Bei ihrer reizlosen Menschengestalt sind sie durch ihre Lebensweise so abgehärtet, dass sie keines Feuers und keiner gewürzten Speise bedürfen, sondern von den Wurzeln wilder Kräuter und dem halbrohen Fleisch von jedwedem Getier leben, das sie zwischen ihre Schenkel und den Pferderücken legen und etwas erwärmen. Sie kennen niemals den Schutz von Gebäuden, meiden solche vielmehr wie Gräber, die vom allgemeinen Verkehr völlig abgeschieden sind. [...] Ihre Schuhe werden nicht auf Leisten gepasst und hindern sie daran, frei auszuschreiten. Deswegen sind sie zu Fußkämpfen ungeeignet, aber auf ihren abgehärteten, doch unschönen Pferden sitzen sie wie angegossen. [...] Von seinem Pferd aus kauft und verkauft jedermann in diesem Volk bei Tag und Nacht, nimmt sein Essen und Getränk zu sich und gibt sich, auf den schmalen Hals des Tiers gebeugt, tiefem Schlaf hin. [...] Sie lassen sich durch keine königliche Strenge führen, sondern begnügen sich mit improvisierter Führung von Häuptlingen, und so überwinden sie jedes Hindernis.

[...] Niemand pflügt bei ihnen oder berührt jemals den Pflug. Denn sie alle kennen keine festen Wohnsitze, sondern schweifen umher, ohne Haus, ohne Gesetz und feste Lebensweise, immer wie auf der Flucht mit ihren Wagen, auf denen sie wohnen. [...] Niemand kann bei ihnen auf die Frage, woher er stamme, eine Antwort geben, denn irgendwo wurde er gezeugt, weit fort davon geboren und in noch größerer Entfernung erzogen. [...] Wie Tiere, die keinen Verstand haben, kennen sie keinen Begriff von Ehre und Ehrlosigkeit [...] und unterliegen keinem Einfluss von Ehrerbietung vor einer Religion oder auch nur einem Aberglauben.

Ammianus Marcellinus: Römische Geschichte. Bd. IV. Lat. u. dt. u. komm. v. W. Seyfahrt. Berlin 1986. S. 243 f.

*a) Listen Sie die Unterschiede zwischen Reichsbewohnern und „Barbaren" systematisch auf.*
*b) Nehmen Sie kritisch zu der Beschreibung des römischen Historikers Stellung: Was erscheint glaubhaft, was nicht?*
*c) Welches Ziel verfolgt der Autor mit seinem Bericht?*

## 186 Auswirkungen der Völkerwanderung

a) Der spanische Geistliche Orosius (um 400 n. Chr.) in seiner „Geschichte gegen die Heiden" über den Westgotenkönig Athaulf (410 bis 415 n. Chr.) und das Römische Reich, 417 n. Chr.:

[Athaulf] habe vor allem mit glühendem Eifer danach getrachtet, dass er nach der Auslöschung des römischen Namens den ganzen römischen Reichsboden zum Reich der Goten mache und so benenne und dass, um volkstümlich zu reden, „Gothien" wäre, was früher „Romanien" gewesen wäre, und dass jetzt Athaulf würde, was einst der Caesar Augustus war. Aber nachdem ihn mannigfache Erfahrung belehrt hätte, dass weder die Goten infolge ihrer unbändigen Wildheit auf irgendeine Weise dazu gebracht werden könnten, den Gesetzen zu gehorchen, noch die Gesetze des Staates verboten werden könnten, ohne die der Staat nicht Staat ist, da habe er sich wenigstens das als Ziel gesetzt, dadurch für sich Ruhm zu erwerben, dass er mit den Kräften der Goten das römische Wesen wieder völlig herstellte und noch vermehrte und bei der Nachwelt als der Urheber der römischen Wiederherstellung gälte, weil er nicht dessen Umgestalter hätte sein können. Daher trachte er danach, den Krieg zu vermeiden, daher, dem Frieden mit aller Macht nachzustreben.

Zit. nach: Geschichte in Quellen. Bd. 1: Altertum, bearb. v. W. Arend. 4. Auflage 1989. S. 791 f.

**b)** Der byzantinische Historiker Prokopios (6. Jahrhundert n. Chr.) über das Vorgehen der Vandalen unter ihrem König Geiserich (428 bis 477 n. Chr.) in der römischen Provinz *Africa*:

Wo sich in Africa ein ansehnliches und reiches Besitztum fand, das konfiszierte er [Geiserich] mitsamt dem Grund und Boden und allem Inventar und gab es seinen Söhnen. [...] Den andern Libyern aber nahm er die Grundstücke, die die größten und besten waren, einfach weg und verteilte sie unter das Volk der Vandalen. Daher werden diese Grundstücke „Vandalenlose" bis auf den heutigen Tag genannt. Diejenigen aber, die seit alters diese Grundstücke besessen hatten, verfielen in ärgste Armut; nur die freie Bewegung war ihnen gelassen. Es war ihnen nämlich freigestellt auszuwandern, wohin sie wollten! Und alle die Grundstücke, die Geiserich seinen Söhnen und den anderen Vandalen gegeben hatte, blieben auf seinen Befehl vollkommen steuer- und abgabenfrei. Das Land aber, das nicht gut zu sein schien, ließ er seinen früheren Besitzern, legte diesen jedoch eine solch hohe Abgabe davon auf, dass ihnen, die so ihr eigenes Land in Besitz hatten, auch nicht das Geringste übrig blieb. Viele von ihnen flüchteten und wurden getötet.

Prokopios: Vandalenkrieg, 1, 5, 11. Zit. nach: Geschichte in Quellen. Bd. 1: Altertum, bearb. v. W. Arend. 4. Auflage 1989. S. 793.

**c)** Oströmisches Reich und Germanenreiche um 500 n. Chr.

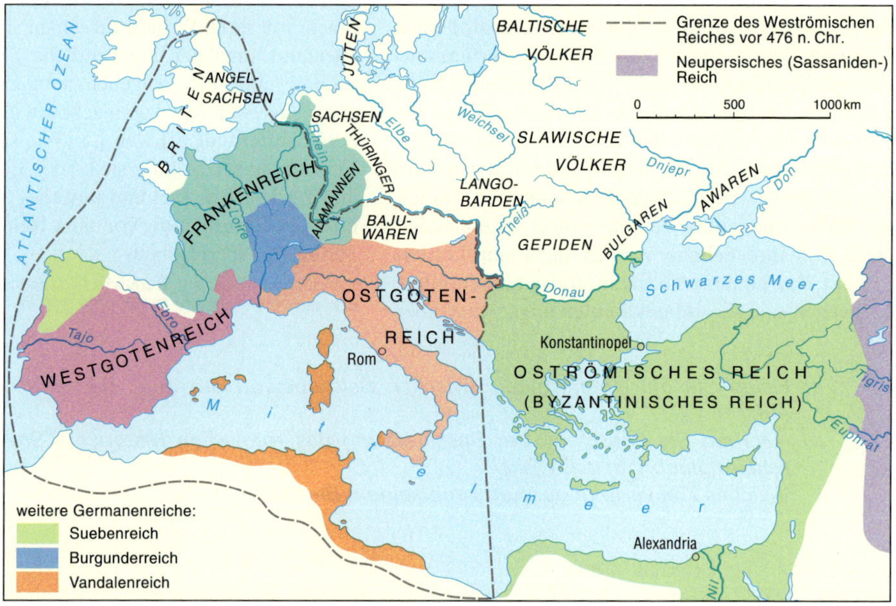


*a) Setzen Sie sich mit der modernen Einschätzung auseinander, in der Person des Athaulf seien erstmals bei einem „Barbarenkönig" „Züge eines Staatsmannes" in Erscheinung getreten.*

*b) Von welcher Tendenz ist der Bericht des Prokopius über das Vorgehen der Vandalen in Nordafrika geprägt? Vergleichen Sie die Darstellung mit den Aussagen des Ammianus über die Hunnen (Quellentext 185).*

# 4. Die Geburt der arabisch-islamischen Weltmacht

**Muhammad**

Alles begann in Arabien. Beduinen durchwanderten seit unvordenklichen Zeiten seine Wüsten und Steppen, und die Stadtbürger von Mekka und Medina beherrschten seine großen Oasen. Es war eine eigene Welt, die sich nicht mit den Kulturländern des Oströmischen Reiches berührte. Dass dies mit der Gewalt einer Explosion anders wurde, war die Leistung eines Mannes: Muhammad. Geboren um 570 n. Chr. in Mekka, begann er als Vierzigjähriger den Glauben an Allah zu verkünden, den einzigen, unsichtbaren Gott, den Schöpfer der Welt und den Richter der Seelen, der alles menschliche Tun seinem Willen unterwirft. Vor seinem Thron konnte nur bestehen, wer ihm und keinem anderen gedient und wer nach Recht und Barmherzigkeit statt nach irdischen Gütern gestrebt hatte.

**Die Gründung der Umma**

Muhammad hat die ihm verkündete göttliche Offenbarung, die spätere Generationen im Koran festhielten, den Bürgern seiner Heimatstadt gepredigt. Sie aber wollten davon nichts hören: Die Visionen vom nahe bevorstehenden Gericht und die offen gezeigte Verachtung der Lokalgottheiten, die Scharen von Pilgern anlockten, stießen die nüchtern denkenden Kaufleute Mekkas ab. 622 n. Chr. wanderte der missachtete Prophet mit seinen Getreuen nach Jathrib, das nach seinem Tod den Namen Medina, Stadt des Propheten, erhielt. Dort, wo seit Menschengedenken rivalisierende Stämme einander befehdeten, setzte er sich durch. Er einte als politischer Führer die Zerstrittenen, gründete die durch den Glauben an Allah zusammengehaltene Umma („Gemeinde" oder „Gemeinschaft") und kehrte 630 n. Chr. mit seinen Kriegern nach Mekka zurück. Jetzt gewann er die Adelsfamilien der Stadt für sich. Ohne ihre politische und kriegerische Erfahrung wäre die Ausbreitung der Umma weit über die arabische Halbinsel hinaus nicht möglich gewesen.
Als letzte traten der Umma auch die Stämme der Wüste bei und nahmen das Gebet mit dem Gebetsruf und die Pflicht zur Armensteuer als die wichtigsten Zeichen des Islam an. Sie schworen ihren ewigen Blutfehden ab und beugten sich der Forderung, künftig keine Kriege gegen Muslime („die sich Gott völlig Ergebenden") zu führen. Der uralte Zwist zwischen Städtern und Nomaden war geschlichtet und eine neue politische Gemeinschaft geschaffen.

**Die Nachfolge Muhammads**

Als Muhammad 632 n. Chr. starb, hatte er seine prophetische Sendung vollendet. Nichts jedoch hinterließ er über die Bestellung eines Nachfolgers. Die engsten Anhänger des Propheten improvisierten und wählten Abu Bakr, einen aus ihrer

**187** Muhammad zieht in eine eroberte Stadt ein. Miniatur in einer persischen Handschrift, 14. Jahrhundert. Die Darstellung zeigt den Propheten in Begleitung des Erzengels Gabriel, der ihm das Wort Gottes verkündet hatte. Wegen des im Islam herrschenden Bildverbots haben es Künstler nur selten gewagt, Muhammad abzubilden.

Mitte, zum Oberhaupt und erklärten ihn zum Kalifen („Nachfolger" und „Stellvertreter"). Er erfüllte seine historische Aufgabe, als er dem von Muhammad geschmiedeten Bündnis von Stadt und Wüste ein neues, für alle Partner nützliches Ziel setzte: Krieg und Expansion, solange und wo immer es Ungläubige gab, die sich widersetzten. So verband sich der Glaube an Allah mit der Ideologie von Eroberern, und der Heilige Krieg (*Djihad*) band die Beduinen auf Dauer an den Islam.

**Der Ausbruch aus der Wüste**

Jetzt brachen sie aus der Wüste aus, geführt von den Eliten der Städte Mekka und Medina und in der Gewissheit des Prophetenwortes: „Auf dem Weg Gottes ist der, der für den Sieg Gottes kämpft." Die vorislamischen Raubzüge einzelner Stämme verwandelten sich jetzt in den gezielten Angriff der islamischen Umma auf die gesamte nichtmuslimische Welt. Das eroberte Land blieb ungeteilt und wurde als gemeinschaftliches Eigentum aller Muslime verwaltet. Auf die nichtarabischen Untertanen wartete das Los tributpflichtiger Schutzbefohlener (*dhimmis*), denen ihr alter Glaube blieb. Allein in Arabien durfte es nur Muslime geben; wer dort der Lehre des Propheten nicht folgen wollte, wurde getötet.

**Der Kampf ums Kalifat**

Der Siegeszug des Islam geriet ins Stocken, als 656 n. Chr. Uthman, der dritte Kalif, ermordet und Ali, der Schwiegersohn des Propheten, zu seinem Nachfolger erhoben wurde. Die Anhänger des Ermordeten flohen zu Muawija, dem Vetter des Getöteten und Statthalter Syriens. Dieser erklärte die Wahl Alis für ungültig und ließ sich 660 n. Chr. in Jerusalem als Kalif huldigen. Der Bruderkrieg war unvermeidlich geworden und mit ihm das Wiederaufleben der alten Fehden der beduinischen Stämme. Als 661 n. Chr. Ali einem Mordanschlag zum Opfer fiel, sprach niemand mehr von Versöhnung.

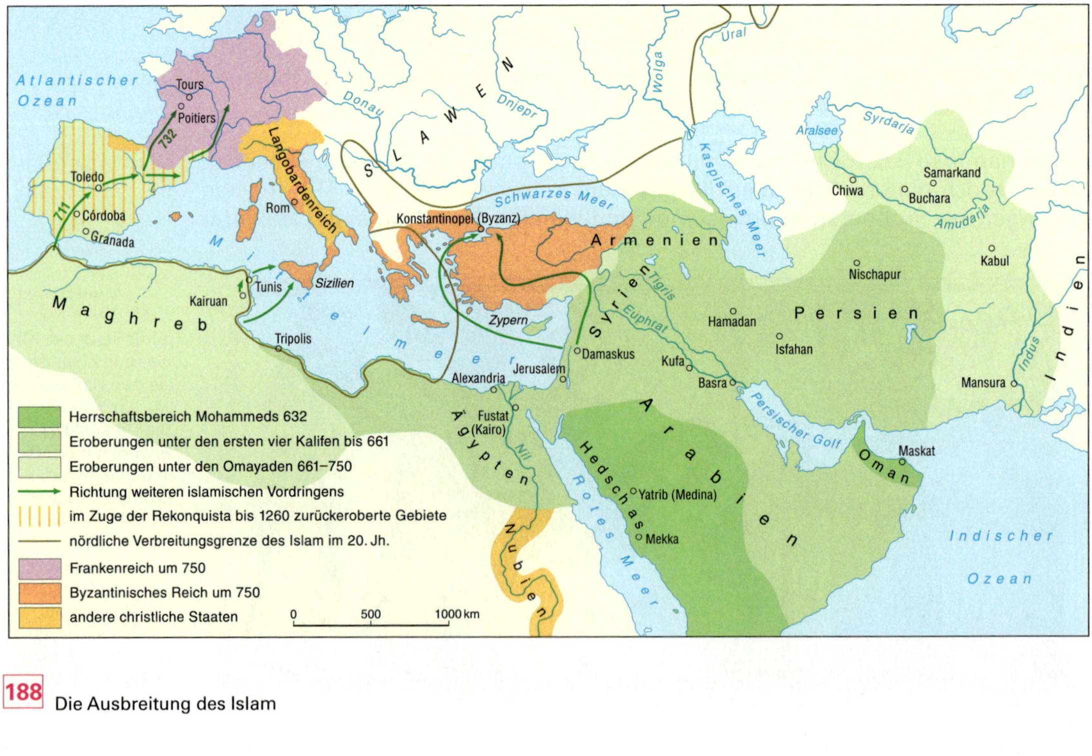


188 Die Ausbreitung des Islam

**Die Spaltung des Islam**

Die Welt des Islam wurde in diesen Kriegen für immer gespalten. Die Anhänger Alis, die Schiiten (*Schia* = die „Partei“ Alis), anerkannten als rechtmäßigen Kalifen nur einen Nachfolger aus der Familie des Propheten; von ihnen spalteten sich die Charidschiten („die hinausgingen“) ab, die bei der Wahl des Kalifen das Einvernehmen der Gläubigen forderten. Die Mehrheit aber, die Sunniten (*Sunna* = alle sich um Muhammad rankende Überlieferung) sah dies anders. Sie betonten die freie Wahl des Kalifenamtes, für das jeder Muslim geeignet sei, der den Koran und die Sunna befolgt. Den Graben, den dieser Streit um das rechtmäßige Kalifat zog, vertieften bald theologische Konflikte. Die politische Macht schließlich verließ Mekka und Medina und siedelte sich in den Hauptstädten der großen Provinzen Syrien, Ägypten und Irak an. Dort stützten sich die Gouverneure auf ihnen ergebene Kriegerstämme und schürten erneut die alten Stammesrivalitäten.

**Die Spaltung des Mittelmeerraumes**

Zwar gelang es, Byzanz aus dem südlichen und westlichen Mittelmeer dauerhaft zu verdrängen, aber an seinen Mauern scheiterte der arabische Eroberer. So festigte die Stadt am Bosporus ihre Herrschaft über die Ägäis, Kleinasien und die Provinzen des Balkans. Nordafrika unterwarf sich bis zum Atlantik nomadischen Stämmen, die damit den Schlüssel zum westlichen Mittelmeer in die Hand bekamen. Eine Verschmelzung von Siegern und Besiegten trat nicht ein. Ihr Glaube machte den Muslimen die Unterwerfung, nicht die Bekehrung der Ungläubigen zur Pflicht.

## 189 Der Glaube der Muslime

Aus dem Koran:

*Erste Sure (Al Fatiha: Eröffnung)*: Im Namen Allahs, des Allbarmherzigen! Lob und Preis sei Allah, dem Herrn aller Weltenbewohner, dem gnädigen Allerbarmer, der am Tage des Gerichts herrscht. Dir allein wollen wir dienen, und zu dir allein flehen wir um Beistand. Führe uns den rechten Weg, den Weg derer, welche sich deiner Gnade freuen – und nicht den Pfad jener, über die du zürnst oder die in die Irre gehen!

*Zweite Sure 256 (Über Gott)*: Allah ist Allah, außer ihm gibt es keinen Gott. Er ist der aus sich selbst Lebendige, der Ewige. Ihn ergreift nicht Schlaf noch Schlummer. Sein ist, was in den Himmeln, sein, was auf Erden ist. Wer kann bei ihm ohne seinen Willen fürsprechen und vermitteln? Er weiß, was zwischen ihren Händen und hinter ihnen ist (was ist, war und sein wird), und die Menschen begreifen von seiner hehren Allwissenheit nur, soweit es ihm gefällt. Über den Himmeln und der Erde steht sein Thron, Herrschaft und Wacht sind ihm keine Bürde. Er ist der Erhabene und der Mächtige!

*Zweite Sure 262 (Über das Almosengeben)*: Die ihr Vermögen für die Religion Allahs hergeben, gleichen einem Saatkorn, das sieben Ähren treibt, und jede Ähre enthält hundert Samenkörner. [...] *(263)* Wer sein Vermögen für Allahs Religion spendet und die Gabe nicht wiederfordert, auch keinen Zank deshalb beginnt, den erwartet Lohn vom Herrn, den trifft weder Furcht noch Trauer. Ein Wort voll Güte und Milde ist besser als eine unfreundliche Gabe. [...] *(266)* Die aber aus dem reinen Streben, Allah zu gefallen, und aus ganzer Inbrunst zu ihrer Seelen Heil Almosen geben, diese gleichen einem Garten, der auf einem Hügel liegt und auf den ein ergiebiger Regen fällt und der doppelte Früchte trägt. [...] *(272)* Macht ihr euere Almosen laut bekannt, nun, so sei es gut so; doch wenn ihr das, was ihr den Armen gebt, im Geheimen reicht, so ist es besser. Dies wird euch von Sünden entsühnen. Allah kennt euer Tun.

Der Koran. Das heilige Buch des Islam, nach der Übertrag. v. L. Ullmann neu bearb. v. L. W. Winter. München 1959. S. 21; 48–50.

*a) Welche Gottesvorstellung zeigt sich in den zitierten Auszügen?*
*b) Informieren Sie sich über die fünf Pflichten eines gläubigen Muslim. Ziehen Sie Vergleiche mit der jüdischen und der christlichen Religion.*
*c) Das Almosengebot spielt im Koran eine wichtige Rolle. Diskutieren Sie die individuellen und sozialen Konsequenzen des Almosengebots.*

## 190 Muhammad und die Versammlung der Propheten

Der islamische Historiker Ibn Ishaq (gest. 767 n. Chr.) berichtet von folgender Begebenheit während der „Nachtreise" (*isra*) Muhammads nach Jerusalem:

Man brachte Mohammed den Buraq – das ist das Tier, welches schon Propheten vor ihm getragen hatte und welches seine Hufe so weit setzt, wie sein Auge reicht – und setzte ihn darauf. Dann zog sein Gefährte [der Erzengel Gabriel] mit ihm los, und er sah die Wunderzeichen zwischen Himmel und Erde, bis er zum „Heiligen Tempel" [Jerusalem] kam. Dort fand er Abraham, Mose und Jesus inmitten einer Schar von Propheten, die für ihn zusammengebracht worden war, und verrichtete dann das Gebet mit ihnen. Darauf wurden drei Becher gebracht, einer mit Milch, der andere mit Wein, der dritte mit Wasser gefüllt. Darauf sagte der Gesandte Gottes: „Ich hörte, als die Becher vor mich hingestellt wurden, jemanden sagen: Nimmt er das Wasser, werden er und sein Volk untergehen; nimmt er den Wein, werden er und sein Volk in die Irre gehen; nimmt er jedoch die Milch, so werden er und sein Volk rechtgeleitet werden. Da nahm ich den Becher mit Milch und trank daraus. Gabriel sprach darauf zu mir: Du wirst rechtgeleitet und mit dir dein Volk, Mohammed!"

Zit. nach H. Bobzin: Mohammed. München 2000. S. 88.

*a) Klären Sie die Bedeutung des Ortes, an dem die Geschichte spielt, für Christen und Juden.*
*b) Was erfährt man über das Verhältnis des Islam zum Juden- und Christentum?*
*c) Arbeiten Sie die märchenhaften Elemente der Erzählung heraus und klären Sie ihre Bedeutung.*

**Zur Diskussion**

# Warum ging das Weströmische Reich unter?

In dieser Frage ist sich die Forschung bis heute nicht einig. Offen bleibt insbesondere, wie die einzelnen Faktoren (z. B. Völkerwanderungen, Reichsteilung, soziale Veränderungen) zu gewichten sind und warum der Ostteil des Imperiums überlebte.

a) Der deutsche Historiker Franz Georg Maier, 1968:

Konstantin der Große und Karl der Große sind zwei Pole des geschichtlichen Prozesses im europäisch-mediterranen Raum. Beide Herrscher stehen an der Schwelle einer neuen Zeit – Konstantin als Begründer des christlichen Imperium Romanum, Karl als Neubegründer dieses Reiches im Abendland. Namen und historische Figuren sind oft nur Sinnbilder für eine tief greifende Veränderung des Lebens. [...] Hier [...] scheinen geschichtliche Wirklichkeit und gängiges Klischee übereinzustimmen. Die Namen der Kaiser stehen zu Recht für eine Wende, an der beide Herrscher in außergewöhnlichem Maß durch eigenes Handeln mitgewirkt haben.

Unter der Herrschaft Konstantins verwandelt sich auf evolutionärem und zugleich revolutionärem Wege das antike Imperium Romanum. Die alte Staatsform des Prinzipats ist unwiderruflich ans Ende gelangt. Der Staat der frühen und hohen Kaiserzeit, in dem noch Traditionen viel älterer politischer Formen nachwirkten, wird abgelöst vom System eines militärischen, zentralistischen Absolutismus, dem Dominat. Die durchgreifende Organisation dieser im 3. Jahrhundert vorbereiteten Staatsform durch Diokletian und Konstantin ist der evolutionäre Aspekt der Zeitenwende. Im Jahr 312 siegt Konstantin vor den Toren Roms an der Milvischen Brücke über seinen Gegenspieler Maxentius. Die dem Sieg folgende Bekehrung des Kaisers bedeutet einen revolutionären Einschnitt im bisher langsamen Eindringen des christlichen Glaubens in die überkommene Welt heidnischer Religion und klassischer Überlieferung. De facto beginnt die von Theodosius fast ein Jahrhundert später de iure vollzogene Christianisierung des Reiches. Die geistige Welt des Imperiums verwandelt sich von Grund auf, mit ihr die Stellung des Kaisers. Er ist nicht nur absoluter weltlicher Herrscher, sondern zugleich Herr der Kirche, der [...] Konzile beruft und ihnen präsidiert, der mit seinen Gesetzen auch in Leben und Lehre der ecclesia eingreift.

Zugleich verschiebt sich das Schwergewicht des Lebens im Reich. An die Stelle Roms tritt als Kaiserresidenz und Verwaltungszentrum die neu gegründete Hauptstadt Konstantinopel an der Grenze zwischen

Asien und Europa. Der gesamtmediterrane Charakter und Herrschaftsanspruch des Imperium Romanum wird damit nicht aufgegeben. Es umfasst weiterhin die Länder von Nordengland, Spanien und Marokko bis nach Ägypten und Armenien. Aber die wirtschaftlich kräftigen, hellenistischen Provinzen des Nahen Ostens gewinnen Vorrang: Kleinasien, Syrien und Ägypten mit ihren reichen und dicht bevölkerten Städten.

Aus dem Zusammenwirken der neuen Staatsform und der neuen Religion, die beide seit Konstantin zu voller Wirkungsmöglichkeit gelangen, und aus ihrer Auseinandersetzung erwächst eine Form des Imperiums. Sie hebt sich eindeutig von der der ersten drei Jahrhunderte der Kaiserzeit ab, auch wenn sie politisch, gesellschaftlich und geistig auf den Traditionen der antiken Welt aufbaut. Aus dem Imperium eines Augustus, Trajan und Septimius Severus ist das Imperium Romanum Christianum geworden. Dieses Imperium Christianum ist nicht, wie man lange geglaubt hat, einfach ein Dekadenzprodukt der Antike. In der Verbindung von Absolutismus, Staatswirtschaft und christlicher Staatsreligion ist eine Neuschöpfung, deren Prinzipien und Ordnungen durch Jahrhunderte wirken und sich in Byzanz bis hinauf ins 15. Jahrhundert erhalten.

Am Weihnachtstag des Jahres 800 wird Karl der Große in Rom vom Papst zum Kaiser gekrönt. Damit findet ein doppelter Prozess seinen Abschluss: der Aufstieg der Karolinger zur Herrschaft im Frankenreich und die politische wie geistige Trennung Westeuropas vom Byzantinischen Reich. Der König der Franken und Langobarden ist nun wie Konstantin Kaiser eines >Imperium Romanum< – ein Kaiser, der seine Würde bewusst als Erneuerung der konstantinischen versteht.

F. G. Maier: Die Verwandlung der Mittelmeerwelt. (Fischer Weltgeschichte Bd. 9) Frankfurt/M. 1968. S. 10f.

**b) Der deutsche Althistoriker Hans-Joachim Gehrke, 1999:**

Die Doppelgesichtigkeit des Reiches als partielle Realität und als universale Idee blieb im Osten erhalten. [...] Dort waren die griechischen Römer, die Rhomaioi, nach wie vor eine bedeutende Macht. Dieses so genannte Reich von Byzanz kontrollierte vor allem Kleinasien und mehr oder weniger große Gebiete auf dem Balkan und hielt über Jahrhunderte hinweg auch seine Herrschaft über die noch verbliebenen Teile Italiens, im Nordosten und im Süden, aufrecht, auch vom Papst in Rom als traditionelle Bezugsgröße respektiert. Zugleich setzte es, ganz analog zu dem Vorgehen gegenüber den Germanen, mithilfe der Verbreitung des Christentums im Wege der Mission die Akzeptanz der universalen Reichsidee auch in seinem nördlichen Vorfeld durch, bei den Slawen, auf dem Balkan und später in der ukrainisch-russischen Ländermasse. Sein säkularer Gegner blieb der Islam, der eine nicht weniger universale Ausrichtung hatte. Da diese in beiden Lagern religiös fundiert war, hatte der Konflikt auch alle Elemente eines Glaubenskrieges. [...]

Ganz anders war die Situation im Westen. Hier gab es, bei allen dogmatisch-praktischen Konflikten zwischen Päpsten und Kaisern, gerade in der Religion ein einendes Band. Vor allem ging auch im Westen die Romidee nie völlig verloren. [...] Zwar war im 7. Jahrhundert die Einheit der Mittelmeerwelt, des zentralen Raums der antiken Zivilisation seit der römischen Expansion, zerbrochen. Aber auf sehr unterschiedliche Weise, in einem Gemenge von kontinuierlichen Fortentwicklungen wie bewussten Rückgriffen und Renaissancen, wirkten die antiken Traditionen im Byzantinischen Reich der Rhomaioi und im „Heiligen Römischen Reich" auch im Mittelalter fort. Sie blieben im Osten wie im Südosten, im Zentrum wie im Westen Europas tief eingewurzelt.

Einen ebenso festen Platz hatten diese Traditionen aber auch in der Welt der Muslime. Auch wenn sich der Islam zunächst im Vorfeld der großen Reiche, der Römer und Perser, entwickelte, bedeutete er keineswegs etwas schlechthin Fremdes. Er hätte sich sonst auch schwerlich so rasch und nachhaltig durchsetzen können. Sein Begründer, der Prophet Mohammed, sah sich ja geradezu als Vollender der alten monotheistischen Religiosität des Juden- und Christentums. Und in dem Maße, wie die Araber Territorien des Persischen und Römischen Reiches kontrollierten, rezipierten sie deren Praktiken und Vorstellungen und nicht zuletzt – und sogar in mancher Hinsicht intensiver – auch die geistig-wissenschaftlichen Konzepte. Die vielgesichtige Einheit der antiken Welt, die durch politische Vorgänge, durch Krieg und Expansion, verloren gegangen ist, scheint bei näherem Hinsehen immer wieder durch.

H.-J. Gehrke: Kleine Geschichte der Antike. München 1999. S. 228ff.

*a) Zeigen Sie auf, in welchen Punkten sich die Einschätzung der beiden Historiker deckt und wo sie eine unterschiedliche Position einnehmen.*

*b) Beide Autoren betonen die Bedeutung des Christentums sowohl für den Untergang des Imperiums als auch für die Kontinuität der antiken Welt. Wie begründen sie ihre dennoch unterschiedlichen Standpunkte?*

*c) Arbeiten Sie die Bedeutung der Balkanländer in der Spätantike heraus.*

# C. Das antike Erbe Europas

Trotz des Unterganges des Römischen Reiches im Westen war der Abschied von den Griechen und Römern nie endgültig. In mehreren Renaissancen blickten die Europäer auf sie zurück und bestimmten nicht zuletzt in der Auseinandersetzung mit ihnen ihre Kultur und Politik. Von Karl dem Großen bis heute blieben sie in Literatur, Kunst, Theologie und Philosophie gegenwärtig. Griechische Säulen, römische Basiliken, Straßen, Wasserleitungen, Bäder und Theater setzten für viele Jahrhunderte die Maßstäbe urbanen Bauens. Grenzt dies Europa gegenüber allen anderen Zivilisationen der Erde ab? Denn weder China noch Byzanz oder die islamische Welt haben an den Wegkreuzungen ihrer Geschichte das jeweils Neue durch den Rückgriff auf eine längst vergangene Kultur in dem Ausmaß bewältigt, wie es die Europäer taten.

| | |
|---|---|
| 800–1300 | Anhaltende Versuche im christlichen Abendland, das Imperium zu erneuern (*renovatio imperii Romanorum*). |
| Seit 1100 | Das europäische Recht greift auf das römische zurück. |
| 14.–16.Jahrhundert | Zeitalter der Renaissance und des Humanismus |
| 1453 | Eroberung Konstantinopels durch die Türken. Flüchtlinge bringen die griechische Literatur nach Westeuropa. |
| 18./19. Jahrhundert | Zeit der europäischen Griechenbegeisterung. 1764 erscheint Winckelmanns *Geschichte der Kunst des Altertums*. |
| 1775–1794 | Die Amerikanische und die Französische Revolution knüpfen an das antike Gedankengut an. |
| 1811 | Mit Niebuhrs Berliner Vorlesungen zur römischen Frühgeschichte beginnt die moderne wissenschaftliche Beschäftigung mit der Antike. |
| 19./20. Jahrhundert | Antike Vorbilder bleiben auf allen Feldern der Kunst und Politik präsent; ihre Bedeutung für das öffentliche Leben schwindet. |

## 1. Die politische Bedeutung des Erbes im Mittelalter

**Was geblieben war**

Das frühe Mittelalter wusste nur wenig von der Antike. Was davon noch lebendig war, bewahrte im Osten das Byzantinische Reich und im Westen die katholische Kirche. Beide sicherten bis zum Beginn der Neuzeit das Weiterleben eines Teils der griechisch-römischen Literatur und bewahrten römische Institutionen. Viele lateinische Texte hatten hinter Klostermauern und in bischöflichen Bibliotheken die Zeiten überdauert. Ihre Stunde schlug, als die Kleriker und Mönche des Frankenreiches die erhaltenen Handschriften auf haltbares Pergament abschrieben und Bibliotheken gründeten; zum Vorbild für alle wurde die Hofbibliothek Karls des Großen.
Das geistige Erbe der Griechen blieb in Byzanz immer gegenwärtig. Aber auch die Araber übernahmen ihre philosophischen und naturwissenschaftlichen Schriften, übersetzten sie und studierten sie in den islamischen Schulen zwischen Bagdad und Toledo. Von dort gelangten sie in den lateinischen Westen (s. S. 211 f.). Hier wie in Byzanz und in Bagdad las man die antiken Texte zunächst allein im Lichte der christlichen oder islamischen Religion.

**Die Macht des Latein**

Alles, was in der Welt des Abendlandes Bedeutung hatte, war lateinisch geschrieben. Von den Küsten des Atlantiks bis nach Ungarn, von den Nordgermanen bis zu den Sizilianern verständigten sich die Gebildeten auf Latein und setzten sich über ihre romanischen, germanischen und slawischen Muttersprachen hinweg. Die Übersetzung der Bibel ins Lateinische durch den Kirchenvater Hieronymus (um 400 n. Chr.) hatte die Kirche zur einzig verbindlichen erklärt und jede Übersetzung in die Volkssprachen verboten. Anders als Byzanz, das die Sprache der slawischen Völker in die Liturgie aufnahm und wie die arabischen Kalifen Theologie und gelehrtes Schrifttum in den Volkssprachen zuließ, griff die katholische Kirche auf eine längst versunkene Sprache zurück. So trennte im Abendland für ein Jahrtausend ein breiter sprachlicher Abgrund das einfache Volk von der Bildung seiner geistigen Eliten. Gleichzeitig aber schuf die lateinische Sprache eine geistige Einheit, ein lateinisches Europa. Und jeder Gebildete konnte sicher sein, über alle Grenzen hinweg verstanden zu werden.

***renovatio imperii Romani***

Im Westen verkörperte einzig der Nachfolger Petri die universale Institution, die den Glorienschein des alten Rom trug. Er bestritt dem Kaiser in Byzanz das Recht, allein legitimer Nachfolger Konstantins zu sein. So schloss Karl der Große mit dem Papst ein Bündnis und besiegelte es am Weihnachtstag des Jahres 800 mit der Kaiserkrönung in Rom. Jetzt schlüpfte er in die Rolle des neuen Konstantin (*Constantinus novus*) und sah sich als Nachfolger jenes Römers, der dem Christentum zum Sieg verholfen hatte. Kurze Zeit nach seiner Krönung sprach eine Kaiserbulle von der „Renovatio imperii Romani". Die kaiserliche Hauptstadt Aachen wurde ein „zweites Rom", und die Dichter priesen die Zeit, in der „das goldene Rom ward erneuert und der Welt wiedergeboren".

**191** Das zum Aachener Domschatz gehörende Lotharkreuz wurde vermutlich um 1000 von Otto III. (983–1002) gestiftet, verdankt seinen Namen allerdings Lothar II. (855–869), auf den eine Umschrift verweist. Mit der eingearbeiteten antiken Kamee, die das Profil des lorbeerbekränzten Kaisers Augustus zeigt, erhob sein Stifter den Anspruch, legitimer Nachfolger der römischen Kaiser zu sein. Als Vortragekreuz beim Krönungsritual kam dem Lotharkreuz im Mittelalter eine wichtige offizielle Funktion zu.

**Die Ottonen**

Wer die Kaiserkrone trug, auf den fiel der Glanz der römischen Caesaren Augustus und Konstantin. „Unser, unser ist das Römische Reich!", jubelte der Erzbischof Gerbert seinem Kaiser Otto III. (996–1002) zu, der sich „nach dem Willen Gottes, des Erlösers, Imperator Augustus der Römer" nannte. Auch die ihm folgenden Herrscher der Salier- und Stauferzeit ließen sich in der Reihe der römischen Kaiser fortzählen. Friedrich Barbarossa nannten seine Chronisten den einundneunzigsten Kaiser seit Augustus.

**Die machtpolitische Bedeutung der Renovatio-Idee**

Byzanz hat den römischen Charakter des deutschen Königtums nie anerkannt. Auch die Könige Frankreichs und Englands dachten nicht daran, die schwer erkämpften Herrschaftsrechte über ihre Länder mit irgendjemandem zu teilen – auch wenn er römisch gewandet daherkam. „Das Heilige Römische Reich Deutscher Nation" – so der spät aufkommende Name des der Idee nach wiederhergestellten Imperiums – blieb faktisch immer beschränkt auf Deutschland, Italien und Burgund.

## 192 Historischer Rückgriff

Im 7. Jahrhundert führte eine merowingische Chronik die Herkunft der Franken auf Troja zurück:

Von den Frankenkönigen, die vor alter Zeit gelebt haben, schreibt der heilige Hieronymus und die Geschichte des Dichters Vergilius erzählt, zuerst sei Priamus König der Franken gewesen, als Troja durch die Ränke des Odysseus fiel, dann seien sie von dort ausgezogen und hätten später einen König mit Namen Friga gehabt, bis endlich eine Spaltung unter ihnen ausgebrochen sei und der eine Teil nach Mazedonien gegangen wäre, die anderen unter dem Könige Friga, die sich Frigier genannte hätten, aber Asien durchzogen hätten und sich am Ufer der Donau und des Weltmeeres niedergelassen hätten. Dann teilten sie sich von neuem, und ein Teil von ihnen zog unter dem Könige Francio mitten nach Europa hinein. Sie durchzogen Europa, ließen sich mit ihren Weibern und Kindern am Ufer des Rheins nieder und fingen nicht weit vom Rhein nach dem Muster von Troja an, eine Stadt zu bauen, die sie auch Troja nannten. Der Bau blieb aber unvollendet liegen. Die aber am Gestade der Donau zurückgebliebenen waren, wählten sich einen König mit Namen Turchot und wurden nach ihm Turken genannt. Die anderen dagegen, die nach Francio Franken hießen, lebten lange Zeit hindurch unter Herzögen und beugten sich niemals unter die Herrschaft fremder Völker.

So genannter Fredegar, 4. Buch, 2 Kapitel. Zit. nach: Geschichte in Quellen. Bd. II: Mittelalter, hrsg. v. W. Lautermann/ M. Schlenke. München 1978. S. 65.

*a) Welchem römischen Vorbild folgt die Chronik, wenn sie die Franken zu Nachfahren der Trojaner erklärt?*
*b) Welche Funktion hatte diese Legende? Wem nützte sie?*

## 193 Antike Kontinuität

**a)** Der Historiker Alexander Demandt beschreibt zusammenfassend das römische Erbe im mittelalterlichen Deutschland:

Mit der Übernahme des Christentums fanden die Germanen Anschluss an die Schriftkultur des Mittelmeerraumes. Die Mission war ein Akt der Zivilisation. Das arianische Bekenntnis der Ostgermanen konnte deren ethnisches und politisches Überleben nicht gewährleisten, der katholische Glaube der Westgermanen aber schlug eine Brücke zu den römischen Provinzialen. Franken, Burgunder und die Westgoten in Spanien übernahmen schließlich auch deren Sprache, während Alamannen, Sachsen und Thüringer zwar lateinisch schrieben, aber germanisch redeten und langsam auch ihr eigenes Idiom mit lateinischen Buchstaben wiederzugeben lernten. In den Klöstern, den Zentren des mittelalterlichen Buchwesens, wurden die antiken Texte kopiert, und diese Abschriften bilden die Grundlage für die Folge humanistischer Rückgriffe, die von der karolingischen, ottonischen und staufischen Renaissance zum eigentlichen Renaissance-Humanismus und darüber hinaus zum Klassizismus und zum Neuhumanismus der Goethezeit geführt haben.

Zentren der Kirchenorganisation waren die Bistümer, zunächst in den alten Römerstädten Trier, Mainz und Köln, in Konstanz, Chur und Salzburg (*Iuvavum*). Wie die lateinischen, teilweise ursprünglich keltischen Städtenamen (*Mogontiacum, Bonna, Ratisbona, Turicum, Vindobona, Vindonissa, Cambodunum*) bezeugen, besteht eine, wenn auch bisweilen nur dünne Siedlungskontinuität zwischen der römischen und der germanischen Zeit. [...]

Die Städte wurden dann auch politische Verwaltungszentren, in denen administrative Traditionen der römischen Kaiserzeit wenigstens in elementarer Form weitergeführt wurden. Mit der Verwaltung hing die Zeitrechnung zusammen, die ebenfalls von den Römern stammt.

A. Demandt: Römisches Erbe im dt. Kulturgut. In: Acta Praehistorica et Archaeologica 34, 2002. S. 278.

**b)** Bleibulle Kaiser Ottos III. mit der Inschrift RENOVATIO IMPERII ROMANORVM (Erneuerung des Reiches der Römer), um 1000 n. Chr.

*a) Stellen Sie die vom Autor genannten Belege zusammen, die ein bestimmtes Maß an Kontinuität zwischen der antiken und der mittelalterlichen Welt bezeugen.*
*b) Welche Rolle schreibt der Autor der Ausbreitung des Christentums zu?*

## 2. Recht und Philosophie

**Die Entdeckung des römischen Rechts**

Am Ausgang des 11. Jahrhunderts stießen die Juristen Bolognas auf das römische Recht in der Gestalt des Corpus Iuris (s. S. 212). Streng systematisch geordnet, gründete es sich auf eine Reihe oberster Normen und schrieb feste Verfahrensregeln vor. Es ergänzte in der Folgezeit nach und nach das herkömmliche Gewohnheitsrecht.
Der Umgang mit dem neuen Recht erforderte eine langjährige Ausbildung und schuf einen eigenen Stand gelehrter Juristen. Dieser breitete sich schnell über ganz Westeuropa aus und bildete eine neue öffentliche Macht, die ihre Eigenständigkeit gegenüber Politik und Religion bis heute behauptet. Ein zentraler Grundstein der europäischen Rechtskultur war damit gelegt.

**Seine Anwendung**

Nutzen davon hatten zunächst die Kaiser. Bereits um 1080 wies der Jurist Petrus Crassus aus Ravenna mithilfe des römischen Rechts alle Vorwürfe des Papstes gegen den deutschen Kaiser zurück. Auch die Kirche nutzte die alten Rechtstexte. Ihre Ordnung war die bestorganisierte des Mittelalters. Als Ende des 12. Jahrhunderts juristisch geschulte Männer den Stuhl Petri bestiegen, verwandelten sie die Kirche in eine effektive staatsähnliche Institution, deren Richter auf ein kodifiziertes Recht zurückgreifen konnten. Auch die Landesherren schulten ihr Personal an den Grundsätzen des römischen Rechts und bauten eine zentralistische Verwaltung auf, mit deren Hilfe sie die Macht der Stände beschnitten. Und schließlich die aufblühenden Städte: Sie fanden jetzt in den römischen Rechtstexten die Formeln, nach denen ein modernes Handels- und Vermögensrecht zu gestalten und die Selbstverwaltung zu organisieren war.

**Die Wiederentdeckung der griechischen Philosophie**

1085 eroberten christliche Heere Toledo und stießen in den Bibliotheken der Stadt auf griechische Texte über Philosophie und Wissenschaft. Ihre Gelehrten übersetzten sie ins Lateinische. Darunter fanden sich die Werke des Aristoteles, der schnell als unbestrittene Autorität anerkannt wurde. Von ihm lernte man, den Menschen, die Natur und den Kosmos rational zu erfassen und alle ihre Erscheinungsformen

**194** Die Seite einer Aristoteles-Handschrift aus dem 13. Jahrhundert zeigt in der Mitte einen Aristoteles-Text in lateinischer Übersetzung, zu beiden Seiten den Kommentar des arabischen Gelehrten Ibn Ruschd (Averroes) sowie – beide einrahmend – die Interpretation des Albertus Magnus.

nach festen Begriffen zu ordnen. Selbst die römische Kirche, die noch 1210 der Universität in Paris die Lektüre aller vorchristlichen Philosophen verboten hatte, griff nach seinen Texten. Ihre großen Theologen suchten mit Hilfe seiner Logik die Texte des Alten und des Neuen Testaments besser zu verstehen.

Sein Aufstieg in der europäischen Geistesgeschichte begann also im Dienste christlicher Weltdeutung. Dabei aber blieb es nicht. Die Neugier der Philosophen sprengte schnell die Fesseln des kirchlichen Verbots und gab jedem Gebildeten die Chance, sein rationales Denken an Aristoteles zu schulen. Als die Humanisten im 15. Jahrhundert seine „Poetik" wieder entdeckten, wurden auch die nationalsprachigen Dichtungen Europas an aristotelischen Normen gemessen.

**Corpus Iuris:** Im Rahmen einer Sammlung der Kaisergesetze durch Justinian wurde von 530 bis 533 das gesamte Juristenrecht gesichtet und in 50 Büchern zusammengestellt. Die *Digesten* (*digesta* = eine nach Titeln vorgenommene Einteilung) oder *Pandekten* (griechisch: „allumfassend") bilden die Hauptquelle unseres Wissens über römische Rechtsentscheidungen und Rechtsgutachten. Ihr Inhalt erfasst alle Rechtsgebiete, jedoch beansprucht das Privatrecht den größten Raum. Nach dem Abschluss der Sammlung der Digesten ließ der Kaiser ein Lehrbuch (*institutiones*) verfassen, das zum 30. Dezember 533 Gesetzeskraft erhielt. Die große Rechtskodifikation Justinians war in seiner Zeit weitgehend bedeutungslos geblieben. Sie für die praktische Rechtspflege im 11. Jahrhundert nutzbar gemacht zu haben, ist das Verdienst des Bolognesers Irnerius. Mit ihm beginnt die Entwicklung der Rechtsschule von Bologna, der ältesten Universität des Abendlandes neben der theologischen Hochschule von Paris. Er und seine Nachfolger interpretierten nach dem Vorbild der Bibelexegese das Corpus Iuris aus sich selbst heraus. Der historische Hintergrund des Textes blieb unbeachtet.

## 195 „Früchte" der Antike

Der Humanist Pierre La Ramée im Oktober 1546 über die in den vergangenen zwei Jahrhunderten erzielten Fortschritte:

Stellen wir uns vor, wir könnten einen alten Doktor dieser Akademie auferwecken, der vor hundert Jahren starb. […] Er war nur Leute zu hören gewöhnt, die in barbarischer und grober Weise redeten. Heute würde er unzählige Menschen jeden Alters erleben, die ein elegantes Latein sprechen und schreiben. Was das Griechische anlangt, hatte er ständig gehört: Das ist Griechisch, das liest man nicht. Heute würde er sehen, dass das Griechische nicht nur mit der größten Leichtigkeit gelesen wird, wann immer es nötig ist, er würde auch Gelehrten lauschen, welche die Sprache mit der größten Fachkunde zu lehren verstehen. Und was würde er sagen, wenn er die Finsternis über allen anderen Künsten von damals mit dem Licht und dem Glanz des Heute vergliche! [...] Von den Philosophen kannte er die Schotten und Spanier, unter den Ärzten die Araber, von den Theologen gewisse Dunkelmänner, die wer weiß woher kamen. Nun würde er Terenz, Caesar, Vergil, Cicero, Aristoteles, Platon, Galenus, Hippokrates, Moses, die Propheten, die Apostel und andere wahrhafte Verkünder des Evangeliums sogar in ihrer eigenen Sprache sprechen hören.

Zit. nach: Propyläen Weltgeschichte. Bd. VI. Berlin 1964. S. 474.

*a) Wo sieht der Autor den Fortschritt in Wissenschaft und Bildung?*
*b) Vergleichen Sie die Aussagen des Autors mit denen Bacons (Material 200), geschrieben wenige Jahrzehnte später. Welche Schlüsse sind aus dem Vergleich zu ziehen?*

## 3. Renaissance und Humanismus

**Das Ziel**

Der eigentliche Siegeszug der Antike begann im 14. Jahrhundert in Italien und erfasste bald ganz Europa. In den Klöstern des Nordens fanden die Gelehrten eine Fülle bis dahin unbekannter römischer Texte und stellten sie mit den Künsten der Philologie wieder her. Dazu trieb sie nicht die Leidenschaft des Forschers, sondern der Wille des Weltverbesserers. Jede den Resten der Antike abgerungene Erkenntnis diente als Anklage gegen die mittelalterliche Tradition und die herrschende Scholastik. Im Rückblick erscheinen die Jahre der Renaissance und des Humanismus als eine Epoche großer Erneuerung. Für die Zeitgenossen war es die Zeit, in der die „Alten" die ihnen gebührende Autorität zurückerhielten.

**Petrarca**

Im März 1337 hatte Francesco Petrarca (1304–1374) die antiken Trümmer Roms durchwandert und vom Kapitol aus dem Kardinal Giovanni Colonna geschrieben, in jenen verwitterten Steinen habe sich eine unvergleichliche Macht gespiegelt. Ihr widmete er sich fortan, indem er ihre verlorenen oder vergessenen literarischen Werke rekonstruierte und die Taten ihrer Großen rühmte. Mit ihnen hielt er Zwiesprache, schrieb Briefe an Cicero, der sein Abgott wurde, dichtete nach dem Vorbild von Vergils *Aeneis* ein Epos *Africa*, das Scipio, den Bezwinger Hannibals, feiert, und verfasste moralphilosophische Abhandlungen, die Stil und Gedanken Ciceros aufnahmen.

**Die Rückkehr der Griechen nach Europa**

Petrarca und seine Zeitgenossen konnten kein Griechisch. Die Generation danach behob diesen Mangel. Florenz richtete als erste Stadt eine Professur für Griechisch ein, andere folgten. Das Ergebnis war eine schnelle Aufbereitung der griechischen Texte; die Jungen, denen dies noch nicht schnell genug ging, reisten nach Byzanz, um dort die Sprache und die Schriften der Alten zu studieren. Als sich 1453 der türkische Eroberer des alten Byzanz bemächtigte, trugen die Flüchtlinge die alten Texte im Gepäck. 1488 erschien Homer zum ersten Mal gedruckt in Westeuropa.

**Der soziale Hintergrund**

Die Wiederbelebung der Antike war anfangs die Bewegung einer städtischen Minderheit. Erst die Erfindung des Buchdrucks, die Kunst der Architekten, Bildhauer und Maler und vor allem der Fleiß der Übersetzer erschlossen ihr in Europa breite soziale Schichten. Jetzt las man die alten Texte auch in den bürgerlichen Häusern der Gebildeten in den modernen Sprachen. Damit war die wesentliche Voraussetzung für die breite Rezeption der griechischen Texte geschaffen. Als William Pitt der Ältere, 1756–1761 Secretary of State in England, vor dem Unterhaus ins Stocken geriet, als er Vergil zitierte, fielen die Mitglieder des hohen Hauses ein und führten die Stelle zu Ende: Sie alle hatten ihre antiken Autoren im Kopf und wussten, was sie ihnen schuldig waren.

196 Das Pantheon in Rom (*links*), der zwischen 118 und 128 n. Chr. im Auftrag von Kaiser Hadrian errichtete größte Rundtempel und Kuppelbau der Antike, wurde seit dem 16. Jahrhundert zum großen Vorbild profaner Bauten. Dazu gehören die in Vicenza gebaute Villa Rotanda des Palladio (*Mitte*) und der Wohnsitz Thomas Jeffersons in Monticello/Virginia (*rechts*).

## Die Architektur

Die Wiederbelebung antiker Architektur begann in Italien. Dort waren die steinernen Bauten der Amphitheater, Thermen, Wasserleitungen und Straßen erhalten geblieben. Namentlich in Rom standen Bauwerke, die die Zeiten nahezu unversehrt überdauert hatten: Das Pantheon, das Kolosseum und der Konstantinsbogen. Alle großen Architekten wie Brunelleschi (1377–1446), Bramante (1445–1514) und Palladio (1508–1580) lernten, ihre eigenen Entwürfe nach ihnen auszurichten. Zu Hilfe kam ihnen das Werk des augusteischen Baumeisters Vitruv. Seine „Zehn Bücher zur Architektur" waren 1414 vollständig im Kloster Sankt Gallen gefunden worden und wurden von jedem Baumeister gründlich studiert. 1578 leitete Palladio seinen Traktat über die Architektur mit dem Bekenntnis ein, die Römer hätten wie in allen anderen Dingen so auch in der Architektur alle übertroffen, die nach ihnen kamen. In dieser Tradition errichteten die Bauherren des 17., 18. und frühen 19. Jahrhunderts Paläste, Parlamentsgebäude, Rathäuser, Stadttore, Siegesdenkmäler, Villen und Kirchen nach den Mustern römischer Monumente und Tempel.

197 Büste Cosimos I. Die von Benvenuto Cellini 1548 geschaffene Büste feiert den toskanischen Großherzog Cosimo I. als antiken Feldherrn. Er wie seine Zeit orientierten sich an den großen Männern der antiken Vergangenheit.

Ende des 13. Jahrhunderts führten die ersten Staatstheoretiker die republikanischen Staatsordnungen der Antike gegen die Fürsten der Zeit ins Feld. In Florenz sammelten sich ihre wichtigsten Vertreter. Am bekanntesten wurde Machiavelli (1469–1527). In seinen 1531 erschienenen Betrachtungen über Politik und Staatsführung (*Discorsi sopra la prima deca di Tito Livio*) rühmte er die Vollkommenheit der römischen Republik. Seinem Vorbild folgten andere. Viele, die künftig über Politik nachdachten, orientierten sich an den Verfassungen antiker Städte und lobten ihre auf den Staat ausgerichteten Tugendkataloge.

**Renaissance/Humanismus:** Das französische Wort „Renaissance" ist aus dem lateinischen „renasci" (wiedergeboren werden) abgeleitet. Seit dem 19. Jahrhundert bezeichnet es den Zeitraum, der in Italien das 14. bis 16., nördlich der Alpen das späte 15. und das 16. Jahrhundert umfasst. Der Begriff bezieht sich auf eine kulturelle Entwicklung, die durch den Rückgriff auf die (vornehmlich) römische Antike geprägt ist. Ihre „Wiedergeburt" (ital.: *rinascitá*) leitete einen geistigen und künstlerischen Wandel ein, der ausgehend von Italien nach und nach auch das übrige Europa ergriff. Der Gang der Geschichte wurde neu bewertet: Was die seit Konstantin christlich gewordene Welt geschaffen hatte, galt nunmehr im hellen Licht der heidnischen Zeiten davor als schlecht. Noch am Ende der Renaissance, um 1550, bekräftigte Giorgio Vasari (1511–1574), dass zwischen der alten und der gegenwärtigen Welt eine Zwischenzeit läge, der man nun glücklich entkommen sei. Die Bildung, die zu einer höheren Menschlichkeit führen sollte, gewährten nun nicht mehr allein die Evangelien und die Schriften der Kirchenväter, sondern jetzt auch Cicero und die anderen antiken Autoren.

## 198 Die Politisierung antiker Texte

Der Historiker Michael Werner über die Rezeption der *Germania* des Tacitus:

Was nun die *Germania* selbst betrifft, so ist die politische Konjunktur von Bedeutung, in der man erstmals auf den Text zurückgriff. In einem Antwortbrief an den Mainzer Kanzler Martin Mayr verwies Enea Silvio Piccolomini, der künftige Papst Pius II., auf die *Germania*, und zwar in bezeichnendem Zusammenhang: Mayr hatte sich über das Ausmaß der römischen Abgaben beschwert, die auf den deutschen Landen lastete, und zwar in Form einer Eingabe, die zur Gattung der Gravamina [Beschwerden] gehörte. In seiner Antwort argumentierte Enea Silvio, dass die Deutschen früher ein unzivilisiertes, ja geradezu barbarisches Volk gewesen seien, wie man schon aus Tacitus' Beschreibung sehe, und dass das frühere Land der Sümpfe und Wälder erst durch das Christentum in seinen heutigen blühenden Zustand gebracht worden sei; es bestehe also kein Anlass dazu, sich zu beschweren, vielmehr habe man allen Grund, freudige Dankbarkeit zu bezeigen für die zivilisatorischen Segnungen der römisch-katholischen Kirche. Keine noch so hohe Geldzahlung vermöge die Schuld abzutragen, in der die Deutschen den Statthaltern Roms gegenüberstünden. Die zweite Verwendung der *Germania* war das Werk des päpstlichen Gesandten Campano, der 1471 auf dem Reichstag zu Regensburg die deutsche „Nation" dazu aufforderte, Europa gegen die Türken zu verteidigen. Schon Tacitus, so Campano, habe die militärischen Fähigkeiten der Germanen und ihre Freiheitsliebe gelobt; die Deutschen sollten sich ihrer Vorfahren würdig erweisen und es den Türken zeigen.

An dieser ersten Rezeptionsphase sind zwei Züge für unseren Zusammenhang bedeutsam: Zum Ersten bestehen beide *Germania*-Argumentationen in einem aktuellen politischen Bezug: Im Falle Eneas geht es um die Auseinandersetzung um Ablass und Kirchenabgaben, im Falle Campanos um die Bedrohung des christlichen Europa durch die Türken. Und zum Zweiten sehen beide Autoren, wohlgemerkt italienische Humanisten, die damaligen Deutschen als natürliche Nachfahren der Germanen an, wobei der eine ein negatives Identifikationsangebot unterbreitet („Ihr wart früher Barbaren, darum seid bescheiden und dankbar für die Segnungen der römischen Kirche"), und der andere ein positives („Ihr seid immer noch so gute Soldaten wie früher"). So zeigen sich schon hier sowohl die europäischen Verflechtungen des Themas wie die Unbekümmertheit, mit der man über große historische Zeiträume hinweg Kontinuitäten herstellte. Schließlich wird die Tatsache deutlich, dass die *Germania* immer mindestens zwei Partner – zwei Welten, zwei Kulturen usw. – in Beziehung setzt, die sich gegenseitig bespiegeln. Mit anderen Worten: Die entsprechenden Identitätszuweisungen erfolgen immer in mehrere Richtungen.

M. Werner: Die „Germania". In: Deutsche Erinnerungsorte III, hrsg. v. E. François u.a. München 2001. S. 573 f.

*a) Warum konnte man mit dem Verweis auf einen Jahrhunderte alten Text hoffen, politische Ziele zu erreichen?*

*b) „Die entsprechenden Identitätszuweisungen erfolgen immer in mehrere Richtungen." Erläutern Sie diesen Satz vor dem Hintergrund der Ausführungen Werners zur Tacitusrezeption. Nehmen Sie Stellung zu dieser Einschätzung.*

## 199 Dialog mit antiken Autoren

Der florentinische Staatsmann Nicolò Machiavelli über seinen Umgang mit den antiken Texten:

Wenn ich aus dem Wald hinaustrete, gehe ich zu einer Quelle und von dort zu meinem Vogelherd. Ich habe ein Buch dabei, entweder Dante oder Petrarca oder einen der unbedeutenderen Dichter wie Tibull, Ovid und dergleichen. Ich lese von ihren zarten Leidenschaften und Lieben, gedenke der meinen und vergnüge mich eine Weile mit solchen Gedanken. [...] Wenn es Abend wird, kehre ich heim und gehe in mein Studierzimmer. An der Tür entledige ich mich meiner mit Dreck und Staub bedeckten Alltagskleidung und ziehe herrschaftliche und höfische Kleidung an. So gekleidet, wie es sich gehört, trete ich in die altehrwürdigen Höfe der Alten ein. Von ihnen liebenswürdig empfangen, nehme ich von der Speise zu mir, die allein die meine ist und für die ich geboren bin. Ich schäme mich nicht, mit ihnen zu sprechen und nach den Gründen ihres Tuns zu fragen, und sie sind menschlich genug, mir zu antworten. Und für die Dauer von vier Stunden fühle ich keine Langeweile, vergesse ich alle meine Sorgen, fürchte ich nicht die Armut und ängstige mich nicht vor dem Tod: Ihnen gebe ich mich ganz hin.

Machiavelli: Brief an Francesco Vettori vom 10.12.1513. Zit. nach: R. Chartier/G. Cavallo (Hrsg.): Die Welt des Lesens. Frankfurt/M. 1999. S. 265.

*a) Der Schreiber nennt seinem Brieffreund nicht die Namen der verehrten Alten, die er abends liest. Um welche Autoren kann es sich gehandelt haben? Berücksichtigen Sie dabei das Lebenswerk des Autors.*
*b) Die römischen Dichter Tibull und Ovid schätzt Machiavelli nur als Nachmittagslektüre. Welche Gründe kann es dafür gegeben haben?*

## 200 Kritische Gegenstimme

Der Humanist Francis Bacon (1561–1626) über den Fortschritt in den Wissenschaften, 1620:

Ferner hat das Ansehen der Alten und die Verehrung großer Namen in der Philosophie und daraus erfolgtes Nachbeten den Gang der Wissenschaft zurückgehalten und gleichsam festgebannt. [...] Das günstige Vorurteil für die Alten ist aber ganz grundlos und steht fast mit dem Wort selbst in Widerspruch. Denn es gebührt dem späteren, mündigeren Alter der Welt, also unseren, nicht jenen jüngeren Zeiten, worin die so genannten Alten lebten, der Name des Altertums. Jene ist in Rücksicht auf die Unserige zwar älter, aber in Rücksicht der Welt selbst jünger. In der Tat ist jedoch eine genauere Kenntnis menschlicher Angelegenheiten und ein reiferes Urteil eher von dem bejahrten Manne als von dem Jüngling zu erwarten, weil jener mehr gesehen, gehört, gedacht und erfahren. Ebenso dürften wir uns auch von unserem Zeitalter (falls es seine Kräfte zu schätzen wüsste und sie benutzen wollte) weit mehr als von der Vorzeit versprechen, weil es das reifere und an Erfahrungen und Beobachtungen unendlich reichere ist. Wie vieles ist nicht durch die großen, in unserer Zeit so häufigen Land- und Seereisen in der Natur entdeckt, was ein großes Licht auf die Philosophie verbreiten kann! Wirklich, es wäre eine Schande für unsere Zeit, welche im Gebiet der Außenwelt – in der Kunde der Erde, des Meeres und des Himmels – so ungeheure Fortschritte gemacht, wenn sie im Gebiet der Geisteswelt sich auf das dürftigere Wissen der Alten beschränken wollte. [...] Mit Recht nennt man die Wahrheit eine Tochter der Zeit, nicht des Ansehens.

Francis Bacon: Die Grenzen des Altertums. Zit. nach: M. Greschat (Hrsg.): Vom Konfessionalismus zur Moderne. In: Kirchen- und Theologiegeschichte in Quellen, Bd. 4. Neukirchen 1997. S. 1.

*a) Welche Argumente führt Bacon gegen die Autorität der Alten ins Feld? Wie beurteilen Sie deren Stichhaltigkeit?*
*b) In welchen Bereichen erkennt Bacon den wissenschaftlichen Fortschritt seiner Zeit?*

# 4. Der europäische Philhellenismus und die deutsche Klassik

**Die Wiederentdeckung Griechenlands**

Hatten die Literaten der Renaissance nach den hinter Klostermauern verborgenen Handschriften gesucht, die Humanisten des 16. und 17. Jahrhunderts die gefundenen Texte gereinigt und übersetzt, so wandten sich die Antikenverehrer des 18. Jahrhunderts den materiellen Überresten zu. 1730 schlossen sich englische Adlige zur *Society of Dilettanti* zusammen, die Expeditionen zu den Stätten der Antike organisierte. Die meisten zogen nach Rom und ins Königreich beider Sizilien, um die einst vom Vesuv verschütteten Städte Pompeji und Herkulaneum sowie die dorischen Tempel in Paestum und auf Sizilien zu studieren.

**Winckelmann**

Den Maßstab der Griechenbegeisterung setzte der Deutsche Johann Joachim Winckelmann (1717–1768). Für diesen in der brandenburgischen Altmark geborenen Sohn eines armen Schusters, der als späterer Schulmeister sein Elend nur ertrug, wenn er seinen Homer las, begann das Leben, als er im November 1755 Rom betrat. Empfehlungsschreiben des päpstlichen Nuntius verschafften ihm dort eine Anstellung und öffneten ihm die Tore der Vatikanischen Bibliothek. Nun endlich erblickte er die Reste eines Goldenen Zeitalters. „Der Anblick schöner Statuen ist bei dem, welcher Empfindung hat", schrieb der Hingerissene, „wie die erste Aussicht auf das offene Meer, worin sich unser Blick verliert". Ein gnädiges Geschick bewahrte ihn davor zu erfahren, dass es römische Kopien waren, die er bewunderte. In seine Augen repräsentierten sie die wahre Schönheit, waren sie der Gipfel der natürlichen Vollkommenheit.

**Die Griechen als Vorbilder wahrer Menschlichkeit**

Die 1764 erschienene *Geschichte der Kunst des Altertums* machte den Autor weltberühmt. Er lehrte die antike Kunst neu zu sehen. Zum einen historisch, d. h. in ihrer Entwicklung, zum anderen programmatisch, d. h. als Leitbild zur Erneuerung der Kunst und als vollkommenes Vorbild, das es nachzuahmen gelte. „Wenn wir uns dem Altertum gegenüberstellen und es ernstlich in der Absicht anschauen, uns daran zu bilden, so gewinnen wir die Empfindung, als ob wir erst eigentlich zu Menschen würden", schrieb wenig später Goethe und fasste damit zusammen, was die deutschen Intellektuellen der Zeit bei der Lektüre Winckelmanns dachten.

201 „Blick in Griechenlands Blüte". Ölgemälde (94 x 235 cm) von August Wilhelm Ahlborn nach Karl Friedrich Schinkel, 1836.

**Die politische Bedeutungslosigkeit der Rezeption**

Politischen Zündstoff enthielten alle diese Ideen nicht. Zur politischen Gegenwart ergab sich keine Beziehung. Niemand wollte Aristoteles befragen, um das Volk politisch zu erziehen. Niemand förderte eine an Cicero geschulte politische Beredsamkeit, wie sie im britischen Unterhaus und seit 1789 im französischen Parlament gepflegt wurde. Und niemand hat die Herrschaftsverhältnisse der Zeit mit der politischen Kultur der Antike verglichen und infrage gestellt. So haben sich in Deutschland anders als in England, Frankreich und den USA niemals klassische Tradition und Politik miteinander verbündet.

## 202 Wider die Antikenbegeisterung

Voltaire (1684–1778) über die Bedeutung antiker Autoren in seiner Zeit, 1759:

Als Candide einen prachtvoll gebundenen Homer erblickte, rühmte er den guten Geschmack des erlauchten Gastgebers. „An diesem Buch hatte der große Pangloß, Deutschlands berühmtester Philosoph, seine helle Freude", rief Candide. „Ich nicht", sagte Pococurante kühl. „Früher redete man mir ein, dass es eine Freude wäre, dieses Buch zu lesen. Aber diese ewig wiederkehrenden Kämpfe, die alle gleich sind, diese Götter, die bei all ihrer Geschäftigkeit doch nichts Entscheidendes tun, diese Helena, die zwar die Ursache des Krieges ist, aber kaum eine Rolle im Verlauf der weiteren Ereignisse spielt, und dieses Troja, das fortwährend belagert, aber nie eingenommen wird – all das langweilt mich tödlich. Ich habe schon mehrmals Gelehrte gefragt, ob sie sich bei dieser Lektüre ebenso langweilen wie ich. Und soweit sie aufrichtig waren, haben sie zugegeben, dass sie über dem Buch noch jedes Mal eingeschlafen wären, dass man es aber – als eine Denkmal des Altertums – in seiner Bibliothek haben müsse, ebenso wie man verrostete Münzen, die nicht mehr im Umlauf sind, aufbewahrt."

[...]

„Oh – hier steht ein Cicero!", rief Candide. „Ich glaube, diesen großen Mann werden Sie wohl immer lesen." – „Ich denke gar nicht daran", entgegnete der Venezianer, „was kümmert es mich, ob er Rabirius oder Cluentius verteidigt hat? Ich habe selber genug Prozesse zu führen. Mit seinen philosophischen Werken hätte ich mich schon befreunden können; als ich aber merkte, dass er an allem zweifelte, kam ich zu dem Schluss, er wisse auch nicht mehr als ich, und um unwissend zu bleiben, brauchte ich wahrlich niemanden."

Voltaire: Candide oder der Optimismus. In: Voltaire: Sämtliche Romane und Erzählungen, Bd. 1. Leipzig 1992. S. 274 f.

*a) Mit welchen Argumenten kritisiert der Gastgeber Candides die antiken Autoren?*
*b) Entwerfen Sie eine Gegenposition zur Auffassung Candides.*

## 203 Mission zur Rettung der antiken Kunstwerke

Die englischen Architekten Nicholas Revett und James Stuart erklärten Anfang 1751 ihren Geldgebern das Ziel ihrer geplanten Reise nach Griechenland:

Wohl keine Gegend in Europa reizt die Neugierde und Aufmerksamkeit der Liebhaber gebildeter Literatur mit gleichem Recht wie die Provinz Attika und insbesondere Athen als ihre Hauptstadt, mögen wir nun die Rolle bedenken, die sie ihrer hervorragenden Männer wegen in der Geschichte gespielt hat, oder die Zahl der noch heute dort befindlichen Altertümer, Zeugnisse des klugen Verstandes und des erhabenen Genius der Athener und zugleich die vollkommensten Muster für alles, was in Bildhauerkunst und Architektur hervorstechend ist. [...] Rom, das seine Künste und oft genug auch seine Künstler aus Griechenland entlehnte, hat durch das Verdienst von Serlio, Palladio, Santo Bartoli und anderer bedeutender Männer die Erinnerung der vorzüglichsten Statuen und der mächtigen Bauwerke bewahrt, die einst die Stadt schmückten. [...] Athen dagegen, die Mutter der Eleganz und des Geschmacks, deren Erhabenheit kaum der Roms nachsteht und der man zugestehen muss, dass sie in den Schönheiten eines korrekten Stils Rom so sehr übertrifft wie ein Original die Kopie, ist fast gänzlich vernachlässigt worden, und wenn nicht rasch genaue Zeichnungen angefertigt werden, müssen alle ihre schönen Bauwerke, ihre Tempel, ihre Theater, ihre Paläste in Vergessenheit fallen. Und die Nachwelt wird uns vorzuwerfen haben, dass wir ihr nicht einmal eine leidliche Vorstellung hinterlassen haben von dem, was so herausragend ist und so sehr unsere Aufmerksamkeit verdient.

Zit. nach: Propyläen Geschichte der Literatur IV. Berlin 1988. S. 315.

*a) Mit welchen Argumenten rechtfertigen die Architekten gegenüber ihren Geldgebern die Wichtigkeit ihrer Griechenlandreise?*
*b) Welche Leistungen der Griechen halten sie für bewahrenswert?*
*c) Was bleibt das große Verdienst des alten Rom?*

## 204 Freiheit und Kunst

a) Winckelmann spricht in seiner Kunstgeschichte von der Freiheit als Voraussetzung vollendeter Kunst, 1764:

Diese Griechen aber [= die kleinasiatischen Griechenstädte], welche ihre Freiheit vor der angrenzenden Macht der Perser nicht verteidigen konnten, waren nicht imstande, sich in mächtige freie Staaten, wie die Athenienser, zu erheben, und die Künste und Wissenschaften konnten daher in dem jonischen Asien ihren vornehmsten Sitz nicht nehmen. In Athen aber, wo nach Verjagung der Tyrannen ein demokratisches Regiment eingeführt wurde, an welchem das ganze Volk Anteil hatte, erhob sich der Geist eines jeden Bürgers und die Stadt selbst über alle Griechen. Da nun der gute Geschmack allgemein wurde und bemittelte Bürger durch prächtige öffentliche Gebäude und Werke der Kunst sich Ansehen und Liebe unter ihren Bürgern erweckten und den Weg zur Ehre bahnten, floss in dieser Stadt, bei ihrer Macht und Größe, wie ins Meer die Flüsse, alles zusammen. Mit den Wissenschaften ließen sich hier die Künste nieder; hier nahmen sie ihren vornehmsten Sitz, und hier gingen sie in andere Länder aus. Dass in den angeführten Ursachen der Grund von dem Wachstume der Künste in Athen liege, bezeugen ähnliche Umstände in Florenz, da die Wissenschaften und Künste daselbst in neueren Zeiten nach einer langen Finsternis anfingen beleuchtet zu werden. Man muss also in Beurteilung der natürlichen Fähigkeiten der Völker, und hier insbesondere der Griechen, nicht bloß den Einfluss des Himmels, sondern auch die Erziehung und Regierung in Betracht ziehen.

Johann Joachim Winckelmann: Geschichte der Kunst des Alterthums. (Dresden 1764) Nachdruck Köln 1972. S. 42 f.

b) Johann Joachim Winckelmann. Gemälde von Anton Maron, 1768.

*a) Welche Bedeutung hat nach Winckelmann die politische Ordnung eines Volkes für die Entwicklung der Künste?*
*b) Vergleichen Sie die Darstellung Winckelmanns mit der heutigen Einschätzung Athens (dazu* *S. 226 f).*

## 205 Vom Wert des Studiums der Griechen

Wilhelm von Humboldt über die Notwendigkeit einer humanistischen Schulbildung, 1792:

Es gibt, außer allen einzelnen Studien und Ausbildungen des Menschen, noch eine ganz eigene, welche gleichsam den ganzen Menschen zusammenknüpft, ihn nicht nur fähiger, stärker, besser an dieser und jener Seite, sondern überhaupt zum größeren und edleren Menschen macht, wozu zugleich Stärke der intellektuellen, Güte der moralischen und Reizbarkeit und Empfänglichkeit der ästhetischen Fähigkeiten gehört. Diese Ausbildung nimmt nach und nach mehr ab und war in sehr hohem Grade unter den Griechen. Sie nun kann, dünkt mich, nicht besser befördert werden als durch das Studium großer und gerade in dieser Rücksicht bewundernswürdiger Menschen oder, um es mit einem Worte zu sagen, durch das Studium der Griechen. Denn ich glaube durch viele Gründe, die ich der Kürze wegen hier übergehen muss, wovon aber einer der vorzüglichsten der ist, dass kein anderes Volk zugleich so viel Einfachheit und Natur mit so viel Kultur verband und keins zugleich so viel ausharrende Energie und Reizbarkeit für jeden Eindruck besaß, ich glaube, sage ich, beweisen zu können, dass nicht bloß vor allen modernen Völkern, sondern auch vor den Römern die Griechen zu diesem Studium taugen. Das Studium der Griechen in dieser Rücksicht also und die Darstellung ihrer politischen, religiösen und häuslichen Lage in ihrer höchsten Wahrheit wird mich so lange beschäftigen, bis meine Aufmerksamkeit gewaltsam auf etwas anderes gelenkt wird oder ich damit ins Reine gekommen bin, wozu aber, meinen Forderungen an mich nach, schwerlich ein Leben hinreicht.

Brief an Friedrich August Wolf. Zit. nach: L. Fertig (Hrsg.): Bildungsgang und Lebensplan. Briefe über Erziehung von 1750 bis 1900. Darmstadt 1991. S. 96.

*a) Was hat Humboldt von der Überlegenheit der Griechen überzeugt?*
*b) Vergleichen Sie seine Argumente mit den Vorstellungen Winckelmanns.*
*c) Die heutige Bildungspolitik hat das von Humboldt begründete Bildungsideal weitgehend aufgegeben und drängt in den Lehrplänen die alten Sprachen ebenso wie die Beschäftigung mit der antiken Geschichte (s. Material 217 u. 218) zurück. Ist diese Entscheidung in Ihren Augen sinnvoll?*

## 206 Athen – kein politisches Vorbild

Der Aufklärer und Revolutionär Volney (1757 bis 1820) unterschied 1794 als einer der ersten das historische vom idealen Athen:

[Ich erinnere daran], dass in Athen, diesem Allerheiligsten der Freiheit, vier Sklaven auf einen Freien kamen [vgl. die Angaben oben S. 61]; dass es dort nicht ein Haus gab, wo diese angeblichen Demokraten nicht ebenso despotisch herrschten, wie es heute in unseren amerikanischen Kolonien üblich ist; dass von den etwa vier Millionen Seelen, die das alte Griechenland bevölkert haben dürften, mehr als drei Millionen Sklaven waren; dass die Völker und Gesetzgeber von der politischen und staatsbürgerlichen Ungleichheit der Menschen überzeugt waren, eine Überzeugung, die von Lykurg und Solon zum heiligen Dogma erhoben wurde, das hernach von Aristoteles und dem göttlichen Platon verkündet wurde, aber auch von den Generälen und Gesandten Athens, Spartas und Roms, die in Polybios, Livius und Thukydides sprechen, als wären sie die Gesandten Attilas oder des Dschingis-Khan […] Ja, je mehr ich die Antike und ihre so gerühmten Regierungsformen studiert habe, desto mehr wurde mir klar, dass in Sparta und Rom eigentlich fast so regiert wurde wie unter den Mameluken Ägyptens.

Zit. nach: P. Vidal-Naquet: Athen. Sparta. Atlantis. Die griechische Demokratie von außen gesehen, Bd. 1. München 1993. S. 125.

*a) Welchen zeitgenössischen Bezug hat der Hinweis auf die Sklaverei?*
*b) Wie beurteilen Sie den Vorwurf, die athenischen Demokraten hätten despotisch geherrscht und die staatsbürgerliche Ungleichheit gepredigt? Beachten Sie die Ausführungen S. 55.*

## 207 Der „Kult des Weißen"

a) Der deutsche Historiker Wolf Seidl über das Griechenlandbild der deutschen Klassiker, 1989:

Dort also, im Museum [im Dresdner Antikenmuseum], unter römischen Kopien hellenistischer Werke und vor Gipsabdrücken römischer Kopien hellenistischer Werke, formt sich sein [Winckelmanns] Bild der Antike. […]

Nun kann man vielleicht den archaischen oder frühklassischen Statuen edle Einfalt und stille Größe nachrühmen, die aber hat Winckelmann gar nicht gekannt. Er formulierte seine Thesen angesichts der Laokoongruppe [s. Material 70], eines Spätwerks also, das wir als barock, virtuos, theaterhaft, kalt empfinden. Und aus den Schriften von Homer über Thukydides bis Platon herauszulesen, die Griechen seien selbst edel, einfältig, still und groß gewesen – dazu muss man schon fast mit Blindheit geschlagen sein. […]

Weil die deutschen Klassiker keine einzige griechische Originalplastik aus der klassischen oder archaischen Zeit je gesehen hatten, sondern bestenfalls römische Kopien, meist nur Gipsabgüsse, deshalb verkündeten sie den Kult des Weißen. In Wirklichkeit haben die Griechen ihre Tempel bunt bemalt, ihre Plastiken sorgfältig fleischfarben getönt; in die Bronzestatuen setzten sie für die Augen Edelsteine ein; Waffen und Schmuck waren aus Metall; ihre berühmtesten Kultbilder bestanden gar nicht aus Marmor, sondern aus goldüberzogenem Elfenbein.

Schon in der Kunst ist also von edler Einfalt und stiller Größe kaum die Rede, vom wirklichen Leben zu schweigen. Je orientalischer, bunter, lärmender man sich den griechischen Alltag vorstellt, desto näher kommt man der Wirklichkeit. […]

Die Griechen waren nicht das weiseste Volk, nicht das beste, nicht das angenehmste. Aber sie waren das menschlichste Volk, das je gelebt hat, das künstlerischste, das phantasiereichste. Begabt mit einer unübertroffenen Sensibilität für das Schöne, mit unbändiger Lust am Gestalten, mit unendlicher *Sehnsucht* nach Harmonie. Nur wenn wir in die Abgründe der griechischen Seele blicken, können wir die Leistung ermessen, die es bedeutet, aus diesem Chaos einen Kosmos zu gestalten. Kosmos, dieses Schlüsselwort, das Welt bedeutet und zugleich Schmuck. Die schöne Welt eben, nicht die ordentliche, denn die haben erst die Römer erfunden.

Ist damit das Griechenlandbild der deutschen Klassik abgetan? Ja, soweit es sich um historische Richtigkeit handelt. Nein, insofern ein ahistorisches Ideal aufgestellt wird wie in Goethes Worten: „Das Höhere, das in uns liegt, will erweckt sein, wir wollen verehren und uns selbst verehrungswürdig fühlen."

In Wahrheit ging es darum, ein Menschenbild zu formulieren, das von der historischen Wirklichkeit ganz unabhängig war – und eben deswegen auch historisch nicht zu widerlegen ist. […]

Was aber bleibt, stiften eben die Dichter und nicht die Historiker und eine Utopie ist allemal wirklicher als die Wirklichkeit.

Wolf Seidl: Das Land der Griechen mit der Seele suchen … Über das Griechenlandbild der deutschen Klassik. In: Europäischer Philhellenismus. Hrsg. v. E Konstantinou/U. Wiedenmann. Neuwied 1989. S. 13–34; S. 23 ff. u. 32 f.

b) Rekonstruktion farbiger Schmuckelemente am Parthenon.

*a) Betrachten Sie unter dem Stichwort „Kult des Weißen" nochmals Ahlborns „Blick in Griechenlands Größe" (Material 201). Wie würde sich seine Wirkung verändern, wenn man die weißen Tempelpartien nach der Weise der abgebildeten Rekonstruktion bunt ausmalen würde?*

*b) Setzen Sie sich kritisch mit Seidls Griechenbild auseinander.*

## 5. Griechen und Römer in der Amerikanischen und Französischen Revolution

**Die amerikanischen Gründerväter**

Als Winckelmann stolz darauf war, „der größte Grieche zu sein in Rom", erklärten jenseits des Atlantik die amerikanischen Kolonien ihre Unabhängigkeit. Ihre Eliten hatten dank der Übernahme des britischen Bildungssystems von früh an die klassischen Texte gelesen. Als John Adams, der spätere zweite Präsident der USA, 1751 sein Studium in Harvard begann, war er in der Lage, Cicero, Vergil, Isokrates und das Neue Testament im Original zu lesen. 1781 erklärte er seinem Sohn, er werde „in der Gesellschaft von Sallust, Cicero, Tacitus und Livius Weisheit und Tugend lernen." Beide, Vater und Sohn, und mit ihnen die Generation der Gründerväter trieben Politik in der Gewissheit, große und nachahmenswerte republikanische Tugenden in der Frühzeit der römischen Republik zu finden, nicht aber politische Modelle, mit deren Hilfe der neue Staat zu ordnen wäre. Gewiss: Die gründliche Vertrautheit der Gründungsväter mit der politischen Literatur der Antike ließ sie immer wieder antike Verfassungsmodelle diskutieren, und das ein oder andere, wie das des Achäischen Bundes, hat sie zu ihren eigenen Entwürfen inspiriert. Aber sie wussten immer, dass ihre Welt mit der alten wenig gemein hatte.

**Die Entwicklung in Frankreich**

Zur gleichen Zeit fanden in den Schulen Frankreichs die römischen Helden des Livius und des Plutarch ihren Platz selbst im kirchlich autorisierten Lehrplan. Nach ihm studierten die späteren Führer der Revolution von Horaz bis Tacitus alles, was der klassische Bildungskanon hergab. Er lehrte, die Macht absolutistischer Herrscher zu verachten. In diesem Rom handelten Männer, die ihr Leben der Republik und der Freiheit verschrieben und geopfert hatten. „Heben wir unsere Herzen

**208** „Die Liktoren bringen Brutus die Leichname seiner beiden Söhne". Ölgemälde (323 x 422 cm) von Jacques-Louis David, 1789. David schrieb unter dieses Bild: „Junius Brutus, erster Konsul, nach Hause zurückgekehrt nach der Verurteilung seiner Söhne, die sich den Tarquiniern angeschlossen und gegen die römische Freiheit verschworen hatten. Die Liktoren bringen ihre Leichen, damit er diesen ein Grab gebe."

empor zu den republikanischen Tugenden und zu den Vorbildern der Antike", rief am 25. Oktober 1793 Robespierre im Nationalkonvent. Er zog damit die Summe einer jahrzehntelangen Beschäftigung mit der Antike, die so ganz anders war als die Griechenbegeisterung jenseits des Rheins. Dort hatte niemand wie Diderot in seinem *Essais sur la peinture* (1765) die Künstler aufgerufen, „Tyrannen in Schrecken zu versetzen."

**Die praktische Politik**

Darüber darf nicht vergessen werden, dass der Ruf nach antiken Beispielen aus der Not der Zeit kam und die Revolutionäre sehr wohl wussten, dass vieles, was sie in antike Symbole hüllten, nur sentimentale Schwärmerei war. Aber das Ungeheuerliche, das sie ins Werk setzten, verlangte nach Vorbildern. Auf ihre historische Genauigkeit kam es dabei nicht an. Als die Verfassungsdebatten begannen, kleideten die Streithähne im Konvent ihre Gegensätze in griechische oder römische Positionen. Während Desmoulins etwa eine Demokratie nach athenischem Muster forderte, verwies Robespierre auf die Verfassung Spartas: Dies sei das eigentliche Muster eines Gemeinwesens, in dem neben der Gleichheit der Bürger auch die Tugend herrsche.

## 209 Der Senat – eine bewährte historische Institution

In 85 Zeitungsartikeln, die unter dem Pseudonym „Publius" in mehreren New Yorker Zeitungen erschienen (den so genannten „Federalist Papers"), versuchten Alexander Hamilton, James Madison und John Jay die Amerikaner von der Richtigkeit des Verfassungsentwurfs von 1787 zu überzeugen. Im 63. Artikel (1.3.1788) ging es um die Begründung der Einführung eines Senats:

Alle diese Überlegungen [zur Sicherung gegen die Tyrannei einiger weniger] erhalten noch zusätzliches Gewicht, wenn wir uns darauf besinnen, dass uns aus der Geschichte keine langlebige Republik bekannt ist, die keinen Senat hatte. Sparta, Rom und Karthago waren die einzigen langlebigen Republiken, und in den beiden ersten wurde der Senat auf Lebenszeit bestellt, während wir über die Verfassung des Senats in letzterer nicht viel wissen. […] Sicher ist jedenfalls, dass Karthago in der einen oder anderen Form etwas hatte, das als Anker gegen das Auf und Ab populärer Wogen diente, und ein kleinerer Rat, der sich aus den Reihen des Senats rekrutierte, nicht nur auf Lebenszeit ernannt wurde, sondern Vakanzen auch selbst neu besetzte. Diese Beispiele, wenn sie auch ansonsten zur Nachahmung ebenso ungeeignet wie dem Geist Amerikas zuwider sind, kann man dennoch mit der flüchtigen und turbulenten Existenz anderer Republiken der Antike vergleichen, lehrreichen Beispielen für die Notwendigkeit einer Institution, in der Stabilität und Freiheit miteinander verbunden sind.

A. und W. P. Adams (Hrsg.): Hamilton/Madison/Jay: Die *Federalist*-Artikel. Paderborn 1994. S. 383f.

*a) Welcher Grundgedanke ist im Text entscheidend und führt zu der Vorstellung, die Moderne könne aus antiken Staatsformen lernen?*
*b) Was spricht in Ihren Augen für, was gegen diesen Denkansatz? Beachten Sie bei Ihrer Antwort die besondere Stellung, die die Verfasser dem Senat einräumen.*

## 210 Iunius Brutus – ein historisches Vorbild?

a) Die Französische Revolution hat die Helden der römischen Republik zu Vorbildern des neuen Bürgers gemacht. Den ersten Platz nahm Iunius Brutus ein, der erste Konsul Roms, der nach der antiken Überlieferung seine Söhne als Landesverräter hinrichten ließ. Mit dieser Tat beschäftigte sich bereits Rousseau 1752:

Wir wollen das für unser Zeitalter schrecklichste Beispiel nehmen und das Betragen des höchsten Staatsbeamten Brutus prüfen, der seine Söhne umbringen ließ, welche sich in einem kritischen Augenblick wider den Staat verschworen hatten, wo eine Kleinigkeit ihn ganz umstürzen konnte. Es ist gewiss, dass sein Kollege alle ihre Mitschuldigen verschont hätte und die Republik verloren gewesen wäre, sobald er ihnen vergeben hätte. Was schadet das, wird man mir sagen? Weil man dies für so gleichgültig hält, so wollen wir setzen, die Republik hätte fortgedauert und Brutus hätte einen Übeltäter zum Tode verdammt und dieser hätte ihm also geantwortet: „Konsul, warum lässt du mich sterben? Habe ich übler getan, als mein Vaterland zu verraten und bin ich nicht auch dein Kind?“ Ich wünschte, dass man mir sagte, was Brutus hierauf hätte antworten können. Brutus, wird man noch sagen, hätte lieber das Konsulat niederlegen sollen, als seine Kinder selbst zugrunde zu richten. Ich antworte hierauf, dass jede Magistratsperson, die unter so gefährlichen Umständen die Sache des Vaterlandes verlässt und ihr Amt niederlegt, ein Verräter ist, welcher den Tod verdient. Es war hier kein Mittelweg zu wählen. Entweder war Brutus ein Verräter oder die Köpfe des Titus und des Tiberinus mussten auf seinen Befehl unter dem Beil der Liktoren fallen. Ich gebe es jedoch zu, dass sehr wenige ein Gleiches würden getan haben.

Rousseau: Letzte Antwort an Bordes (1752). In: Jean-Jacques Rousseau: Schriften. Bd. 1, hrsg. v. H. Ritter. München 1978. S. 126 f.

**b)** Ein gewisser Perrière, der dem Konvent 1794 über die Maßnahmen gegen die Aufständischen in der Vendée berichtete, berief sich auf die Tat des Brutus:

Ich kenne und fühle vielleicht besser als irgendjemand all die Ehrfurcht, die der Menschlichkeit gezollt werden muss. […] Aber man weiß auch, dass das oberste Gebot das Heil des Volkes ist, und dass man es verzeihen kann, Kinder von zwölf Jahren zu opfern, um damit die Auflösung des ganzen Staates und den Mord an den Kindern in der Wiege zu verhindern. […] Ich merke, wie ich vor meinen Überlegungen zurückschaudere; aber das, was der Konvent dekretiert, das, was Brutus getan hat, wiegt schwer in den Augen desjenigen, der sich vom Beispiel leiten lassen will.

W. Markov/A. Soboul: Die Sansculotten von Paris. Dokumente der Geschichte der Volksbewegung 1793–1794. Berlin 1957. S. 300 f.

*a) Schlagen Sie den Bericht des römischen Historikers Livius (*Römische Geschichte 2,5*) über den Vorgang nach und klären Sie seine Einschätzung.*

*b) Welches Verständnis von Staatstreue wird im Frankreich des 18. Jahrhunderts anhand des römischen Beispiels entwickelt? Welche Folgen hatte dies? Ziehen Sie das Bild des Malers David bei der Interpretation hinzu.*

## 211 Das antike Rom und die politische Entwicklung in Frankreich 1789–1848

**a)** Die Säule der Großen Armee auf dem Vendome-Platz krönt das Standbild Napoleons. Sein Haupt ist mit dem Lorbeer des Sieges geschmückt, seine Hand trägt den Globus mit der Victoria, der Göttin des Sieges.

**b)** 1852 resümierte Karl Marx den Einfluss der Römer auf die Zeit der Französischen Revolution, des napoleonischen Empire und der Revolution von 1848:

Die Menschen machen ihre eigene Geschichte, aber sie machen sie nicht aus freien Stücken, nicht unter selbst gewählten, sondern unter unmittelbar vorgefundenen, gegebenen und überlieferten Umständen. Die Tradition aller toten Geschlechter lastet wie ein Alp auf dem Gehirn der Lebenden. Und wenn sie eben damit beschäftigt scheinen, sich und die Dinge umzuwälzen, noch nicht Dagewesenes zu schaffen, gerade in solchen Epochen revolutionärer Krise beschwören sie ängstlich ihre Geister der Vergangenheit zu ihrem Dienste herauf, entlehnen ihnen Namen, Schlachtparolen, Kostüme, um in

dieser altehrwürdigen Verkleidung und mit dieser erborgten Sprache die neue Weltgeschichtsszene aufzuführen. So maskierte sich Luther als Apostel Paulus, die Revolution von 1789–1814 drapierte sich abwechselnd als römische Republik und als römisches Kaisertum, und die Revolution von 1848 wusste nichts Besseres zu tun, als hier 1789, dort die revolutionäre Überlieferung von 1793–1795 zu parodieren. So übersetzt der Anfänger, der eine neue Sprache erlernt hat, sie immer zurück in seine Muttersprache, aber den Geist der neuen Sprache hat er sich nur angeeignet, und frei in ihr zu produzieren vermag er nur, sobald er sich ohne Rückerinnerung in ihr bewegt und die ihm angestammte Sprache in ihr vergisst.
Bei Betrachtung jener weltgeschichtlichen Totenbeschwörungen zeigt sich sofort ein springender Unterschied. Camille Desmoulins, Danton, Robespierre, St-Just, Napoleon, die Heroen, wie die Parteien und die Masse der alten französischen Revolution, vollbrachten in dem römischen Kostüm und mit römischen Phrasen die Aufgabe ihrer Zeit, die Entfesselung und Herstellung der modernen *bürgerlichen* Gesellschaft.

K. Marx:/F. Engels: Ausgewählte Schriften I. Berlin (Ost) 1974. S. 226 f.

*a) Warum griffen nach der Meinung von Marx die Menschen der von ihm genannten Zeiten auf antike Vorbilder zurück?*
*b) „Die Tradition aller toten Geschlechter lastet wie ein Alp auf dem Gehirn der Lebenden." Setzen Sie sich mit dieser Position von Karl Marx kritisch auseinander.*

## 6. Das 19. und 20. Jahrhundert

**Die moderne Geschichtswissenschaft und die Folgen**

Vom 14. bis an die Schwelle des 19. Jahrhunderts war es eine idealisierte Antike, auf die ihre Verehrer zurückgriffen. Damit war es vorbei, als mit Barthold Georg Niebuhr die wissenschaftliche Erforschung der Vergangenheit begann und die historische Quellenkritik die tatsächliche Welt der Griechen und Römer rekonstruierte. Das Idealbild zerfiel und zutage trat eine Epoche der Weltgeschichte, in der Armut und Sklaverei, Machtgier und Habsucht, Größe und Schönheit herrschten wie zu allen anderen Zeiten auch. „Die Athener", so hieß es jetzt bei Niebuhr, „lebten von Gerste und Weizen, nicht etwa von Poesie und Philosophie." Die Konsequenz dieser Erkenntnis war unabweisbar: An die Stelle einer als Teil des eigenen Lebens gefeierten Antike trat jetzt die historisch erforschte. Damit war sie – so formulierte es der Philologe Wilamowitz 1900 auf einer Schulkonferenz – „als Einheit und Ideal dahin." Und er fügte hinzu: „Die Wissenschaft selbst hat diesen Glauben zerstört, wir dürfen sagen im Hinblick auf die Kunst ebenso wohl wie auf die Wirklichkeit."

**Die Schulbildung**

Am Ende veränderte sich auch der Bildungskanon der Schulen. Die bürgerlichen Eliten hatten noch lange geglaubt, ungeachtet der fortschreitenden Industrialisierung garantiere das neunjährige humanistische Gymnasium die beste Schulung des Intellekts und sei die sinnvollste Vorbereitung auf das Fachstudium, den Beruf und das Leben. Im gymnasialen Stundenplan beanspruchten Latein und Griechisch, obwohl im täglichen wissenschaftlichen Umgang längst weitgehend durch die Nationalsprachen ersetzt, ungefähr die Hälfte der Wochenstunden. Auf die Jahre des Grammatikunterrichts folgten die Lektüre der klassischen Dichter, Geschichtsschreiber und Philosophen.
Dieser Bildungskanon wurde im Lauf des 20. Jahrhunderts erst eingeschränkt, dann abgebaut und schließlich weitgehend beseitigt. Seine Tauglichkeit für das berufliche Leben ebenso wie sein moralisch-erzieherischer Anspruch hielten der Kritik nicht stand.

**Die Architektur**

Das kulturelle Gedächtnis Europas und des atlantischen Raums hat damit nicht aufgehört, die Antike in allen Bereichen der Kunst und Literatur zu bewahren. Am auffälligsten zeigt sich dies in der Entwicklung der Architektur. Die Bewegung des Klassizismus, die z. B. seit dem Ende des 18. Jahrhunderts in Preußen und Bayern blühte, sah in den als einfach und natürlich empfundenen Formen antiker Bauten und Bildwerke Vorbilder für einen Neubeginn auf allen Gebieten. So wurde der bayrische König Ludwig I. in den Jahren der Freiheitskriege zum Verfechter eines griechisch ausgerichteten Klassizismus, der die französisch geprägte Staatsarchitektur seiner Vorgänger ablösen sollte. Sein Baumeister Leo von Klenze gab München ein neues, griechisches Gesicht. 1814 ließ er eine Ruhmeshalle zum Andenken großer Deutscher „in reinstem antiken Geschmacke" ausschreiben und weihte sie 1843 zusammen mit dreißigtausend seiner Untertanen auch ein. Seitdem steht auf einer von Eichen bestandenen Bergeshöhe oberhalb der Donau bei Regensburg ein dorischer Tempel. Sein Inneres ist als ionischer Festsaal ausgebaut, der die Marmorbüsten ausgewählter Deutscher seit Hermann dem Cherusker beherbergt.
Der Vorgang ist richtungweisend: Die historischen Bedingungen, unter denen die Werke der Alten entstanden, waren zwar bekannt, sie haben aber keine Bedeutung mehr für den Sinngehalt der nach ihrem Vorbild errichteten Bauten. Es blieb nur die allgemeine Vorstellung, antiker Dekor und antike Bauformen seien in ihrer klassischen Klarheit unübertroffen. Die antike Kunst erschien nur noch unter ästhetischen Gesichtspunkten als vorbildlich.

**Die populäre Rezeption**

Im allgemeinen Bewusstsein bleibt die Antike bis heute gegenwärtig, obwohl die genauen Kenntnisse ihrer Geschichte und Kultur schwinden. In Athen, Rom, Trier und anderswo bestaunen jedes Jahr Millionen ihre Überreste, Tausende hören in Oper und Theater vom Schicksal antiker Frauen und Männer, und Unzählige begeistern sich an den Filmepen Hollywoods, die vom Trojanischen Krieg bis zum Untergang des Römischen Reiches alle dramatischen Höhepunkte der alten Ge-

212 „Feyerliche Eroeffnung der Walhalla durch Seine Majestät den König Ludwig von Bayern, Gründer und Vollender derselben, den 18ten Oktober 1842". Lithografie (28,5 x 45,5 cm) von Gustav Kraus, 1842. Historisches Museum Regensburg

schichte vorführen. Kein Zweifel: So viel Antike wie heute, frei von allen Fesseln eines schwer zu erlernenden Bildungskanons, gab es nie. Aber sie ist für die meisten nichts als ein Ruinenfeld, das zu durchstreifen nur noch exotischen Reiz hat.

**Die Politik: Arminius**

„Die alte Geschichte", schrieb Niebuhr 1811, „ist in den verflossenen Jahren mehr denn einmal als Roman missbraucht worden, um Anspielungen auf die gegenwärtigen Schicksale Europas vorzubringen." Damit sollte nun nach dem Willen der Historiker Schluss sein. Doch es kam immer wieder anders. Mit dem erwachenden Nationalbewusstsein besannen sich die Deutschen auf Arminius den Cherusker, der nach Tacitus 9 n. Chr. im Teutoburger Wald zum „Befreier Germaniens" (*liberator Germaniae*) geworden war. In den Jahren der napoleonischen Kriege wurde er als Kämpfer gegen Frankreich Teil der nationalen Propaganda; auf den Ledermarken der ersten Turnfeste, die der körperlichen Ertüchtigung der deutschen Jugend dienen sollten, wurde das Jahr der Arminiusschlacht eingeprägt. Gleichzeitig verschaffte der Rückgriff auf die „Germania" des Tacitus den Deutschen die Illusion, eine eigene Geschichte nachweisen zu können, die wie die Frankreichs in die Antike zurückreichte.

213 Das 1875 eingeweihte Hermannsdenkmal im Teutoburger Wald (*links*) und das Vercingetorixdenkmal von Alesia (*rechts*).

**Frankreich: Vercingetorix**

In Frankreich war es der unglückliche Vercingetorix, der zum Nationalhelden aufstieg. Er hatte 52 v. Chr. im Kampf um die Freiheit der gallischen Stämme alles verloren. Trotzdem wurde er im 19. Jahrhundert zum Symbol für das freie Frankreich. Auf dem Burgberg von Alesia, dem Ort der Entscheidungsschlacht, steht seit 1865 seine Monumentalstatue. Sie trägt die Gesichtszüge Napoleons III. und verkörpert den ungebrochenen Stolz Frankreichs. Im Frühjahr 1994 weihte der damalige Staatspräsident Mitterrand das Keltische Nationalmuseum in Bibracte (Mont Beuvray) ein, wo einst die Führer der gallischen Stämme Vercingetorix die Treue geschworen hatten. Dort erinnerte Mitterrand daran, dass an diesem Ort erstmals eine französische Einigung versucht worden sei und der Ort so etwas wie die Wiege der Nation.

**Faschistische Weltmachtträume**

Das faschistische Italien und sein Duce Mussolini sahen sich, kaum hatten sie 1936 in Nordafrika Abessinien (Äthiopien) annektiert, als legitime Nachfolger des römischen Imperiums. Millionenfach verbreiteten sie augusteische Bilder und Schlagwörter auf den Briefmarken und finanzierten großzügig Ausgrabungen, die die monumentale Pracht des kaiserlichen Rom wieder sichtbar machen sollten. Unter diesem Vorzeichen veränderte Mussolini das Erscheinungsbild Roms aus der Zeit der Renaissance und des Barock einschneidender als alle Vorgänger. So fielen Teile der mittelalterlichen Stadt, um durch die *via dei Fori Imperiali* die Piazza Venezia mit der Fassade des Kolosseums zu verbinden: links und rechts der Straße die Ruinen der Kaiserforen, die Maxentius-Basilika und der Venus- und Romatempel.

**Politische Parallelen**

Die Versuche, im Raum der Politik Parallelen zwischen antiken und modernen Situationen herzustellen und daraus Lehren zu ziehen, reichen bis in die jüngste Geschichte. 1974 z. B. warnte der amerikanische Außenminister Kissinger auf dem Höhepunkt der Ölkrise die europäischen Staaten, angesichts der drohenden weltweiten Konfrontation dem Beispiel der griechischen Kleinstaaten des 2. Jahrhunderts v. Chr. zu folgen und eine eigene Politik zwischen den Weltmächten zu versuchen; ihr Untergang, dies beweise die Geschichte, sei die logische Folge. Und immer wieder zitierten amerikanische Präsidenten aus der Rede des Perikles auf die ersten Gefallenen des Peloponnesischen Krieges, um die Opferbereitschaft ihrer Landsleute für Freiheit und Demokratie zu stärken. Auch der erste Entwurf der Präambel einer Verfassung für die europäischen Staaten (Juni 2003) begann mit einem Zitat aus Thukydides (*Peloponnesischer Krieg* 2,37): „Die Verfassung, die wir haben, […] heißt Demokratie, weil der Staat nicht auf wenige Bürger, sondern auf die Mehrheit ausgerichtet ist.“
In der politischen Publizistik

**214** Moderner Imperator. Die Darstellung eines Plakats aus dem Jahr 1930 präsentiert Mussolini in historisierender Traditionslinie. In der rechten Hand hält er die so genannten Fasces, ein Rutenbündel mit Richtbeil – das Zeichen für die Amtsgewalt der Konsuln im antiken Rom.

wurde seit dem Untergang der Sowjetunion der Vergleich des amerikanischen mit dem römischen Weltreich Mode. Wenige Tage vor Beginn der Luftangriffe der Nato gegen Serbien erklärte ein Leitartikel in der Zeitschrift „Newsweek" das antike Rom zum Vorbild für eine weltweite Ordnungspolitik Amerikas. Dem Vorbild der Römer folgend, sollten sich die USA auf ein langfristiges Engagement in Krisengebieten einstellen, um Sicherheit und Frieden zu sichern: „Rom ist nur Rom", so schloss der Autor, „wenn seine Macht nicht zu zurückhaltend gebraucht wird und wenn die römischen Legionen nicht zu sehnsuchtsvoll nach Hause blicken."

## 215 Antikischer Dekor

In Preußen erfolgte die Rückbesinnung auf antike Kunst- und Bauformen unter Friedrich Wilhelm II. (1786–1797); sie veränderte das Stadtbild Berlins. Der Archäologe Adolf Borbein berichtet darüber:

Das sich emanzipierende Bürgertum fand seine Ideale von Freiheit, Gleichheit und Menschlichkeit in der Kunst und Literatur der Griechen vorgeprägt – schon Winckelmann hatte zwischen der Freiheit der griechischen Städte und der Blüte ihrer Kunst einen engen Zusammenhang hergestellt. Im Zeitalter der Französischen Revolution stieg das Bürgertum zur kulturell führenden Schicht auf, und so wurden der „bürgerliche" Klassizismus und die Hinwendung zur Antike nicht nur zu einer breite Kreise umfassenden Bewegung, sondern auch für die Repräsentationsformen des Hofes und des Staates verbindlich.

Das Brandenburger Tor (1788–1791) zitierte als Vorbild die Propyläen der Akropolis in Athen, ein Werk aus der Epoche des Perikles, die als Blütezeit der attischen Demokratie und der griechischen Kunst galt. Dennoch war das Tor kein „bürgerlicher" Bau oder gar als Symbol demokratischer Freiheit zu verstehen. Der Hinweis auf die Propyläen zielte vielmehr allgemein auf den wohl geordneten Staat, das weise Regiment des Perikles, wie man es aus der viel gelesenen Biografie Plutarchs kannte. Auf dieser Ebene konnten Preußen und seine Monarchie mit Athen in Beziehung gesetzt werden. Hier zeigt sich ein wichtiges Merkmal klassizistischer Kunst: Der geschichtliche Kontext der antiken Werke wird bei ihrer Übernahme in die Gegenwart zwar mitbedacht, aber zugleich auf so allgemeine Begriffe reduziert, dass der einst konkrete historische Sinn sich auflöst zugunsten der Vorstellung abstrakter Vorbildlichkeit. Dieser Prozess war die Voraussetzung für die breite Anwendbarkeit und vor allem Neuinterpretation antiker Formen; in letzter Konsequenz führte er – wie die Kunstgeschichte des 19. Jahrhunderts lehrt – zur totalen Verfügbarkeit antikischen Dekors. Die Antike erscheint nun als ein vorwiegend ästhetisches Phänomen, ihre Kunst als eine Versammlung formaler Erfindungen, abgelöst von ihren geschichtlich gewachsenen Funktionen.

Adolf H. Borbein: Klassische Archäologie in Berlin. In: Berlin und die Antike, hrsg. von W. Arenhövel und Chr. Schreiber. Berlin 1979. S. 102.

*a) In welchen historischen Zusammenhang stellt der Autor die Hinwendung der preußischen Monarchie zur Antike?*

*b) Welche Funktion hat nach Borbein der Rückgriff auf die antiken Kunst- und Bauformen? Was bleibt von ihrem ursprünglichen Sinngehalt?*

## 7. Was bleibt von der Antike in der modernen Welt?

**Das geistige Erbe**

Was also bleibt von der Welt der Antike? Zunächst: Man kann von einem Erbe zehren, ohne viel davon zu wissen. Denn Menschen handeln, denken und fühlen geleitet von einem Bewusstsein, dessen Wurzeln ihnen nur selten deutlich sind. Rechtsstaatliches Denken z. B. ist eine Erfindung der Römer, ebenso der Gedanke von der Überlegenheit einer übernationalen Ordnung, ebenso die Vision vom ewigen Frieden unter den Menschen. Nach wie vor entstammen nahezu alle Begriffe, mit denen Staat und Gesellschaft erfasst werden, von der Politik über die Ökonomie, von der Religion bis zur Familie, der Antike. Die griechische Philosophie lehrte die Europäer die Methoden des rationalen Denkens und wurde zur Ideengeberin auch des neuzeitlichen Denkens. Die großen Gestalten des griechischen Mythos – Herakles, Prometheus, Orpheus – und der griechischen Tragödie – Antigone, Elektra, Ödipus – bleiben bis heute Urbilder menschlicher Existenz. Alle literarischen Gattungen, von der Lyrik bis zum philosophischen Traktat, haben Griechen und Römer geschaffen; sie sind unverzichtbarer Teil der Weltliteratur. Kalender und Zeitrechnung der europäischen und atlantischen Staaten sind römisch.
Alles dies hat der Lauf der Zeit tausendfach verwandelt, so dass nur wenige den eigentlichen Ursprung dieser Ideen erkennen. Es ändert dies nichts an ihrer Wirksamkeit.

**Das christliche Erbe**

Das lebendigste Erbe ist das Christentum. Es ist ungeachtet aller Verwandlungen, die ihm die Geschichte aufbürdete, unverrückbar an seinen Ursprung in Jerusalem und Rom gebunden. Der Glaube an Jesus Christus und seine Lehren gaben dem Leben eine neue Bedeutung und dem Einzelnen neue Würden. Zwei davon prägen bis heute die europäische Geschichte: Die Würde des Individuums jenseits von Herkunft und Stand und die Trennung von weltlicher und geistlicher Macht.

**Die staatliche Ordnung**

Geblieben ist auch der Gedanke an eine staatliche Ordnung, in der die Bürger souverän über ihr eigenes Schicksal entscheiden. Die Griechen nannten dies Demokratie. Im 18. Jahrhundert kehrten ihre Ideen in die reale Welt zurück und umschrieben wie im Athen des Perikles eine Ordnung, die – wie Aristoteles schrieb – zum einen dadurch bestimmt sei, dass das Regieren und Regiertwerden reihum gehe und der Beschluss

216 Plakat zu dem Film „Gladiator" des Regisseurs Ridley Scott, USA 2000.

der Mehrheit gelte; zum anderen gebe sie jedem die Möglichkeit, so zu leben, wie er wolle.

**Das Recht des Bürgers**

Heute weiß jeder Bürger so genau wie einst die Athener, dass er die Macht der staatlichen Institutionen beschränken muss, wenn er als freier Mensch leben will. Dabei beherzigt er einen weiteren Grundsatz: Alles Handeln in Staat und Gesellschaft muss einem geschriebenen und für jedermann gültigen Gesetz unterworfen werden; dieses ist seinem Wesen nach korrigierbar, wenn die Vernunft oder das allgemeine Wohl dies fordern. Ciceros Sätze über den Bürger überleben in Europa bis heute: „Die Gesetze sind der Anker der Stellung, die wir im öffentlichen Leben einnehmen, sie sind die Grundlage der Freiheit, sie sind der Quell der Gerechtigkeit; Geist und Sinn und Zweck und Gedanke des Staates beruhen auf den Gesetzen".

## 217 Die heutige Ferne der Antike

Der Gedanke, die Antike sei Vorbild für die rechte Art zu leben und zu denken, verlor zu Beginn des 20. Jahrhunderts endgültig seine Überzeugungskraft. Der Philosoph Walter Schweidler fasst die Entwicklung zusammen:

„Es ist ein ehrwürdiges Vorurteil, das wir endlich überwinden sollten", so heißt es in der Einleitung zum „Untergang des Abendlandes" von Oswald Spengler, „dass die Antike uns innerlich nahe steht, weil wir vermeintlich ihre Schüler und Nachkommen, weil wir tatsächlich ihre Anbeter gewesen sind. Die ganze religionsphilosophische, kunsthistorische, sozialkritische Arbeit des 19. Jahrhunderts war nötig, nicht um uns endlich die Dramen des Aischylos, die Lehre Platons, Apollo und Dionysos, den athenischen Staat, den Caesarismus verstehen zu lehren [...], sondern um uns endlich fühlen zu lassen, wie unermesslich fremd und fern uns das alles innerlich ist, fremder vielleicht als die mexikanischen Götter und die indische Architektur."

Beim Erscheinen von Spenglers Buch im Jahre 1918 waren solche Sätze für den gebildeten deutschen Bürger eine gewaltige Provokation. Humanismus und Aufklärung, Klassik und Romantik hatten sich auf die Antike als Vorbild und Urbild des Menschseins berufen, und der Umgang mit der altgriechischen und lateinischen Sprache und Literatur trug in gewissen Bezirken Züge eines Religionsersatzes. [...]

Heute hingegen können Spenglers Sätze schon beinahe als adäquate Formulierung des kulturellen Selbstbewusstseins in westlichen Gesellschaften gelten. [...]

Das Bewusstsein für den Eigenwert und die Pluralität der Kulturen auf der Welt und die Erschütterung des universalen Anspruchs der europäisch geprägten Denkweisen sind zum Bestandteil unseres eigenen Selbstverständnisses geworden. Allerdings verdanken auch sie sich gewiss weniger der Tatsache, dass unser Bildungshorizont sich erweitert hätte, als vielmehr ökonomischen und politischen Faktoren: Wir finden uns plötzlich nicht mehr als die Angehörigen jener Nationen vor, welche die Maßstäbe des Wachstums und des Wohlstandes auf der Welt allein setzen können, sondern wir müssen „mithalten" und sehen uns der lange nicht mehr gekannten Notwendigkeit gegenüber, uns an den Modernisierungsdruck anzupassen, der von fremden Völkern ausgeht, die sich im Zuge ihres Erfolges auf ihre eigenen geistigen Wurzeln besinnen.

W. Schweidler: Vernunft stand an der Wiege der Demokratie. In: Wolf Schön (Hrsg.): Die schöne Mutter der Kultur. Unsere Grundlagen in der antiken Welt. Darmstadt 1998. S. 101–126; S. 103 f.

a) *Welche Gründe nennt der Autor für die schwindende Bedeutung der Antike in der Welt des 20. Jahrhunderts?*
b) *Inwieweit mögen die Zeitumstände, in denen der zitierte Autor Spengler seine Sätze schrieb, eine Rolle gespielt haben?*
c) *Schweidler spricht von der „Pluralität der Kulturen auf dieser Welt". An welche denken Sie, wenn Sie den Satz lesen?*

## 218 Verlust der antiken Sprachen = Kulturverlust?

Der Journalist und Historiker Jan Roß beschrieb 1995 in einem Leitartikel der „Frankfurter Allgemeinen Zeitung" die Folgen des Niedergangs des Altgriechischen und des Lateinischen:

Die toten Sprachen sterben aus. Nicht nur, dass sie nicht mehr gesprochen werden. Sie werden auch nicht mehr gelernt. Das Griechische ist so weit zurückgedrängt, dass man es kaum noch zu den ordentlichen Schulfächern zählen kann. Dem Lateinischen sichert der Unterricht als zweite und dritte Fremdsprache einstweilen ein bescheidenes Auskommen im Gymnasialbetrieb, aber viel von der römischen Literatur und Kultur wird dabei nicht mehr vermittelt. Und ob dieses Restlatein in einem insgesamt altsprachenfeindlichen Bildungswesen wirklich auf alle Zeit sein Gnadenbrot verzehren darf, ist keineswegs gewiss.

Die Öffentlichkeit wendet kaum einen Gedanken an die Frage, was sie durch dieses leise Sterben verlieren mag. Das Griechische ist ohnehin die Sache weniger Eingeweihter. Gleichwohl verdient sein Schicksal allgemeines Interesse. Denn Griechisch ist die Sprache des Anfangs. Wer sie beherrscht, lernt den Zauber der Ursprünge kennen. Er sieht die literarischen Gattungen entstehen, aber auch Geschichtsschreibung, Philosophie und Wissenschaft. In unserer gealterten Welt, in der alles schon einmal dagewesen ist, schafft die Lektüre der griechischen Schriftsteller ein Bewusstsein von der Möglichkeit des Neuen. Eine Erfahrung, die für Kinder und Jugendliche wichtiger sein könnte als die Ermunterung zum uneingeschüchterten Neubeginn, lässt sich schwer vorstellen.

Mit dem Lateinischen steht es anders, aber womöglich noch beunruhigender. Latein ist nicht die Sprache des Anfangs, sondern die Sprache der Traditionen. Die Römer erhoben wenig Anspruch auf künstlerische und geistige Originalität; sie knüpften dankbar und zumeist neidlos an die Griechen an. Die katholische Kirche machte sich dann neben manchen äußeren Formen des Imperium Romanum vor allem seinen universalen Zuschnitt zu eigen. Rom blieb auch für das Christentum die Hauptstadt der Welt. Die Renaissance mit ihrer Vernarrtheit in die Antike hat diese Sicht erneuert, und wer heute wachen Sinnes die Stadt besucht, wird im alten Glauben an ihre Einzigartigkeit noch immer eine unzerstörbare Wahrheit finden. Rom ist in zwei Jahrtausenden zum Inbegriff der europäischen Kultur geworden. Das Medium ihrer Überlieferung aber ist die lateinische Sprache.

Eine Gegenwart, die ihr Latein verlernt, wird provinziell. Sie tauscht den römischen Universalismus, der Zeiten und Räume übergreift, gegen das Spießertum des Hier und Jetzt ein. Sie wird die Stimmen nicht mehr verstehen, die aus den Bibliotheken an ihr Ohr dringen, und auf den Bildern in den Museen mit ihren gelehrten Anspielungen und Hintergründen wird ihr blindes Auge nicht mehr erkennen.

Jan Roß: Tote Sprachen. In: FAZ vom 15.4.1995. S. 1.

*a) Mit welchen Argumenten plädiert Roß für die alten Sprachen und ihr Fortbestehen im Schulunterricht?*

*b) Entwickeln Sie vor dem Hintergrund der vorgelegten Argumente Ihre eigene Position.*

# Literatur zur Vertiefung

## Quellensammlungen

*Geschichte in Quellen.* Hrsg. v. W. Lautemann u. M. Schlenke. Altertum. Bearb. v. W. Arend. 4. Aufl. München 1989.

*Die griechische Literatur in Text und Darstellung.* Gr/Dt. 5 Bde. Hrsg. v. H. Görgemanns. Stuttgart 1985 ff.
- Bd. 1: Archaische Periode. Hrsg. v. J. Latacz. Stuttgart 1985.
- Bd. 2: Klassische Periode I. Hrsg. v. G. A. Seeck. Stuttgart 1986
- Bd. 3: Klassische Periode II. Hrsg. v. H. Görgemanns. Stuttgart 1987.
- Bd. 4: Hellenismus. Hrsg. v. B. Effe. Stuttgart 1985.
- Bd. 5: Kaiserzeit. Hrsg. v. H. Görgemanns. Stuttgart 1988.

*Die römische Literatur in Text und Darstellung.* Lt/Dt. 5 Bde. Hrsg. v. M. v. Albrecht. Stuttgart 1985 ff.
- Bd. 1: Republikanische Zeit I. Hrsg. v. H. Petersmann u. A. Petersmann. Stuttgart 1991.
- Bd. 2: Republikanische Zeit II. Hrsg. v. A. D. Leeman. Stuttgart 1985
- Bd. 3: Augusteische Zeit. Hrsg. v. M. v. Albrecht. Stuttgart 1987.
- Bd. 4: Kaiserzeit I. Hrsg. v. W. Kissel. Stuttgart 1985.
- Bd. 5: Kaiserzeit II. Hrsg. v. H. A. Gärtner. Stuttgart 1988.

## Zu Teil A

*H. Bengtson:* Griechen und Perser. Die Mittelmeerwelt im Altertum I. Frankfurt/M. 1971.

*J. Bleicken:* Die Athenische Demokratie. 2. völlig überarb. u. wesentlich erweit. Aufl. Paderborn u. a. 1994.

*L. de Blois/R. J. van der Spek:* Einführung in die alte Welt. Stuttgart 1994.

*W. Dahlheim:* Griechenland und Rom von den Anfängen bis zur Expansion des Islam. 4. Aufl. Paderborn u. a. 2002.

*P. Cartledge:* Die Griechen und wir. Stuttgart 1998.

*P. Cartledge (Hrsg.):* Kulturgeschichte Griechenlands in der Antike. Stuttgart 2000.

*W. Ekschmitt:* Der Aufstieg Athens. Die Zeit der Perser-Kriege. München 1978.

*P. Funke:* Athen in klassischer Zeit. München 1999.

*H.-J. Gehrke:* Kleine Geschichte der Antike, München 1999.

*H.-J. Gehrke/H. Schneider (Hrsg.):* Geschichte der Antike, 1. Aufl. Stuttgart 2000. (auch auf CD-ROM)

*M. H. Hansen:* Die Athenische Demokratie im Zeitalter des Demosthenes. Struktur, Prinzipien und Selbstverständnis. Berlin 1995.

*J. Hicks:* Die Perser. Reinbek 1975.

*B. Hutzfeld:* Das Bild der Perser in der griechischen Dichtung des 5. vorchristlichen Jahrhunderts. Wiesbaden 1999.

*H. Kloft:* Die Wirtschaft der griechisch-römischen Welt. Eine Einführung. Darmstadt 1992.

*H. Koch:* Es kündet Dareios der König ... Vom Leben im persischen Großreich. 3. Aufl. Mainz 2000.

*J. Latacz:* Einführung in die griechische Tragödie. 2. Aufl. Göttingen 2002.

*T. J. Luce:* Die griechischen Historiker. Düsseldorf/Zürich 1998.

*Chr. Meier:* Athen. Ein Neubeginn der Weltgeschichte. München 1995.

*K. Meister:* Die griechische Geschichtsschreibung. Von den Anfängen bis zum Ende des Hellenismus. Stuttgart 1990.

*K. Meister:* Die Interpretation historischer Quellen. Schwerpunkt: Antike. Bd. 1: Griechenland. Paderborn u. a. 1997.

*K. Meister:* Einführung in die Interpretation historischer Quellen. Schwerpunkt: Antike. Bd. 2: Rom. Paderborn u. a. 1999.

*O. Murray:* Das frühe Griechenland. 4. Aufl. München 1991.

*A. Pabst:* Die athenische Demokratie. München 2005.

*W. Röd:* Kleine Geschichte der antiken Philosophie. München 1998.

*W. Schuller:* Das Erste Europa 1000 v. Chr.–500 n. Chr. Stuttgart 2004.

*R. Schulz:* Athen und Sparta. Darmstadt 2003.
*R. Schulz:* Die Antike und das Meer. Darmstadt 2005.
*M. Stahl:* Gesellschaft und Staat bei den Griechen: Archaische Zeit. Paderborn u. a. 2003.
*M. Stahl:* Gesellschaft und Staat bei den Griechen: Klassische Zeit. Paderborn u. a. 2003.
*F. Teichmann:* Der Mensch und sein Tempel. Griechenland. 3. Aufl. Stuttgart 2003.
*G. Walser:* Hellas und Iran. Darmstadt 1984.
*U. Walter:* An der Polis teilhaben. Bürgerstaat und Zugehörigkeit im archaischen Athen. Stuttgart 1993.
*K.-W. Welwei:* Sparta. Aufstieg und Niedergang einer antiken Großmacht. Stuttgart 2004.
*K.-W. Welwei:* Die griechische Polis. Verfassung und Gesellschaft in archaischer und klassischer Zeit. Stuttgart 1983.
*J. Wiesehöfer:* Das antike Persien. Von 550–650 v. Chr. Neuauflage Düsseldorf/Zürich 1998.
*J. Wiesehöfer:* Das frühe Persien. Geschichte eines antiken Weltreichs. München 1999.
*E. Wirbelauer (Hrsg.):* Oldenbourg Geschichte Lehrbuch, München 2004.
*B. Zimmermann:* Die griechische Komödie. Düsseldorf/Zürich 1998.

## Zu Teil B

*E. Badian:* Römischer Imperialismus. Stuttgart 1980.
*E. Badian:* Zöllner und Sünder. Unternehmer im Dienst der römischen Republik. Darmstadt 1997.
*E. Baltrusch:* Caesar und Pompeius. Darmstadt 2004.
*H. Bellen:* Grundzüge der römischen Geschichte II: Die Kaiserzeit von Augustus bis Diokletian. Darmstadt 1998.
*J. Bleicken:* Verfassungs- und Sozialgeschichte des Römischen Kaiserreiches. Bd. 1. 4. Aufl. Paderborn 1995; Bd. 2. 3. Aufl. Paderborn 1994.
*J. Bleicken:* Die Verfassung der Römischen Republik. 7. völlig überarb. u. erw. Aufl. Paderborn u. a. 1995.
*J. Bleicken:* Gedanken zum Untergang der Republik. In: F. Goldmann u. a. (Hrsg.): J. Bleicken: Gesammelte Schriften Bd. II. Stuttgart 1998. S. 683–704.
*P. Brown:* Die letzten Heiden. Eine kleine Geschichte der Spätantike. Berlin 1986.
*F. Chamoux:* Marcus Antonius. Der letzte Herrscher des griechischen Orients. Gernsbach 1989.
*K. Christ:* Die römische Kaiserzeit. Von Augustus bis Diokletian. München 2001.
*K. Christ:* Hannibal. Darmstadt 2003.
*A. Giardina (Hrsg.):* Der Mensch der römischen Antike. Frankfurt/M. 1997.
*C. Claude:* Der Islam I. Frankfurt/M. 1968.
*M. Clauss (Hrsg):* Die römischen Kaiser. München 1997.
*W. Dahlheim:* Die Antike. 4. Aufl. Paderborn 1995.
*H. Heftner:* Der Aufstieg Roms. Vom Pyrrhoskrieg bis zum Fall von Karthago. Regensburg 1997.
*A. Heuß:* Römische Geschichte, 4. Aufl. Braunschweig 1976. (ND mit ergänzendem Forschungsbericht v. J. Bleicken, W. Dahlheim, H.-J. Gehrke. Paderborn 1998.)
*W. Huß:* Karthago. München 1995.
*M. Jehne:* Caesar. München 1997.
*I. König:* Der römische Staat II: Die Kaiserzeit. Leipzig 1997.
*F. G. Maier:* Die Verwandlung der Mittelmeerwelt. Frankfurt/M. 1968.
*J. Martin (Hrsg.):* Das Alte Rom. Geschichte und Kultur des Imperium Romanum. Gütersloh 1994.
*J. Martin:* Spätantike und Völkerwanderung. München 1987.
*P. Matyszak:* Geschichte der Römischen Republik. Von Romulus zu Augustus. Stuttgart 2004.
*Chr. Meier:* Caesar. München 1986.
*R. Muth:* Einführung in die griechische und römische Religion. Darmstadt 1998.
*E. Pitz:* Die griechisch-römische Ökumene und die drei Kulturen des Mittelalters. Geschichte des mediterranen Weltteils zwischen Atlantik und Indischem Ozean 270–812. Berlin 2001.
*R. Schulz:* Herrschaft und Regierung. Roms Regiment in den Provinzen in der Zeit der Republik. Paderborn 1997.

*J. Wellhausen:* Das Arabische Reich und sein Sturz, Göttingen 1902 (ND Berlin 1960)

*C. Wells:* Das Römische Reich. München 1985.

*W. Will:* Julius Caesar. Stuttgart/Berlin/Köln 1992.

*H. Wolfram:* Die Goten. Von den Anfängen bis zur Mitte des sechsten Jahrhunderts 3. Aufl. München 1990.

*K. Zimmermann:* Rom und Karthago. Darmstadt 2005.

## Zu Teil C

*R. Bloch:* Das Erbe Roms. In: J. Martin (Hrsg): Das Alte Rom. München 1994. S. 431–444.

*K. Büchner (Hrsg):* Latein und Europa. Stuttgart 1978. (Grundlegende Aufsätze; darunter: S. 47–83: D. Timpe: Die politische Wirklichkeit und ihre Folgen; S. 84–99: F. Wieacker: Vom Lebenswert des römischen Rechts; S. 100–124: K. S. Frank: Römertum und Christentum; S. 168–196: G. Mann: Römische Historiker – Tacitus als Beispiel; S. 243–281: K. Maurer: Präsenz der römischen Dichtung in der europäischen Literatur)

*W. Burkert:* Klassisches Altertum und antikes Christentum. Probleme einer übergreifenden Religionswissenschaft. Berlin 1996.

*W. Dahlheim:* Ratlose Erben: Die Erinnerung an die Antike und die Zukunft Europas. In: Imperium Romanum. Studien zur Geschichte und Rezeption. Hrsg. v. P. Kneissl/V. Losemannn. Stuttgart 1998. S. 105–122.

*A. Demandt:* Was wäre Europa ohne die Antike? In: Alte Geschichte und Wissenschaftsgeschichte. Darmstadt 1988. S. 113–129.

*A. Esch:* Wiederverwendung von Antike im Mittelalter. Berlin 2005.

*M. Fuhrmann:* Der europäische Bildungskanon des bürgerlichen Zeitalters. Frankfurt/M. 1999.

*K. Harpprecht:* Der fremde Freund. Stuttgart 2003.

*M. Junkelmann:* Hollywoods Traum von Rom. „Gladiator" und die Tradition des Monumentalfilms. Mainz 2004.

*C. Montesquieu:* Größe und Niedergang Roms [1734]. Übers. u. hrsg. v. L. Schuckert. Frankfurt/M. 1908.

*W. Nippel:* Republik, Kleinstaat, Bürgergemeinde. Der antike Stadtstaat in der neuzeitlichen Theorie. In: P. Blickle (Hrsg): Theorien kommunaler Ordnung in Europa. München 1996. S. 225–247.

*M. Reinhold:* Classica Americana. The Greek and Roman Heritage in the United States. Detroit 1984. (Aufsätze von W. Dahlheim)

*V. Riedel:* Antikerezeption in der deutschen Literatur vom Renaissance-Humanismus bis zur Gegenwart. Stuttgart 2000.

*F. Schnabel:* Empire und Klassizismus. In: Deutsche Geschichte im 19. Jahrhundert, 2. Aufl. Freiburg 1937. S. 132–181. Wiederabgedruckt in: Napoleon und Europa. Hrsg. v. H.-O. Sieburg: Köln 1971. S. 251–289.

*R. Schulz:* Die antiken Grundlagen der europäischen Expansion. In: Geschichte in Wissenschaft und Unterricht (GWU) Bd. 53 (2002). S. 340–360.

*H. Schulze:* Die Wiederkehr der Antike. Renaissancen und der Zusammenhang der europäischen Geschichte. In: Weltbürgerkrieg der Ideologien. Hrsg. v. Th. Nipperdey. Frankfurt/M. 1993. S. 361–383.

*B. Seidensticker/M. Vöhler:* Urgeschichten der Moderne. Die Antike im 20. Jahrhundert. Stuttgart 2001.

*H. Sichtermann:* Kulturgeschichte der klassischen Archäologie. München 1996.

*A. Simonis/L. Simonis:* Mythen in Kunst und Literatur. Tradition und kulturelle Repräsentation. Köln 2004.

*J. Solomon:* The Ancient World in the Cinema. New York 1978. (ND 2001)

*Th. Zielinski:* Cicero im Wandel der Jahrhunderte. 4. Aufl. Leipzig 1929. (ND 1967)

# Register

## Personenregister

# Sachregister